現代フランスの教育改革

フランス教育学会
〈編〉

赤星まゆみ
綾井桜子
池田賢市
岩崎久美子
岩橋恵子
上里正男
上原秀一
大津尚志
大場淳
坂倉裕治
坂本明美
鈴木規子
園山大祐
夏目達也
藤井穂高
細尾萌子
堀内達夫
松原勝敏

明石書店

はじめに

　フランスでは、2012年に、社会党がほぼ20年ぶりに政権を奪還した。これを画期ととらえ、本書では、四半世紀に及んだ保守政権下の教育改革を総括することをねらいとしている。

　1980年代以降、フランスでは、ミッテラン社会党政権（1981～95年）の後、シラク政権（1995～2007年）、サルコジ政権（2007～12年）と保守政権（フランスではしばしば「右派」と呼ばれる）が継続し、オランド社会党政権の成立によって保守政権には終止符が打たれた。それぞれの政権の基調も、社会民主主義、新保守主義、新自由主義と転換しつつ、再び社会民主主義に回帰することとなったと見ることができる。そのなかで、1989年と2005年の2度にわたって初等中等教育改革のための基本法が、1984年と2007年の2度にわたって高等教育改革のための基本法が制定され、全教育段階に及ぶ大規模な教育改革が継続的に進められてきている。

　本書では特に次の2点を考慮した。第一に、ほぼ20年間継続したフランス保守政権下の教育改革の全体像を総合的に明らかにすることである。その際に、教育改革を、政策理念、幼児・初等教育、中等教育、職業教育、高等教育（教員養成を含む）、インクルーシブ教育、社会教育・生涯学習の7領域に分け、社会党政権下の教育改革との異同の検討から、その特徴を浮き彫りにしようとした。それは、保守政権の教育改革の独自性とともに、フランスの教育改革を通底する共通性をも示すことになると考えた。

　第二は、各教育段階の教育改革について、各種の調査・報告書等を総合することにより、その成果と課題を精査することである。これらにより、わが国の教育改革との比較に資する素材を提供することができると思われる。

　本書の構成は、先の7領域に対応するものである。ただし、「教育改革」といっても、制度・行政に限定することなく、広くカリキュラム等も含むこととし、またフランスの教育及び教育制度の特徴である哲学教育、フレネ教

3

育やグランド・ゼコール準備級なども取り上げる内容となっている。

　当初の計画では、保守政権の教育政策の特質とは何かを明らかにしようと試みたが、第1章で示されるように各政権の特徴が複合的であるうえに、各学校段階や領域に応じて問題構成や課題が異なることが明らかとなったこともあり、各論考では、それぞれの段階・領域において、ここ四半世紀の間、フランスの教育が何を対象に格闘してきたのかを明らかにすることに焦点が当てられている。

　各論考の用語については、フランス教育学会編の『フランス教育の伝統と革新』によることを原則としている。ただし、外国研究の常として、訳語として何を選ぶかはそれぞれの研究者の問題関心等に依り、便宜的に決めることができない。本書においても、最終的には各研究者の判断に委ねている。

　本書は、平成25～27年度科学研究費補助金「フランス保守政権下の教育改革に関する総合的研究」（基盤研究（B）、研究代表者　堀内達夫）の研究成果を踏まえて編まれたものである。この研究は、フランス教育学会の事業の一環として、本刊行物執筆者を含む20名の研究者からなる研究グループを組織して取り組んだ。

　フランス教育学会と学会に集った研究グループは、これまでも、『現代フランスの教育』（1988年、早稲田大学出版部）、『21世紀を展望したフランス教育改革』（1992年、東信堂）、『フランス教育の伝統と革新』（2009年、大学教育出版）の著書を発表してきた。本書は、直接的には、『21世紀を展望したフランス教育改革』の続編に当たるものといえる。

　なお、本書は、科学研究費補助金「研究成果公開促進費」を得て、刊行されるものである。

上原秀一

藤井穂高

目　次

現代フランスの教育改革

はじめに●上原秀一・藤井穂高　　3

第Ⅰ部　教育理念

［年表］　16

第1章　フランス政治の変遷と教育改革●上原秀一・鈴木規子　　18

はじめに　18

1. 右派政権下の教育改革の背景──ミッテラン左派政権の教育改革　　20
   - 1–1　第一次ミッテラン左派政権の教育改革　　20
   - 1–2　第二次ミッテラン左派政権の教育改革　　22

2. 第一次シラク右派政権──1995年大統領選挙　　25
   - 2–1　大統領選挙の結果──シラク大統領の誕生　　25
   - 2–2　第一次シラク右派政権下に行われた政治とその特徴　　25

3. 第二次シラク右派政権──2002年大統領選挙　　27
   - 3–1　大統領選挙の結果──シラク大統領再選　　27
   - 3–2　第二次シラク右派政権下で行われた政治とその特徴　　28
   - 3–3　第二次シラク右派政権の教育改革　　31

4. サルコジ右派政権──2007年大統領選挙　　34
   - 4–1　大統領選挙の結果──サルコジ大統領の誕生　　34
   - 4–2　サルコジ政治の特徴　　35
   - 4–3　サルコジ右派政権の教育改革　　36

5

5. オランド左派政権——2012 年大統領選挙　　38

　5–1　大統領選挙の結果
　　　　——サルコジ大統領の敗北、オランド社会党大統領の誕生　　38

　5–2　サルコジの敗因とオランドの勝因　　39

　5–3　オランド左派政権の教育改革　　41

おわりに　41

第Ⅱ部　初等教育

第 2 章　初等教育の問題構成と改革課題◉藤井穂高　　46

はじめに　46

1. 初等教育改革の問題構成　47

　1–1　ジョスパン法における初等教育改革の問題構成　　47

　1–2　フィヨン法における問題構成　　48

　1–3　ペイヨン法における問題構成　　50

2. 初等教育の改革課題　51

　2–1　すべての児童生徒の学業成功　　51

　2–2　学習期制　　54

　2–3　保育学校　　57

　2–4　学校週 4 日制　　59

　2–5　学校のネットワーク化　　60

おわりに　62

第 3 章　「初等学校学習指導要領」の変遷
　　　　——幼小教育の連続性を中心に◉赤星まゆみ　　66

はじめに　66

1. 初等学校の学習期に対応した教育課程の構築　67

　1–1　幼児期教育の学校教育化への道——1989 年ジョスパン法の成立まで　　67

1-2　1990年の「新教育政策」――学習期制度と教育課程　67

1-3　1990年通達と教育課程の基準
　　　――1985年・1986年通達の一部修正を通して　70

1-4　全国教育課程審議会の設置と「初等学校学習指導要領」の作成　71

2.「初等学校学習指導要領」の変遷　73

2-1　1995年学習指導要領　73

2-2　2002年学習指導要領　78

2-3　2008年学習指導要領　79

おわりに　82

第4章　フランスにおける「読むこと」の実践
　　　――「フレネ教育」の「自然な方法」を中心に◉坂本明美　86

はじめに　86

1.　フランスにおける「読むこと」の多様な方法　86

2.　フランスにおける「読むこと」の方法の歴史的経緯　89

3.　郊外で起こった若者による事件への対応策としての言語教育　93

4.　「フレネ教育」における「書くこと」と「読むこと」
　　　――「自然な方法」　94

5.　「フレネ学校」における「書くこと」と「読むこと」の実践
　　　――「自然な方法」　99

おわりに　104

第Ⅲ部　中等教育

第5章　保守政権下にみる中等教育の大衆化と民主化の
　　　　パラドックス◉園山大祐　110

はじめに　110

1. 教育の大衆化「第2次教育爆発」の影響　113

2. 政策にみる落ちこぼれ対策　116

3. 義務教育後の「学校離れ」対策　120

おわりに　124

第6章　リセの哲学教育における争点
──「フランスモデル」の揺らぎのなかで●綾井桜子　129

はじめに　129

1. リセの哲学教育とその伝統　132

　1-1　リセの哲学教育に求められてきた役割とは　132

　1-2　書くことの学習──ディセルタシオン (小論文) に着目して　134

2. 哲学教育の改革をめぐる提言　136

　2-1　リセにおける哲学教育の開始をめぐって　136

　2-2　「教科書的なもの」の意義を認めること　138

　2-3　バカロレア試験の改良とディセルタシオンの相対化をめぐる提案　140

3. 2000年代以降の動き　141

　3-1　学習指導要領の改革をめぐって──個々の生徒に応じた教育へ　141

　3-2　リセ第3学年 (最終学年) に先立つ哲学をめぐって　143

　3-3　ディセルタシオンの存続と深まる困難　144

おわりに　145

第7章　コンピテンシーに基づく教育改革
──中等教育の伝統の打破？●細尾萌子　150

はじめに　150

1. フランスの中等教育における教養教育の伝統　151

2. コンピテンシーに基づく中等教育改革　153

　2-1　コンピテンシーの定義　153

2-2　コンピテンシーに基づく教育改革　154

　3.　共通基礎をめぐる論争　157
　　3-1　学習指導要領憲章におけるコンピテンシーの公認　157
　　3-2　国民討論による「共通基礎」の社会的認知　158
　　3-3　共通基礎の制定　160
　　3-4　共通基礎の改訂　162

　4.　コンピテンシーを育む教育実践──帯による評価　163

　おわりに　167

第Ⅳ部　高等教育

第8章　フランス保守政権下における高等教育改革の動向
　　　　──高等教育の市場化と政府統制の葛藤●大場　淳　172

　はじめに　172

　1.　世界における高等教育の市場化　173

　2.　フランスにおける高等教育市場化の展開　174
　　2-1　フランスにおける高等教育の市場化の進展　174
　　2-2　政府統制のあり方の変化とその限界　176

　3.　複雑化する大学を取り巻く環境への対応　178
　　3-1　グローバル化と欧州統合　178
　　3-2　地方分権　180
　　3-3　連携・統合と大規模競争的資金　181

　おわりに　183

第9章　フランスにおける選抜制教育機関の進学機会拡大政策
──グランド・ゼコール準備級への非富裕層の進学促進

●夏目達也　192

はじめに　192

1. グランド・ゼコール準備級に関する制度上の特徴
──大学との格差の実態　194

1-1　高等教育制度における CPGE の位置付け　194

1-2　入学者選抜・教育課程　196

1-3　恵まれた教育条件　198

2. CPGE の社会的開放政策　199

2-1　社会的開放政策の背景　199

2-2　「卓越教育機会均等憲章」の制定　201

2-3　「機会均等法」の制定　204

3. 考察　205

3-1　30％目標は教育の質低下をもたらすか　205

3-2　30％目標は格差の解消につながるか　206

3-3　非富裕層の学生の CPGE 入学促進に必要な条件とは何か　207

3-4　教育機会不均等は CPGE だけの問題か　209

おわりに　210

第10章　フランス保守政権下の教員養成制度と教員に求められる能力
●大津尚志・松原勝敏　214

はじめに　214

1. IUFM 設立当初の教員養成制度　215

1-1　IUFM の設置の背景　215

1-2　IUFM の設置　217

1-3　IUFM 設置の意義と残された課題　218

10

2. 保守政権下の教員養成・高等教育の動向　220

　　2-1　ボローニャ宣言とフランスの高等教育　221

　　2-2　2005 年学校基本計画法（フィヨン法）の制定までの動向と教員養成　222

　　2-3　フィヨン法の制定と教員養成　224

3. 教員養成のスタンダード　226

4. 「修士号要求」以降の教員養成　228

5. 修士号導入以降の教員養成　230

　　5-1　初等教員採用試験　231

　　5-2　中等教員採用試験──歴史・地理科を例として　232

おわりに　234

第V部　職業教育

第11章　フランス保守政権下における技術・職業教育の改革と実際
　　　　　◉堀内達夫　240

はじめに　240

1. 技術・職業教育の制度　241

2. 職業教育の改革と動向　243

おわりに　247

第12章　フランスおける技術・職業教育と高等教育との接続問題
　　　　　──数学教育、エンジニア科学教育、リセ技術教育課程改革を
　　　　　めぐって◉上里正男　248

はじめに　248

1. 一般教育としての数学教育と専門教育との関連問題　249

　　1-1　数学教育問題　249

11

1-2 中等教育レベルのリセのテクニシャン養成と職業リセの熟練工養成における数学教育　250

（1）リセにおける数学教育と職業教育との関連問題　250

（2）職業リセにおける数学教育と職業教育との関連問題　252

1-3 高等教育レベルのエンジニア養成と上級テクニシャン養成における数学教育　252

（1）高等教育における一般教育と専門教育との関連問題　252

（2）STS における数学教育と専門教育との関連問題　253

（3）IUT における数学教育と専門教育との関連問題　254

（4）大学の大学一期課程とグランド・ゼコール準備級 (CPGE) における数学教育と専門教育との関連問題　256

1-4 技術・職業教育と高等教育との接続問題　258

2. テクノロジー教育からエンジニア科学教育へ
——コレージュから高等教育までの接続関係　259

2-1 テクノロジー教育　259

2-2 エンジニア科学教育　259

3. リセ技術教育課程の改革　261

3-1 リセ改革　261

3-2 STI2D 教育　262

おわりに　267

第Ⅵ部　インクルーシブ教育

第 13 章　フランスにおけるインクルーシブ教育導入をめぐる葛藤●坂倉裕治　272

はじめに　272

1. フランスにおける障がい者教育小史　273

2. 2005 年法の理念　276

3. インクルーシブ教育をめぐる葛藤　280

おわりに　284

第 14 章　インクルージョンという教育理念のあり方●池田賢市　290

はじめに　290

1. 障害者権利条約第 24 条の表現　291

2. 「合理的配慮」と意見表明権との関係　292

3. 「障害」・「差別」の定義　293

4. 2005 年法の趣旨と具体策　295

5. インクルージョンを実現するための施策　297

6. 運営上の課題　298

7. 市民概念の重要性　299

8. おわりに　301

第Ⅶ部　社会教育・生涯学習

第 15 章　アニマトゥール（社会教育関係職員）の制度化と社会教育の発展●岩橋恵子　306

はじめに　306

1. アニマトゥールの誕生とその背景　307

2. アニマトゥール労働の広がりと社会的認知　309

　　2-1　社会的労働者としてのアニマトゥール　309

　　2-2　子ども・若者支援におけるアニマトゥール労働とその政策化　312

3. アニマトゥールの基本的身分の確立　314

　　3-1　全国労働協約による民間アニマトゥールの基本的身分の確立　314

　　3-2　地方公務員アニマトゥールの誕生　316

4. アニマトゥール資格免状の体系化と養成の組織化　319

5. アニマトゥールの制度化にみるフランス社会教育の特徴　324

おわりに　328

第16章　フランスにおける近年の生涯学習重点政策●岩崎久美子　332

はじめに　332

1. 人的資本政策　335

1-1　人的資本論とは　335

1-2　若年失業者問題　337

1-3　継続職業教育・訓練へのアクセス強化　341

2. 社会的統合　342

3. 高齢者対策　343

おわりに　346

あとがき●岩崎久美子　352

索引　354

第Ⅰ部

教育理念

【年表】

政権の変遷	ヨーロッパ統合関連 主な教育改革
ミッテラン左派政権（1981 〜 95 年）	・高等教育法（サバリ法） （1984） ・教育基本法（ジョスパン法）（1989） *東西ドイツ統一（1991）* *マーストリヒト条約（1993）*
1995 年大統領選 → シラク（RPR）勝利 第一次シラク右派政権（1995 〜 2002 年） 第一次ジュペ右派内閣（1995 年 5 月〜 6 月） ：バイルー国民教育高等教育研究職業参入相 ○ 1995 年国民議会選挙→ RPR 勝利 第二次ジュペ右派内閣（1995 〜 97 年） ：バイルー国民教育高等教育研究相（留任） ○ 1997 年 6 月国民議会選挙→ PS 勝利［第三次保革共存］ 第一次ジョスパン左派内閣（1997 年 6 月〜 2000 年 3 月） ：アレーグル国民教育相、ロワイヤル学校教育担当相 第二次ジョスパン左派内閣（2000 年 3 月末〜 02 年 5 月） ：ラング国民教育相、メランション職業教育担当相	*アムステルダム条約（1995）* ・ソルボンヌ宣言（1998） ・ボローニャ宣言（1999） ・欧州高等教育圏構想（ボローニャ・プロセス）の発表
2002 年大統領選 → シラク（UMP）勝利 第二次シラク右派政権（2002 〜 07 年） 第一次ラファラン右派内閣（2002 年 5 月〜 6 月） ：フェリー青少年国民教育相、ダルコス学校教育担当相 ○ 2002 年国民議会選挙 → UMP 勝利 第二次ラファラン右派内閣（2002 年 6 月〜 04 年 3 月末） 第三次ラファラン右派内閣（2004 年 3 月末〜 05 年 5 月） ：フィヨン国民教育高等教育研究相 ドビルパン右派内閣（2005 年 5 月〜 07 年 5 月） ：ドロビアン国民教育高等教育研究相	*EU の東欧拡大（2004）* ・宗教的標章禁止法（2004年） *欧州憲法条約批准をフランス・オランダ否決（2005）* ・学校基本計画法（フィヨン法）（2005 年）
2007 年大統領選 → サルコジ（UMP）勝利 サルコジ右派政権（2007 〜 12 年） 第一次フィヨン右派内閣（2007 年 5 月 17 日〜 6 月 18 日） ：ダルコス国民教育相、ペクレス高等教育研究相	*リスボン条約（2007）*

16

政権の変遷	ヨーロッパ統合関連 主な教育改革
○ 2007 年国民議会選挙 → UMP 勝利 第二次フィヨン右派内閣（2007 年 6 月〜 09 年 6 月） 　：国民教育相と高等教育研究相に変更なし 第三次フィヨン右派内閣（2009 年 6 月〜 10 年 11 月） 　：シャテル国民教育相、ペクレス高等教育研究相（留任） 第四次フィヨン右派内閣（2010 年 11 月〜 12 年 5 月） 　：シャテル国民教育相、ペクレス高等教育研究相（留任）	・大学自由責任法（LRU 法）（2007 年） ・欧州高等教育圏の創設（2010）
2012 年大統領選 → オランド（PS）勝利 <u>オランド左派政権（2012 〜 17 年）</u> 第一次エロー左派内閣（2012 年 5 月） 　：ペイヨン教育相、フィオラゾ高等教育研究相 ○ 2012 年国民議会選挙→ PS 勝利 第二次エロー左派内閣（2012 年 6 月〜 14 年） 　：国民教育相、高等教育研究相ともに変更なし 第一次バルス左派内閣（2014 年 4 月〜 8 月） 　：アモン国民教育高等教育研究相、フィオラゾ高等教育研究閣外相（留任） 第二次バルス左派内閣（2014 年 8 月〜 2015 年 6 月） 　：バロベルカセム国民教育高等教育研究相、フィオラゾ高等教育研究担当相（留任） 第三次バルス左派内閣（2015 年 6 月〜 16 年 12 月） 　：バロベルカセム国民教育高等教育研究相 カズヌーヴ左派内閣（2016 年 12 月〜 17 年 5 月） 　：国民教育高等教育研究相（留任）	・共和国学校再構築法（ペイヨン法）、高等教育研究法（フィオラゾ法）（2013 年）

（参考）「第五共和制下の国民教育担当大臣及び閣外大臣」国民教育省ホームページ〔http://www.education.gouv.
fr/pid288/les-ministres-et-secretaires-d-etat-de-l-education-de-la-ve-republique.html〕2017 年 7 月 31 日閲覧。
（年表作成）鈴木規子

第1章

フランス政治の変遷と教育改革

上原秀一

鈴木規子

はじめに

　1981 年から 2 期 14 年間続いたフランソワ・ミッテラン大統領（社会党 (PS)）の任期が切れた 1995 年、大統領選挙で右派の RPR（共和国連合）の ジャック・シラクが大統領に選ばれて就任した。シラクは 2002 年の大統領 選挙で再選を果たして、2 期 12 年間の任期を全うした。2007 年の大統領選 挙では、右派のニコラ・サルコジ大統領（UMP［国民運動連合］）が就任した。 サルコジ大統領は 2012 年の大統領選挙で再選を目指したが、社会党候補の フランソワ・オランドに敗れた。このオランド大統領の誕生までの 17 年間、 右派の大統領による政権が維持された。しかしながら、実際には 1997 年か ら 2002 年までは右派のシラク大統領と左派のリオネル・ジョスパン首相（社 会党）の保革共存（コアビタシオン）というねじれ現象が起こったため、左右 それぞれの特徴ある政策の実行は困難だった。

　保革共存政権については、1986 年から 1988 年にも当時のミッテラン大統 領時代に、右派のシラクを首班とした内閣が誕生して左派の大統領と右派の 内閣という組み合わせが生まれたのが最初で、その後も 1993 年から 1995 年 までミッテラン大統領の下、エドゥアール・バラデュール（RPR）を首班と する右派内閣ができており、シラク大統領・ジョスパン内閣という保革共存 は 3 回めであった。保革共存政権が生まれるのは、大統領の任期が 7 年、下

院議員の任期が5年、と任期がずれていることが一因であった。大統領の任期中に下院選挙が行われるため、大統領の政策に対する批判票が投じられて、大統領の政党に反対する勢力が下院選挙で勝利を収めることがあったからである。こうした経緯から、大統領と下院議員の任期のずれを解消して保革共存を回避するため、大統領の任期を下院議員と同じ5年に短縮する国民投票が2000年9月に実施され、国民の賛成を得た。こうして、2002年の選挙で選出された大統領から任期が5年に短縮され、それ以降は、大統領と内閣が同じ政党で政策が推進されるようになっている。こうした経緯で、シラク大統領の2期目の任期は7年から5年へと短縮されている。2007年の大統領選挙でサルコジが当選し、その直後に行われた下院選挙でも同じ右派が勝利して、ねじれは起こらなくなった。

　こうした選挙日程の変更もあって、1995年から2012年まで17年間、右派による政権が継続していた。先述の通り、シラク大統領の1期目は保革共存のため、右派の特徴は出しにくかったといえるが、2期目は右派のラファラン内閣が誕生したので、より右派らしい政治がしやすかったといえるだろう。

　ところで、同じ右派政権であっても、大統領によって強調する政治は異なっている。2007年の大統領選挙でシラク前政権との「断絶」を強調して大統領に選ばれたサルコジ大統領の下、フィヨン内閣が新自由主義的な政策を打ち出した。2012年に大統領選挙で敗れるまでの5年間、新自由主義的な政策が継続した。その間、2005年のフランス国民投票で欧州憲法条約の批准が失敗したために停滞していた欧州統合も、サルコジ大統領がリスボン条約を主導して解決するなど独自性を示した。しかし、リーマン・ショックやユーロ危機など、グローバル化による経済危機への対応や、雇用問題の悪化が深刻化する一方、移民の社会統合やイスラーム系移民に対するライシテ（非宗教性）の厳格化など国民を分断しかねない対応をとったことで保守穏健派の支持を失ったといえる。その結果、2012年の大統領選では「普通の大統領」を掲げた社会党のオランドに敗れ、政権が交代した。

　本章では、1995年以降に誕生したシラクとサルコジの2人の右派大統領の政権下における政治の変遷を描くことを目的としている。そのため、はじ

めに、右派政権による教育改革の背景をなすミッテラン左派政権の教育改革を概観する。1995年から4回行われた大統領選挙の結果と、それぞれの政権下の政治の特徴について概観し、大統領選挙での教育に関する公約ならびに、この間の右派出身の大統領とその政権による教育政策の特徴についても述べていく。

1. 右派政権下の教育改革の背景
——ミッテラン左派政権の教育改革

1-1　第一次ミッテラン左派政権の教育改革

　1970年代の2度にわたる石油危機（1973年、1978年）によってフランス経済は停滞し、70年代前半に2%台だった失業率は、1977年には5%を、1981年には7%を超えるに至った。教育においては、1950年代末に10%程度であった同一世代に占めるバカロレア水準到達者（後期中等教育最終学年進級者）の割合が1970年代半ばには30%に上昇し、これに伴って高等教育在学者数も1960年31万人、1970年85万人、1980年118万人と急速に増加した。

　この間、初等中等教育では、1975年7月に制定された1975年教育法（アビ法）に基づき、中等教育の機会均等に向けた前期中等教育のコース制廃止（「統一コレージュ」）などの改革が進められ、高等教育では、1968年11月に制定された1968年高等教育基本法（フォール法）に基づき、大学における学習環境の改善などに向けた取り組みが進められていた。しかしなお、国の経済不況を解消するための人材育成策として、初等中等教育と高等教育における教育規模のいっそうの拡大と教育水準の引き上げ、教育の質の向上が求められていた。

　アビ法とフォール法の規定のうち、現在の「教育法典　法律の部」（教育関連法を条文ごとに分解し内容別に編纂したもので、2000年に成立した）の「第1編　教育の一般原則」に含まれているのは、アビ法第1条に基づく教育法典第L.111-2条のみである。その第1項では、子どもは「学校教育を受ける権利

20

(droit à une formation scolaire)」を有すると定めている。第 2 項では、「学校教育
は、子どもの開花を促進し、子どもが教養を獲得することができるように
し、かつ、子どもに職業生活の準備並びに人間及び市民の責任の履行の準備
をさせる。学校教育は、生涯教育の基礎を成す。家庭は、これらの使命の遂
行に協力する。」と定めている。第 3 項では、「機会均等（l'égalité des chances）」
を促進するために学校教育への接近を保障すると定めている。第 4 項では、
「国は、子どもの人格及び家庭の教育活動の尊重を保障する。」と定めている。
このように、アビ法によって定められた教育の一般原則が今日も効力を有し
ている。

　アビ法とフォール法による教育改革を経て、1981 年 5 月の大統領選挙に
おいては、左派・社会党のミッテラン大統領が選出され、初の社会党政権で
あるモロワ内閣（サバリ国民教育大臣）が発足した。モロワ内閣は、1982 年に
教育行政を含む全般的な地方分権化政策を開始するとともに、同年、「優先
教育地域（ZEP）」の指定制度を導入して、特定地域に集中する初等中等教育
段階の学業不振を解消するための対策を初めて打ち出した。ZEP 政策は、そ
の後、左派・右派を問わず、一貫して教育の機会均等を目指す改革の柱を成
してきた。

　また、高等教育では、1984 年 1 月に 1984 年高等教育法（サバリ法）を成立
させ、大学における意思決定の合理化や外部評価の導入など、高等教育の
現代化に向けた改革を行った。サバリ法が定めた高等教育の一般原則は、現
在、「教育法典　法律の部」において、次のように定められている。すなわ
ち、サバリ法第 1 条に基づく第 L.123-1 条では、「高等教育に関する公役務
（service public）は、各省庁の所管に属する中等後の教育全体を含む。」という
原則が定められている。

　また、同法第 2 条に基づく第 L.123-2 条では、「高等教育に関する公役務」
が貢献すべきものとして、次の 3 点が定められている。すなわち、①教育の
基盤である研究の発展、国と個人の学術的文化的職業的水準の向上、②地域
及び国の計画的な成長、経済の飛躍的発展、現在の需要と将来の予測を考慮
した雇用政策の実現、③社会的文化的不平等の縮小、文化・研究の最高の形
態に接近する意志と能力を有する全ての男女にこれを保障する男女平等の実

第 1 章　フランス政治の変遷と教育改革　　21

現、である。要するに、国民の学術的文化的職業的水準を向上させ、国家経済を発展させて雇用問題の解消を図り、社会的文化的不平等や男女の不平等を縮減させることに、高等教育が貢献する、というのである。

このほか、同法第3条に基づく第L.123-3条では「高等教育に関する公役務の使命」が定められているが、これについては後述する（4-3を参照）。

モロワ内閣に続くファビウス内閣（シュベーヌマン国民教育大臣）は、1985年にバカロレア水準到達率を同一世代の80％とする目標（バカロレア水準80％目標）を初めて提唱した。バカロレア水準とは、後期中等教育最終学年への進級を意味する。バカロレア水準到達率は、1980年代初頭には約35％であり、これを80％に飛躍的に伸ばそうとしたのである。このため、翌1986年には、それまでバカロレア取得の道が閉ざされていた職業リセ（職業高校）の生徒向けに、「職業バカロレア」を創設して、それまで高等教育入学資格が与えられなかった職業系後期中等教育課程の在学者に高等教育進学の道を開いた。

1986年3月から88年5月までは、下院での保守連合多数を背景に、ミッテラン大統領（左派）とシラク右派内閣との保革共存による政権運営がなされた。シラク内閣（モノリ国民教育大臣、ドバケ研究高等教育担当大臣）は、サバリ法に基づく大学改革を批判して、1986年に入学者選抜の導入などを含む「大学改革案（ドバケ法案）」を発表したが、全国的な反対運動に直面し、これを撤回した。

1-2　第二次ミッテラン左派政権の教育改革

1988年5月の大統領選挙においては、ミッテラン大統領が再選されて保革共存が解消し、その後、93年3月まで社会党を中心とする内閣が続いた。1988年に発足したロカール内閣（ジョスパン国民教育大臣）は、1989年7月に1989年教育基本法（ジョスパン法）を成立させた。同法は、教育を「国の最優先課題」として「幼児児童生徒及び学生を中心に」公教育を構想・組織するという原則を定めるとともに、具体的には、シュベーヌマン国民教育大臣が掲げたバカロレア水準80％目標を再度改めて法律に定める一方、生徒全員を職業リセ2年修了程度で取得できる職業資格水準に至らせることも目標と

して定めた（無資格で学校教育を離れる者の割合は、1977年18.6％から1989年12.3％と推移していた）。この目標に向け、小学校で広く行われていた落第を抑制するなどの学力向上策が講じられた。また、教員の資質向上に向けて、「教師教育大学部（IUFM）」を創設して、それまで別々の機関で行われていた初等教育教員と中等教育教員の養成を一元化した。ジョスパン法に基づく改革により、1980年代初頭に35％前後であったバカロレア水準到達率は、1992年には60％を超えることとなった。高等教育在学者数は、1980年118万人、1990年171万人と増加し、1993年に初めて200万人を超えた。

　ジョスパン法第1条は、次のように定められた（項末または文末の括弧内は、現在の教育法典中の条文番号）。

　第1条　教育は、国の最優先課題とする。教育に関する公役務は、幼児児童生徒及び学生を中心に構想及び組織する。教育に関する公役務は、機会均等に貢献する。（第L.111-1条）

②　教育を受ける権利は、個人がその人格を発達させ、その初期教育及び継続教育を向上させ、社会生活及び職業生活に参入し、かつ、その市民権を行使することができるようにするために、個人に保障する。（第L.111-1条）

③　一般教養の獲得及び公認資格の獲得は、社会的、文化的又は地理的な出自を問わず全ての青少年に対して保障する（第L.111-1条）。障害のある青少年の統合教育を促進する。看護及び保健に関する機関及び部局は、これに参加する。（第L.112-2条）

④　保育学校、小学校、コレージュ（中学校）、リセ（高校）及び高等教育機関は、知識及び学習方法を伝達しかつこれらを獲得させる責務を有する。これらの教育機関は、男女平等の促進に貢献する。これらの教育機関は、フランス並びにこれを取り巻く欧州及び世界の経済的社会的文化的発展に適応した内容及び方法で教育を行う。この教育には、全ての段階において、地域語及び地域文化の教育を含むことができる。芸術教育及び体育スポーツ教育は、全ての幼児児童生徒の教育に直接寄与する。高等教育においては、

第1章　フランス政治の変遷と教育改革　｜　23

体育スポーツ活動を学生に提供する。(第 L.121-1 条)

⑤　保育学校、小学校、コレージュ及びリセにおいては、幼児児童生徒及び学校内において又は学校と関係して幼児児童生徒の教育に参加する全ての者により、教育共同体を構成する。(第 L.111-3 条)

⑥　生徒及び学生は、父母、教員、進路指導職員及び専門家の援助を受けて、自らの希望及び能力に応じて、自らの進学就職計画を立案する。関係行政部局、地方公共団体、企業及びアソシアシオンは、これに寄与する。(第 L.313-1 条、第 L.611-3 条)

⑦　教育に関する公役務の延長である学校外教育活動は、行政部局、地方公共団体、アソシアシオン、財団その他の団体による寄与により組織することができる。ただし、これは国が定める教育活動に代わるものではない。(第 L.551-1 条)

⑧　生涯教育は、教育機関の使命の一部を成し、個人に自らの教育水準を向上させ、経済的社会的変化に適応し、かつ、獲得した知識の認証を得る可能性を与える。(第 L.122-5 条)

このように、教育の一般原則を定めた教育法典第 L.111-1 条に、ジョスパン法第 1 条に由来する条文の多くが置かれている。同法の理念が今日に至る教育改革の基本理念を成していることが分かる。

　ジョスパン法は、「機会均等」への貢献というアビ法以来の原則を受け継ぎつつ、「教育を国の最優先課題とする」という原則や、「教育に関する公役務」を「幼児児童生徒及び学生を中心に構想及び組織する」という原則など、新しい教育理念を定めたのである。また、幼児児童生徒と学校関係者全体によって「教育共同体（communauté éducative）」を構成するという新しい教育理念も定めたのである。

24

2. 第一次シラク右派政権——1995年大統領選挙

2-1 大統領選挙の結果——シラク大統領の誕生

　ミッテラン大統領が2期14年の任期満了で引退した1995年大統領選挙には、社会党からジョスパン前国民教育大臣、右派政党のRPRからは党首のシラク元首相が立候補を表明した。選挙直前までミッテランとの保革共存にもかかわらず安定的な政権運営で人気が高まったバラデュール首相も、党内の反シラク派の支持を得て無所属で立候補したため、保守が分裂することになった[1]。

　第1回投票では、1位がジョスパン、2位がシラクとなり[2]、両者が決選投票に進んだ。その結果、シラクが52.6％を得票して大統領に選出された。勝因は、もしジョスパンが勝てば社会党大統領が三期連続の計21年となって長すぎるという有権者の判断にあった[3]。

　大統領選挙後に実施された国民議会選挙でもRPRが勝利し、シラクの側近であるアラン・ジュペが首相に就任した。国民教育大臣にはバラデュール前内閣に引き続きフランソワ・バイルーが就任した。

2-2 第一次シラク右派政権下に行われた政治とその特徴

　大統領選の公約にもなった雇用問題について、ジュペ右派内閣は企業支援による雇用創出を掲げた。しかしEUの経済統合に向けた財政赤字削減のため、公務員の賃上げ凍結及び年金受給資格の引き上げ、国民福祉税増税など社会保障改革を発表したところ、これに反対した国民は、1995年12月に3週間以上にわたる大規模なストライキを起こし、国民生活を混乱させた。その結果、社会保障改革案は棚上げになった。

　内閣支持率も急落したため、シラク大統領は、EU経済統合や改革を進めるためにも国民の支持をとりつけようと、1997年5月に下院を解散して総選挙に打って出た。しかし総選挙の結果、右派は大敗してジュペ内閣は倒れ、

第1章　フランス政治の変遷と教育改革　　25

第一党となった社会党と共産党・緑の党との左派内閣が誕生し、先の大統領選で善戦したジョスパン社会党第一書記が首相となった。この選挙の結果、1993年のミッテラン＝バラデュールのコンビに次ぐ、3度目の保革共存が誕生し、その状態が2002年5月まで続くこととなった。

左派の勝因は、ジュペ内閣がEU通貨統合を優先し、失業問題を解消できなかったことに対して、社会党が雇用創出と「国民を犠牲にしない通貨統合」を訴えたことにあった[4]。この結果をうけて、ジョスパン左派内閣では、2000年2月にマルティーヌ・オブリ労働大臣が労働時間週35時間制を導入し、短縮労働やワークシェアリングも進めた。若者の失業対策として、主に公的部門での若年雇用 (emploi-jeune) も始まった。また、EUの政策を受けて、教育の統一化、男女平等、EU域内出身外国人の選挙参加が実現したという特徴がある。

まず、教育については、国民教育大臣に就任したクロード・アレーグルが、EUのボローニャ・プロセスに対応した高等教育改革を行った。それは、EU加盟国の間で制度が異なっていた学士・修士・博士課程の年限を各国で共通化させることを目的としていた。こうしてフランスでは大学入学後3年目で学士号（licence）、4年目で修士号（maîtrise）、5年目にDEA、それ以降が博士課程（doctorat）といった国内制度を、EU域内で統一的な制度として3年目で学士号、5年目で修士号（Master）、8年目で博士号（Docteur）へ改革するための準備に着手した。

男女平等政策については、1999年7月8日に男女平等に関する憲法的法律を下院で可決し憲法改正を行った。これを受けて、翌年には議員職の男女同数法（パリテ法）が制定された。これによって、女性が少なかった議会や内閣、労働市場、教育現場で男女平等の改善に向けた取り組みがなされるようになった[5]。

EU域内出身の外国人の選挙参加については、1992年のマーストリヒト条約第8条に記された「EU市民権」のなかで、移動や居住の自由とともに、他のEU加盟国に居住していてもEU市民には欧州議会選挙と地方議会選挙への選挙権と被選挙権が付与されることが定められた。ところがフランスでは、地方参政権の付与については国民主権を理由に右派政権で議論が中断し

たままだった。これをジョスパン内閣は発足後ただちに着手し、1999 年 5 月に国内法を修正し、その直近に実施される 2001 年のフランス市町村議会選挙から、外国籍 EU 市民も選挙権及び被選挙権を行使することが決まった[6]。

3. 第二次シラク右派政権——2002 年大統領選挙

3-1 大統領選挙の結果——シラク大統領再選

2001 年 9 月 11 日にアメリカ同時多発テロが発生した影響をうけて、国内の安全保障や治安強化が政治的争点にあがり、ムスリム系移民に対する暴力や嫌がらせが社会や学校でも増えていった。そうした状況下で大統領選が行われたこともあり、その争点は移民・治安問題が焦点化されたほか、欧州憲法条約批准、雇用問題が挙げられた。

選挙前の予想では、ジョスパン首相とシラク大統領が有力候補とみられていたが、第 1 回投票の結果、決選投票に進んだのはシラクと、極右政党の国民戦線（FN）の党首ジャン＝マリ・ルペンであった[7]。こうして番狂わせの決選投票の選挙キャンペーンでは、「ルペン大統領」の誕生を阻止するため、シラクは保守派の集結を呼びかけて UMP（Union pour la majorité présidentielle:「大統領多数派連合」）という政党を立ち上げた[8]。左派も、「民主主義の危機」に立ち向かうため、政治信条の違いにもかかわらず国民にシラク支持を表明した。こうして国民が一丸となってシラク候補への支持を表明した結果、82.2% と第 5 共和政以降最高の得票でシラクが再選を果たした。このように大統領選で極右支持者の急増が明らかとなった結果、皮肉にも国民が団結して、シラクは「国父」として当選した。

シラクは、選挙公約「フランスのための私の約束」（Mon engagement pour la France）において、教育政策の目標として「機会均等の確立」を掲げた。このため、具体的に、次の 3 項目の課題を掲げた。第一に、「100% の子どもが成功できるようにするために、基礎知識の習得を保障する」という課題であ

第 1 章　フランス政治の変遷と教育改革　　27

る。このために、非識字対策と小学校における読み書き計算指導の徹底を行うとした。第二に、「全ての青少年が自分自身の成功の道を見つけることができるようにする」という課題である。このために、年間6万人の無資格離学者の解消、学校の自律性の拡大、教員の支援と保護者の参加強化、見習い訓練と職業教育の強化を行うとした。第三に、「大学を革新する」という課題である。このために、大学第一期課程（最初の2年）における中退の抑制、全ての大学生に最低半年の欧州域内留学の機会を提供、大学評価の発展を通じた大学の自律性の強化を行うとした[9]。

3-2　第二次シラク右派政権下で行われた政治とその特徴

　第二次シラク右派政権ではようやく保革共存が解消されたことによって、大統領選挙の争点として挙げられた移民問題、欧州憲法条約をはじめとする外交、そして雇用対策への取り組みが見られた。以下では、この3点についてどのような政治が行われたのか、その特徴を見ていく。

①ライシテ（非宗教性）の法制化とイスラーム、移民対策
　極右台頭をうけて、第二次シラク右派政権はポピュリズム的様相がみられる点が特徴である。まず、イスラームのスカーフの対応と、その回答としてのライシテ（非宗教性）の法制化が挙げられる。1989年にパリ郊外の公立学校でムスリム系女子生徒たちが宗教的スカーフを着用して授業に出席したことがライシテに反するとして退学事件になって以来、学校現場で対応が混乱していたスカーフ論争に対して、大きな変化が見られた。
　まず、2003年4月、サルコジ内務大臣がフランス・イスラーム組織連合（UOIF）の年次大会に出席した際、すべての女性はフランスの法律に則り、身分証明書の写真を撮る際に、スカーフを取らなければならないと発言をし、会場からブーイングを浴びた。この時サルコジ内務大臣は、ムスリムをスティグマ化する恐れがあるため、学校を含む公的領域から宗教的標章を禁止する法律には反対の立場を表明していた。それにもかかわらず、公立学校におけるスカーフ論争に関する公的な議論が激化していった[10]。こうした

スカーフ論争の収拾を図るため、2003年にシラク大統領は1905年の政教分離法制定から100周年を目前にして、共和国理念であるライシテを検討する諮問委員会を招集した。ベルナール・スタジを長としたこのスタジ委員会によって1年間かけて聞き取り調査が行われ、その最終報告にはキリスト教以外の祝日も認めるなど多様性の尊重を含むさまざまな提案が盛り込まれたのだが、公立学校における宗教的帰属を明らかにする標章の着用を禁止する提案のみが国会で取り上げられた。この法案（宗教的標章禁止法）は下院へ提出され、2004年3月15日に採択されたのであった。

　ここでの論点は、スタジ報告には多様な文化を尊重する提案も多数挙げられていながら実際に採用されたのは公立学校における宗教的標章の禁止だけだったことであり、その禁止対象の中心がムスリム少女のスカーフで、その着用者はさほど多くなかったことである[11]。共和国原理であるライシテは、宗教の平等や信仰及び表現の自由の尊重から、これまで法による規制はなかったのだが、これ以降、「ライシテ対イスラーム」[12]という対抗図式が目立つようになった。また、ムスリム系移民をめぐるこれらの問題に対して、社会統合の破綻という論調も見られるようになった。こうした一部の移民を社会問題のスケープゴートにするのは一種のポピュリズムに走った政治と言えよう。

　この後も、ムスリム系移民の女性や若者による不満の抗議が起こった。2005年秋、パリ郊外で移民系若者が警察官による職務質問から逃れようとして変電所で感電死した事故に対して、移民の若者が怒り、各地で暴動を引き起こした。政府は非常事態法を適用して沈静化を図った。こうした暴動の発生の背景には、若者の失業率が平均の2倍、移民はさらに高い現状や、移民系若者に対する差別がある。移民の多くはフランス生まれで、フランス国籍を取得しているのに、名前や容姿や住所で就職差別をうけていることが暴動をきっかけに明らかになった。これに対して、政府は雇用差別を行った雇用者への罰則の導入など、移民系若者への支援策を決めた。

　一方、政府は移民の審査を厳しくし、フランスにとって有益な外国人のみを受け入れる「選択的」な受け入れを目指す法案を2006年6月に成立させた。これはサルコジ内務大臣の主導によるもので、10年以上の外国人滞在

者に自動交付していた滞在許可証を廃止し、家族呼び寄せに必要なフランス滞在期間を延長するなど基準を厳格化し、他方で、高度技術者や学生などを呼び込むため「能力・才能滞在許可証」を発行した。サルコジ内務大臣はさらに治安強化に乗り出し、極右政党国民戦線（FN）のスローガンでもあった治安悪化と移民を結びつけるような言動が注目された。サルコジは、移民が集住する郊外を訪れた際に、若者を「社会のくず」とよんだことが郊外の若者の怒りを買い、若者と警察の対立を悪化させた。

　このように、極右政党のスローガンでもあった治安悪化や移民問題への対策を強調するようなポピュリスト的言動が注目されたのであった。

②外交

　第二に、外交面でフランス的特徴が世界的な注目を浴びた。2003 年初めに、イラク開戦を急ぐ米英に対して、国連の安全保障理事会でドミニク・ドビルパン外務大臣が戦争反対の演説を行った。この演説は国民の支持を得るだけでなく、世界的にフランスの外交的プレゼンスを上げた。

　しかし EU に目を転じると、フランスの対応はうまくいっていなかった。2005 年 5 月末、数年にわたる議論の結果、EU 加盟国間で批准にかけられた欧州憲法条約をシラク大統領があえて国民投票で問う「賭け」に出たところ、反対が 54.8％を占めて否決された。欧州憲法条約法案はフランスのジスカールデスタン元大統領が推進役としてとりまとめてきただけに、フランス否決の衝撃はラファラン首相辞任にとどまらず、他の EU 加盟国にも及び、その直後に国民投票が行われたオランダでも否決されてしまった。そのため、まだ批准手続きを完了していなかった加盟国でも批准手続きを取りやめる事態となり、この後しばらく EU 政治は停滞することとなってしまった。

　フランス国民が条約批准に反対した背景には、2004 年春に EU に新規加盟したポーランドをはじめとする中欧・東欧から安い労働力が流入すると国民の雇用が奪われるという懸念があった。また、トルコの EU 加盟問題を憲法法案の批准反対派が争点としてあげ、欧州憲法条約と結びつけて訴えたため、それに反応した国民が反対票を投じたことも原因であった。

③雇用対策

第三に、ジュペ内閣以来の長年の懸案である雇用問題について取り上げた。2005 年にラファラン首相の後任についたドビルパン首相は、雇用創出を最優先に掲げ、新規雇用契約（CNE）を創設するなど対策を打ち出した。フランスでは一度雇用すると明確な理由がないと解雇できないため雇用主は新規雇用に慎重になっていたことから、新規雇用契約では契約を結んだ後 2 年以内は理由を明示することなく解雇できるようにした。こうした雇用の柔軟化は失業率を改善させた。さらに続けて政府は 26 歳未満の若年者の雇用を改善するために、柔軟な雇用を可能にする初期雇用契約（CPE）の創設を 2006 年 1 月に決定した。ところが、雇用の不安を懸念した学生と労働組合が強く反発し、各地でデモが行われ混乱を招いたことから、政府は CPE の撤回を表明した。

　以上のように、12 年間のシラク大統領時代は、内政ではムスリム系移民とライシテ、郊外の暴動、CPE の混乱、政治経済の停滞、改革の成果が不十分であり [13]、外交でも欧州憲法条約批准に失敗して欧州統合をしばらく停滞させる事態を招いた。

3-3　第二次シラク右派政権の教育改革

　シラク大統領の下で発足したラファラン内閣（フェリー国民教育大臣、のちフィヨン国民教育大臣）は、2005 年 4 月に 2005 年学校基本計画法（フィヨン法）を成立させた。同法は、「国は、児童生徒に知識を伝達し、かつ、これに共和国の価値を共有させることを学校の最高の使命として定める。」という原則を定めるとともに、ジョスパン法が掲げたバカロレア水準 80％、無資格離学者解消という目標が未達成であることから（無資格離学率は 1998 年 9.3％、2005 年 7.5％。バカロレア水準到達率は 1996 年 63.6％、2006 年 63.2％）、これを継続しつつ、さらに高等教育修了率 50％という目標を定めた（2005 年の高等教育の学歴取得率（OECD）は、25 〜 64 歳で 25％、25 〜 34 歳で 39％）。同法は、義務教育段階に焦点を当てた学力向上策を講じる点に特徴があり、具体的には、小学校とコレージュで全員に完全習得させるべき内容を「共通基礎（socle commun）」として政令で定め、これに基づいて学習指導要領を改訂すること

第 1 章　フランス政治の変遷と教育改革　　31

とした。そして、「共通基礎」の修得が困難な児童生徒に対する特別学習支援を制度化した。

　フィヨン法の「付属報告書」は、同法の立法意図を次のように説明している。

　　　「学校基本計画法は、過去15年におけるフランスの社会及び学校の進展に対応することを目指している。同法は、共和国の基本的価値観から受ける恩恵を国民一人一人に想起させることを意図している。また、同法は、ヨーロッパにおけるフランスの責任という枠組みのなかに国民教育の努力を位置付け、我が国の教育制度が断固として進めてきた民主化政策を継続し、調整することを求めている。

　　　このため、国は、生徒全員が学校教育終了時に何らかの公認資格を獲得できるようにし、同一世代の80％がバカロレア水準（後期中等教育最終学年進級）に到達できるようにすることを、教育制度の目標として定める。さらに、国は、同一世代の50％を高等教育修了に至らせることを、目標として定める。」

「過去15年におけるフランスの社会及び学校の進展」というのは、ジョスパン法が制定された1989年から約15年が経過し、社会と学校のあり方が変化した、ということである。すなわち、ジョスパン法に代わる新しい理念によって教育改革を進めることが必要だというのである。このために、「付属報告書」では、「より公正な学校──信頼ある学校」、「より効率的な学校──質の高い学校」、「より開かれた学校──国民の意見に注意を払う学校」という学校の理想像を掲げ、その実現に向けた改革が必要であることを訴えている。

　一方、教育法典の改正法として同法を見た場合、教育の一般原則に対する改正は、大幅なものではない。「共和国の価値の伝達を学校の使命の中心に置き直し、学校本来の目的において道徳及び公民に関わる次元を強調」するために、ジョスパン法第1条に由来する第L.111-1条に、次の2項を追加したことが注目に値する程度である。

32

> ② 国は、児童生徒に知識を伝達し、かつ、これに共和国の価値を
> 　共有させることを学校の最高の使命として定める。
> ③ 教職員は、職務の履行においてこの価値を実行する。

　政府がこの改正を提案した理由は、同法制定に向けて行われた国民討論の報告書の現状認識がある。すなわち、「自由の尊重、子どもの権利を含む基本的人権の承認、宗教和平と道徳観念の世俗化、そして平等に向けた進歩は、フランス社会の進化の証であった。しかしこうした進化は、特定地域の『ゲットー化』と『共同体主義化』すなわち軽犯罪や非礼行為、人種差別的行動、反ユダヤ主義的行動、性差別的行動、反同性愛的行動の増大に関係する困難に直面し続けている。」という現状認識である。このような現状認識に基づき、「共和国の価値」を共有させるための学校の役割が強調されているのである。

　具体的な改革事項を見てみると、フィヨン法に基づく教育改革の特徴は、義務教育段階を重視したことであると言える。教育法典第 L.122-1-1 条を新設し、「共通基礎」の制度を導入したのである。すなわち、「義務教育は、就学を成功裏に達成し、教育を継続し、人格及び職業に関わる将来を構築し以て社会生活に成功するために習得が不可欠な知識及びコンピテンシーの全体から成る共通基礎の獲得に必要な手段を、児童生徒に最低限保障しなければならない。」と定められた。この規定に基づき、2006 年 7 月 11 日の政令第 2006-830 号で「共通基礎」が制定された。これに基づき、小学校とコレージュの学習指導要領が改訂され、義務教育の途中で学習に遅れが見られる児童生徒に対しては個別の学習支援を実施する制度が導入された。

4. サルコジ右派政権——2007年大統領選挙

4-1 大統領選挙の結果——サルコジ大統領の誕生

シラク大統領の任期満了に伴って実施された2007年大統領選挙では、右派からはUMP党首のサルコジと、同党のシラク派であるドビルパン首相が立候補を表明した。左派は社会党のセゴレーヌ・ロワイヤルが党内候補者擁立のための選挙で勝利して初の女性大統領候補に選ばれた。その他、中道政党Modemのバイルー、極右政党国民戦線（FN）のルペンが候補者として名乗り出た。

大統領選挙キャンペーンでは中断された欧州憲法条約批准問題も争点になった。ルペン以外の候補者は批准に前向きな姿勢を示し、サルコジが簡素化した憲法条約案を国会で批准投票にかけることを主張したのに対して、ロワイヤルとバイルーは再び国民投票による批准を主張した[14]。

大統領選挙の第1回投票では1位サルコジ、2位ロワイヤルとなって、この2名が決選投票に進んだ。中道のバイルーの支持次第では初の「女性大統領の誕生」も期待されたが、結果はサルコジの勝利だった。

サルコジは、選挙公約「私の計画、共にすべてが可能になる」（Mon projet, Ensemble tout devient possible）において、教育関連の公約を次のように掲げた。初等中等教育においては、通学区域制を廃止して、特色ある学校づくりを促進し、学校選択制を導入するとした。また、学力向上策として、希望者対象の宿題支援補習を全学校で実施することとした。教員については、勤務条件の改善と養成・研修の充実を図るとした。高等教育においては、教育研究予算の充実と大学裁量権の拡大、優秀な教員や研究者に対する待遇の改善、各専攻の学生定員の就職実績に応じた決定、進路指導の改善、学生の親からの自立支援、大学施設の改善といった政策を掲げた[15]。

4-2 サルコジ政治の特徴

　第一に、サルコジは、選挙キャンペーン中から「過去との断絶」を掲げていた。その背景にあったのがシラクとの不和で、これは 1995 年の大統領選挙以来続いていたが、今回の大統領選で決定的となった。サルコジは伝統的な共和国の政治システムからの変化をアピールし、ドゴールからシラクへと継承されてきた「ドゴール共和国の終焉」を目指した [16]。慣習的には「過去と断絶」する大統領は別の政治勢力から出てくるものだが、シラクと同じ政党の候補者にもかかわらず「反対のリーダーシップ」をとったサルコジは、ドゴールからシラクへと受け継がれてきた過去の「遺産」との違いを強調するために用いた [17]。さらに、サルコジはシラク右派政権では国内の政治・経済問題も進まず、さらに欧州統合も停滞させていたため、「制度の調整」や、社会秩序と政治行動の「立て直し」を主張したことが特徴である [18]。また、サルコジの演説の特徴は、1 人称単数（「私」）で呼びかけており、それまでの大統領は 1 人称複数（「われわれ」）で国民へ語りかけていたのとは印象が異なった [19]。こうした大統領のイメージの変化は彼の私生活にも表れた。大統領就任後に離婚し、すぐに女優と再婚したり、クルーザーで旅行したり、大統領の私生活が注目を浴び、教養のなさ、「ニューリッチ」な趣味など、メディアによって不道徳な側面が取りざたされ、これまでの「国父」としての大統領と異なるイメージが広まった。

　第二に、2002 年の大統領選挙で国民戦線（FN）のルペンが決選投票に進出した「ルペン・ショック」以来、右派は極右の支持をいかに取り込むかが課題であり、サルコジもこれを重視した。そして、政権発足後に「移民・統合・ナショナルアイデンティティ・連帯発展省」という独立省庁を立ち上げ、移民対策、ナショナルアイデンティティといった、ポピュリズム的な政策を打ち出していった。

　第三に、サルコジ右派政権の特徴としては、新自由主義的な姿勢がみられたことである。「競争と自律」というアングロサクソン型社会モデルへ転換し、大学改革に表れたように差異化を図り、競争を生み、自立を与え、国家がより強い監督を行使する役割を演じた。

第四に、「動員政治」を展開したことである。2008年7月、憲法を改正し、①大統領の権限の明確化、②議会権限の強化を行った。フランス政治が長年陥っていた議会政治の弱体化を終焉させた。

　以上、サルコジ右派政権の特徴をまとめると、着任してすぐに立て続けに改革を打ち上げたものが多い。内政面では大学改革に表されるように、野心的な制度改変を試み、外交面でも前政権による欧州憲法条約の失敗に対して、リスボン改革条約を提案して事態を収束させた。また、イラク戦争に反対してから冷え切っていたアメリカとの関係改善や、同じ保守派のメルケル独首相との間で「メルコジ」とも称される仏独関係強化を図った。こうしてEUを舞台にした政治では、冷戦期のフランス優位から、東西統一問題が落ち着き始めたドイツを引き込み主要アクターに据えていくことになった。その仏独関係は、アメリカ発のリーマン・ショックやユーロ危機など経済問題において、サルコジ右派政権が有効な手立てを打てないなかで、次第にドイツ優位へと変化していく傾向を生んだ。ミッテラン大統領とコール独首相の「二人乗り（tandem）」以来、ドイツと協力してフランスがヨーロッパ統合を牽引してきたが、この時期にドイツとの立場が逆転したと言える。

4-3　サルコジ右派政権の教育改革

　サルコジ大統領の下で、フィヨン内閣（ダルコス国民教育大臣、ペクレス高等教育研究大臣）が発足した。

　サルコジ大統領は、2007年9月、就任後初の新学年を迎えるにあたって、全国の教員に向けたメッセージ「教育者への手紙（Lettre aux éducateurs）」を発表した。このなかで、大統領は、知識の重視と個性の重視の両極端に陥ったこれまでの学校のあり方を見直し、知識主導型経済と情報革命の挑戦に応える「21世紀の教育原則」を確立する必要を訴えている。「敬意のある学校」を再構築して市民教育に力を入れるとともに、メディア時代において重要度の増している共通の一般教養をすべての子どもに保障しなければならないとした。そして、そのための教育方法として「観察や実験、表現、応用」を一層重視すべく、学校を文化や芸術、研究、技術、企業といった外の世界に開

放する必要を訴えた。

　サルコジ右派政権は、初等中等教育においてはシラク右派政権下で定められたフィヨン法の基本理念を踏襲して、改革を進めた。高等教育においては、2007 年 8 月に 2007 年大学自由責任法（LRU 法）を制定し、高等教育改革の基本理念を示した。

　LRU 法は、教育・研究条件の改善に向けた各大学の取り組みを促進するために、各大学における自律性の強化を図るものとして制定された。大学の管理運営組織の改善による意志決定の効率化や組織・予算・人事に関する大学の権限の拡大などを行った。なお、大学は、すべて国立の独立法人機関である。

　同法第 1 条は、「高等教育に関する公役務の使命」を定めた教育法典第 L.123-3 条を改正し、「高等教育に関する公役務の使命」として、新たに「進路指導及び就職支援」と「欧州高等教育研究圏構築への参加」を加えた。教育法典第 L.123-3 条は、もともとサバリ法第 4 条として制定されたもので、このときが初めての改正となった。改正の結果、「高等教育に関する公役務の使命」は、①初期教育及び継続教育、②学術研究及び技術研究並びにこれら研究の成果の価値付け、③進路指導及び就職支援、④文化の普及並びに学術情報及び技術情報の普及、⑤欧州高等教育研究圏構築への参加、⑥国際協力、の 6 項目として定められることとなった。

　これに伴い、「進路指導及び就職支援」に関しては、大学入学時の進路指導の改善と大学における就職支援の充実が図られた。バカロレア取得者は、希望する大学に自由に学籍登録できるが、入学後の不適応により中退する者が多かった。このため、今後は大学入学に際して「事前登録制（préinscription）」を導入し、入学希望者は入学前に大学から情報提供と進路指導を受けることとした（第 20 条）。また、就職支援の充実に向けて各大学に「学生就職支援局（bureau d'aide à l'insertion professionnelle des étudiants）」を設けることとした（第 21 条）。

　欧州高等教育研究圏構築への参加に関しては、大学の課程の名称を EU のボローニャ・プロセスに合わせて整えた。大学の課程は、従来、第 1 期課程（2 年）、第 2 期課程（2 年）、第 3 期課程（4 年）に区分されていたが、ボロー

ニャ・プロセスに基づく学位区分の国際調和に向け、これを学士課程（3年）、修士課程（2年）、博士課程（3年）に改める改革がすべての大学で完了していた。LRU法第35条では、「第1期課程」「第2期課程」「第3期課程」の名称と授与する学位の対応を教育法典に明記し、第1期課程（3年）で学士号を、第2期課程（2年）で修士号を、第3期課程（3年）で博士号をそれぞれ授与するものと定めた。

5. オランド左派政権──2012年大統領選挙

5-1 大統領選挙の結果
──サルコジ大統領の敗北、オランド社会党大統領の誕生

　2012年の大統領選挙では、2期目を目指してサルコジ大統領が右派勢力の満場一致の支持を得て立候補を表明した。左派からは、社会党のオランド元党書記長が立候補を表明した。前回の社会党大統領候補で決選投票まで進んだロワイヤルは党内の支持を得られず、代わって長年にわたり彼女の事実婚パートナーだったオランドが党の候補者となった。また、2002年の大統領選挙以来、高支持を集めてきた極右政党の国民戦線（FN）は世代交代し、娘のマリーヌ・ルペンが立候補した。

　第1回投票の結果、サルコジとオランドが決選投票に進み、第2回投票の結果、サルコジがオランドに僅差で敗れ、ミッテラン大統領の退任以来、17年ぶりに社会党出身の大統領が誕生した。

　オランドは、選挙公約「フランスのための60の約束」（Mes 60 engagements pour la France）において、教育関連の公約を次のように掲げた。就学前教育においては、保育学校における3歳未満児の受け入れ拡大を掲げた。初等中等教育においては、基礎知識の習得を優先事項とし、小学校における授業時数・日数の見直しなどを掲げた。高等教育においては、サルコジ右派政権が制定したLRU法を見直すことによって、「大学の真の自律を目指す」ことなどを掲げた[20]。

5-2　サルコジの敗因とオランドの勝因

　サルコジ大統領の敗因としては、自らのスキャンダル、ユーロ危機、雇用
経済状況の悪化といった3点が挙げられる。2007年に大統領に当選したと
きの彼の支持層は、①カトリック、②農民・小規模商工業者・職人層、③給
与所得者・労働者という三つのカテゴリーであった。ところが、大統領就任
後、彼を支えてきた夫人との離婚、その後まもなく歌手でモデルの女性との
スキャンダルそして再婚によって、①の支持層が離反した。さらに、リーマ
ン・ショックなど世界的な景気の悪化及び新自由主義的な政策によって、②、
③の支持者が離反していったと考えられる。

　次に、サルコジ右派政権に対する評価について、いくつか指摘すると、第
一に、任期の前半は、ダイナミズムに満ちた外交を演じようとし、大学改革
など改革案を実行に移したが、欧州内の政治は手詰まり感がみられた。任期
後半は、抑制的で現実主義的な態度をとったため、ドイツに寄り添い、フラ
ンスの利益を最大限確保しようとした[21]。

　第二に、「過去との断絶」を掲げて大統領に就任したが、実際のところそ
れまでの保守政権と断絶した内容ではなかった。攻撃的で積極主義的な演説
と、実際には中身の縮小してしまった「変化」とのギャップがあった[22]。そ
の背景には、サルコジ右派政権下で予想外の世界的不景気やユーロ危機が起
こったため動きがとれなかった。それゆえ、批判してきた35時間労働制に
も切り込まず、改革の実現性が弱かったことがあげられる。

　第三に、移民問題に関する言説の強化は、極右の立場にかなり近寄り、右
派の穏健派の選挙民を失うリスクを抱えた。特にサルコジ及びその政権によ
る社会を分断させるような言説に反対を表明する人々の居心地を悪くさせた。

　四点目として、教育政策については、サルコジ右派政権下の政策は新しい
ものというより、1990年代以降の右派そして左派が着手した政策の軌道の
なかに位置付けられる。言葉を変えて読み替えているが、左派が行ってきた
政策とさほど変化がなく、しかも右派の政治的伝統に支えられて政策を実施
した傾向がみられた[23]。

　また、サルコジ右派政権には、B.クシュネールなど左派の政治家や活動

第1章　フランス政治の変遷と教育改革　　39

家を入閣させたり、環境政策（「環境グルネル」）や、RMI（社会参入最低所得手当）に代わる RSA（活動的連帯所得手当）の創設といった社会政策など、左派に近い政策を実施したりした[24]。特に RSA は、その制度の確立を社会党のロワイヤルが大統領選挙の公約として掲げたものをサルコジが引き継いだ[25]。そのため、「サルコジスムは、右派のイデオロギー（競争、自助努力）を掲げて、左派の目的（結果の平等）を達成する、という屈折した複雑化した現状」であったといえる[26]。

　なお、サルコジ右派政権では「経済危機、『欧州統合主義的な』自由貿易の正当性喪失、国の指導層への信頼の破綻」があったことが、大統領選挙の敗因であり、さらに「大金融資本」と呼ばれた金融勢力と緊密に結びついているとの指摘[27]もある。1％の富裕層に対して、99% のフランス人が反対する風潮から、「フランスには、金融勢力を打ちのめすべき独創的なやり方で国家を用いることのできる平等の国として改めて浮上できる」[28]という期待感から、社会党のオランドが大統領に選ばれた。

　以上のことから、サルコジ大統領の敗因を 3 点まとめてみる。第一に、ユーロ危機を背景に、緊縮路線からの離脱への国民の期待感が高まり、社会党にフリーハンドを与えるため政権交代を可能にした。第二に、サルコジに対する嫌悪感が生まれ、「サルコジ以外なら誰でも」いいという候補を選んだ。第三に、サルコジ右派政権によるポピュリズム的な右傾化戦略が限界に達して、棄権票を増大させ、思った以上の支持をサルコジが得られなかった。

　逆に、大統領に選ばれたオランドの勝因として主に 2 点指摘できよう。第一に、サルコジとの違いをだすため、「普通の大統領」を強調した。第二に、サルコジと異なる社会政策をアピールした。たとえば、労使関係の改善のために社会円卓会議（Dialogue sociale）を行ったほか、公約として、SMIC（法定最低賃金）の引き上げ、TVA（付加価値税）の引き上げ撤回、閣僚給与 30％削減を表明したことが、有利に働いたと考えられる。また、教員の増員を公約に掲げたことは、票集めにつながったと考えられる。さらに、サルコジによる富裕層との結びつきへの批判から、オランド左派政権では経済政策として、高額所得者への増税を打ち上げた[29]。

40

5-3　オランド左派政権の教育改革

　オランド大統領の下で、エロー内閣（ペイヨン国民教育大臣、フィオラゾ高等教育研究大臣）が発足した。オランド左派政権は、2002 年から 2012 年までのシラク＝サルコジ右派政権における教育改革を大幅に修正すべく、二つの重要な法律を短期間の準備を経て、同日に制定した。すなわち、就学前・初等中等教育については、2013 年共和国学校再構築法（ペイヨン法）を制定した。また、高等教育については、2013 年高等教育研究法（フィオラゾ法）を制定した。

　ペイヨン法においては、「共和国の学校を再建」するために、「教育における不平等」を解消するという原則や、学校において人権宣言などの「共和国」の価値を示すシンボルを尊重するという原則などを掲げて、就学前・初等中等教育改革の基本方針を示している。具体的には、フィヨン法によって定められた「共通基礎」を見直して、小中連携を強化した教育課程改革を推進することとした。また、右派政権期に縮小された 3 歳児未満の就学前教育を拡大する方針を示した。さらに、教員の資質向上に向けて、従来の「教師教育大学部（IUFM）」を「教職教育高等大学院（ESPE）」に再編し、教員養成の修士レベル化に向けた改革を具体化させる方針を示した。

　フィオラゾ法においては、「国は、国土全体において高等教育に関する公役務を平等に保障する責任者である。」という原則を掲げて、高等教育改革の基本方針を示した。具体的には、LRU 法による大学組織改革を見直し、大学の管理運営の民主化を図ることとした。また、学生の学業成功に向けて、特に職業リセやリセ技術教育課程の卒業者を選抜制の短期高等教育機関に優先的に入学させる制度を導入するなどの改革案を示した。

おわりに

　本稿では、フランス右派政権期の前史としてミッテラン左派政権の教育改革を概観した後、1995 年のシラク大統領誕生から 2012 年の大統領選挙でサルコジ大統領が落選して、社会党のオランド大統領が当選するまで、大統領

選挙の結果及び17年間の右派政権の政策について概観してきた。サルコジ大統領はシラク前大統領や「過去との断絶」を公言して当選したが、就任当初こそダイナミックに矢継ぎ早に政策を実現したものの後半は失速した。また、閣僚にもアイデアにおいても左派の要素を取り入れた結果、競争や自助努力といった右派のイデオロギーを掲げながら、左派の政治を行うことで前政権と断絶する結果となった。その結果、反シラクの右派支持者も、サルコジの新自由主義的イデオロギーに共感した支持派も離反させてしまい、サルコジ右派政権による左派的な政策を不十分だと感じている人々が、社会政策の充実や貧富の格差の是正といった社会党による左派政治を期待して、オランド大統領が誕生したと考えられる。

　教育改革の流れを振り返れば、1990年代以降のフランスの教育改革は、1989年のジョスパン法に示された基本方針に基づいて展開してきたと言える。バカロレア水準80％目標に象徴される教育機会の普及拡大策は、1990年代の保革共存期を通じて展開された。2000年代から2010年代半ばまでの右派政権においては、まず、シラクの伝統的保守主義の下では、義務教育改革が行われ、「共通基礎」の完全習得と「共和国の価値」の共有が目指された。サルコジの新自由主義的保守主義の下では、大学改革が行われ、各大学の自由（＝自律性）と責任（＝自己責任）を原則とする管理運営改革が行われた。2012年以降のオランド左派政権においては、初等中等教育においては就学前教育の拡大を中心にシラク右派政権の基本政策に修正を加え、高等教育においては大学管理運営の民主化という方向でサルコジ右派政権の基本政策に修正を加えた。

[注]

1　このときのバラデュール陣営の参謀はサルコジだった。この選挙以来、シラクはバラデュール派、特にサルコジと不仲となった。

2　第1回投票では3位がバラデュール、4位が国民戦線（FN）のルペンであった。

3　渡辺和行・南充彦・森本哲郎（1997）『現代フランス政治史』ナカニシヤ出版、237頁。

4　渡辺・南・森本, 1997: 239.

5　鈴木規子（2016）「フランスにおける女性へのシティズンシップの拡大——パリテ導

42

入に対する EU の影響」『法学研究』第 89 巻第 2 号（関根政美教授退職記念号）、慶應義塾大学法学部内法学研究会、389-414 頁。

6　鈴木規子（2007）『EU 市民権と市民意識の動態』慶應義塾大学出版会、77-80 頁。

7　首相としての実績から大統領への期待が高かったジョスパンの敗因としては、第 1 回投票の投票率の伸び悩み、棄権率が 28.4％にのぼったことがあげられる。

8　シラクは大統領選挙後に UMP という党名の意味を Union pour le mouvement populaire:「国民運動連合」に改称した。

9　文部科学省編（2003）『諸外国の教育の動き 2002』財務省印刷局、73 頁。

10　Korteweg, Anna, Yurdakul, Gökçe (2014) *The Headscarf Debates*, Stanford University Press.

11　クリスチャン・ヨプケによれば、禁止法が制定された 9 月の新学期にはスカーフを着用して登校した生徒は「わずか 639 人」であり、そのうちスカーフを脱ぐのを拒んだのは「100 人にしかすぎなかった」。その 1 年後、全国で登校初日にスカーフを被っていたのは、「たった 12 人」であった。Joppke, Christian (2009) *Veil*, Polity（=2015、伊藤豊・長谷川一年・竹島博之 訳『ヴェール論争――リベラリズムの試練』法政大学出版会）、85 頁。

12　Roy, Olivier (2005) *La laïcité face à l'Islam,* Stock.

13　川嶋周一（2013）「サルコジ政権の歴史的定位の把握にむけて」『日仏政治研究』第 7 号、15-22 頁。

14　「2007 年フランス大統領選挙」2007 年 7 月 12 日、（財）自治体国際化協会、37 頁。

15　文部科学省編（2008）『諸外国の教育の動き 2007』国立印刷局、70 頁。

16　長部重康（2007）「ドゴール共和国の終焉――大統領絶対制の見直から動員政治からの脱却へ」『日仏政治研究』第 3 号、63-89 頁。

17　Maillard, Jean de, and Surel,Yves (2012) *Les politiques publiques sous Sarkozy*, Paris: Presses de Sciences po, p.22.

18　Maillard, Surel, 2012: 23.

19　Ravinet, Pauline (2012) «La politique d'enseignements supérieur», Maillard and Sure, pp.361-80.

20　文部科学省編（2013）『諸外国の教育動向 2012 年度版』明石書店、101 頁。

21　川嶋. 2013.

22　Maillard, Surel, 2012: 34.

23　Ravinet, 2012: 361-80.

24　Maillard, Surel, 2012: 34.

25　服部有希（2012）「フランスにおける最低所得保障制度改革――活動的連帯所得手当 RSA の概要」『外国の立法』253、国立国会図書館、38 頁。

26　長部重康（2013）「オランド政権の誕生とフランスの競争力低下――「フランス的例外」からの復讐」『日仏政治研究』第 7 号、35 頁

27　トッド、エマニュエル著、堀茂樹訳（2015）『「ドイツ帝国」が世界を破滅させる――日本人への警告』文春新書、190、202 頁。

28　トッド，2015: 208.

29　俳優ドパルデューのベルギー移住やロシア国籍取得など、高額納税者の国外逃れを引き起こし、結局有効な対策とはならなかった。

第II部

初等教育

第2章

初等教育の問題構成と改革課題

藤井穂高

はじめに

　初等教育は、わが国の教育改革においては、あまり注目されることがないように見える。それとは対照的に、フランスの場合、初等教育はこの四半世紀にわたってしばしば教育改革の「主役」や「優先事項」として登場してきた。たとえば、ミッテラン社会党政権下の 1989 年教育基本法（ジョスパン法）による改革では、初等教育は「教育改革の主役である」と評され（藤井, 1997）、右派のサルコジ大統領は 2008 年の演説において、教育改革では「初等教育を優先する」と述べ（Sarkozy, 2008）、オランド社会党政権下の 2013 年共和国学校再構築法（ペイヨン法）においても「初等学校に優先権が与えられる」と宣言されている（付属報告書）。こうした改革における重要な位置付けに伴い、各政権の下では少なからぬ改革も実施されてきた。

　本章では、フランスの初等教育のうち、主な改革に焦点を絞り、教育課程及び方法については、次章以降に譲りたい。以下では、まず、なぜ初等教育が教育改革の優先事項になるのか、その問題構成を明らかにする。次に、この四半世紀における初等教育改革のなかから、学力向上施策、学習期制の導入と廃止、保育学校改革、週 4 日制の導入と廃止、学校のネットワーク化を取り上げ、改革の内実と課題を検討したい。学力向上は各国に共通の改革主題であるが、その他の 4 点はわが国から見て特徴的な制度とその改革である

46

といえよう。なお、フランスでは、初等教育には、わが国で言う就学前教育も含まれる。従って、2歳半から小学校就学年齢である6歳までの幼児を対象とする保育学校も本章の検討の対象とする。

1. 初等教育改革の問題構成

　フランスでは、この四半世紀において 1989 年（ジョスパン法）、2005 年（「学校基本計画法」（フィヨン法））、2013 年（ペイヨン法）と3度の大きな教育法の改正が行われている。本節では、各教育法の立法者意思から、初等教育改革の問題構成を明らかにしたい。1989 年と 2013 年は社会党政権によるもの、2005 年は右派の政権によるものであるが、初等教育の改革を必要とする問題構成は驚くほど変わらない。

1-1　ジョスパン法における初等教育改革の問題構成

　1989 年に当時の社会党政権の下で成立したジョスパン法の改革の焦点の一つは、いわゆる「バカロレア 80％目標」の達成にあった。その具体的な中身は、「国は、今後 10 年間において、同一年齢層のすべての者が、少なくとも職業適格証または職業教育免状の水準に、かつ同一年齢層の 80％の者が、バカロレア水準に到達することを目標として定める」と同法（第3条）に明示されている。明確な数値目標の設定であり、また、「雇用の関心が教育制度の中心に位置付けられた」（Ropé et Tanguy, 2000: 494-5）ことを宣言するものでもあった。

　この改革において初等教育は教育改革の「主役」として位置付けられる。では、「バカロレア 80％目標」という後期中等教育段階での目標達成のために、どうして初等教育が改革の主役になるのか。この問いへの応えを、ジョスパン法の審議過程において改革の全体像を示した下院文教委員会報告書（Derosier, 1989）に求めてみたい。

　同報告書は「改革を導く光」として「できる限り、教育がすべての者に広

第2章　初等教育の問題構成と改革課題　　47

がる」という「コンドルセ的平等」を掲げる。そしてこの光に照らし出される現実には二つの「問題」が浮かび上がる。第一は、「学校の全く相対的な民主的性格」である。たとえば、小学校において落第せずに標準年限で卒業する者の割合は、親がバカロレア取得の上級管理職の場合には9割を超えるのに対し、親が初等教育卒で農業賃金労働者の場合には6割にとどまるなど、親の社会的・文化的水準に応じて異なる。しかも、小学校での再落第率は、小学校第1学年での落第者とそれ以外の落第者では4割もの差が生じる。そして、落第者は最低資格にも到達できずに離学する割合が高いことから、「バカロレア80％目標」の大きな妨げとなってしまう。第二は、教育水準の違いに基づく就職の機会の不平等である。たとえば、落第を繰り返し、無資格のまま離学する者の失業率はバカロレア取得者の2、3倍に達する。

　この二つの「問題」を総合するならば、同報告書が、小学校での落第が失業にまで結びつく事態を「問題」としてとらえていることがわかる。「80％バカロレア目標」の対極に位置する無資格による失業という「問題」は、初等教育での落第という「問題」にまでさかのぼるという筋道である。従って、同報告書の結論は次の通りである。「問題の根本は初等学校にある。学業失敗が作られるのは初等学校においてであり、コレージュはその結果がはっきりと確認されるだけである」[1]。

1-2　フィヨン法における問題構成

　2005年のフィヨン法は、社会党政権下のジョスパン法に代わるべく右派政権が定めた教育に関する基本法である。

　同法の案が議会に提出された際の報告書（Reiss, 2005）は、過去30年間の改革について、統一コレージュ（中学校）の一般化、80％バカロレア目標の普及、職業・技術教育の発展などについては評価する一方で、社会的出身に規定される学業成績の格差など、結果の民主化という観点からの問題を指摘し、そこから導かれる改革課題として、学校の任務の再定義、学校の機能の改善などとともに「すべての児童生徒の成功」を挙げる。

　このうち、すべての児童生徒の成功については、教育改革のあり方につい

て広く国民から意見を聴取するために設置された「国民討論委員会」の報告書のタイトル『すべての児童生徒の成功のために』にも表れているように（赤星, 2007）、当時の改革を象徴するキーワードであった。フィヨン法の趣旨を説明する付属報告書は「より公正な学校」、「より効率的な学校」、「より開かれた学校」の三つの柱から構成されているが、その最初の柱に関する説明の冒頭において、「より公正な学校とは、児童生徒が人格及び職業に関わる成功を収めるために必要な信頼感を児童生徒に与える学校である。それは、すべての児童生徒の学業成功を目指す学校である」と謳われている。

　フィヨン法の改革目標はジョスパン法から一貫しているものであるが、その一方で、具体的な改革課題は、義務教育終了時の知識・コンピテンシーの共通基礎の設定やそれに伴う前期中等教育修了国家免状（DNB）の取得試験の受験義務化など、義務教育の出口に関わる施策として表れていた。しかし、2007 年 9 月に教育高等審議会の報告書「初等学校」の公刊により、教育改革において再び初等教育が注目されることとなる。教育高等審議会は、フィヨン法によって新設された独立政府諮問機関であり、教育関係の審議会としては最上位に位置付けられる。その審議会が最初に出した報告書が「初等学校」である[2]。

　同報告書は、初等教育の現状と成果について次のようになかなか厳しい評価を下している。

　まず、子どもたちの学校教育の将来は非常に早くから決定されている。現状では、60％の児童の学業結果はまずまずの、あるいは、満足できるものであるが、25％の児童の学習成果は脆弱であり、15％の児童は重大な、あるいは、非常に重大な困難に直面している。その欠落は多様である。すなわち、語彙は非常に限定的であり、理解は困難であり、方法的、文化的な指標は非常に不十分である。最良の場合では、こうした児童は文章を読解することができるが、示された文章の全体を理解することも、そこから何かを推論することもできない。最も悪い場合には、読解すること自体ができない。

　次に、困難は学校教育の最初から確認され、時間とともに深刻化する。まず、小学校第 1 学年入学時の水準が学業の機会に非常に大きな影響を及ぼす。小学校第 1 学年入学時の能力の水準と標準年齢でのコレージュ第 1 学年への

進学には強い相関関係がある。小学校第1学年に入学した時から困難を抱える児童は、その後も、常に、ほぼ全体にわたって、そのままである。つまり、小学校は概して義務教育の開始時に認められた困難を縮減することができない。後に、中等教育の修学期間において、初期の欠落が埋め合わされることはない。この混沌とした修学期間は、コレージュでの数多くの失敗、望まれない進路指導と無資格での離学に導く。

　報告書はこのように現状の問題点を具体的に指摘したうえで、初等学校は、依然として、学業成功に至るために適切で十分なあらゆる手段を提供するには程遠い状況にあり、こうした状況は、以前から確認されているだけに、一層受け入れがたい、と述べている。また、報告書は、その目的が「いかに緊急に行動すべきかを強調することにある」としているが、さっそく翌年の2008年1月にサルコジ大統領が先述の通り「初等教育に優先権が与えられる」と宣言するに至り、次節に見るような学力向上策がとられることになる。

1-3　ペイヨン法における問題構成

　2012年に再び政権を奪取した社会党は翌年にペイヨン法を制定する。ここでも同法の付属報告書を参照し、改革意図と問題認識を確認しておきたい。
　同報告書はその冒頭において、改革の目的として「児童生徒のため及び国のために結果を改善し教育制度の公正さ（équité）を強化する」ことを挙げている。一方、この20年間（すなわち右派政権時代を意味する）において、学校の発展は見られないとし、その例証として、次のような数字を列挙する。すなわち、この10年余りで書きことばの習得に困難を感じる児童が明らかに増加しコレージュ第1学年の生徒のうち5人に1人がそれに該当する、15歳の時点でやはり書きことばの習得に重大な困難が認められる生徒が2000年から2009年の間に15％から20％へと3割も増加している、2011年には18歳から24歳の青少年のうち12％が無資格のまま離学している、などである。そのうえで、中等教育段階において学校制度からの脱落といったもっともわかりやすい諸問題が表れるとしても、学業困難は初等教育段階から形成されていること、さらに、フランスは学校教育の公正さ（équité scolaire）の観点、

すなわち、学業成績に対する社会的出自の影響力についてみると、OECD 諸国のなかで 34 カ国中 27 位であるなどの問題点を指摘する。

同報告書も、こうした不平等は、すべての児童生徒の成功という共和国の約束に反するものであり、学校の再構築はこうした不平等の縮減を導くものでなければならない、と強調している。

同法の審議過程において提出された議会報告書は、「初等教育への優先権は、コペルニクス的転換である」として、改革の新奇性を強調しているが(Durand, 2013: 13)、これまで述べてきたとおり、問題構成の認識自体は四半世紀前に当の社会党政権がまとめたジョスパン法時代のそれと何ら変わるものではない。

以上、代表的な教育法を手がかりに、この四半世紀の初等教育改革の立法者意思を見てきたが、すべての児童生徒の学業上の成功という改革目標、その前提にある「問題の根本としての初等教育」という問題構成の認識は、右派、左派を問わず、一貫していることは明らかであろう。

2. 初等教育の改革課題

本節では、フランスの初等教育の主な改革を取り上げ、右派政権時代に焦点を絞り、その内実と課題を検討したい。具体的には、各国に共通する学力向上策とともに、わが国から見てフランスの特徴が表れていると思われる学習期制、保育学校、学校週 4 日制、学校のネットワーク化を取り上げる。

2-1 すべての児童生徒の学業成功

児童生徒の学力向上は各国に共通する政策課題であるが、先述の通り、フランスにおいても、1989 年のジョスパン法以来、「バカロレア 80% 目標」という明確な数値目標が掲げられてきた。学力向上策についてはわが国でも先行研究があるので(赤星. 2007、大前・園山. 2015)ここでは、まず、小学校も含まれる「義務教育」という枠での改革を見たうえで、初等教育の改革課題

第 2 章 初等教育の問題構成と改革課題 | 51

を検討したい。

　右派政権下において、1990年代以降、学校の役割と責任の明確化を求める声が高まる。たとえば、シラク大統領時代の1996年に、バイルー国民教育大臣に対し、フォルーを委員長とする「学校検討委員会」が報告書を提出している。同報告書は、現行の学習指導要領が肥大化していることから、「すべての者のための最も重要な知識」を定義するよう求めるとともに、「義務教育」とは、単に保護者がその子を学校に登録することのみならず、「より基本的には、すべての子どもに、『積極的な市民』となるよう、文化的道徳的知識を身につけさせる学校の義務」であると指摘している（Fauroux, 1996: 17-8）。また、フィヨン法に直接かかわるものでは、経済社会審議会も、2004年6月に「学校の未来に関する基本法の準備への寄与」と題する報告書を発表している。同報告でも、義務教育期間における「共通コンピテンシーの基礎」（socle de compétences commun）のあり方を論じるとともに、学校は義務なのであるから、「共和国の学校は結果の義務を負う」よう求めている（Conseil economique et social 2004: 40-4）。

　こうした流れのなかで、2005年にフィヨン法が成立する。同法はその付属報告書の「基本方針」において「バカロレア80%目標」を引き継ぐことを明記している。そのうえで、付属報告書の「1. より公正な学校──信頼ある学校」では、より公正な学校とは、「すべての児童生徒の学業成功を目指す学校である」とも述べている。同法は基礎学力保障のための義務教育改革に重点を置くものであり、その具体的な施策は、「知識・コンピテンシーの共通基礎」の制定、「共通基礎」の保障に向けた個別指導の実施、前期中等教育修了国家免状取得試験の受験義務化、教員の資質向上に向けた教職課程在学者の修士号取得促進などであった。

　フィヨン法のような基本法の制定の際には、それに先立って全国的な意見聴取の機会が設けられる。同法の場合は、2004年10月に「学校の未来に関する国民討論委員会」がその結果を踏まえた報告書（通称「テロー報告」）をまとめている。同報告書によれば、国民討論の主要テーマは、そのタイトルが示す通り「すべての児童生徒の成功」であり、そのための方法の問題に焦点化された。委員会の検討は「効果的な学校」の次の二つの観点に集約される。

第一は、「コレージュの生徒の7分の1が読み書き計算で重大な困難を抱え
ており、毎年60,000人の生徒が無資格のまま離学するという現実を甘受す
ることなく、すべての児童生徒を成功させる学校」であり、第二は、「教育
実践、随伴支援、評価等を改善し、児童生徒の学ぶ意欲を喚起することに
より、本当に児童生徒を成功させる学校」である。そのうえで、報告書は、
「すべての者の成功」という考え方は、学校がすべての児童生徒を最も高い
資格まで到達させることを意味するものではなく、「学校が、社会的個人的
生活の成功にとって不可欠と今日判断される知識、技能、行動規範を身につ
けさせる」ことによると言明している（Thélot, 2004: 31-3）。

　その具体的な姿が、フィヨン法に明記された「知識・コンピテンシーの共
通基礎」の設定である。それは、義務教育段階において児童生徒全員に共
通に保障すべき内容であり、その後の社会党政権下の教育施策においても、
「その習得は初等学校の第一の目標である」として引き継がれた（Ministère de
l'éducation nationale, 2013: 20）。

　ところで、フィヨン法の審議過程を見ると、当初の法案では、義務教育の
保障の内容が「知識・コンピテンシーの全体の児童生徒による獲得」であっ
たが、最終的に「共通基礎の獲得に必要な手段」に変更されている。つまり、
児童生徒にその習得を求めるのではなく、義務教育を提供する側に児童生徒
が習得できるような手段を提供することが求められているのである。その意
味では、児童生徒に習得を求めるアメリカのNCLB法等とは異なる点に留
意する必要がある[3]。

　次に、初等教育に係る具体的な施策を見ておきたい。2005年のフィヨン
法の時点では、知識・コンピテンシーの共通基礎の設定に象徴されるように、
義務教育の終期に焦点が当てられていたが、先述の通り、2007年9月に教
育高等審議会の報告書「初等学校」が公刊されてから、初等教育改革への関
心が急速に高まることとなる。同年11月には、国民教育大臣による初等教
育改革の基本方針の提案があり、初等教育の役割が、「児童生徒の成功にお
いて、義務教育の終わりまで、さらにはその先まで、決定的であることに変
わりない。初等学校は学校教育の単なる1段階ではない。それはすべての他
の段階での成功の鍵である」として、次の方策が示される。すなわち、①初

第2章　初等教育の問題構成と改革課題　　53

等学校の目標を再定義する、②明確な目標を軸とする教育課程と時間割を学校に与える、③児童の学習成果の定期的な評価のための信頼できる道具を作る、④学校教員をこれまでとは異なる仕方で評価する、⑤困難にある児童一人ひとりに適した学習時間を割り当てる、などである（Ministère de l'éducation nationale, 2007）。

　なかでも着目すべきは、2007 年に策定された「重大な困難を伴って小学校を去る児童の数を、5 年間で、3 分の 1 にし、その修学において 1 年遅れた児童の数を半分にする」という数値目標の設定である。これは先の教育高等審議会の報告書において、コレージュ入学時の学習困難の「中核」の存在とされた、学力成績の下位 15％を想定した目標の設定である。ここでは政府が国会に年次予算法案を提出する際に添付されることが義務付けられている「年次成果報告書」を資料に、それが達成されたのかを確認してみる。同報告書の成果指標を見ると、そのなかに「指標 1.1　小学校終了時においてフランス語と算数の基礎的能力を習得した児童の割合」がある。このうちフランス語の基礎的能力の習得者の割合は、2007 年には 85.2％であったが、2009 年には 88.3％に、2011 年の予測では 89％と推移している（（Ministère de l'éducation nationale, 2008: 28, 2012: 43）[4]。また、「指標 1.4　少なくとも 1 年遅れてコレージュに進学した児童の割合」は 2007 年には 16.4％であったが、2013 年には 11.8％となっている（Ministère de l'éducation nationale, 2008: 29, 2015: 37）。各数値は改善されているとみることができるが、それぞれが 5 年間で、3 分の 1 に、あるいは半分にするという目標には及ばないと言わざるを得ない。

2-2　学習期制

　前節で述べた通り、フランスにおいて初等教育が改革の対象となるのは、落第、進路指導、無資格での離学、失業という学業失敗の連鎖の出発点が初等教育にあるという認識に由来する。そして小学校 1 年生での落第から始まる問題の連鎖への対応策の一つとして登場したのが学習期制の導入であった。

　従ってまず落第という問題を捉える必要がある。課程主義をとるフランスでは、義務教育であっても、小学校第 1 学年から、落第が行われる。諸外国

と比較してもフランスの落第率は高いと言われるが、それは、児童生徒の集団は、一斉教育を受け、できる限り同質的に、一連の教育課程に基づいた進度に従わなければならないという、フランスの「教育的心性」に根ざすものである。また、落第が、困難に直面する児童生徒にとって第2の機会になるという考え方も、教員と保護者に広く普及している（Paul et Troncin, 2004）。ところが、たとえば学校評価高等審議会の報告書及び意見書によると、次の点が確認されている。第一に、落第は児童生徒の学力向上にとって効果的ではない（同じ成績で落第した者と進級した者を比較すると、進級した者の方がその後の成績が高い）。第二に、落第は児童生徒の動機付け、行動にマイナスに作用する（同様の成績の者であっても、落第経験者の方が、動機付け、自己評価のいずれも低い）。第三に、落第は公正ではない（落第の判断は教員の恣意的な判断によることが少なくない、早生まれの児童の落第率が高い、社会的出身による差が大きい）。従って、同審議会は、自動進級制をとることはなくとも、少なくとも小学校低学年での落第は最後の手段として位置付けるべきと提言している（Haut Conseil de l'évaluation de l'école, 2004）。

　さて、学習期制は、1989年のジョスパン法により導入されたものである。同法により、保育学校から小学校の修了までの期間は三つの学習期から編成されること、そのねらいは、「子どもの平等と学校での成功を保障するために、教育は、各学習期内及び修学期間全体を通じて、教育的連続性により、子どもの多様性に適応する。」ことにあることが明記される（第4条）。付属報告書によると、「学習段階の課程区分という概念、それらの学習期の間の良好な接続関係は、一人ひとりの子どもの心理的及び生理的発達を、よりよく考慮することを可能にするものである」。1990年政令により、保育学校と小学校の9年間は、①初期（第1）学習期（保育学校）、②基礎（第2）学習期（保育学校の年長組、小学校第1、2学年）、③深化（第3）学習期（小学校の残りの3年間）に編成された。これに伴い、小学校での落第（及び飛び級）については、一度のみに制限される。現行法令によると、小学校では、学年末に教員会議で各児童の最良の学習条件を決定し、落第の場合は、「教育成功個別プログラム（PPRÉ）」が作成される（教育法典 D. 321-6）。

　わが国の厳格な学年制とは異なり、フランスでは1つの学級を複数の学年

第2章　初等教育の問題構成と改革課題　55

で編成することも珍しくない。そうした伝統の下で、少なくとも政策的には、複数学年にまたがる教育課程の単位を設定することを通して、落第を減らすとともに、保育学校から小学校への円滑な移行を図ることにより、小学校第1学年での落第をなくすことが企図されていたのである。

　ところが、2007年の教育高等審議会報告書は、この学習期についても厳しく批判している。同報告書によると、学習期の編成は、一般に見かけ倒しのままである。そして、大多数の家庭はその存在を意識していない。すなわち、学習期ごとではなく学年ごとに進度を考え、同じ学習期の異なる学年の担当教員間での調整もなく、学年間の学習の連続性もないままである。最も大きな断絶は、小学校への入学時にある。すなわち、保育学校の年長組の教員が、その義務が課せられているにもかかわらず、基礎学習期（年長組、小学校第1学年、第2学年）の教員会議に参加することはまれである。保育学校と小学校第1学年の間の溝は初等学校の最も重大な不十分さの一つである。2001-2002年度の学習期教員会議の200の報告書が分析された結果、「学習期教育計画」への言及はこのうち3件のみであった。教育上の一貫性が児童の学習に与える影響について教員が振り返るような会議は1件もない。学習期が実施されていない現状は国民教育省総視学局の報告書においても示されており、問題は一般化していると考えることができる、と報告書は結論付けている。

　そして、基礎学習期は、社会党の2013年のペイヨン法で解消された。1989年に社会党政権によって創設された基礎学習期は、同じく社会党政権により、四半世紀の後、解体されたことになる。

　2013年政令により、保育学校は1つの学習期（第1学習期）となり、小学校の最初の3年間が第2学習期となった。法律の付属報告書によると、その趣旨は、保育学校の任務を再定義し、保育学校のみで1つの学習期を創設することにより一体性を与えることにある。また、法案の趣旨説明書によると、保育学校の独自性は保育学校が単なる小学校への準備になるにしたがって消滅する傾向があるとされ、その独自性を回復するために、小学校と切り離されることになったのである。

2-3　保育学校

　次に、フランスの初等教育の大きな特徴である保育学校について、右派政権時代に行われた改革に関する議論を見ておきたい。

　保育学校は、伝統的に、フランスの教育制度の誇りとするものであった。たとえば国民教育省の『保育学校』（1986 年）という冊子のなかで、当時の国民教育大臣シュベーヌマンは「この冊子はフランスの保育学校を讃えるものである」と明言していた（Ministère de l' éducation nationale, 1986: 8）。諸外国との比較において、その特徴として挙げられるのは次の点である。①義務教育ではないが、ほぼすべての子どもが 3 歳から就学している、② 2 〜 3 歳の子どもが学校教育を受けられるのはベルギーとフランスだけである、③全国に遍く設置されている、④フランスに住むすべての子どもに無償で提供されている、⑤初等学校という枠組みで教育制度に統合されている（赤星. 2012a: 132）。

　ところが、2000 年代に、保育学校に対する信頼が疑惑に変わりつつあるという議論が目につき、半世紀以上に渡って教育改革の議論を免れてきた保育学校が、現在、台風の目になっているという指摘もなされた（Richon, 2009）。

　しかし、「疑惑」といってもそのベクトルは一様ではない。ここでは同じく 2007 年に公表され大きな影響を与えた二つの報告書、すなわちベントリラ報告（Bentolila, 2007）[5] と教育高等審議会の報告書を比較して検討してみたい。

　前者の報告は、サルコジ政権下ダルコス国民教育大臣の委託による調査研究をまとめたものである。同報告書は冒頭で、久しく保育学校の評判は国内外ですぐれて高いものであったが、いまやその名声も危ぶまれていると「疑惑」を明言している。その根拠として、膨大な量の視学官報告書の分析に基づき、やりたいかどうかという意欲次第、教員の能力次第、地域の事情次第のごとき成り行き任せの実態を挙げている。そのうえで、2 歳児の保育学校への受け入れは徐々に減らしていき、満 3 歳からの就学義務を課すことによって、保育学校を小学校とは異なる「独自の」学校としてではなく、小学校と「同等な」学校とすべきと提言し、言語の習得を最優先の課題として、3 年間の年齢ごとのカリキュラムと各年齢に応じた進度の詳細を示すことを求めている。

後者の報告も、これまで本章において参照してきた通り、初等学校の効果に関する疑義がその基調にある。保育学校についても、「すべての幼児を小学校で成功する条件においているわけではない」との評価を下している。しかし、その問題構成は前者とは異なる。まず、保育学校は真の学校であるが、その子どもたちは非常に幼く、知的な発達が関係的情緒的な発達と切り離せないことから、2002年学習指導要領が喚起しているように、遊びが子どもの通常の活動となると捉えている。従って保育学校は、それが実践する教育方法により小学校と区別されなければならない。ところが、年長組で実際に行われている教育方法や評価が小学校のそれに従ったものである場合が多いことを問題とし、その原因を小学校での実習など保育学校教員の養成に求めている。一方、同報告は、ヨーロッパには、幼児を対象とした別の形態も見いだせるとしている。そこでは就学前の段階で、教育と養護を区別しておらず、その職員は子どもの発達の全側面について養成教育を受ける。またそうした国々では小学校においても遊びや創造的活動に多くの時間が充てられており、子どもたちの後の学習成績も良好である、と評価している。

　以上の二つの報告書を比較するならば、両者はともに保育学校の機能不全を問題とする点では共通であるものの、前者は「小学校への準備」に基づく考え方であり、後者は、幼児期の教育の特徴を重視し、さらにそれを小学校にまで推し進めることを視野に入れた考え方であり、ベクトルを異にすると言えよう。

　なお、この時期には、ベントリラ報告において縮小すべきとされた2歳児の受け入れについて政策的な動きがあった。翌2008年10月にフランス議会上院の文教委員会幼児の就学部会の調査報告（Papon et Martin, 2008）により、2、3歳児の受け入れ施設として「学校」ではない「めざまし園」（jardin d'éveil）が提案され、2010年に政令により実現した。こうした動きも非常に幼い年齢の子どもたちを外部に出すことにより保育学校の学校としての性格を強化するというこの時期の政策と軌を一にするものである（Garnier, 2009: 9）[6]。

　2012年にオランド社会党政権が誕生してからは、保育学校の独自性を尊重する方向での揺り戻しが始まっており、その結果として、第2学習期から保育学校が切り離されたのは先に見たとおりである。

2-4　学校週４日制

　フランスの初等教育は教育時間の配分という面でも特徴的であり、右派政権下の改革は多くの議論を呼んだため、その改革についても触れておきたい。

　小学校及び保育学校では伝統的に、水曜日と日曜日を休日とする週5日制がとられてきた。しかし、保護者の側から見ると土日を休日とする週休2日制が定着するなかで、1991年以降、各校が、年間936時間（週26時間×36週に相当）の授業時間を確保することを条件に、授業日数を柔軟に編成することが可能とされてきた。このため各学校では、土日を休みとする週5日制の他に、水土日を休みとする週4日制など多様な実態が見られた（池田, 2001、文部科学省, 2008）。

　この週当たりの授業日数について、週4日制を原則とする政策が打ち出されるのが、サルコジ政権下の2008年のことである。同年の5月5日政令によると、週当たり授業時数を26時間から24時間に改め、この24時間は原則月・火・木・金の1日6時間で構成される。教員の担当時間は26時間のままとし、残りの2時間で、学習に困難を感じる児童に対する個別補習を行う、という改革であった。

　この改革の内容に表れているように、ここには二つの異なるねらいが含まれている点は注意を要する。ダルコス国民教育大臣によると、そのねらいの一つは、学校によって授業日がさまざまであり、保護者にとって混乱の元になっていることの改善とともに、「家族が出会う時間」を確保することにある。もう一つのねらいは、従来土曜日の授業に充てていた時間を学業不振児に対する支援に充てることである。後者のねらいは、サルコジ大統領が「教育者への手紙」のなかで述べていた「完全に読み書き計算を身につけることなくコレージュに入る者が一人もいないようする」という目標に対応するものであり、「この方策は初等学校改革の礎石となる」と述べていた（Darcos, 2007a）。2008年11月に発表された初等教育改革の基本方針においても、「困難にある児童一人ひとりに適した学習時間を割り当てる」とする施策が盛り込まれており、週24時間制の創設により、初めて、困難にある児童一人ひとりのために週当たり2時間を個別支援に充てることができ、かつ、この時

第2章　初等教育の問題構成と改革課題　　**59**

間は教員の勤務時間に含まれるとしている（Darcos, 2007b）。

　本来、学校週4日制と教員による個別支援の時間確保は別の課題である。両者を一緒に達成しようとしたため問題が分かりにくくなったが、前者については、もともとフランスは諸外国に比べて、年間の授業日数が少なく、かつ、1日の授業時間が長いことが知られているなかでの改革であったため（Cour des comptes, 2010）、当初から激しい反論に晒された。たとえば、フランス医学アカデミーは、その報告書において「子どもが考慮の中心に置かれていない」と批判していた（Touitou et Bégué, 2010）。

　政権交代後の2013年に、この週4日制も5日制に改められる。オランド政権下の2013年1月24日付政令によると、2013年度より、小学校の時間編成は、「子どもたちの学びと休息のリズムを一層尊重するため」に、水曜日の午前中を含む、9つの半日単位で行われる。5日制のなかで、1日の教育時間は最大で5時間半、半日の場合は3時間半と上限が設けられるとともに、昼休みも1時間半以上確保するとされている。なお、週24時間×36週という枠に変更はない。

2-5　学校のネットワーク化

　最後に、これもわが国から見たフランスの特徴である小規模学校の存在とその施策を取り上げておきたい。

　公立小学校の設置主体が市町村（コミューン）であることはフランスとわが国とで同様であるが、その数は大きく異なる。そもそも市町村の数はわが国が約1,800であるのに対して、フランスでは35,000を超える。次に、公立小学校の数は、わが国の約22,000校に対して、フランスでは約33,000校であり、わが国の1.5倍に相当する。フランスの国土がわが国の1.5倍であり、人口が半分であることと考え合わせると、いかに小学校が小規模であるかは容易に想像できる。

　フランスでよく目にする数字は、市町村の3分の1には小学校が1校もなく、小学校の4分の1は1または2学級であるというものである。伝統的に、広い国土の大半を占める農村部には「農村学校」と呼ばれる小学校が点在し

てきた。今日でも、全学年の児童が1つの学級で学ぶ「単級学校」が3,700校以上存続している。その一方で、小規模校対策として、市町村間の共同組織により学校を維持する仕組みも全国的に発展してきた。

1998年の通達は「孤立した農村部における教育制度の将来」に関するものであり、農村学校のネットワーク化を強く勧めている。2003年には国民教育省から通達「公立初等学校の学校配置図」が出されている。そこでは「学校の再編成」について次のような3種類に整理されている。

①複数の市町村の学校の再編成（市町村間教育再編成）

法律上、市町村は合同で1つの小学校を設置、維持することができる。しかし、複数の市町村の児童を1つの学校に再編成することは、市町村が3キロ以内であり、そのうちの1つの市町村の学齢児童数が15名以下の場合にのみ、課せられる（教育法典第L. 212-2条）。それ以外の場合は、市町村の同意が求められる。この市町村間教育再編成（RPI）には2種類ある。第一は、分散型RPIであり、各学校は学年ごとに（たとえば低学年と高学年で）複数の市町村の児童を集め、その法的地位と学校の権限は保持する。第二は、集中型RPIであり、関連する市町村のすべての児童が市町村のうちの一つの学校に就学することになる。

②学校ネットワーク

一つまたは複数の市町村の複数の学校は、RPIに属していてもいなくても、同様にネットワークに再編成されることができる。特に諸手段や設備の共用を可能にする柔軟な形態である。

③市町村内での学校統廃合

二つの学校を一つの組織に合同すること、あるいは二つの学校の児童を一つの組織に再編成することである。小学校間、保育学校間、または小学校と保育学校の間で統合を行うこともできる。二つの学校の統合は必ず一つの学校の閉鎖を含むものであり、統廃合に由来する学級の移設もありうる。すべての場合で関係市町村の決定が必要である。

学校ネットワーク化の実態について市町村間教育再編成（RPI）の数を見てみると、全市町村の4割程度で実施されており、平均学級数は、5.1学級、平均児童数は110人程度であることから（Reisse, 2010: 67）、わが国の1学年1

学級相当の学校規模であることがわかる。

　フランスでは公立小学校は《la Communale》と呼ばれていることからもその象徴的位置づけをうかがうことができる。フランス特有の小規模市町村の存在とその市町村との密接な結びつきが公立小学校の数と規模を説明する最も大きな要因であろう[7]。

おわりに

　「はじめに」で述べた通り、フランスでは初等教育はしばしば改革の「主役」として登場する。そして、その背景には「問題の根幹としての初等教育」という問題構成の認識がある。それは、この四半世紀、政権が交代しても変わることのなく、改革の通奏低音をなすものであった。こうした問題認識は、わが国にとっても示唆的である。それは、わが国に対して、初等教育に問題はないのか、それを見出す視点が欠けているだけなのか、そのためのデータはあるのか、といった問いを投げかけるものである。

　一方、フランスの初等教育に係る諸改革は、あまり成功しているようには見えない。改革のなかには、右派政権時代の施策が社会党政権によって見直され、あるいは、社会党政権で始めた改革が同党によって幕を引かれるものもあった。またフランスの場合、そもそも改革が実際に行われているのか確認する必要もある。

　社会党政権が政権を再び奪取した際、教育改革における初等教育への着目を「コペルニクス的転回」などと自賛していたが、それは同党が四半世紀前に示した問題認識のリフレインに過ぎない。むしろ初等教育改革がしばしば教育改革の主役として登場せざるを得ないことは、その問題の根深さを物語るものであると理解すべきである。しかし、問題が一気に解決される見込みがあるならいざ知らず、そうでないならば、よりよい（あるいはより悪くない）改革のあり方を丁寧に模索する以外に道はないであろう。

62

［注］

1　ジョスパン法下の初等教育改革については藤井（1997）を参照されたい。

2　教育高等審議会の報告書「初等学校」については、藤井（2012）を参照されたい。

3　知識・コンピテンシーの共通基礎に関する審議過程については、藤井（2009）を参照されたい。

4　2013 年版から、指標 1.1 の中身が変更されたため、数字として示せるのは 2011 年の予測までである。

5　ベントリラ報告には翻訳がある（赤星, 2012b, 2016）。

6　保育学校については、赤星（2012a）及び藤井（2016）を参照されたい。

7　小規模学校に関する制度と施策については藤井（2011）を参照されたい。

［文献］

赤星まゆみ（2007）「フランスの教育改革と学力モデル」原田信之編著『確かな学力と豊かな学力』ミネルヴァ書房。

赤星まゆみ（2012a）「フランスの保育学校をめぐる最近の論争点──早期就学の効果」日本保育学会『保育学研究』50(2)。

赤星まゆみ（2012b）「フランス国民教育大臣への答申──『言語的社会的不平等の最前線にある保育学校』(1)」『西九州大学子ども学部紀要』3。

赤星まゆみ（2016）「フランス国民教育大臣への答申──『言語的社会的不平等の最前線にある保育学校』(2)」『西九州大学子ども学部紀要』7。

池田賢市（2001）『フランスの移民と学校教育』明石書店。

大前敦巳・園山大祐（2015）「第 4 章　フランス──学力二極化に対する共和国の挑戦」志水宏吉・山田哲也編『学力格差是正策の国際比較』岩波書店。

藤井穂高（1997）「第 2 章　初等教育改革の論理と構造」小林順子編『21 世紀を展望するフランス教育改革』東信堂。

藤井穂高（2009）「フランスにおける義務教育の「共通基礎」の制定──その政策意図の検討」『フランス教育学会紀要』21。

藤井穂高（2011）「フランスの小規模小学校とネットワーク化」国立教育政策研究所『教育条件整備に関する総合的研究（学校配置研究分野）最終報告書』。

藤井穂高（2012）「フランスの教育高等審議会報告書『初等学校』（2007 年）──翻訳と解題」『東京学芸大学紀要　総合教育科学系Ⅱ』63。

藤井穂高（2016）「初等教育としての幼児教育の今日的課題」『フランス教育学会紀要』28。

フランス教育学会編（2009）『フランス教育の伝統と革新』大学教育出版。

文部科学省（2007）『フランスの教育基本法』国立印刷局。

文部科学省（2008）『諸外国の教育動向 2007 年度版』明石書店。

Bentolila, Alain (2007) *La maternelle : Au front des inégalités linguistiques et sociales.*

Conseil économique et social (2004) *Contribution à la péparation de la loi d'orientation sur l'avenir de l'école.*

Cour des comptes (2010) *L'Éducation nationale face à l'objectif de la réussite de tous les élèves*, La documentation française.

Darcos, Xavier (2007a) Communiqué de presse - 28/09/2007. (http://www.education.gouv.fr/cid5612/ecole-suppression-des-cours-du-samedi-matin.html)

Darcos, Xavier (2007b) Propositions du Ministre de l'éducation nationale, soumises à discussion , pour définir un nouvel horizon pour l'école primaire. (http://www.education.gouv.fr/cid20413/document-d-orientation-sur-l-ecole-primaire.html)

Derosier, Bernard (1989) *Rapport fait au nom de la Commission des affaires culturelles, familiales et sociales sur le projet de loi d'orientation sur l'éducation*, Assemblée Nationale, n°725, Document, Journal officiel de la République française.

Dubet, François (2004) *L'école des chances Qu'est ce qu'une école juste?*, Seuil.

Durand, Yves (2013) *Rapport fait au nom de la Commission des affaires culturelles et de l'éducation sur le projet de loi d'orientation et de programmation pour la refondation de l'école de la République*, Assemblée Nationale, n° 767.

Fauroux, Roger (1996) *Pour l'école*, Rapport de la commission, Calmann-Lévy.

Garnier, Pascale (2009) Préscolarisation ou scolarisation ? L'évolution institutionnelle et curriculaire de l'école maternelle, *Revue française de pédagogie*, 169.

Haut Conseil de l' évaluation de l' école (2004) *Le redoublement permet-il de résoudre les difficultés rencontrées au cours de la scolarité obligatoire ?* Avis n° 14.

Lessard, Claude et Meirieu, Philippe, Éds (2005) *L'obligation de résultats en éducation*, De Boeck.

Ministère de l'éducation nationale, 2007, Document d'orientation Propositions du Ministre de l'éducation nationale, soumises à discussion pour définir un nouvel horizon pour l'école primaire. (http://media.education.gouv.fr/file/40/9/20409.pdf)

Ministère de l'éducation nationale (1986) *L' école maternelle Son rôle, ses missions*, CNDP.

Ministère de l'éducation nationale (2008) *Mission interministérielle Rapport annuel de performances Annexe au projet de loi de réglement des comptes et rapport de gestion, Enseignement scolaire pour 2008.*

Ministère de l'éducation nationale (2013) *Mission interministérielle Rapport annuel de performances Annexe au projet de loi de réglement des comptes et rapport de gestion, Enseignement scolaire pour 2013.*

Papon, Monique et Martin, Pierre (2008) *Rapport d'information par le groupe de travail sur la scolarisation des jeunes enfants*, Sénat, n° 47.

Paul, Jean-Jacques et Troncin, Thierry (2004) *Les apports de la recherché sur l'impact du redoublement comme moyen de traiter les difficultés scolaires au cours de la scolarité obligatoire*, Haut Conseil de l' évaluation de l' école.

Thélot, Claude (2004) *Pour la réussite de tous les élèves* Rapport de la Commission du débat national sur l'avenir de l'École, La documentation Française.

Touitou, Yvans et Bégué, Pierre (2010) *Aménagement du temps scolaire et santé de l'enfant*, Rapport au nom d'un groupe de travail de la Commission X.

Reiss, Frédéric (2005) *Rapport fait au nom de la Commission des affaires culturelles, familiales et sociales sur le projet de loi d'orientation pour l'avenir de l'école*, Assemblée Nationale, n° 2085.

Richon, Henri-Georges (2009) L'école maternelle en débat, *École primaire : réforme et débat*, La documentation française.

Ropé, Françoise et Tanguy, Lucie (2000) Le modèle des compétences : système éducatif et entreprise, *L'année sociologique*, 50 (2).

Sarkozy, Nicolas (2008) Première conférence de presse du Président de la République, à Paris le 8 janvier 2008.

第3章

「初等学校学習指導要領」の変遷
──幼小教育の連続性を中心に

赤星まゆみ

はじめに

　フランスの幼児期と小学校段階の教育内容の基準は、1995 年以来、「初等学校学習指導要領 programmes de l'école primaire」[1] として示されてきたが、2015 年には、学習期制度を変更した 2013 年共和国学校再構築法（ペイヨン法）を受けて保育学校学習指導要領と小学校学習指導要領に分離して制定されている。1989 年教育基本法（ジョスパン法）の実施過程でもたらされた、1995 年の幼小一貫の学習指導要領の制定というやり方は、2013 年のペイヨン法により、幼児期を独立させて幼児期本来の教育を追求する、幼児期と小学校別々の基準の制定というやり方に帰結した。この初等学校学習指導要領の 20 年間は、前節で述べられたように、幼児期と小学校を一括りにした初等教育が社会的な批判・非難の対象となる、いわば、初等教育受難の時期でもあった。

　翻ってみるに、1989 年のジョスパン法以来の幼児期から小学校の一貫した教育の制度と内容という考え方は、画期的なものであったが、3 歳からの就学保障が実現しているフランスで、小学校以降の学業成功のために幼児期の教育期間である保育学校が機能していないと追及されたことは驚きである。このことは学校教育の諸問題の根本にある初等教育改革の困難さとして、制度の側面から、前節において述べられたところである。

そこで本節では、この20年間の教育改革の実質的な側面として教育内容の基準である学習指導要領に注目したい。すなわち、1989年のジョスパン法により成立した、「初等学校の一貫した9年間の学習期制度」に対応する「初等学校学習指導要領」の成立とその変遷を検討し、ジョスパン法成立後の状況からペイヨン法成立前までを概括して、幼小教育の連続性の追求がもたらした、初等学校の教育内容の変遷を整理することとしたい。

1. 初等学校の学習期に対応した教育課程の構築

1–1　幼児期教育の学校教育化への道
── 1989年ジョスパン法の成立まで

　幼児期教育が名実ともに学校化される流れを法的に決定づけたのは、1989年のジョスパン法である。初等学校の9年間を三つの学習期で編成する制度を導入し、幼小教育の連続性を保障することを目論んだが、この政策は1975年教育法（アビ法）に遡る。小学校1年（準備級）の学習開始に関わるレディネスを平等化することが課題とされ、保育学校と小学校の教育的連続性の改善が模索された（1977年10月通達）。しかし、アビ改革当時は抜本的・具体的な方策に至らず、1970年代後半から1980年代前半にかけて初等教育改革の論議と実験的実践が展開された（Favret, 1984）。その結果、シュベーヌマン国民教育大臣による「小学校学習指導要領」の改正（1985年）、初めての「保育学校教育要領」（1986年）の制定（MEN, 1986）[2]となる。このとき、シュベーヌマンは保育学校に学習指導要領は不要だと断言したが、1989年法の新政策は、まもなく、一貫した学習指導要領を導いた。1995年に、「初等学校学習指導要領」という形での保育学校の学習指導要領が誕生した。

1–2　1990年の「新教育政策」──学習期制度と教育課程

1989年法による新しい教育政策として導入された「初等学校の三つの学

習期」制の実施においては、まず、学習期制がそれまでの「準備級（1 年）・初級（2・3 年）・中級（4 年・5 年）」という級制とどのように違うのか、学習期の定義づけに伴う具体的な教育の内容・方法の提示が必要となった。その努力は、1995 年の初等学校学習指導要領の制定に至るまでの間、矢継ぎ早の種々の規定や手引きの作成という形で具体化された。

　代表的なものは、①「話し言葉と書き言葉に特別な困難のある生徒に対する勧告と措置」(1990 年通知)[3]、②「初等学校の新政策」(1990 年通知)[4]、③「学校教育計画 (projet d'école)」(1990 年通達)[5]、④「保育学校・小学校の授業時数」(1990 年省令)[6]、⑤「保育学校・小学校の組織と機能」(1990 年政令)[7]、⑥『初等学校の学習期』(1991 年冊子) (MEN, 1991)、⑦『学校の新政策に関する問答集』(1992 年冊子)[8]、⑧「学習指導要領憲章 (1991 年 11 月 13 日付)」(1992 年)[9]、⑨『学校教育計画』(1992 年冊子) (MEN, 1992)、⑩『学校における言語の習得』(1992 年冊子) (MEN, 1992)、⑪「学校改革のための新しい契約」(1994 年) (小野田, 1997: 409-437)、⑫『初等学校学習指導要領』(1995 年省令) (1995 年冊子)[10] (MEN, 1995) である。ここに、その後の 20 年余にわたる初等教育の三つの学習期制度による教育課程の構成基盤が形成されたと言える。

　「初等学校の三つの学習期」という政策の説明は、②の国民教育大臣の演説でなされた。ここには、「生徒を制度の中心に置く」という理念の下、政策の根幹として、第一に、複数学年で組織される学習期を組織すること、第二に、学習期という考え方の基になっている、「連続性・一貫性」を実質的なものにする仕組み、すなわち、学校教育計画、学習期 (cycle)、成績通知簿 (livret scolaire) を制度化すること、第三に、学校の週時間・年間時間の組織という学校生活の時間を、昼休みや課外時間などの授業時間外の時間も含めて、子どもの生活に最適な時間編成にすること、という 3 点が挙げられている。

　この政策は保育学校から小学校を通した教育の連続性と一貫性を追求する意図を持つものである。従って、それを実質化する教育活動には、学校内の教員チームと地域における教育チームという連携協力・協働体制が欠かせないと考えられた。また、そこには子どもを中心に置き、その学年を越えたタテ方向の時系列的な展開につながりを持たせると同時に、ヨコ方向として学

校を基盤にした子どもの多様な経験場面に関わりを持たせて、子どもの生活と成長にかかわるタテとヨコの有機的関係を構築するという構造がある。このような考え方は、もともと 1983 年に実施された「学校に関する全国討論会」(Favret, 1984) において集約されたものである。ここで行われた教育という公役務に関する再検討の結果、新たな方向性が示されたことの延長線上にある。実際、この討論会後ただちに教育を学校外に開く教育活動として、小学校と保育学校でも PAE（教育活動計画）の施策が実施に移されるとともに[11]、1985 年小学校学習指導要領、1986 年保育学校教育要領が制定された。従って、1989 年法による初等学校に関する新たな政策は、1980 年代半ばの教育課程の基準の是認のうえで、学習期制を機能させる仕組みや方策が次々と定められていった。

　このような教育刷新をめざす切り札としての学習期制度を支える基本的なやり方は、教育実践そのものの変革を伴う新しい教授学的・教育方法的概念を提示するもので、まずコンピテンシーの明確化と学校教育計画の推進にあったと言える。上記⑥の学習期の考え方を示した冊子『初等学校の学習期』では、学習期とコンピテンシーの関わりが明らかにされ、学習期末に獲得すべきコンピテンシーの一覧が示された。また、学校内の教育の一貫性を保障する手立てとして、学校教育計画、学習期教員会議、全国レベル及び地方レベルの学力テストの実施、成績通知簿がツールとして示されている。なかでも学校教育計画を作成する意義は、次のように述べられている。

　　1990 年通達では、1989 年政策の枠組みにおける学校教育計画の原則・内容・作成方法が規定された。その学校教育計画は、国レベルで定められた公役務の果たすべき目標をそれぞれの学校の状況に応じて表現し、その諸目標を達成するやり方と過程を定めることができる基本的なツールである。また、学校教育計画によって学校の教育チームの構成員すべてを 1989 年政策の諸目標に結びつけることができる。学校教育計画は、特に、完全なパートナーである親との間で結ばれる真の契約であるとともに、学校チームと大学区教育行政当局との間の契約でもある。

学校教育計画については、さらに『学校教育計画』（上記⑨）を刊行して、その意義や目的、定義、計画作成の枠組み・手続きなどについて詳細に解説している。その序文で、ジョスパン国民教育大臣は、「教育は国の行うものである。従って、学習指導要領及び各学習期末に獲得すべきコンピテンシーはすべての者に向けて、国レベルで決定される。目標は同一なものであるが、それをどう達成するか、その道が多様であることは避けられない。学校に受け入れられる状況も、その実際は人によってまちまちである。それぞれ、学校の組織が違うだけでなく、社会的・経済的・文化的背景も違う。学校教育計画は、国レベルの目標と地方レベルの実態を関係づけ、さまざまな背景を考慮しつつ、その諸目標を達成するために最適と思われる方略を決定することを目的とする。……学校教育計画は、何よりも、教員が教室（授業）においてとる行為、行動と関係するものである。教員の役割は、まず、学習を構築し、教育することである。さらに、子どもに周囲の世界への関心を目覚めさせ、その批判精神を発達させることでもある。教員には、一貫した進歩を作り出し、学校のリズムを子どもの多様性に適応させる責任がある」と述べている。

　こうして見返すと、学習期制とそれに伴う学校教育計画の作成を中心とした教育刷新、これは、コンピテンシーという新しい能力観に依拠して、まさしく教員の教育行為に変化をもたらすことが目的であったということが分かる。

1-3　1990年通達と教育課程の基準
——1985年・1986年通達の一部修正を通して

　一方、教育課程については1986年の保育学校教育要領と1985年の小学校学習指導要領がそのまま踏襲された。改めてこの二つは1991年の学習期制に関する手引き書（上記⑥）に所収された。この手引き書には、各学習期を通じて習得すべきコンピテンシーが明記された。コンピテンシーは、①横断的なコンピテンシー、②言語領域のコンピテンシー、③教科的コンピテンシーという三つのタイプに分けられた（藤井, 1997）。こうして、初等学

校の各学習期における到達すべき能力とは何かが詳しく明示されるように
なり、1985年学習指導要領・1986年教育要領を踏襲しながらも、学習期制
の新しい能力観に基づく初等学校の教育実践の転換が始まった。1991年以
降の指針には、子ども自身が学習の担い手であるという考え方が明示され
る。子どもは自己の学習を構築する当事者であり、教員はその学習の支援者
（accompagnateur）、子どもの学習に寄り添う伴走者という考え方が基本に置か
れた。学習期制の採用は、教育の連続性の保障という観点から学習指導要領
を学習の構築者である子どもが到達すべき能力を示すものとして見直すこと
を求めた。

　ここで注目すべきは、1990年省令によって「保育学校・小学校の授業時
数」が改正されたことである[12]。1985年には小学校全体を通じて同じ7教
科での教育課程編成が行われ、級及び学年をもとにした授業時数が示されて
いた。しかし1990年改正では、教育課程が三つの教科群にまとめられ、学
習期をもとにした授業時数として示された。しかも最低時数と最高時数とい
う柔軟で弾力的な運用を可能にした規定である（藤井, 1997: 156-164）。

　ジョスパン法の新政策は、以前の旧体制の学習指導要領の枠組みを残した
まま、従来の教育内容と技能だけに依拠するわけではない、学習期を通じた
教育目標の追求とコンピテンシーの獲得を重視する教育課程を標榜したが、
現実には新旧折衷的な形で実施されざるを得なかった。コンピテンシーに基
づく教育は、上述したように、学習期教員会議と学校教育計画、学力テスト、
成績通知簿を欠かせないツールと位置付けて構想されている。特に教科横断
的なコンピテンシーや言語領域のコンピテンシーという観点からは、学校教
育計画が鍵であった。学校の実情に合わせた教育を学校教育計画として展開
するために教科群という構成と授業時数の柔軟性がもたらされたと言えよう。

1-4　全国教育課程審議会の設置と
　　　「初等学校学習指導要領」の作成

　一方で、ジョスパンは、教育課程の策定に関する改革を進めた。国民教
育大臣の諮問機関として、全国教育課程審議会（Conseil national des programmes:

CNP）の設置を 1989 年のジョスパン法で定め、1990 年政令で実施した[13]。全国教育課程審議会は、学習指導要領の作成と教育内容の大綱についての意見を提出する責務を負うものであったが、設置後まもなくの 1991 年 11 月、「学習指導要領憲章」（上記⑧）をまとめる。これは、知識を羅列する従来の学習指導要領を批判し、知識とコンピテンシーによって構成することを求め（細尾, 2017: 149-165）、1989 年政策の考え方を裏付けるものとなった。これを実効化するため、1993 年頃から国民教育省の総視学局や専門家の間で新学習指導要領の作成の必要が議論されるようになる。そして、1994 年には「学校改革のための新しい契約」（上記⑪）が示されるが、このなかで学習指導要領が改定されることが明らかになった（提案番号：3）。また、これには学習指導要領の策定に初等学校教員が参加すると記述された（提案番号：136）。これは、2002 年の学習指導要領の策定過程において実現する。

　まず 1995 年学習指導要領は、国民教育省の学校局と総視学局が協働し専門家や教員の協力を得て作成された。学習指導要領案が 1994 年 9 月の官報に公表され、それをもとに教員会議などで検討することが求められたのだ。これは、学習指導要領作成の手続きとしては初めてのことである。こうして教員の意見が直接に聞かれ、教員組合や親の団体などに対する意見聴取も行われた。最終的に、全国教育課程審議会と高等審議会の承認を経て制定され、翌年 3 月に官報に掲載されるとともに、冊子体の『初等学校学習指導要領』（上記⑫）として市販された。本書によれば、「教育課程、及び生徒が初等学校の三つの学習期のそれぞれの期に獲得しなければならないコンピテンシーは、協議を重ねた結果、国基準として定められた」のである。

　次の 2002 年学習指導要領案の策定は、初めて中等教育と同様な手続きで行われた。全国教育課程審議会は国民教育大臣の諮問を受けて学習指導要領の全体的な枠組みと教育目標を明示する。それをもとに学校教育局の委任を受けた専門部会は意見書を提出する。その専門部会は、メンバーに初等学校教員も入り、科学アカデミーの会員や大学研究者、総視学官、国民教育視学官、指導主事や養成担当初等学校教員、教師教育大学（IUFM）教授等で構成された。専門部会は、全国教育課程審議会はもとより、全国読書推進機構（Observatoire national de la lecture: ONL）や国民教育省総視学局（IGEN）、芸術局

（Mission artistique）、そして多数の初等教育関係団体等と話し合いを重ねて、意見書を作成し、提出した。2002年学習指導要領の策定に関わった人物はすべて公表されている。

2002年学習指導要領では、読みやすさ、わかりやすさが追求され、その策定は、時間をかけて行われた豊富な対話と協議の産物であった。作成された学習指導要領は誰もが手にでき気軽に読めるように『保育学校で何を学ぶの？』『小学校で何を学ぶの？』（MEN, 2002）という冊子として店頭に並べられた。

しかし2005年、全国教育課程審議会の制度は、フィヨン法によって廃止される。その後は、この機能は部分的に高等審議会（HCE）[11] に引き継がれた。続く2008年学習指導要領改正の手続きでは作成者が公表されておらず、透明性と対話を指向する従来の政策から逆行するものとなった。なお、2012年の政権交代を経て、2013年には教育課程高等審議会（Conseil supérieur des programmes）が設置された。これは、基本的に1990年の全国教育課程審議会の復活継承と考えていい。

2. 「初等学校学習指導要領」の変遷

1989年の政策では教育課程は学習期に対応しており、その基準である学習指導要領も基本的には学習期に対応して作成されるものであるが、初等教育の学習期制度に対応して作成された1995年の最初の学習指導要領は、実際には、第1学習期と第2学習期の1年目を含む保育学校、小学校第1学年と第2学年に係る第2学習期、そして小学校後半の3年間に係る第3学習期の三つに分けて記述された（保育学校：表-1、小学校の第2学習期：表-2、第3学習期：表-3）。

2-1　1995年学習指導要領

1994年の「学校改革のための新しい契約」（小野田, 1997）では、各教育段

階でわかりやすい教育目標を定めること（提案番号：1）、各学習期に対応した一貫性のあるものとすること（提案番号：3）、「学び方を学ぶ」方法論が導入されること（提案番号：11/16）、学習期の実施にはチームを組んで仕事をすること（提案番号：12）等が約束され、1995年に初めての「初等学校学習指導要領」制定の運びとなった。

1995年学習指導要領は、教育の目標・内容の記述が学習指導要領として定められ、それとは別に、学習期を通じて獲得すべきコンピテンシーのリストが国の基準として提示される形をとっている。これは、1991年のものを踏襲しており、三つの型に定義されたコンピテンシーが、それぞれ、三つの学習期に対応した表形式で、学習期ごとの進展の過程が分かるように示されている。

教員は、コンピテンシー・リストによって一貫性と連続性のある教育活動の学年進行を構築し、子どものリズムと多様性に適合する展開方法を考え決定する。そしてこれを基準として評価を行う。つまり、このリストは教員の

表-1　保育学校の教育課程の変遷

1986年	1995年	2002年	2008年
教育要領 （Orientations pour l'école maternelle）	学習指導要領（Programme de l'école primaire）		
4大主要領域	活動領域（5）	5大活動領域	6（5）領域 *
週27時間 （1990年改正：週26時間）	週26時間	週26時間	週24時間＋週2時間 （支援を要する幼児への個別支援の時間）
①身体活動 ②コミュニケーション及び口頭・文字表現活動 ③芸術的審美的活動 ④科学的技術的活動	①ともに生きる ②話すこと、自己の言語を構築することを学び、書き言葉の世界へ導かれる ③世界のなかで行動する ④世界を発見する ⑤想像する、感じる、作る	①学習の中心にある言語 ②ともに生きる ③身体を用いて動き、表現する ④世界を発見する ⑤完成、想像、創作	①言語力を身につける ②文字表現を発見する 　—文字表現に親しむ 　—読み・書きの学習の準備をする ③生徒になる ④身体を用いて動き、表現する ⑤世界を発見する ⑥知覚する、感じる、想像する、作る
3目標 1）学校生活化 2）社会化 3）学ばせることと自己の持つ力を発揮させる（訓練する）こと⇒4領域	学ぶための道具 　—線描活動 　—分類、序列化、数えること、測定、形と空間的関係の認識		①と②を一つの領域とみなし、5領域とする場合もある。

教育行為の基準枠となる。ここに、1985 年学習指導要領を簡潔にし、教育内容と進度に一貫性を持たせる必要に応じる形で、ようやく学習指導要領がコンピテンシー・リストと結びついた形で定められた。また、1995 年学習指導要領には環境、健康・安全、責任感と道徳など、先の 10 年間に現れた新しいテーマも組み込まれた。

　次に教育課程の構造を見ると、保育学校は五つの活動領域（表-1）と学ぶための道具で構成され、小学校は教科分野（表-2、表-3）で構成されている。保育学校の活動領域は、「生きる、話す、構築する、学ぶ、行動する、発見する、想像する、感じる、創造する」と動詞で領域が表現されており、態度、空間と時間の基本概念の構築、方法的なコンピテンシーを指し、活動を通じて獲得される「横断的な能力」の考え方に対応している。

　一方、小学校をみると、第 2 学習期と第 3 学習期は、「フランス語」「数学」「公民教育」「芸術教育」「体育・スポーツ」という区分は共通であるが、第 2 学習期で「世界の発見」があてられているのに対し、第 3 学習期では

表-2　1995 年以降の教育課程と授業時数（小学校）：第 2 学習期（小学校第 1・2 学年）

1995 年学習指導要領		2002 年学習指導要領			2008 年学習指導要領		
教科分野 Champs disciplinaires	授業時数 週：26 時間	領域 Domaines	授業時数週：26 時間		領域 Domaines disciplinaires	授業時数	
			最低	最高		年：864 時間	週：24 時間
フランス語	9[1] 時間	言語とフランス語の習得	9 時間	10 時間	フランス語	360 時間	10 時間
数学	5 時間	ともに生きる	30 分（週の話し合い時間）		数学	180 時間	5 時間
世界の発見	4 時間	数学	5 時間	5時間30分	体育・スポーツ	108 時間	9 時間[3]
公民教育		世界を発見する	3 時間	3時間30分	現代語	54 時間	
芸術教育	6 時間	外国語または地方語	1 時間	2 時間	芸術の実技と歴史	81 時間	
体育・スポーツ		芸術教育	3 時間			81 時間	
指導付き学習	2 時間	体育・スポーツ	3 時間		世界の発見	81 時間	
		毎日の活動[2]	最低時数		＊ほかに、週2時間の支援を要する生徒への個別学習支援の時間がある。		
		読み書き（作文または筆写）	2 時間 30 分				

1) 学習期最終学年の課程では、この時間のうち 1 時間が現代語に充てられる。
2) 毎日の活動は、教科領域のなかで行われるもので、その時間数は、各領域に配当される時間数に含まれる。
3) この週 9 時間の実施は、各教科領域に配当された年間時数の枠内で、教員の行う教育プロジェクトに従って決められる。

表-3　1995年以降の教育課程と授業時数(小学校)：第3学習期（小学校第3・4・5学年）

1995年学習指導要領		2002年学習指導要領		2008年学習指導要領		
教科分野 Champs disciplinaires	授業時数 （週26時間）	領域 (Domaines)	授業時数 （週26時間）	領域（Domaines disciplinaires）	授業時数	
					年間 864時間	週間 24時間
フランス語と現代語	9時間	フランス語、 文学・人文教育	12時間	フランス語	288時間	8時間
数学	5時間30分			数学	180時間	5時間
歴史・地理、 公民教育、 科学・テクノロジー	4時間	科学教育	8時間	体育・スポーツ	108時間	
				現代語	54時間	
芸術教育、 体育・スポーツ	6時間	芸術教育	3時間	実験科学・ テクノロジー	78時間	11時間 [1]
指導付き学習	2時間	体育・スポーツ	3時間	人文教育 —芸術の実技と 　歴史 [2]	78時間	
				—歴史地理 　公民・道徳	78時間	

1) この週11時間の実施は、各教科領域に配当された年間時数の枠内で、教員の行う教育プロジェクトに従って決められる。
2) アートの歴史の教育は、年間20時間であり、教科領域の全体にかかわるものである。

2002年学習指導要領（詳細）

領域（Domaines）	教科分野 (Champs disciplinaires)	最低時数	最高時数	領域の時数
フランス語、文学・人文 教育	文学（話す・読む・書く）	4時間30分	4時間30分	12時間
	フランス語についての考察 （文法・活用・正書法・語彙）	1時間30分	2時間	
	外国語または地方語	1時間30分	2時間	
	歴史・地理	3時間	3時間30分	
	集団生活（規律ある討論）	30分	30分	
科学教育	数学	5時間	5時間30分	8時間
	実験科学・テクノロジー	2時間30分	3時間	
芸術教育	音楽教育 視覚芸術	3時間		3時間
体育・スポーツ		3時間		3時間
横断的領域	時　数			
言語とフランス語の習得	全教科領域のなかの13時間を充てる。 そのうちの2時間は読み書きに係る「毎日の活動」の時間である。			
公民教育	全教科領域のなかの1時間を充てる。 30分は、週単位の「話し合い時間」に充てられる。			

表-4　初等学校の三つの学習期とコンピテンシーの展開（2002年学習指導要領）
　　　――　一般的コンピテンシーと特別コンピテンシー

	第1学習期末に獲得すべきコンピテンシー	第2学習期末に獲得すべきコンピテンシー	第3学習期末に獲得すべきコンピテンシー	第3学習期中に固有のコンピテンシー
学習の中心にある言語 ↓ 言語とフランス語の習得	**学習の中心にある言語** ・意思疎通のコンピテンシー ・行為に伴う言語に関わるコンピテンシー（状況に応じた言語） ・喚起の言語に関わるコンピテンシー	言語とフランス語の習得 ・口頭での言語力習得 ・読むことと書くこと	言語とフランス語の習得 ・一般的コンピテンシー フランス語についての考察（文法・活用・正書法・語彙）	文学 　言う／読む・書く フランス語についての考察 　話す／読む・書く
ともに生きる ↓ 市民になる準備をする	**ともに生きる**	ともに生きる	公民教育（横断的領域）	公民教育 　話す／読む／書く
言語・文化における他者性と多様性を発見する		外国語または地方語	外国語または地方語 ＊ヨーロッパ言語共通参照枠（CECRL）（英：CEFR）（レベルA1）	外国語または地方語 　話す／読む／書く
過ぎゆく時間 ↓ 歴史的時間	**世界を発見する** ・時間の構築の領域のコンピテラシー	世界を発見する ・時間の領域のコンピテラシー	歴史（フランス語、文学・人文教育）	歴史 　話す／読む／書く
空間の位置探索 ↓ 地理的空間	**世界を発見する** ・空間構築の領域のコンピテラシー	世界を発見する ・空間の領域のコンピテラシー	地理（フランス語、文学・人文教育）	地理 　話す／読む／書く
世界を発見する ↓ 数学	**世界を発見する** ・量と数に関するコンピテンシー ・形と大きさに関するコンピテンシー	世界を発見する ・数値データの活用 ・自然数の知識 ・計算 ・空間と幾何学 ・大きさと測定	数学（科学教育） ・数値データの活用 ・自然数の知識 ・分数と小数の知識 ・計算 ・空間と幾何学	数学 　話す／読む／書く
世界を発見する ↓ 科学・科学テクノロジー	**世界を発見する** ・生き物、環境、衛生、健康の領域のコンピテンシー ・感覚領域のコンピテンシー ・物質・物体の領域のコンピテンシー	世界を発見する ・生き物の領域のコンピテンシー ・物質・物体、情報通信技術の領域のコンピテンシー	科学・テクノロジー	科学・テクノロジー 　話す／読む／書く
身体活動 ↓ 体育・スポーツ	**身体を用いて動き、表現する** ・異なる諸活動のそれぞれに結びついた特有のコンピテンシー	体育・スポーツ ・固有のコンピテンシー ・一般的コンピテンシーと知識	体育・スポーツ ・固有のコンピテンシー ・一般的コンピテンシーと知識	体育・スポーツ 　話す／読む／書く
芸術的関心の喚起 ↓ 芸術教育	**感性、想像、創造** ・見ることと動作 ・声を出すことと聞くこと	芸術教育 ・視覚芸術 ・音楽教育	芸術教育 ・視覚芸術 ・音楽教育	芸術教育 　話す／読む／書く

「世界の発見」の代わりに「歴史・地理」と「科学・テクノロジー」が設置されている。授業時数の配分から見ると、1990年の三つの教科群の区分とは大きく異なっている。「①フランス語と現代語」「②数学」「③世界の発見（歴史・地理及び科学・テクノロジー）と公民教育」「④芸術教育、体育・スポーツ」という四つの区分となった。

1995年の時点の教育課程では、保育学校と小学校の隔たりはまだ大きい。

2-2　2002年学習指導要領 [15]

次に2002年1月、新しい学習指導要領が徹底した透明性追求のもとに議論を重ねて成立する。これは2002年秋より各学習期の第1学年から学年進行で実施に移された。その進行に応じて1995年のものは廃止となり、2004年秋には全面的に入れ替わった。

この2002年学習指導要領では、教育に当たって何を扱うかというカタログとしてではなく、教育を行うための真の道具となるように作成され、「すべての生徒が基礎学習（話す・読む・書く・数える）を行い、共通の文化の基礎を手にすることができるような一貫した教育内容」を提供することが意図された。その教育内容の柱として「言語力とフランス語の知識の獲得の保障」を中心に、「ともに生きる」（フランス市民・地球市民）、「数学・科学教育」、「外国語・地方語の教育」（2005年から保育学校年長組にも導入）、「音楽や視覚芸術の感性を培う」、「すべてのものが共有しうる文化や知識を伝える」、「心身の調和をはかり、行動の豊かさや動作の制御を身につける」ことがあげられた。

その構成を見ると、第1学習期から第3学習期まで領域概念が採用されている。そして、第3学習期で初めて4大領域概念のもとに教科概念が持ち出される。また三つの学習期を通じて、「言語活用能力とフランス語の習得」（保育学校では「学習の中心にある言語」）と「ともに生きる」（第3学習期では「公民教育」）という二つの「横断的な能力」に対応した「横断的領域」が一貫して学習の中心に置かれている。保育学校の教育課程をみると、1995年には、五つの活動領域と二つの学ぶための道具で構成していたが、2002年は、学ぶための道具も活動領域に含んで、「学習の中心にある言語」「ともに生き

る」「身体を用いて動き、表現する」「世界を発見する」「感性、想像、創作」
の5大活動領域としている。続く第2学習期の教育内容も、もはや教科では
なく領域で構成され、そのうちいくつか、すなわち「言語活用能力とフラン
ス語の習得」「ともに生きる」及び「世界を発見する」の領域は保育学校に
示されている領域と直接的な連続性に立っている。

　従って、1995年の学習指導要領に比べて教育課程の構成における連続性
が非常にわかりやすくなったといえる。実際、2002年の学習指導要領では、
教育内容の記述は保育学校と小学校の二つの学習期のそれぞれについて、教
育目標、教育内容、そして学習期末に習得しているべきコンピテンシーとい
う三つの部分で成り立つ、統一した形式をとっている。1995年には、1991
年のコンピテンシーのリストが学習指導要領とは別に示されたのだが、2002
年には、学習指導要領にそれぞれの学習期末に習得すべきコンピテンシーと
して表記された。同時にコンピテンシーが三つの学習期段階を通じて進展す
ることがわかりやすいように1995年と同様のリストも作成されている（表
-4）（Quéva, 2003）。

2-3　2008年学習指導要領

　2002年学習指導要領は、2005年のフィヨン法による義務教育改革を受け
て2008年には、かなり復古調の学習指導要領に入れ替わる。まず同法を受
けた2005年政令は、「国民教育大臣は、省令によって各期の目標を含む教育
内容についての学習指導要領とともに、初等学校を終える時に共通基礎の諸
要素を完全に習得するため、優先的に獲得することが保障されなければなら
ないコンピテンシーと知識についての学年ごとの標準目標を定める」と明記
し、フィヨン法で定められた義務教育の能力、「共通基礎のコンピテンシー
と知識」を確実に習得させる方針を明確にしている[16]。これに基づき、2008
年学習指導要領には各学習期別に学習の進度目標（progression）が作成された。
その進度目標一覧は、保育学校では、年少組（3歳児）から言語力の獲得と
書き言葉について、小学校では、フランス語と数学に関して作成された。第
2学習期の「小学校第1・2学年のための進度目標」、第3学習期の「小学校

第3・4・5学年のための進度目標」は、それぞれ、義務教育の共通基礎のコンピテンシー認証の第1段階（小学校第2学年末）と第2段階（小学校第5学年末）に対応している。その後、2012年1月には、第2学習期の体育・スポーツ、現代語、世界の発見、また第2学習期の体育・スポーツ、現代語、実験科学・テクノロジー、歴史、地理のそれぞれについての進度目標が官報に発表された[17]。このように義務教育における共通基礎の学力を保障する責務のもとに制定された2008年学習指導要領は、学習期制を継承しつつも、保育学校と小学校を明確に分けた学習指導要領の記述を行った。

　保育学校については、その教育内容を、①言語力を身につける、②文字表現を発見する（A. 文字表現に親しむ、B. 読み・書きの学習の準備をする）、③生徒になる、④身体を用いて動き、表現する、⑤世界を発見する、⑥知覚する、感じる、想像する、作る、の6領域に分けている。そして、なかでも「言語力を身につける」「文字表現を発見する」という領域によってフランス語に重点を置いた。さらに「生徒になる」という領域によって、「生徒」という概念に重要な意味が持たされた。この領域は、2002年の「ともに生きる」という活動領域と置き換えられたものである。また、小学校同様、「道徳」の内容も付け加えられた。それぞれの領域の目標は、コンピテンシーとして具体的に示され、小学校に入る前に何ができなければいけないか、その習得すべきコンピテンシーが6領域で明示された。そこに示されたコンピテンシーは、評価規準となる。

　保育学校には、学校教育として、義務教育への責任を自覚した小学校を意識した幼児期教育を行うことが強く求められ、小学校の基礎学習の成功に向けた役割が明確になった。保育学校の目的は「一人ひとりの子どもが、それぞれにふさわしいやり方で、自立を獲得し、準備級（小1年）での基礎学習に成功するための知識とコンピテンシーを習得するように援助すること」にあると明記され、学校教育として、義務教育への責任を自覚した幼児期の教育を行うこと、困難や障がいの兆候を見きわめ、予防することに本質的な役割が与えられた。

　一方、小学校は義務教育の始まりである。改めて小学校第1学年になること、それは、いわゆる「大きい」学校に行くことであり、義務教育課程に

入ったという重要な意味のあることが強調されている。学習指導要領によれば、「小学校は、単なる一つの学校教育の段階ではない。それは、他のすべての段階の成功の鍵」である。それは、「各自が一つの資格を身につけるとともに、生涯を通じて続けて行うことのできる養成（キャリア）教育の土台を作りあげる」ものだからである。ゆえに、「記憶、創造力、論理力、想像力、注意力を同時に働かせるとともに、自立や規則の尊重、自発的な学習がなされるように要求を高めていかなければならない」と述べている。

　2008年の学習内容の国家基準は、表-3に示したように教科領域という表現で示されたが、教科融合、教科横断的な活動を組織することも認めている。2008年学習指導要領は、フランス語と数学、次にスポーツ・体育に優先権を与えた。

　フランスの2008年における教育内容の国家基準は、このように、保育学校から始まる初等教育を通じて、義務教育課程で保障すべき国民に共通の知識とコンピテンシーの基礎を保障するという野望のもと、学校教育の内容を連続・発展的、一貫的に示した。しかし、教育課程の構造をみると、保育学校では、2002年の活動領域から領域という概念に、小学校では、2002年の領域という概念から教科領域という概念に変わり、教科的な観念が前面に現れた。また、学習期制を継続しつつも、学習期ではなく学年に依拠する考え方に戻り、2008年学習指導要領は、学年制と教科という従来の学校教育のイメージが戻るとともに、道徳が復活するなど、2002年に比べれば表現が復古調になった。そのため、さまざまな批判を浴びたが、表-3にあるように週単位の授業時間の配分に対する制約が小さくなり、年間授業数、週間授業数の示し方はより包括的になった。これによって、教育方法の採用について教員の裁量は大きくなったと言える。ただし、ジョスパン法が、学年の壁を越えた学習期制という多学年の枠組みのなかでの教育方法の自由と柔軟性を指向したのに対し、フィヨン法では学年制を基本とするようになったことを、2008年の学習の進度表、コンピテンシー・リストが、2002年までの学習期ごとに示されるやり方と異なり、学年ごとの表記となったこととあわせて考えれば、教育方法の自由のなかに学年という枠の規制がかかることになったのであり、教育方法の自由度は必ずしも大きくなったとは言いきれ

ないことがわかる。もともとはジョスパン法により学習期制とセットになって、全国教育課程審議会の先導により導入されたコンピテンシー概念は、ここにきて、学習期と切り離され、ほぼ教科構造となった学習指導要領のもとで、学年別の細分化した目標が羅列されるものとなり、暗記のような機械的な学習が優先されるようになったと言われる。

おわりに

　このように、初等学校学習指導要領は、1995 年に続いて、2002 年、2008年と二度の改訂が行われるが、いずれも、第 1 学習期と第 2 学習期の 1 年目を含む保育学校、小学校第 1 学年と第 2 学年に係る第 2 学習期、そして小学校後半の 3 年間に係る第 3 学習期の三つに分けて記述し、その形式は同様である（表-1、表-2、表-3）。ここに、義務教育ではない 5 歳児の保育学校の教育をどう位置付けるのかという微妙な問題が、学習期制による教育改革を進める 1989 年政策の隘路として存在し続けたことが窺える。初等学校学習指導要領では、常に保育学校と小学校という学校種に区分して編纂された。それは学習期制を前提にしつつも、第 2 学習期が繋ぐ二つの学校は、それぞれ別個に設置、運営されているという現実的、物理的な困難に対して、現場の事情を優先せざるを得なかったからである。

　2002 年学習指導要領は、学習期制度に内包される難問として、幼小の接続に言及している。保育学校から小学校へ移行することによって起きる教育の断絶は、子どもが受け入れ、乗り越えるための「重要で必要な断絶」と見なし、そのうえで両段階の教育的連続性を重視する。「たしかに、保育学校から小学校への移行は、子どもにとって重要で必要な断絶である。子どもは、小学校にきて、別の形の大人との関係、クラスの仲間とのより複雑な人間関係、より要求度の高い知との関係、より大きな自律を持たなければならないことに気づく」「このとき、このような態度や行動の変化によって、子どもから小学生へと変化する」（MEN, 2002）と述べている。つまり、第 2 学習期の 1 年目である保育学校の 5 歳児（年長組）の扱いについて、1990 年代の第2 学習期をめぐるさまざまな実験的試みにもかかわらず、最終的に保育学校

の枠内にとどまることが確認されたのだと考えられる。

2008 年の初等学校学習指導要領には、保育学校の教育内容は小学校の教育内容と分離することはできないものであり、保育学校と小学校の教育は一貫したものとして初等学校の学習指導要領によって定められるとされていたが、実際には、学年を基本にした記述になっていることはすでに述べたとおりである。保育学校の教育のあり方が再び問題となり、保育学校廃止論の一方で、幼児期教育の義務化の検討も議論にのぼるなか、2012 年の政権交代を迎えた。結局、5 歳児の位置付けの問題は、保育学校を小学校から切り離された学習期として独立させ、独自の学習指導要領の策定に踏みきる形で一応の結論が出た[18]。それを定めたペイヨン法により、義務教育の土台としての幼児期の教育の独自性が追求されることになった。ペイヨン法による、幼児期から義務教育終盤のコレージュ（中学校）までの四つの学習期への再編成は、幼児期からコレージュまでを一貫した教育過程として組み直し、義務教育の学力を保障するという枠組みを完成させたのであり、1989 年のジョスパン法以後あらわになった、コンピテンシー追求の潮流の結実とも言えよう。

こうしたコンピテンシー概念を支柱とする学習指導要領は、今日、教育におけるさらなるグローバリゼーションの進展と ICT の高度化を前に、教育方法改革と教員のコンピテンシー向上を必至の課題とする。長く叫ばれてきた「学び方を学ぶ」教育への転換が避けられないからである。この転換点で、フランスの幼児期からの学校教育とその学習指導要領は、コンピテンシー概念の追求に続く新たなパラダイムを獲得するのだと考えられる。

[注]

1　フランスで初等学校といえば、保育学校とそれに続く小学校の両方が含まれる。

2　Les orientations pour l'école maternelle de 1986 (La circulaire du 30 janvier 1986). これは、ポケット版の冊子（「Ministère de l'Éducation nationale, 1986」）として市販された。

3　Recommandations et mesures en faveur des élèves rencontrant des difficultés particulières dans l'apprentissage du langage oral et du langage écrit, Note de service n° 90-023 du 25 janvier 1990.（Circulaire n° 2002-024 du 31 janvier 2002, B.O. n° 6 du 7 février 2002 により廃止さ

れた）。

4　Une nouvelle politique pour l'école primaire, Discours du ministre d'Etat, ministre de l'Education nationale, de la Jeunesse et des Sports du 15 février 1990.

5　Le projet d'école, Circulaire n° 90-039 du 15 février 1990.

6　Horaires des écoles maternelles et élémentaires, Arrêté du 1er août 1990.

7　Organisation et fonctionnement des écoles maternelles et élémentaires, Décret n° 90-788 du 6 septembre 1990.

8　Nouvelle politique pour l'École - Des questions... Des réponses (brochure de janvier 1992).

9　Charte des programmes du 13 novembre 1991, BOEN, n° 8 du 20 février 1992.

10　Arrété du 22-2-1995, JO du 2-3-1995 (MEN, 1995).

11　Circulaire du 6 janvier 1983, BOEN n° 2 du 13-1-1983. (Les PAE à l'école élémentaire et à l'école maternelle.)

12　授業時数は保育学校も小学校も同一であるが、週1時間を教員会議の時間に充てるため、週27時間から週26時間の編成に変更となった。

13　Décret n° 90-179 du 23 février 1990 による。これは、フィヨン法第15条で廃止された。フェリー（Luc Ferry）は、1992年から国民教育大臣になる2002年まで、この委員長を務めた。

14　従来、教育高等審議会というCSEと同じ訳語が用いられてきたが、違う組織であり、HCEの前身はHaut Conseil de l'évaluation de l'école 学校評価中央審議会である。区別するために、本稿では、教育中央評議会と訳した。

15　補足として、2003年には最年少児2-3歳児の保育に関する手引き書『最年少児の就学を成功させるために』が出されている（MEN-DESCO, 2003）。

16　Mise en œuvre de la loi d'orientation-Dispositifs d'aide et de soutien pour la réussite des élèves à l'école, Décret n° 2005-1014 du 24-8-2005. JO du 25-8-2005.

17　これらは、2016年6月までの適用である。

18　Programme d'enseignement de l'école maternelle, Arrêté du 18-2-2015, J.O. du 12-3-2015.

［文献］

小野田正利訳（1997）「資料Ⅲ　学校改革のための新しい契約／158の決定」小林順子編『21世紀を展望するフランス教育改革』東信堂、409-437頁。

藤井穂高（1997）「初等教育改革の論理と構造」小林順子編『21世紀を展望するフランス教育改革』東信堂、151-166頁。

細尾萌子（2017）『フランスでは学力をどう評価してきたか――教養とコンピテンシーのあいだ』ミネルヴァ書房。

Favret, Jean-Marc (Commission nationale sur l'école) (1984) La consultation-réflexion nationale sur l'École (1983-1984) : rapport, M.E.N.

MEN (1986) L'école maternelle, son rôle / ses missions, paris; CNDP.

MEN (1991) Les cycles à l'école primaire, Paris: CNDP/Savoir livre.

MEN (1992) Le projet d'école, Paris: CNDP/Savoir livre.

MEN (1992) La maîtrise de la langue à l'école, Paris: CNDP/Savoir livre.

MEN (1995) Programmes de l'école primaire, Paris: CNDP/Savoir livre.

MEN (2002) Qu'apprend-on à l'école maternelle ?, Préface de Jack Lang, CNDP - XO Éditions.

MEN (2002) Qu'apprend-on à l'école élémentaire ?, Préface de Jack Lang, CNDP - XO Éditions.

MEN (2002) Qu'apprend-on à l'école élémentaire? Les nouveau programmes, Paris: CNDP / XO Éditions.

Quéva, Régine (2003) Les cycles de l'école primaire ; Compétences générales et compétences spécifiques, Paris: Hachette livre.

MEN-DESCO (2003) Pour une scolarisation réussie des tout-petits (Collection école-Document d'accompagnement des programmes), Paris: CNDP.

第4章

フランスにおける「読むこと」の実践
──「フレネ教育」の「自然な方法」を中心に

坂本明美

はじめに

　第2章と第3章でみてきたように、フランスにおける初等教育改革の課題として、言語教育に焦点が当てられることが多く、幼児教育においても、言語教育が学習指導要領の主要な活動領域／領域の一つとされ、重視されてきた。

　そこで、本章では、フランスにおける言語教育のなかで、特に「読むこと（la lecture）」の学習に焦点を当てる。前半では、フランスにおける「読むこと」の学習の主な教育方法を取り上げ、それらの特徴と位置付けについて概観する。後半では、「フレネ教育（la pédagogie Freinet）」における「自然な方法（la méthode naturelle）」に焦点を当て、南フランスのヴァンスのフレネ学校（l'École Freinet de Vence）［以下、「フレネ学校」とする］における教育実践について扱う。

1. フランスにおける「読むこと」の多様な方法

　『学校の実践事典』という書によると、「読むことの方法（méthode de lecture）」として、「音節的方法（la méthode syllabique）」と「全体的方法（la

méthode globale）」の二つが対立している。前者は、「書かれた記号、あるいは
音声記号によって、書かれたもの（l'écrit）に入っていくことを重視」し、後
者は、「意味から入っていくことを重視する」（Boissy, 2005: 184）。同書で、そ
れぞれの方法についてもう少し詳しくみてみよう（Boissy, 2005: 185）。

・「音節的方法」——「文章に到達するために、文字（子音と母音）、次に音
　節、次に単語を認識することによって始まる、読むことの方法。同義
　語：総合的方法（méthode synthétique）」
・「全体的方法」——「〈全体的〉と呼ばれる方法は、18 世紀にニコラ・
　アダムによって練り上げられ、さらに 1936 年からすでに、オヴィド・
　ドクロリー（Ovide Decroly）［1871 〜 1932］によって練り上げられた。この
　方法は、意味から〈読むこと〉に入っていくことを重視する。〈観念視
　覚法（les méthodes idéovisuelles)〉〉は、全体的アプローチに属する。（後略）」

『学校の実践事典』には、「読むことの方法」の項目において、上記の二つ
の方法以外に、次のような方法の名称が列挙されている（Boissy, 2005: 184）。
「abécédaire、méthode analytique、méthode des hiéroglyphes、méthode
idéovisuelle、méthode Le Sablier、méthode mixte、méthode naturelle、méthode
synthétique」
　これらのなかで、「自然な方法（méthode naturelle)」と呼ばれる方法が、本稿
で扱う「フレネ教育」で実践されている方法であり、次のように記述されて
いる（Boissy, 2005: 185）。

・「自然な方法」——「児童［生徒］たちによって生み出された自由テクス
　ト（textes libres）をもとに、セレスタン・フレネ（Célestin Freinet）［1896 〜
　1966］によって実践された、読むことの方法。子どもたちが言語の機能
　を発見し、使うことと教師の媒介とによって、観察された規則を再利用
　することを少しずつ習得していくのは、口頭と書面とでコミュニケー
　ションをはかりながらである。」

第 4 章　フランスにおける「読むこと」の実践

一方、『教育学事典』における「読むことの方法」という項目では、最初に「読むことの方法」全般に関する概説の後、次の四つの方法について記述されている。すなわち、「〈アルファベットの〉と呼ばれる方法（Les méthodes dites alphabétiques）」、「全体的方法」、「〈自然な〉と呼ばれる方法（La méthode dite naturelle）」、「観念・視覚法（Les méthodes idéo-visuelles）」という順で記述されている（Arénilla et al., 2004: 196-8）。

　以下、本稿で取り上げる「〈自然な〉と呼ばれる方法」について、全訳しておく。

・「〈自然な〉と呼ばれる方法」

　「この方法は、独創性として、出発点を読むことというよりもむしろ、書くこと（l'écriture）にしている。子どもたちが単語、そしてその綴り［スペル］を学ぶのは、書くことを試みながらであり、書きながらである。その際に、最初に教師の支援を受け、次に、児童あるいは学級が作った参照となるテクストの資料を使って書く。書くことは、同時に次のことを知らなければならない。すなわち、アルファベットの方法におけるように、書き写すために、音あるいは音素と文字の組み合わせを知り、全体的方法におけるように、単語の綴り字の形を知らなければならない。

　生み出されたテクストをある程度蓄積したものを作った後で、無視できない分析の作業は、前述の方法におけるように行われる。さまざまなテクストを書くことに最初に頼るからといって、学級——その学級は、このようにして自分自身の教科書を創るのであるが——において作り上げられたテクストと、子どもたちに贈られた未知のテクストとを読むこと、それからそれらを読み直すことをしないわけではない。それで、彼らは自分たちが既に知っていることを使って、それらのテクストを解読するのである。これらの方法は遅いが、子どもたちを最も動機付ける方法である。学級において練り上げられた網羅的辞典（thesaurus）に打ち込む傾向は、非難され得る。」（Arénilla et al., 2004: 197）

このように、フランスでは、「読むこと」の多様な方法があり、その一つの方法として、「フレネ教育」の「自然な方法」がある。次節においては、「読むこと」の諸方法の相互関係について、歴史的経緯も踏まえてみていきたい。

2. フランスにおける「読むこと」の方法の歴史的経緯

　前節でみてきた「読むこと」のさまざまな方法は、どのような位置関係にあるのだろうか。その相互関係について理解を助けてくれるのが、『人文科学（Sciences Humaines）』第112号（2001年1月）に掲載された、「読むこと——方法の論争」というタイトルの記事である。この文章を読むと、「全体的方法」と「アルファベットの方法」とが昔から対立してきた経緯があることがわかる。しかし、両者はどちらも「音韻」、「音声」による方法であるということで共通しており、実際には多くの教師たちはこれら二つの方法を混合して実践していた。1970年代になると、「音韻」、「音声」ではなく、「視覚」による新しい方法が生まれてくる。少々長くなるが、同記事から引用しておきたい。

　　「フランス語を日常語とする国々においては、読むことの学習についての既に古くからある議論によって、〈全体的方法〉の支持者と〈アルファベットの方法〉の支持者とは対立させられている。前者［＝全体的方法］は、例えば、綴りの悪い学習、悪い読み手を作ること、非識字などについての責任がある、というように、すべての悪についてしばしば非難される。後者［＝アルファベットの方法］は、あまりにも機械的であり、子どもが意味をわかっていない、ということで非難される。

　　しかし、30年前から、認知心理学の諸研究によって、これら二つの方法は同じ一つのアプローチを見出すということが示された。それは、記述音韻論のアプローチである。確かに、進め方は次のように異なっている。アルファベットの方法は、単語の解読に到達するために、文字

と音との対応を起点とする。例えば、b + a = ba；ba、be、bi、bo、bu、……。反対に、全体的方法は意味に特権を与えることを望む。具体的には、まず簡単な文章を記憶し、単語に分けて、次に単語を分解し、その次に他の単語についてやり直す。これら二つの方法は、まさしく〈音声に関する方法〉であり、それぞれの方法が自分なりに、読まれたことと発音されたものとの間の対応を強調する。もっとも、教師たちの大部分は、二つの進め方を結合させた混合法（méthode mixte）を使っているのだが。

　しかし、1970年代から、〈観念視覚法〉と呼ばれる、読むことの教育の第三のアプローチが存在している。音声アプローチとは反対に、この方法は、口頭のコードと記述されたコードとの間の関係のすべての明示的教育を排除する。ジャン・フーカンベールと、〈読むことのフランス協会〉によって発展され、その支持者たちは次のようなことを考える。すなわち、口音（l'oral）（解読、単語の分解……）による迂回は、初心者の読者に不利益を与えるということ、そして、書かれたものは、純粋に視覚的に取り扱うように定められた、自律的な言語でなければならない、ということである。」

　このようにして、視覚に基づく「観念視覚法」という新しい方法が生まれた。

　次に、インターネットに掲載されている「読むことの方法　小学校第1～2学年」というタイトルで、「読むことの四つの主要な方法」という小見出しの付いた記述においては、「読むことの全体的方法」、「読むことの音節的方法」、「読むことの混合法」、「読むことの自然な方法」について記載されている。そのうち、三つについて部分的に抜粋しよう。

　「読むことの音節的方法（その最も有名なものはボシェー法（la méthode Boscher）である）」は、「フランスにおいて1920～1950年代に非常によく使われた。その後、この方法は見捨てられ、国民教育省は全体的方法の方を好んだ」。

　[なお、同じサイトで「音節的方法」という項目を検索すると、「音節的方法」は、「小学校第1学年で読むことの学習のために用いられる

方法」で、「より一般的には《アルファベットの》、あるいは《総合的
（synthétique）》と呼ばれており、口頭の言葉と書き言葉とを寄せ集めるア
プローチである」と記されていた。このように、「音節的」、「アルファ
ベットの」、「総合的」という異なる名称の方法が、同じ方法として位置
付けられている。]

　「読むことの混合法」は、「全体的方法」と「音節的方法」との混合に
基礎を置く。

　「読むことの自然な方法」は、「児童たちの言葉［発言］（la parole）に
基づいたテクストをもとに学習する。彼らが興味を抱くテーマから出発
して読むことを学習するため、それらは速くて簡単な学習に、より好都
合であるだろう。読むことのこの自然な方法の教科書は、ほんのわずか
しか存在しない。なぜならば、それ［＝読むことの自然な方法］は、子
どもたちによって生み出された作品（les écrits）に基礎が置かれているか
らである。この事実から、子どもたちは、自分たちが読んでいる最中の
テクストを解読することができるであろうし、理解することもできるだ
ろう（……）。」

　このサイトの記事のなかで、フランスにおいて 2011 年にベルサイユ大学
が発表した研究成果が紹介されている。その内容によると、教師の 77％が
混合法に基づいた 23 冊の教科書のうちの 1 冊を採用しており、教師の 15％
が学習の支えとなるものを自分自身で作っており、4％が音節的方法に基づ
いた教科書を使用しており、3％が音節的方法に基づいた支えと混合法に基
づいた支えとを組み合わせており、1％が混合法に基づいた 2 冊の教科書を
組み合わせている。

　一方、〈全国読書推進機構（Observatoire national de la lecture）〉が国民教育高等
教育研究大臣に宛てて執筆し、2005 年 11 月に提出［発行］された報告書の
序文において、「読むこと」の学習に関する歴史的変遷について、次のよう
に記述されている。

　「議論は、《全体的方法》と《音節的方法》との間の対立に焦点が当て

られた。前者は、単語を丸ごと覚えさせる。後者は音、音節に結び付けられた文字を覚えさせ、これらの単位をもとに単語を分解させる。

1960年代までは、小学校の大部分は音節的方法に従っていた。従って、それ自身において、意味の問題はわずかしか取り組まれなかった。一部の教師たちは、セレスタン・フレネによって考案された自然な方法を応用した。自然な方法は、子どもたちにとってのテクストの意味に気を配り、単語の分解、次にその再合成に基づく。自然な方法は、読むことに達するために、主として書くことを強調する。なぜならば、セレスタン・フレネにとって、子どもは、書くことができるようになった時に読むことができるからである。

1970年代において、革新的な教師たち、特に、コレージュ（中学校）に進学する生徒たちの理解が困難であるということで動揺し、言語学の発展に影響を受けた師範学校の教育者たちによって、《音節的方法》が再検討される。テクストを知的に読むことを奨励したいという意思によって、テクストのなかにすぐに浸ることと意味を発見することとを助長する進め方が、仮説と試行錯誤によって方向付けられる。コードを知ることを経ることは、ある人たちによって役に立たないものとして捉えられ、他の人たちによって違う方法で応用される。そこで、小学校第1学年の教科書は、次のものを結び付けた混合アプローチを勧める。つまり、11月頃までは、単語全体を記憶して、テクストと文章について全体的なやり方で学習し、その次に、既習単語にすがって音節的な進め方で学習する、という混合アプローチである。

1980年代には、読むことにおける遊びの過程についての研究が進んだことにより、学習の多様な方法が再評価されるようになった。それらは、コード解読による単語の同定と、意味の学習とを結び合わせる必要性を明らかにした。この結論は、2002年に制定された（arrêtées）初等学校の学習指導要領の基礎に横たわっている。」(l'ONL et IGEN, 2005: 6-7)

92

3. 郊外で起こった若者による事件への対応策としての言語教育

　2005年10月27日、パリ郊外で移民系の若者と警察が衝突し、2人の若者が亡くなり、一人が重傷を負う事件が起こった。この事件をきっかけとして、「移民系住民の失業問題への不満などを背景に」、騒擾事件が各地の大都市に広がった（上原, 2006: 92-3）。上原によると、「ドビルパン首相は、2005年12月1日、同年10月末以降フランス各地の大都市郊外で発生した若者による騒擾事件について、『緊急の課題は、雇用と教育という二つの手段を用いて、機会均等をすべての人々にとって現実のものとすることである』と述べ」、「教育については、①小学校低学年における読み書き指導の強化、②保護者の責任意識の向上、③学歴コースの多様化、④進路指導の改善、⑤《優先教育地区（ZEP）》政策の強化、からなる5項目の改善策を掲げた」という（上原, 2006: 92）。この「5項目」のうち、「①小学校低学年における読み書き指導の強化」に着目したい。上原によると、具体的には次のような内容であったという。

　　　「コレージュ（中学校）新入生の10%以上（「優先教育地区（ZEP）」においては30%近く）が正しく読み書きできない状態にあることを改善するため、小学校低学年の最終学年である第2学年において、すべての児童を対象に厳密な読み書き能力の評価を行う。この評価に基づいて、成績不振児に対して、学校における少人数指導（10人以下）や学校外における補習活動を実施する。読解指導の方法の検討も併せて行う。」（上原, 2006: 93）

　上記の「読解指導の方法の検討も併せて行う」ということについて、上原の記述によれば、ドロビアン国民教育大臣は、「2005年12月14日、教科書出版社の代表と会談し、単語を文字や音節に分解して教えるのではなく、語、文、言い回しを全体的に把握させる《総合的教授法（méthode globale）》[1]が一

部で行われているが、これは効果的ではないとの考えを示し、翌 2006 年 1 月にこの趣旨で通達を発した」という（上原, 2006: 94）。

上原（上原, 2007: 99-100）が紹介している 2006 年 1 月 3 日付けの「通達（Circulaire）」「『官報』2006 年 1 月 12 日第 2 号」を実際に読んでみたところ、ドロビアンは、「音節が本質的なよりどころである」と述べ、次のようにも記述していた。

> 「単語を自動的に認識することは、文字と音とのつながりについての体系的な練習を必要とし、読むことの全体的アプローチを特徴付けるような、単語の形を正確に再現することの記憶からは生じ得ないだろう。」

この「通達」の論点が、「国民教育高等教育研究省、報告委員会」2006 年 1 月 6 日付の「ニュース速報令状（lettre flash）」で報告されており、「ジル・ドロビアンは、教師たちに、全体的方法あるいは半・全体的（semi-globales）方法に着想を得たあらゆるアプローチを、断固として遠ざけるように求める」と紹介されていた（Ministère de l'éducation nationale, de l'enseignement supérieur et de la recherche 2006: 1）。

4.「フレネ教育」における「書くこと」と「読むこと」
──「自然な方法」

フランスの教育者セレスタン・フレネは、教師による知識伝達型の伝統的な教育を批判し、子どもたちの自律的で協同的な「仕事［学び］（travail）」による教育を追求した。そして、公立学校の改革を目指し、教師たちを中心とした協同的な教育運動を展開した。「フレネ教育」は、「フレネ技術（les techniques Freinet）」と呼ばれる諸技術と学習材が核となっており、フレネらが展開した教育運動は「現代学校運動」と呼ばれ、1957 年には「現代学校運動国際連盟（la F. I. M. E. M.）」という国際組織も生まれている。「フレネ教育」における言語教育では、自由な表現とコミュニケーションが重視されている

ことから、「話すこと」も重要であり、実践としては切り離せないが、本稿では特に、「書くこと」と「読むこと」に焦点を当てる。

「フレネ教育」には、「自然な方法」と呼ばれるアプローチがある。ミシェル・バレ（Michel Barré: 1928 ～ 2015）は、『自然な方法』という書について次のように述べている。

　　「フレネは、自然な方法についての完成された本は執筆していなかった。Delachaux et Niestlé 社から 1968 年にこの書名 [＝『自然な方法』（坂本注）] で出版されたものは、実にさまざまな時期に出版された [セレスタン・フレネの] テクストを、[彼の妻である] エリーズ・フレネが選択し、組み立てたものである。

　　学習のこのアプローチは、フレネにおいては非常に早い時期に現れており、おそらく、バール・スュル・ルー（Bar-sur-Loup）の子どもたちが自分たちのテクストを印刷しながら読むことを学習した時に、既に現れていたことが窺われる。」[2]

なお、バレによると、1932 年以降、フレネは自分の娘の素描と読むことの学習の進展を子細に記録し、この経験を拠り所として、機関誌『民衆の新教育の小冊子（Brochures d'Éducation Nouvelle Populaire）』第 30 号（1947 年 5 月）を、「読むことの自然な方法（Méthode naturelle de lecture）」というタイトルで発行したが、このタイトルの表現は、ドクロリーが 1906 年から使っていた表現に直接由来するという（Barré, 1996: 136）。

上述したバレの見解にもあるように、フレネは教職初期から既に「自然な方法」の要素を実践していた。フレネは、教師が知識を画一的に伝達する伝統的な教育を批判し、大人の思考によって作られる教科書について、批判的な立場を明らかにしていた。その代わりに、子どもたちの自由な表現を子どもたち自身で活字を拾って印刷機で印刷し、テキスト [教科書] とした。「フレネ教育」における「書くこと」と「読むこと」は、「自由テクスト」、「学校印刷」、「学校新聞／学校文集」、「学校間通信」などの「フレネ技術」と呼ばれる諸技術に支えられている。そして、そこでのキーワードとし

第 4 章　フランスにおける「読むこと」の実践　　**95**

て、「動機」、「表現」と「コミュニケーション」、「実験的な模索（tâtonnement expérimental）」が挙げられる。

　フレネは、子どもたちが表現したい、他者に伝えたいという思い、すなわち「書くこと」の動機が大切だと考えた。フレネは、機関誌『民衆の新教育の小冊子』第25号「自由テクスト」のなかで次のように述べている（Freinet, 1947: 6）。

　　　「自由テクストは真に自由でなければならない。つまり、何か言いたいことがあるとき、私たちのなかで沸き立つものを、ペンと[3]絵で表現する必要を感じる時に、書くのである。」

　また、フレネは、「フレネ技術」と呼ばれる諸技術の導入による多様な活動と連動させながら、「自由テクスト」の実践を展開していくことを勧めていた。この点については、瓦林も、「自由テクスト」の実践は、「他のフレネ技術によって複合的に支えられることによって、さらに発展し生きてくる」と述べ、特に、「テクストの選択と印刷」、「学校文集」、「学校間通信」の三つの技術は、「どれも《自由テクスト》の実践とは切っても切れない大事なつながりを持ってい」る、と述べている（瓦林. 2016: 32）。

　『現代学校叢書（Bibliothèque de l'Ecole Moderne）』第3号『自由テクスト』の、「自由テクストは動機付けられなければならない」という節において、フレネは次のように述べている（Freinet (1960), 2ᵉ éd. 1967: 15）。

　「もしも、印刷機、リモグラフ、学校新聞／学校文集、学校間通信がもたらすこの動機をおろそかにするならば、自由テクストは、つかの間のきらめきでしかないおそれが十分ある。そこでは、暗闇とスコラ的形式主義（la scolastique）の誤りのなかで新たに転倒するように、あなたは失望するだろう。

　我々は教育者たちに次のようにはっきり言う。だから、自由テクストを試してみなさい。でも、あなたを失望させることだけしかできないであろう最初の段階にとどまらないでください。新しい活動を動機付けるであろう通信と学校新聞／学校文集をすぐに始めなさい。」

　次に、関係論的視点として、里見も指摘しているように、フレネにおいて、

「表現すること」と「関係をつくること」とはつながっていた。里見は、フレネにおいて、「表現すること、認識することと、関係をつくることを、どう統一的に組織するかという問いから、学校印刷が、学校間通信が、そして学校協同組合の着想がうまれた」と考察している。そして、「書くこと」は、「メディアを媒介とするコミュニケーション行為、終始、他者との関係をつくる行為として組織された」と捉えている（里見, 1994: 74-5）。瓦林は、「自由テクスト実践の最も根本的かつ重要な効果」として、「一人ひとりの自由で多様な表現を皆が日常的に受け入れ認めていくことによって、クラス全体の雰囲気が自然と変わっていく」点を挙げ、「『ここでは何を言っても大丈夫、自分のすべてを受け止めてくれる場所だ』という認識と安心」、「友人たちへの真の信頼感が生まれ、コミュニケーションがより深まり広が」ること、「自己肯定感」を持ち得ることを挙げている。そして、「この際大事なことは、まず教師が子どもたちそれぞれのありのままの姿を認め、受け入れる姿勢を常に示していくこと」とし、「異質な他者との《生》のコミュニケーション」の必要性について指摘している（瓦林, 2016: 33）。筆者［坂本］も、偶然、山形大学の『教員免許状更新講習（必修領域）用テキスト』において、ヴァンスの「フレネ学校」における言語教育の実践について取り上げ、「安心して表現し合える関係、本音で語り合える関係」や「相手を尊重し合う関係」を学級に築いていくことの重要性を指摘していた。そして、「フレネ学校」における「自由テクスト」の実践を紹介し、同校では「子どもたちの自由な表現とコミュニケーションの実践を日々、積み重ねている」と述べた。「その時、教師が心がけたいこと」として、「ありのままの子ども、子どもの世界、子どもの文化を受け容れる」ことを挙げていた。また、「学校共同体」における「信頼」と「批判」、「子どもたち一人ひとりの尊厳が大切にされている」こと、「異質性に基づいた教育」、「多様性を認め合う」、「自己肯定感、自尊感情が育まれる」ことなどを指摘していた。（坂本, 2013: 13-5, 2014: 10-2, 2015: 10-2）

　以下、フレネの死後、1968 年に Delachaux et Niestlé 社から出版されたフレネの著書『自然な方法――言語の学習（第 1 巻）（*La méthode naturelle, I. L'apprentissage de la langue*)』から引用しておく。［本稿では 1970 年版を使用した。

Freinet, Célestin, 1994, *Œuvres pédagogiques: Tome II* : Éditions du Seuil のページ数も、同時に記しておく。]

　「書くことと同様に読むことにおいて、自然な方法は、たとえ構造が不十分にしか整えられていなくても、まず、書かれた記号の表現手段による、表現とコミュニケーションである。従って、本質的なことは、記号を通して、それら［＝記号］が表現している思考や情報を理解したり推察したりすることである。そして、それぞれが、全体的学習法（le globalisme）、あるいは分解、あるいは同時に両方を、個人に応じて利用する実験的な模索において、自分の気質に従って適用される。」(Freinet 1970: 40 / Freinet 1994: 237)

　「伝統的な教育学の誤りは、子どもは言語の技術を習得した時だけにしか話すことはできない、と考えることである。ところが、実際には、幼い子どもはこの技術を習得するよりもはるか前に、自分を理解してもらっている。（……）

　自然な方法によって、子どもは、土台となる構造を習得するよりもはるか前に読み、同様に書く。なぜならば、子どもは他の複雑な手段によって、読むことに達するからである。他の複雑な手段とは、それ以降学校環境に行き渡り、活気づけ、明るくするような社会的環境における感覚、直観、感情という手段である。」(Freinet, 1970: 40、Freinet, 1994: 238)

　「《現代学校》の児童は、まず記号が意味していることを理解しようと探究するだろう。なぜならば、彼にとって、自己の生の建設のために、意味だけが重要であるからだ。そこで、私たちは、テクストを全体的に注意深く観察し、技術的知識を適応させるのを見るだろう。その技術的知識とは、児童が以前の自分の経験から獲得することができたものであり、自分の方向を定めるのを助ける道しるべの役割を果たすだろう。」(Freinet, 1970: 40, Freinet, 1994: 238)

5.「フレネ学校」における「書くこと」と「読むこと」の実践——「自然な方法」

　1935年、フレネはヴァンスに「フレネ学校」の開校を公式に宣言した。同校は現在、公立学校として存続しており、幼児クラス、小学校低学年クラス、小学校中・高学年クラスの三クラスある。全クラスが異学年混合学級／異年齢学級である。このうち、小学校の二つのクラスの学級編制について補足しておきたい。本稿では、便宜上、【小学校低学年クラス】と【小学校中・高学年クラス】という呼称を用いる。また、本稿では、筆者が2007年3月と2012年3月に同校で観察した内容を扱うため、これらの観察時における学級編制として、子どもたちの学年を示すと、次の通りである。2007年3月の【小学校低学年クラス】は、小学校第1学年（CP）、小学校第2学年（CE1）、【小学校中・高学年クラス】は、小学校第3学年（CE2）、小学校第4学年（CM1）、小学校第5学年（CM2）であった。一方、2012年3月の【小学校低学年クラス】は、小学校第1学年と小学校第2学年の子どもたちと、それ以外に、小学校第3学年の子どもたちの半分も含まれていた。2012年3月の【小学校中・高学年クラス】は、小学校第3学年の残り半分の子どもたちと、小学校第4学年と小学校第5学年の子どもたちとで構成されていた。同校では、幼児クラスから「自然な方法」に基づいた実践が行われており、その点においても幼小接続が実践されているといえよう。

　原章二・原光枝は、自身のお子さんたちがヴァンスの「フレネ学校」に2年間通った経験をもとに、同校の実践について報告するなかで、「自由作文」の実践についても詳細に記述している（原・原, 1990: 40-67）。ゴーは、同校における観察の詳細な記録に基づき、教育実践の具体的な内容を詳述しており、「自由テクスト」の実践についても記述している（Go 2007: 121-2, 124-5, 129-30, 157-77（特に164-73））。川口は、同校で観察した学級の子どもたちが、学級全体で「自由テクスト」を推敲し、一行一行を確認し合いながら文章を再構成していく場面について考察している（川口, 2001: 63-8）。同校における実践として、「書くこと」と「読むこと」は、「話すこと」とも密接に結び付いてい

るが、本稿では特に「書くこと」と「読むこと」の実践に焦点を当て、2007年3月、及び2012年3月に筆者［坂本］が観察した内容に基づき記述する。また、紙幅の都合上、「書くこと」と「読むこと」の実践で、印象深い場面を選ぶ。

【幼児クラス】子どもは、自分が伝えたいことを個別に教師に話す。教師は、話された内容をもとにして、短い文章をその子のノートに書く。2012年3月観察時の担任メラニーによると、年少の子どもには大文字で、年中には活字体［ブロック体］、年長には筆記体の文字で書き取ってあげるという。2007年3月観察時の担任ミレイユも、子どもの発達段階に合わせて字体を変えていた。子どもたちは、教師が書いた文章のすぐ下に、一文字一文字、教師の文字を見ながら模倣して書いていた。余白には、文章の内容にちなんだ絵が描かれていた。梅津は、子どもがノートに絵を描いて教師の所に持って行き、「子どもが語る絵の内容について応答しながら教師が短い文に綴」り、その書かれた文字を子どもがなぞり、再度教師に見せ、声に出して文字を確認し、発音についても学ぶ様子を記述している。そして、「そのような一連の活動は、各自で異なるが、5歳児は就学前であることを自覚しているため主体的に行動している」と述べている（梅津, 2009: 183）。ゴーも、子どもが描いた絵について質問する教師の役割と、その絵が「書くこと」への《渡し守》の役割を果たすことについても指摘している（Go, 2007: 124）。書く順番として、坂本の観察では、教師との対話から始め、その対話をもとに教師が文章を書き、その文字に倣って子どもがその下に文字を書き、その後で絵を描き添える子もいたし、子どもがノートに絵を描いた後で教師と対話し、教師がその対話をもとに文章を書き、その教師の文字に倣って文字を書いている子もいた。また、教師は自由テクストの文章を一行［単語数個］ずつ分けて紙片に書き、子どもたちは紙片に書かれた文字を見ながら、印刷機の活字を拾っていた。2007年3月には、活字を拾うグループは、年中児2名と年長児1名による1グループを除き、他のグループはすべて年長児同士2名のペアで編成されていた。一方、ローラーで印刷するグループは、すべてのグループが、年長児と年中児との異学年の2名のペアで編成されていた。また、子どもたちのなかには、印刷された自由テクストを自分のノートに貼

り、その隣のページに同じ文章を書く練習をしている子どもがいた。この実践については、2007年3月には、ノートに貼ってある印刷された自由テクストと同じ文章を、教師（ミレイユ）が子どものノートに活字体で手書きし、その文字の下に子どもが倣って書いている場面を観察した。一方、2012年3月には、ノートに貼ってある印刷された自由テクストと同じ文章を、教師（メラニー）が筆記体で手書きし印刷しておいた紙を、複数の子どもたちがそれぞれのノートの隣のページに貼り、その教師による手書きの筆記体の文字の下に倣って書いていた。

　2007年3月も2012年3月も、年長児を対象に実践されていたのが、「読むこと」の協同学習である。教師が黒板に自由テクスト［作者はクラスの子どもである］を書き、子どもたちは読み方がわかる単語を○で囲んでいき、わからない単語の発音を類推していく。2007年3月16日の観察では、黒板に書かれた単語や単語の一部分の読み方がわかるものを、子どもたちが一人ずつ○で囲んでいく際に、それらが、教室に掲示された複数の自由テクストのどこに書かれているか子どもに示させていた。読み方がわからない単語の発音については、音節に分け、教室に掲示された自由テクストに書かれている単語や既習単語を参照させながら、文字の組み合わせと音との関係を考えさせ、読み方を類推させていた。

　【小学校低学年クラス】子どもたちは自由テクストを書く際に単語の綴りがわからない時、黒板に自分なりに書いてみて、他の子どもにかかわっている教師が助言してくれるのを静かに待っていた。これは、隣の中・高学年クラスでも同様に観察された場面だった。

　自由テクストの発表と交流は学級全体で行うが、読み書きの学習においては、二つのグループに分かれて行う場面がある。2007年3月13日の様子を紹介しよう。この時のクラスは、CP（小学校第1学年）8名とCE1（小学校第2学年）12名の合計20名だった。自由テクストの発表と交流の直後に、教師（ブリジット）はCPとCE1の子どもたちに、CP用とCE1用の異なる2種類の印刷された自由テクストを配った。どちらも、このクラスの子どもたちが書いた自由テクストをパソコンで入力したものである。教師の指示により、CPの子どもたちは自分の席に戻り、配布された自由テクストを読む。CE1

の子どもたちは、自由テクストの発表と交流後も、黒板の前に集まって座ったまま残り、配布された自由テクストの文章を一文ずつ交代で順番に読む。読み終わると自分の席に戻り、ノートの左側のページにその自由テクストを糊で貼り、それを見ながらノートの右側に書き写していく。

　教師はCPの子どもたちに配った自由テクストを黒板に書き写す。教師が黒板に書き写している間、CPの子どもたちは長いベンチを黒板の前に運び、そこへ集まって座る。まず、教師が内容について質問をする。教師が「何について書いてある？」と質問すると、ある子どもが「カーニバル」と答える。すると教師は、「それはどこに書いてある？」と尋ねる。子どもが黒板に書かれた「カーニバル」という単語を指差すと、教師はその単語をチョークで〇で囲む。このようにして、教師が内容について質問しながら、その答えとなる単語を子どもに示させ、〇で囲んでいくことを繰り返していく。テクストの単語を少しずつ読んでいきながら、初出の単語や読めない単語については、文字（の組み合わせ）と音との関係について、さまざまな既習単語を挙げながら法則に気付かせ、読み方のわからない単語の発音を類推させる。この類推のプロセスにかなり時間をかける。教室には、教師が手書きした既習の自由テクストが複数掲示してあり、その自由テクストに書いてある単語を時々参照させながら、文字（の組み合わせ）と音との関係について考えさせ、発音［読み方］を類推させていた。例えば、「(elle) clignote」のgnの発音がわからなかった時、教師は、「（教室に掲示されている）自由テクスト No.2 を見てみなさい。（その自由テクスト No.2 に出てくる）montagne という単語を見てごらん」と言った。そして、gnの読み方を子どもたちに思い出させ、clignoteのgnの発音も同じであることに気付かせた。このようにして、子どもたちによって生み出された自由テクストは、学級の共有財産となり、他の子どもたちの学習のために活用される。黒板に書かれた自由テクストを読むことが一通り終わると、CPの子どもたちが一人ずつ順番に、そのテクストを読んでいく。次に、同じ自由テクストを使って、文字の組み合わせと音との関係に焦点を当てた学習が始まる。黒板の下には、教師が手書きした、文字の組み合わせと音との関係についての掲示物が複数ある。それらの一つひとつの掲示物に記載された文字の組み合わせによる音が含まれている箇所を、黒板

に書かれた自由テクストの文章のなかから見つけていく。例えば、掲示物で「(oi) moi」と書いてあるものがあり、oi と同じ文字の組み合わせの音が含まれている単語を、黒板に書かれた自由テクストのなかから見つけさせる場面で、子どもたちは、「soit」、「aboie」、「toi」という三つの単語を見つけていた。この学習が終わると、子どもたちは順番に自由テクストを一文ずつ読んでいく。読み終わると、教師は、「大文字はどこにありますか？」、「なぜ大文字にしてあるのですか？」と子どもたちに尋ねていた。

　次に、教師は CE1 の子どもたちにかかわる。ノートの左側に貼られた自由テクストのなかから、教師が読み方の難しい単語や、2 〜 3 個の単語で構成された表現を読み上げる。子どもたちは、教師が読み上げたそれらの単語や表現の下に線を引く。そして、教師はある子どもを指名し、指名された子どもは、下線を引いた箇所だけを読んでいた。

【小学校中・高学年クラス】以下では、坂本が 2007 年 3 月 15 日に観察した、自由テクストをもとにした協同的な推敲、及び文法の学習場面について記述する。この時のクラスは、小学校第 3・4・5 学年の子どもたち 20 名であった。子どもたちが黒板の前に集まり、ある子どもの掛け声により、まず各自で自分がノートに書いた自由テクストを黙読する。そして、この日に皆の前で読む準備ができた子どもたちが順番に読んでいく。一人ずつ読み終わった後に、他の子どもたちや教師（カルメン）が質問をしたりコメントを言ったりする。一通り発表が終わった後で、多数決で一つの自由テクストを選ぶ。選ばれた自由テクストは、以下のように、一文ずつ丁寧に時間をかけて協同で推敲していく。この自由テクストの作者が一文を読むと、教師も含めてクラス全体でその表現で良いかどうか吟味し、もっと良い表現や単語があれば口頭で修正する。確定した一文を教師が言い、他の子どもがそれを聞きながら黒板に書き取る。黒板に書き取った子どもがその一文を読み上げる。黒板に書き取られた文章に、綴りや文法の間違いなど修正すべき点があれば、他の子どもたちが挙手し、教師が指名した子どもが修正すべき箇所を言い、板書をした子どもが修正する。以下、同様に進めるが、教師が子どもに類義語を探させたり、動詞に下線を引くように求め、複合過去の時制の構造についても確認したりしながら進めていった。黒板に書き取る子どもは交代

第 4 章　フランスにおける「読むこと」の実践　　103

しながら進めていく。一通り終わると、最後の文章の後に、さらにもう少し何か文章を付け足した方が良い、ということになる。そこで、付け足す一文を複数出し合いながら話し合うが、決まらないため、テクストの最初から文章を一文ずつ順番に交代しながら読み直してみる。ようやく付け足す一文が決まり、黒板に書き加える。そして、作者である子どもが、下の方に自分の名前を板書する。これで終わりかと思うと、そうではなかった。教師がある子どもを指名し、テクストの最初の文章を読ませる。そして、教師は、「この文章のなかで、主語と動詞、その動詞の時制がわかる人」と質問する。子どもたちが挙手し、教師が指名した子どもが黒板のところに行き、主語と動詞に下線を引き、「複合過去」と答える。教師はその子どもに、「助動詞は？」と質問すると、その子どもは「être」と答える。教師が他の子どもを指名し、次の一文を読ませる。教師が「この文章のなかに名詞が二つあるけど、どこにある？」と質問し、子どもたちが口頭で答える。答えた子どもに教師が「どうして名詞だとわかるの？」と質問すると、その子が「[それらの名詞の単語の] 前に限定辞 [冠詞] があるから」と答える。教師はその子に、[黒板の] それら二つの名詞に下線を引くように言う。次の文章については、教師が「現在形の動詞に下線を引ける人」と質問し、ある子どもを指名し下線を引かせる。このようにして、一文ずつ文法的なさまざまな要素について教師が質問し、子どもたちが答える、ということを丁寧に続けていく。最後に、教師がテクスト全体のなかから動詞の不定詞を赤色のチョークで囲むように言うと、わかった子どもたちが次々に黒板のところへ行き、赤色のチョークで囲んでいった。ここまでが、自由テクストに基づいた学習だった。最初に子どもたちが自分で書いた自由テクストを持って黒板の前に集まった時から、この最後の場面まで、休憩無しで 1 時間 46 分かかった。この一連のプロセスを、小学校第 3・4・5 学年の異学年の子どもたちが協同的に取り組んでいた。

おわりに

　フランスでは、「読むこと」の方法として多様な教育方法が実践されてお

り、歴史的にみても、昔から「全体的方法」と「音節的方法」（あるいは「アルファベットの方法」）とが対立してきたように、その方法をめぐって議論が重ねられてきた。

　本章で取り上げた「フレネ教育」の「自然な方法」は、フランスにおける「読むこと」の多様な教育方法の一つである。ヴァンスの「フレネ学校」では、幼児クラスから「自然な方法」に基づいた実践が行われており、「書くこと」に力を入れている。そして、「書くこと」は、「読むこと」の学習につながっている。「フレネ教育」では、「書くこと」においては「動機」が重視され、何よりも子どもが自身のなかで「沸き立つもの」、表現したいこと、他者に伝えたいことを自由に表現することから始まる。そして、その自由な表現とコミュニケーションをもとに、「自由テクスト」、「学校印刷」、「学校新聞／学校文集」、「学校間通信」などの「フレネ技術」を媒介として、子どもが他者との関係を築きながら、「書くこと」と「読むこと」の学びの道筋が展開されていく。そのため、「書くこと」と「読むこと」は、「話すこと」と密接につながっている。さらに、本稿で扱った「フレネ学校」における実践からわかることとして、固有名を持った子どもたちから生み出された「自由テクスト」は、学級においては共同体の共有財産となり、他の子どもたちの「書くこと」と「読むこと」の学習のために活用され、役立っている。

　このヴァンスの「フレネ学校」を築いたセレスタン・フレネは、「読むこと」の学習について、ドクロリーの「全体的方法」からも影響を受けており、教職初期に相当する1920年代からドクロリーの「全体的方法」について記述していた。しかしながら、ただ単に影響を受けてそのまま実践に導入したのではなく、批判したい点を明らかにしながら受容し、自分なりに応用しながら実践しようとしていたことが窺える。例えば、フレネは1928年に発行された『教科書なんて、もういらない（*Plus de manuels scolaires*）』において、次のように述べている。

　「我々はただ単に、初等学校におけるその［＝読むことの全体的方法の］実践的成果を研究し、それ［＝読むことの全体的方法］についてのいくつかの不十分さを批判し、我々がいかにしてこの自然な方法を、簡単さの極限に論理的に至らせることができるのか、示すつもりである。［下線は筆者による。］」

第4章　フランスにおける「読むこと」の実践　　105

（Freinet, 1928: 19）

ここで、フレネがドクロリーの全体的方法を、「自然な方法」と表現していることにも注目したい。さらに、フレネは続けて次のように述べている。

「全体的方法による読むことの理論は、我々には素晴らしいものにみえる。しかし、その実践は、依然として旧い因習に支配されていることがあまりにも多すぎた。

ドクロリー博士は、読むことの習得のためには、興味が最も重要であることを知っている。しかし、彼は学校と生活［生］との対立を、あまりにも簡単に認め過ぎる。なぜならば、彼は、あたかも興味が教室の外には存在しないかのように、興味を《呼び起こす》必要性について確信しているからである。」（Freinet, 1928: 19）

この点も含めて、フレネがドクロリーの「全体的方法」をどのように捉え、自己の実践にどのように応用させようとしたのか、今後さらに丁寧に分析し、論じていきたい。

【謝辞】本研究は、本書の共同研究の科研費以外に、JSPS 科研費 18830011、23530980 の助成を受けたものです。

[注]

1　本稿では、méthode globale は「全体的方法」と翻訳し、méthode synthétique を「総合的方法」と翻訳している。

2　ミシェル・バレ（Michel BARRÉ）氏が 2014 年 1 月 31 日に筆者にメールで送られた、バレ氏が執筆した文書。下記のサイトに掲載されている。（2017 年 8 月 20 日最終閲覧）
　（http://temoignage.barre.pagesperso-orange.fr/media/fichiers/Biog_7_Les_livres_de_Freinet.pdf）なお、バール・スュル・ルーは、フレネが教職初期の 1920 ～ 28 年に勤務した学校があった地名で、この学校において彼は印刷機を導入し始めた。

3　1947 年に発行された『民衆の新教育の小冊子』第 25 号に掲載された「自由テクスト」というタイトルのフレネの論稿の、合計約 3 分の 2 に相当する部分をもとにして、加筆修正し、部分的に新たに書き加え、再構成したものが、『現代学校叢書』第 3 号『自由テクスト』として 1960 年に発行され、1967 年に再版されている。引用箇所については、1947 年版では "..., par la plume et le dessin, ..." となっているが、1967 年版では "et"［と］が "ou"［あるいは］に修正されている。

［文献］

上原秀一（2006）「フランス」文部科学省生涯学習政策局調査企画課『諸外国の教育の動き 2005』国立印刷局、86–120。

上原秀一（2007）「フランス」文部科学省生涯学習政策局調査企画課『諸外国の教育の動き 2006』国立印刷局、72–126。

梅津迪子（2009）「幼児教育における市民的資質形成の基礎・基本に関する一考察——フレネ学校の教育実践が示唆するもの」『聖学院大学論叢』21（3）: 173–190。

川口幸宏（2001 年 2 月 9 日）「フレネ教育研究のための覚え書き——「フレネ教育」はDirection と Contrat によって成り立つ」『フレネ教育研究会会報』No.58: 53–91。

瓦林亜希子（2016）「自由テクスト——生活を学校に取り入れ世界を広げる学びと信頼関係を創る」フレネ教育研究会（発行・編集人）『フレネ教育ハンドブック　子どもが育つ学びのすじみち』、32–4。

坂本明美（2013、2014、2015）「教員免許状更新講習」『教員免許状更新講習（必修領域）用テキスト　教職についての省察並びに子どもの変化についての理解、教育政策の動向についての理解及び学校の内外における連携協力についての理解に関する事項』平成 25 年度版、平成 26 年度版、平成 27 年度版、山形大学（編集発行責任者　野口徹）、（2013: 11–7、2014: 8–14、2015: 8–14）。

里見実（1994）『学校を非学校化する——新しい学びの構図』太郎次郎社。

原章二・原光枝（1990）『フレネ自由学校だより——南フランスからのエアメール』あゆみ出版。

Arénilla, Louis, Gossot, Bernard, Rolland, Marie-Claire, and Roussel, Marie-Pierre (2004) *Dictionnaire de pédagogie*, (achevé d'imprimer à) Tours: BORDAS pédagogie.

Barré, Michel (1996) *Célestin FREINET, un éducateur pour notre temps: Tome II; 1936-1966 Vers une alternative pédagogique de masse*, Mouans-Sartoux: PEMF.

Boissy, Jacques (2005) *Dictionnaire pratique de l'école: A l'usage des étudiants et professionnels*, Paris, (achevé d'imprimer à Mayenne): Vuibert.

Freinet, Célestin (1928) *Plus de manuels scolaires*, Saint-Paul (Alpes-Maritimes): Éditions de l'imprimerie à l'école.

Freinet, Célestin (1947) «Le texte libre», *Brochures d'Education Nouvelle Populaire*, No.25: 1-24.

Freinet, Célestin [1960], (2e éd. 1967), *Le texte libre*, Bibliothèque de l'Ecole Moderne, No.3, Cannes: Éditions de l'École Moderne Française, (Imprimerie CEL).

Freinet, Célestin [1968], (1970), *La méthode naturelle: I. L'apprentissage de la langue*, Neuchâtel (Suisse): Delachaux & Niestlé.

Freinet, Célestin (1994) *Œuvres pédagogiques: Tome II* (Édition établie par Madeleine Freinet), réalisation ; L'Isle-d'Espagnac, impression ; Lonrai: Éditions du Seuil.

Go, Henri-Louis (2007) *Freinet à Vence: Vers une reconstruction de la forme scolaire*, Rennes: Presses Universitaires de Rennes.

Ministère de l'éducation nationale, de l'enseignement supérieur et de la recherche, délégation à la communication, 6 janvier 2006, «Apprendre à lire», lettre flash: 1-2.
(http://media.education.gouv.fr/file/11/6/2116.pdf, 25 mai 2016)

Ministère de l'éducation nationale, de l'enseignement supérieur et de la recherche, 12 janvier 2006, «Mise en œuvre des programmes de l'école primaire: Apprendre à lire», *Bulletin officiel* [*B.O.*], n° 2 (NOR: MENB0600023C, RLR: 514-4, CIRCULAIRE N° 2006-003 DU 3-1-2006, MEN, BDC).
(http://www.education.gouv.fr/bo/2006/2/MENB0600023C.htm, 25 mai 2016)

Observatoire national de la lecture, Inspection générale de l'éducation nationale, Groupe de l'enseignement primaire, novembre 2005, «L'apprentissage de la lecture à l'école primaire», Rapport no. 2005-123: 1-34.
(http://media.education.gouv.fr/file/96/0/5960.pdf, 28 août 2017)

• janvier 2001, «Lecture: la querelle des méthodes», *Sciences Humaines*, No.112.
(http://www.scienceshumaines.com/lecture-la-querelle-des-methodes_fr_1037.html, 1er juillet 2016)

• «Méthode de Lecture Cp – Ce1: Les quatre principales méthodes de lecture».
(http://www.methode-de-lecture.com/, 24 mai 2016)

• «Méthode de Lecture Cp – Ce1: La méthode syllabique».
(http://www.methode-de-lecture.com/methode-syllabique/, 31 juillet 2016)

第Ⅲ部

中等教育

第5章

保守政権下にみる中等教育の
大衆化と民主化のパラドックス

園山大祐

はじめに

　本章では、「庶民階層（classe populaire＝別名、庶民階級、労働者階級とも呼ぶ）」
に焦点を当てながら、第2次（1980年代半ば）教育爆発とも呼ばれる中等教育
の拡大政策についてその進展及び課題について検討する。ヨーロッパでは、
戦後のベビーブーム、義務教育の延長に伴い、教育人口の爆発（第1次「教育
爆発」）が生じる。フランスでは1960年代以降、産業構造の転換に伴った産
業界からの供給もあり、中等教育の大衆化が爆発的に進み、学歴のインフ
レが生じた（Duru-Bellat, 2006）。ゴブロ（Goblot, 1925）は『障壁と水準』におい
てバカロレア（大学入学資格）がブルジョワと庶民階層を分ける障壁となると
述べている。現在バカロレア取得をゼロ地点（階層の分岐点）とし、その後3
年かけて学士を取得したものを「BAC＋3」、中卒を「BAC－3」と呼ぶ所
以である。しかし、1960年代のブルデュー（Bourdieu）やパスロン（Passeron）
（『遺産相続者たち』（1964）や『再生産』（1970））たちの著作を待たないと教育社
会学が注目されることはなかった。それ以降、出身家庭による文化資本の格
差を学校が補うどころか、その格差を維持させ、むしろ支配層のハビトゥス
は象徴文化である学校において有利に働くことに教育政策の課題を見出すこ
とになる。大衆化した学校教育において、このような階層別の文化資本と教
育達成の問題に、フランスは統計的に、数量的実証研究を通じて対処してい

110

る。定期的に追跡（パネル）調査を実施し、出自（世帯主の職業カテゴリー）別の教育達成（資格取得率）を明らかにしながら政策提言を行っている。ブルデューがミッテラン大統領の要請に応じて作成した、コレージュ・ド・フランスから出された報告書『未来の教育のための提言』及び、ミッテラン大統領の2期目の『ブルデュー＝グロ報告書』[1]は日本でも紹介され知られているところである。ブルデューは一貫して、権力構造と機能について分析をしているが、その担い手の一つである教育機関（学校や教師）に対して批判的な分析を行い、提言をしてきた。こうした「象徴的暴力」である恣意的権力による文化的恣意の押し付けという問題提起は、後の1989年にまとめられた『国家貴族』に現れている。上述の報告書以降も階層と教育達成に関する研究（者）[2]が教育政策に与える影響は大きい。

　また女性の社会進出に伴う進学率の上昇も注目される。これら学歴上昇そのこと自体は、高く評価でき、これまでにもボードロとエスタブレ（Baudelot et Establet 1992, ボードロ）などによっても解明されてきた。しかし、そうした問題が、1980年代の景気の低迷と重なり、学校から労働市場への移行（transition）の不一致、あるいは後期中等教育や高等教育における進路、離脱（早期離学、中途退学）問題（Jacques）として2000年代喫緊の政策課題とされ、2012年に誕生したオランド政権下で1年かけて国民的討論を重ね、2013年7月に結実した「共和国の学校再生のための教育基本法（ペイヨン法）」に示されている。こうした教育結果の不平等は以前から指摘されていたが、シラク政権及びサルコジ政権下における新自由主義政策の下で、強化され、富裕層と庶民階層の二極化が進み、特に庶民階層により厳しい結果を与えていることが指摘されている（Merle, 2002）。

　1975年以降の前期中等教育制度の単線化及び教育課程の統一化というのは、階層による教育結果（最終学歴）の違い、つまり出身階層の再生産や、社会移動の固定化を解消する策として積極的に受け入れられてきた。しかし、実は、この50年ほどを振り返ると、長期化する教育歴が、出身階層よりも恵まれた社会的地位の獲得を充分に保障しておらず（Chauvel、Peugny）むしろ、共通の教育制度内における選抜システムはより厳しさを増し、学歴に見合った労働市場、社会的地位を獲得できない若者が増えていることがわ

かってきた。高校入試はなく、中学校における内申書によって進路が決めら
れるため、単線化された中学校内部における差別化の指標は、外国語（ドイ
ツ語、古典語の選択を上位とする）や選択科目、外国語を強化した教育課程（バ
イリンガルコース）による。先に言う中学校の単線化が、逆に内部における排
除の構造を生み出している（Bourdieu et Champagne）。こうした点は、学校内部
の教育課程の差異だけではなく、より深刻なのは、地域間、学校間の格差拡
大である。OECD（経済協力開発機構、OCDE, 2013: 103-13）の報告書においても
明らかとされているが、PISA（国際学力到達度調査）において成績上位の国は、
義務教育期間の単線化、教育課程の統一化、さらに学校間の格差が小さい
ことが特徴となっている。フランスにおいては、メルル（Merle, 2012）やモラ
ン（Maurin）によって、地域における経済格差と、住宅事情格差の拡大がみ
られ、こうした地域差を修正できない学区での問題が指摘されている。従っ
て、教育結果の格差拡大は、教育環境面の違いと生徒の出自の違いが二重に
障壁となっているため、その両面から対処しなければならない。ブルデュー
（Bourdieu, 1966）は「文化資本」の違いに注目したわけだが、50年経過した現
在、プポーとフランソワの研究のように空間への着目がみられる。どの学区
に就学するか、あるいは住居戦略と学校選択といった学校を取り巻く環境に
関わる焦点を学校の内外にあてるようになっている。こうした1960年代か
らの教育社会学研究の蓄積にもかかわらず、階層間の格差は縮小されず、む
しろ学校（校区）間格差による拡大がみられる（トランカール、オベルティ）。

　フランスの中等教育改革は1960年代より行われ、教育の大衆化が進めら
れたことを受けて、高等教育も広く、中間層及び庶民階層に開かれてきた。
現在若年層の4割が高等教育に進学するようになった。こうした教育の大衆
化を評価する一方、中途退学や、階層間の教育達成（取得資格、学歴）の違い
が社会問題となっている。以下では、ここ30年間の教育政策の展開を規定
する教育課題である教育の大衆化と階層間格差を論じることとしたい。

1. 教育の大衆化「第 2 次教育爆発」の影響

　教育の大衆化をもっとも明瞭に示す数値は、大学入学資格試験として毎年行われるバカロレア試験の結果にみることができる。第二次世界大戦後の 1950 年の時点では、普通バカロレアのみしかなく、その取得率は同一世代の 2% である。技術バカロレアが設けられる前の 1968 年においても、普通バカロレアの取得率は 20% であった。図-1 にみるように、1980 年から 2015 年までの数値は、普通バカロレアにおいては 19% から 39.5% へ、技術バカロレアにおいては 7% から 15.6% へ、職業バカロレアにおいては 0 から 22.2% と急激に増加している。つまり、この 30 年間で倍以上の高校生がバカロレアを取得していることになる。

　しかし同図にみるように、1985 年から 1995 年の 10 年間に、バカロレア取得率は大幅に上昇している。この上昇期、景気の低迷もあり、教育のアスピレーションや、教育神話が低下し始め、教育の不平等が拡大し、民主化に対する疑問が投げかけられる（Merle, 2002）。同時に、郊外地区における隔離が強まり、中学校教育課程内の選抜が厳しくなる時期でもあった（Van Zanten）。いずれにしても、こうした高校の大衆化を受けて、バリオン（Ballion, 1993, 1998）やデュベ（Dubet, 1991）によって 1980 年代より生徒文化が研究され、

図-1　バカロレア取得率（1960-2016 年）

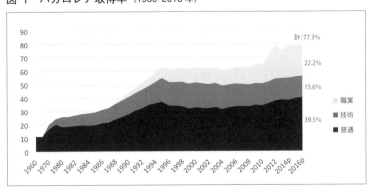

出典：DEPP, *L'état de l'école*, 2016 と P.Merle, 2017 を基に作成。

デュベら（Dubet et Martucelli, 1996）は経験社会学の重要性を唱えることになる。さらに、中学・高校のエスノグラフィックな研究[3]を通じて学校効果、生徒文化など「ブラックボックス」とされていた学校の内部に教育社会学者は注目する。またそこから、地域と学校や学校間格差について地域（都市）研究を教育学に、応用する試みがみられた。（Henriot-Van Zanten,Thin）。

　図-2では1989年から1993年生まれの労働者・従業員の場合、57％しかバカロレアを取得できず、管理職・中間職の84％には程遠いことがわかる。そしてこの格差が、この20年間ほぼ変わらない点がより重大である[4]。学歴取得者が増えるものの、就職率が厳しくなっている今日において、庶民階層の若者が、富裕層の社会関係資本などを持った若者と比較して不利なのは明白である。その意味で、オランジュやボダンとミエ（Bodin et Millet）が明らかにしたように、高等教育内におけるコース、資格の選択が、労働市場における有効性の違いとなって跳ね返ってくる（Millet et Moreau）。学歴や資格の有効性について充分な戦略や情報を持たない庶民階層にとって、中学校からの進路指導における精鋭化された選択教科、コース、学校の選択において失敗しても、それが自己責任による失敗として片づけられることが多い（Broccolichi）。しかし、教育社会学研究では、こうした教育システムにこそ問題の根幹があるとする。ウヴラール（Œuvrard）は、義務教育の延長や、中学校の統一化による教育期間の長期化に伴う危険（選抜の先送り）を70年代に指摘している。

　そのことは、出身階層別に顕著なバカロレアの種類及び取得率の違いにみられる。富裕層（管理職等）の普通バカロレア77％（職業バカロレア9％）を頂点に、労働者のそれは35％（職業バカロレア41％）に留まり、平均よりかなり低いことが読み取れる。こうしたバカロレアの種類別取得率の差異は偶然ではなく、進路指導の結果でもある。デュベ（Dubet, 1991）は、1980年代における技術バカロレア進学者が普通バカロレアコースの高校生とは異なる文化を持っていることを指摘している。また技術バカロレアコースの学業に対する「挫折感」について述べている。こうしたことは、近年は職業高校生に対するスティグマとして現れている。

　当然ながら、こうした取得した資格に応じて高等教育への進路も異なる。

図-2 年代、出身階層別バカロレア取得率（%）

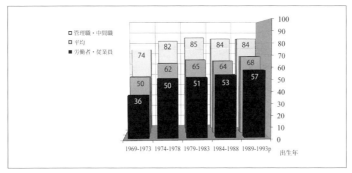

出典：DEPP, *L'état de l'école*, 2016 を基に作成。

　普通バカロレア取得者の53.4%は技術短期大学部（IUT）以外の大学あるいはグランド・ゼコール準備級（CPGE: 13%）に進学し、IUTあるいは上級技手養成短期高等教育課程（STS）を選択するものは少ない。他方、技術バカロレア取得者の40.8%はSTSに進学している。なかでも工業科学技術系（STI）コースからは半分がSTSへ進学していて大学への進学率が低いことがわかる（園山, 2016a）。そして職業バカロレアに関しては、その大多数が高等教育には進学していないことがわかる。こうした職業高校における高校生文化の変遷は顕著であり、先にみた1960年代の労働者層の親が高校入学時に抱いた期待とは異なり、現在では高校に進学しても、普通高校ではない場合、入学しても「挫折」あるいは、「屈辱」を感じる（荒井）。また庶民階層の親には、学校が下す進路指導の判定に対しより強い不平等や、不公平な感情がみられる（ペリエ）。

　さらに1990年代には大学生に関心が向けられ、学生（業「メチエ」）文化研究や、大学の大衆化後の学業に関するインタビュー調査から「内部から排除された」学生の留年や中退に関する研究がみられるようになる[5]。これら中等段階の教育爆発は大学の大衆化を招き、「新しい学生」層の一部は不本意入学による挫折を経験することになる（Beaud, 2002, 2008）。ただ、同時にこうした大衆化がすべての出身階層に等しく生じているわけではない。挫折をより多く経験するのは学業に必要な文化遺産を相続していない庶民階層である。

2. 政策にみる落ちこぼれ対策

　教育の大衆化を促進させた要因の一つとして、留年率抑制政策を挙げることができよう。図-3 にみるように、留年率は 1993 年の 31.28% から 2013 年の 22.09% にまで大きく減少している。特に 2 年以上の留年率は激減している（15.21% から 1.81%）。こうした政策が高校の進学者を増やしたことは間違いない。

　そして、図-4 にみるように、全体の減少が 3 分の 1 程度であるにもかかわらず、管理職や教員の家庭は留年率が半減しているのに対し、庶民階層はそこまで政策の恩恵を受けていない。

　留年の影響は、バカロレア取得率にも及び、留年率が年々減少するなか、バカロレア取得率は上昇し、政府は留年者を減らすことで教育効果が上がっているとする。これまでも、EU などの研究において留年の効果は薄いとされ、OECD の PISA など学力調査においても、留年率の低い国ほど成績も高いとしてきた。1985 年に高校 1 年生の約半分、2 年生の 4 割、3 年生の 3 分の 1 が留年未経験者であったが、現在それぞれ 81.2%、77%、72% となっている（DEPP, 2016a: 109）。つまり各学年の留年率は 3 分の 1 程度まで抑えられている。

　そこで、教育水準が維持されているか、職業高校への進路指導の結果をど

図-3　中学最終学年（第 3 級）の留年率（1993 年から 2013 年）

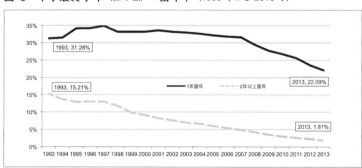

出典：DEPP (2014), *Note d'information*, No.36.

のように評価するかが問題となる。

まず、初等教育段階から始まる学力低下と階層間格差の固定化があげられる。近年、学力低下論争がみられる。図-5に示されているのは、フランス国内における小学生を対象に行われている読解（左のグラフ）及び計算（右のグラフ）の全国学力調査の過去20年間の同類問題にみる変化である。全体の平均値が下がっているが、深刻なのは、管理職よりも中間職以下の階層においてより学力の低下が著しいことにある。別の数値でみると、1980年に中学に入学した労働者層の生徒のうち約半数が無資格離学者となっている。

図-4　中学最終学年（第3級）生にみる留年率（2004年と2013年の比較）

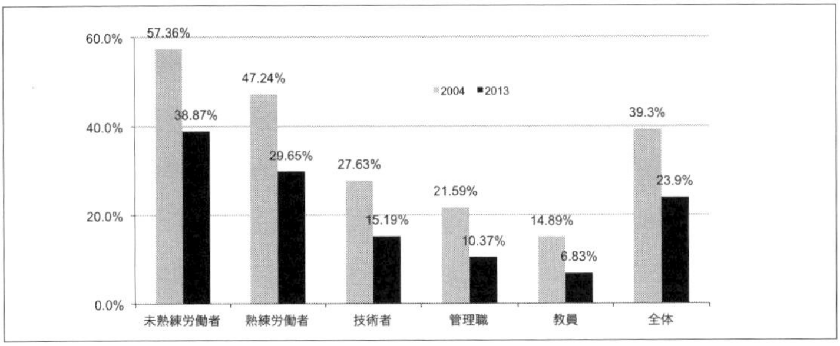

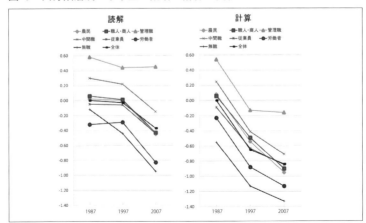

出典：DEPP (2014), *Note d'information*, No.36.

図-5　出身階層別の小学生の読解・計算の変化

出典：Rocher T., « Lire, écrire, compter : les performances des élèves de CM2 à vingt ans d'intervalle 1987-2007 », DEPP (2008), *Note d'information*, No.08-38.

第5章　保守政権下にみる中等教育の大衆化と民主化のパラドックス

こうした点は、ライール（Lahire, 1993, 2000）の研究において、庶民階層の家庭における会話、メモ書き、学校での出来事に対する関心など、日々の保護者から子どもへの働きかけにみる違いによる文化資本の問題が指摘されてきた。またボネリー（2007）は、初等教育段階から留年が始まり、中等教育段階で学力格差が固定化されることを指摘し、さらに、学業困難に注目して、初等教育段階における不可視的な教授法の改善を求める。

　こうした社会階層の格差以外に、男女格差も指摘されている（DEPP, 2016b: No.20）。小学生の言語能力においては、女子生徒の優位性がみられる。

　中学校においては、家庭の文化資本の違い（書籍数・課外活動）が４年間の中学校の成績に影響を及ぼし、文化資本の低い家庭により深刻な結果が明らかにされている（DEPP, 2015a, 2015b）。ブランシャールら（Blanchard et Cayouette-Remblière）によれば、中学校の４年間における学習の遅れは全階層において学年の進行とともに深刻化している。なかでも庶民階層と社会困難を抱えた家庭において厳しい学業状況がみられる。これらの家庭には、移民家庭の生徒以上の成績の低下がみられる。ここでも、男子生徒よりも女子生徒の成績が高いことがわかる。また、入学時の性別の階層間格差は４年間で縮小していない。むしろ「学びからの逃避（décrochage cognitive）」をする生徒が学年を追う毎に増え、明らかな脱落者の増加がみられる。これらは先述した留年率を抑える政策（教育期間の延長）と関係がある（園山, 2015）。

　中学の最終学年において、高校１年時、そして職業高校２年時に進路を決めることになる。その際に、これまでの先行研究において、同一成績において中間層以上と庶民階層に進路選択の結果に違いがあるとされてきた（Ichou et Vallet）。そこでは、庶民階層においては自粛した選択によるリスク回避がみられてきた。例外として、庶民階層のなかでも移民の事例があげられてきた（Brinbaum et Kieffer、園山, 2016b）。

　図-6 における 1995 年と 2007 年のパネル調査が示しているように、留年率は 42% から 22% に減少し、普通あるいは技術高校への進学率が 58% から 78% に上昇している。この間、職業高校の教育課程が４年から３年に短縮されたこともあり進学率が 11% から 21% にほぼ倍増している。2007 年度の中学入学者のうち約 16% は初等教育段階で留年をすでに経験しているこ

図-6 中学から高校への進路状況（1995年度と2007年度パネル調査の比較）

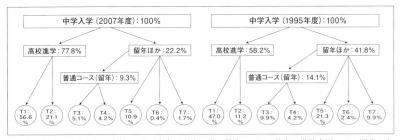

注：T1：普・技高1、T2：職高1、T3：留年のうえで普・技高1、T4：職高へ進路変更、T5：同意の上職高へ、T6：大きな遅れ、T7：早期離学率。
出典：DEPP (2014), *Education & Formation*, No.85, p.9.

とも付け加える必要がある。その多くが、4年間の中学校でも留年のリスクを負っている。そして約3％が中学付設普通・職業適応教育科（SEGPA）や、復帰準備中継措置（Dispositif relais）などを経由してT6あるいはT7へと周縁化される。これらの周縁化されていた数もこの10数年で大きく減少している。そのかわりに、T2、4、5といった教育課程が1年短縮された職業高校か、2年課程の職業適格証（CAP）に進学する若者が増えている。T3は、いわゆる中間層以上の家庭で、あえて留年をしてでも普通・技術高校にこだわる生徒である（DEPP, 2014a）。

別の調査では、中学校終了時の国家試験（DNB）においてフランス語の筆記試験が20点満点中8点であった生徒の進路をみると進路判定は必ずしも一致した評価ではないことが判る（DEPP 2016b: No.17）。8点で普通・技術高校に進学する率は、大学区によって13％から38％と大きく異なる。またこの8点を取得して高校に進学した53％は、バカロレアを取得していることからも、バカロレア（教育）水準が低下していることが推測される。

次に、若者の教育水準に関する興味深いデータがある。毎年、防衛及び市民の日（JDC）に行われている77万人の16～25歳を対象とした読解テストである。調査では約1割未満の人が読解に大きな障がいを持っているとされている。表-1からも読み取れるように、学歴が低い人ほど困難があることがわかる。また高卒であっても、職業バカロレア取得者においては、13％ほどの人に読解に難がある状況が見てとれる。

表-1　学歴別にみた識字に難易度のある割合（2014年度）

	全体	男	女
中卒	42.7	44.1	40.4
CAP-BEP 取得	26.4	27.1	25.1
職業バカロレア取得	13.6	13.8	13.3
普通・技術バカロレア取得、大卒	3.7	3.9	3.6
全体	9.9	11.3	8.4

出典：DEPP (2016), *Note d'information*, No.14

3.　義務教育後の「学校離れ」対策

　このように同一世代の約1割において、全国教育水準を満たしていないこと、さらには無資格（ISCED2）退学がみられる。先述した2000年代からは、EUレベルでも早期離学者に対する共通の関心が広まり、教育及び社会政策（社会的排除との闘い）としての重要な課題となっている（園山, 2015）。

　中学校段階には復帰準備中継措置という学校離れの対策が用意されている。毎年約9,000人受け入れている。その約8割の生徒は中学校等へ復学している。しかし、ミエとタンが分析している早期離学対策として1990年より国民教育省が打ち出した学校の外に用意した復帰準備中継措置には、その効果の限界もある。つまり復学後の資格取得に結び付かない点、あるいは復帰後も問題行動が繰り返されることが指摘されている。あるいはすでに郊外のゲットー地区における、スティグマ化された中学校（たとえば「優先教育地域ZEP」）内から排除されている教育課程（たとえば「SEGPA」）において、繰り返し問題行動がみられた生徒が校内の懲罰委員会を通じて複数回の退学処分の結果送り出された生徒の受入先として用意された復帰準備中継学級から、もう一度やる気を見出し、学力を身に付けて普通学級に戻るというのは、相当な心理的な負担を乗り超えるエネルギーが必要であることは想像に難くない。こうした学級に追いやられる仕組みそのものが、学校離れの根本的な対策にはならないとしている。

　さらに学歴の不平等や進路決定因には職業教育の社会的価値と感情的価値

の課題がある。職業教育の研究では、古くからタンギィ（Tanguy）、ジェラブ（Jellab）、モロー（Moreau）などの研究がある。またパレタ（Palheta）の『学校支配』は興味深く、職業高校生と、職業高校の文化を伝えた貴重な研究である。これらの研究からはフランスにおける職業教育が低く診られていて、職業参入においても資格の格下げがみられる。

　フランスの学歴獲得には進路指導が決め手となることは、デュリュ＝ベラ（Duru-Bellat, 1988）以来質量ともに研究が蓄積されている。2000年代になると学校からの離脱、早期離学に関心が向けられ、ミエとタンの『学校離れ』をきっかけに、ベルナール（Bernard）、ベルテとザフラン（Berthet et Zaffran）などの研究がみられる。他方、庶民階層地区出身の若者がいかにしてバカロレアを取得し大学で成功するか、あるいはグランド・ゼコールに入学するかといった追跡調査を実施したトゥリュオン（Truong）、パスカリ（Pasquali）の研究は、フランスの学校教育の可能性を示した貴重な研究である。

　早期離学者のたとえば学力面は、第6級の学力調査における数学の結果が最下層（10分の1）にあった生徒の約半分は離学している。むろん、その逆に離学者のうち5人に1人は成績の良い生徒であったとされているためすべての離学者が学業失敗を経験しているわけではない。また経済・社会面では、非富裕層出身者（34%が労働者層の父親をもち、10%が管理職の父親をもつ）、片親家庭（27.6%が離学）、母親の学歴が低い（初等教育証書以下の場合30.3%）とより離学率が高まる。しかし、上記診断結果に加え報告書[6]では、こうした経済・社会面の問題だけではなく、教育・進路や医療・健康などの問題も含めた複層的で継続的な理由が考えられるとしている。離学は、ある日突然やってくるというよりも、その過程に注目すべきである。この研究の第1人者であるナント大学のベルナール（Bernard: 70-80）は、その過程には3段階あるという。まず学業困難な時期（第Ⅰ期）がある。次にその困難が学校からの逃避、欠席、不登校の時期（第Ⅱ期）がある。そして第Ⅲ期は学校外における居場所（地域の若者集団への仲間入り）の形成期である。

　第Ⅰ期における学業困難は、保育学校から始まる例もあるという。ただ統計的には、小学校から中学への移行期（特に中1プロブレム）、さらには中学から高校入学、そして高1から高2への進路決定期に訪れ、その多くは職業高

第5章　保守政権下にみる中等教育の大衆化と民主化のパラドックス　　121

校への移行に当たる。職業系の中等教育段階が最後に在籍した学校というのは最も多く総離学者の約半数を占めている。年齢では16歳が4分の1近くを占める。

親の職業と若者の学業達成（最終資格）の相関は高く、父親の職業が高いほど高学歴取得となる。また両親の生まれが欧州以外である場合、取得学歴が無資格あるいは高校2年までに取得できる資格に留まり、逆に大学進学が難しくなるとされる。さらに、最終資格取得から3年経過したときの状況が低学歴であるほど失業や無職あるいは、教育・訓練の再挑戦が必要となることが判明している。

そのため現在フランスの学校では、保育学校より高校までさまざまな学習の個別支援（補習学習、教育成功個別プログラム（PPRE）、教育成功プロジェクト（PRE）、チューターなど）が用意される。また休暇期間にも学校を開放して任意であるが無償で補習授業が用意される。中1や高1プロブレムに向けたオープンキャンパスなどもある。そして保護者向けの講座、説明会（Malette des parents ほか）もある。補償教育が施される優先地域の学校では小中連携委員会が設置され、中1プロブレムや個別支援計画書の作成などが共同で行われるようになっている。中学には、特別なコースや学級（（SEGPA）、再編入校（ERS）、復帰準備中継措置など）がある。高校では、職業訓練を中心とする新たなタイプの小規模校（ミクロ・リセほか）が革新的教授法のもと教えられている。これらとは別に学校の外には、省庁間連携情報交換システム（SIEI）、学校離れと闘う地域担当部（MLDS）、社会生活参入契約（CIVIS）、社会奉仕活動、企業研修などが用意され、さらに18歳以上の年齢向けには、セカンド・チャンス・スクール（E2C）、すべての子に優れた中高一貫校（CLEPT）、雇用・都市・防衛省管轄の職業参入公立教育機関（EPIDe）、などに受け入れ先がある（図-7）。

以上の取り組みより、現時点で確認されていることは、こうした改善策には限界があり、対応の遅延が課題である。またより早期の発見及び適切な進路指導が必要である。なぜなら、学校離れが早いほど、学校への復帰が難しいからである。学校嫌悪、自尊感情の低さ、スティグマ化された評価、自信喪失など教育上のマイナスな側面が積み重なるためである。さらに年齢とと

図-7 早期学校離れとの闘いに向けた措置

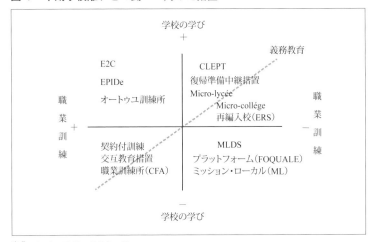

出典：Berthet, Zaffran (2014), p.51.

もに家庭の不和、保護者との信頼、離婚・再婚など社会生活上の困難が深刻化する。このような生徒自身の回復、学校への信頼、期待の取り戻しのために学校のあり方を見直し始めている。たとえば、成績評価の点数化をやめ、言葉で説明するようにする。また「職業リセ」(Lycée des métiers) などを設置し、生徒の希望する進路に向けたより柔軟なコースを用意する。企業研修の積極的な体験を中学から行うことで生徒の将来設計を持たせ、勉学に対する関心を高める。あるいは職業高校等の職業系中等教育機関への体験入学なども行う。2011年からは、中学4年生に、普通課程以外に、第4年職業準備学級（3ePP）と、見習い訓練を取り入れた交互教育による職業入門措置（DIMA）がある。前者には「職業発見」と呼ばれる授業が週6時間設けられている。後者には、1年間で8から18週の実習が用意され、普通教育は半分となっている。これらの措置は、学業困難な生徒の進路選択の多様化に応えようとする目的であり、同時に職業高校及び見習い訓練所（CFA）への移行をスムーズにしようとしたものである。

図-7に示されているように、義務教育年齢はもちろんのこと、その後の無資格者に対する再チャレンジのシステムが構築されようとしている。教育と訓練の場をさらに広げ、16歳以上の若者にもフォーマルな教育で対応し

第5章　保守政権下にみる中等教育の大衆化と民主化のパラドックス　123

ようとするのは資格社会であるフランスならではなのかもしれない。

　これら図-7に示される教育・訓練はフォーマルな教育とは言い難く、生徒の自主性に働きかけるような柔軟で緩やかな学習計画を教師は見守る制度となっている。教師も職業高校の免許を持った人が多く、エリート主義的な高校教師というよりは、職業高校に必要なポリヴァレントな（2教科の免許を持つ）教師であり、また企業における勤務経験などもある教師が求められている。さらにこうした学校が小規模であることは大きな要素であり、こうした教育訓練機関（Micro-lycée）を各大学区に1校の設置を目指している。

おわりに

　以上より、ミッテラン政権誕生以降（1981年以降）、シュベーヌマン大臣の下、庶民階層の中等教育就学率及び義務教育後の進学が大幅に拡大したことは明らかである。しかし、そこに新たな階層間格差の固定化、労働市場の変化による移行（若年者の失業）の課題、エスニシティ間にみる就職差別の問題などがみられる。さらに地域間格差、特に郊外における特定の階層とエスニシティの集中によるゲットー化がもたらした学校間の格差拡大は大きい。こうした中等教育の拡大と結果の公正に向けた新たな積極的差別是正策の課題が浮上している。オランド政権下では、初等と中等のカリキュラム改革に加え、教員数の増員を実施した。これにより、学業困難な生徒への個別・伴走的な補償教育、職業参入に向けた、あるいは職業高校の再評価に向けたキャリア教育など個々のニーズに対応することが試みられている。早期離学においては、80年代初頭に35%だったのが2015年時点でEUの数値目標である10%未満の9.5%を達成している。こうしたマクロな政策評価に対して、階層間、学校間、エスニシティ間のようなミクロな分析結果に対応していくことが今後期待される。

［注］

1 ブルデュー（2015年）『介入Ⅰ』藤原書店。『世界』1990年5月号、岩波書店、114-144頁。

2 たとえば、テロ（Thélot）の『この父にして、この息子』、シェルカウイ（Cherkaoui）の『フランス教育制度の変化（1950-80年)』、キュアン（Cuin）の『社会学者と社会移動』、ショヴェル（Chauvel）の『世代別の運命』、またヴァレ（Vallet, 1999, 2014）テロとヴァレ（Thélot et Vallet）による研究が代表的である。

3 Felouzis, 1994、Payet, J-P., 1995、Bautier, E. et Rochex, J-Y., 1988、Masson, P., 1999、Cousin, O. et Felouzis, 2002、Careil, Y., 2007 などが代表的である。

4 たとえば Beaud, 2008、Larue, 2005、Chauvel, 2011、Poullaouec, 2010 など。

5 Coulon, 1997=2005、Galland, O., 1995、Léziart, J., 1996、Le Bart, C., et Merle, P., 1995、Erlich,V., 1998、Grignon, C., 2000、Felouzis G.,2001、Beaud, S., 2002、Bodin, R.et Millet, M. などが代表的である。

6 Rapport de diagnostic (2014) *Evaluation partenariat de la politique de lutte contre le décrochage scolaire*, MEN, 151p..

［文献］

荒井文雄（2016）「職業高校生たちの職業移行問題の構造」『教育の大衆化は何をもたらしたか』勁草書房、56-79頁。

クリスチャン・ボードロ（2009）「女性に役立つ学校」『日仏比較　変容する社会と教育』明石書店、245-258頁。

ステファン・ボネリー（2010=2016）「学業困難は民主化政策にとって宿命か、それとも挑戦か？」『教育の大衆化は何をもたらしたか』勁草書房、201-215頁。

園山大祐（2012）「戦後教育の『民主化』と『隔離化』」『学校選択のパラドックス』勁草書房、第1章、1-26頁。

園山大祐（2015）「フランス教育制度における周縁化の構造」中野裕二ほか編『排外主義を問いなおす』勁草書房、127-150頁。

園山大祐（2016a）「教育の大衆化は庶民階層にどのような教育効果をもたらしたか」『教育の大衆化は何をもたらしたか』勁草書房、1-11頁。

園山大祐（2016b）「フランスにおける移民の学力および学業達成の課題」『岐路に立つ移民教育』ナカニシヤ出版、144-159頁。

ソフィ・オランジュ(2010=2016)「上級技術者証書（BTS）という選択」『教育の大衆化は何をもたらしたか』勁草書房、24-50頁。

ダニエル・トランカール（2012=2016）「コレージュにおける学業成績に社会空間的隔離が及ぼす影響」『教育の大衆化は何をもたらしたか』勁草書房129-151頁。

ピエール・ペリエ（2016）「庶民階層の親と学校」『教育の大衆化は何をもたらしたか』勁草書房、216-233頁。

フランク・プポーとジャン=クリストフ・フランソワ（2012）「就学実践の社会空間的決定因」『学校選択のパラドックス』勁草書房、117-138 頁（Franck Poupeau et Jean-Christophe François (2008) *Le sens du placement*, Raison d'agir.）。

マチアス・ミエ、ダニエル・タン (2005=2016)「学校離れを生み出すもの」『教育の大衆化は何をもたらしたか』勁草書房、80-98 頁。

マルコ・オベルティ（2005=2012）「居住地域の社会的・教育的差異化」『学校選択のパラドックス』勁草書房、155-189 頁。

Ballion Robert (1993) *Le lycée, une cité à construire*, Hachette.

Ballion R.(1998) *La démocratie au lycée*, ESF.

Baudelot C. et Establet R. (1992=2006) *Allez les filles !*, Seuil.

Bautier Elisabeth, Rochex Jean-Yves (1998) *L'expérience scolaire des nouveaux lycéens*, Armand Colin.

Beaud Stéphane (2002) *80% au bac et après..?*, La découverte.（『教育の大衆化は何をもたらしたか』勁草書房に一部所収）

Beaud S. (2008) "Enseignement supérieur: la 'démocratisation scolaire' en panne" *Formation Emploi*, no.101, pp.149-65.

Bernard Pierre-Yves (2011) *Le décrochage scolaire*, PUF.

Berthet Thierry, Zaffran Joël (2014) *Le décrochage scolaire*, PUR.

Blanchard Marianne et Cayouette-Remblière Joanie (2016) *Sociologie de l'école*, La découverte.

Bodin Romuald, Millet Mathias (2011) « La question de l'"abandon"et des inégalités dans les premiers cycles à l'université », *Savoir/Agir*, n° 17, pp. 65-74.

Bonnéry Stéphane (2007) *Comprendre l'échec scolaire*, La dispute.

Bourdieu Pierre (1966) L'école conservatrice, *Revue Française de Sociologie*, vol.7 n° 3, pp.325-347.

Bourdieu P., Champagne Patrick (1992) Les exclus de l'intérieur, *Actes de la recherche en sciences sociales*, Vol.91-92, pp.71-75.

Bourdieu P. et Passeron Jean-Claude (1964=1997) *Les héritiers*, Ed.du Minuit（『遺産相続者たち』藤原書店）。

Bourdieu P. et Passeron J-C.(1970=1991) *La reproduction,* Ed.du Minuit（『再生産』藤原書店）。

Brinbaum Yaël et Kieffer Annick (2005) "D'une génération à l'autre, les aspirations éducatives des familles immigrés", *Éducation & Formations*, n° 72, pp.53-75.

Broccolichi Sylvain (1995) Orientation et ségrégations nouvelles dans l'enseignement secondaire, *Sociétés Contemporaines*, n° 21, pp.15-27.

Careil Yves (2007) *L'expérience des collégiens*, PUR.

Cayouette-Remblière Joanie (2013) Les écarts se creusent-ils en cours de collège ?, *Éducation & Formations*, n° 84, pp.29-40.

Cherkaoui Mohamed (1983) *Le changement du système éducatif en France 1950- 1980*, PUF.

Chauvel Louis (1998=2011) *Le destin des générations*, PUF.

Coulon Alain (1997=2005) *Le métier d'étudiant*, Economica.

Cousin Olivier, Felouzis G. (2002) *Devenir collégiens*, ESF.

Cuin Charles-Henry (1993) *Les sociologues et la mobilité sociale*, PUF.

DEPP (2016a) *Repères & références statistiques*.

DEPP (2016b) *Note d'information*, n° 14, n° 17, n° 20.

DEPP (2015a) *Note d'information*, n° 25.

DEPP (2015b) *Éducation & Formation*, n° 86-87, pp.211-233.

DEPP (2014a) *Éducation & Formation*, n° 85, pp.5-30 (Caille J-P.).

DEPP (2014b) *Note d'information*, n° 02, n° 9, n° 29, n° 36.

DEPP (2008) *Note d'information*, n° 08-38.

Dubet François (1991) *Les lycéens,* Seuil.

Dubet F., Duru-Bellat Marie (2000) *L'hyppocrisie scolaire*, Seuil.

Dubet F., Martucelli Danilo (1996) *À l'école: sociologie de l'expérience scolaire*, Seuil.

Duru-Bellat Marie (1988) *Le fonctionnement de l'orientation*, Delchaux & Niestlé.

Duru-Bellat M. (2002) *Les inégalités sociales à l'école*, PUF.

Duru-Bellat M. (2006=2007) *L'inflation scolaire*, Seuil.（『フランスの学歴インフレと格差社会』明石書店）.

Erlich Valérie (1998) *Les nouveaux étudiants*, Armand Colin.

Felouzis George (1994) *Le collège au quotidien*, PUF.

Felouzis G. (2001) *La condition étudiante*, PUF.

Galland Olivier (dir.) (1995) *Le monde des étudiants*, PUF.

Goblot Edmond (1925=2010) *La barrière et le niveau*, PUF.

Grignon Claude (2000) *Les conditions de vie des étudiants*, PUF.

Henriot-Van Zanten Agnès (1990) *L'Ecole et l'espace local*, PUL.

Ichou Mathieu et Vallet L-A. (2013) «The relative importance of achievement and tracking decisions in creating educational inequalities", in Jackson Michelle (dir), *Determined to Succeed ?*, Stanford University Press., pp.116-148.

Jacques Marie-Hélène (dir.) (2016) *Les transitions scolaire*, PUR.

Jellab Aziz (2008) *Sociologie du lycée professionnel*, PUM.

Jellab A. (2014) *L'émancipation scolaire*, PUM.

Lahire Bernard (1993) *La raison des plus faibles*, Septentrion.

Lahire B. (1995) *Tableaux de familles*, Gallimard/Seuil.

Lahire B. (2000) *Culture écrite et inégalités scolaires*, PUL.

Larue Jean-Paul (2005) *Baccalauréat, à qui profite la démocratisation ?*, L'harmattan.

Le Bart Christian et Felouzis G. (1997) *La citoyenneté étudiante*, PUF.

Léziart Jean (1996) *Le métier de lycéen et d'étudiant*, L'harmattan.

Malette des parents (2016) (http://mallettedesparents.onisep.fr/) 2017.7.31 閲覧

Masson Philippe (1999) *Les coulisses d'un lycée ordinaire*, PUF.

Maurin Éric (2007) *La nouvelle question scolaire*, Seuil.

Merle Pierre (2002) "Démocratisation ou accroissement des inégalités scolaires ? L'exemple de l'évolution de la durée des études en France (1988-1998)", *Population*, n°. 4-5, pp.633-659.

Merle P. (2012) *La ségrégation scolaire*, La découverte.

Merle P. (2017) *La démocratisation de l'enseignement*, La découverte.

Millet Mathias, Moreau Gilles (2011) *La société des diplômes*, La dispute.

Moreau Gilles (2003) *Le monde apprenti*, La dispute.

OCDE(2013) *Equité et qualité dans l'éducation*, OCDE.

Œuvrard Françoise (1979) Démocratisation ou élimination différée ?, *Actes de la recherche en sciences sociales*, vol.30, pp.87-97.

Palheta Ugo (2012) *La domination scolaire*, PUF.

Pasquali Paul (2014) *Passer les frontières sociales. Comment les 'filières d'élite' entrouvrent leurs portes*, Fayard.

Payet Jean-Paul (1995) *Collèges de banlieue*, Méridiens Klincksieck.

Peugny Camille (2009) *Le déclassement*, Grasset.

Poullaouec Tristan (2010) *Le diplôme, arme des faibles*, La dispute.

Tanguy Lucie (1991) *L'enseignement professionnel en France*, PUF.

Thélot Claude (1982=2004) *Tel père, tel fils ?*, Hachette pluriel.

Thélot C., Vallet L-A. (2000) La réduction des inégalités sociales devant l'école depuis le début du siècle, *Économie et statistique*, n°. 334, 2000-4, pp.3-32.

Thin Daniel (1998) *Quartiers populaires*, PUL.

Truong Fabien (2015) *Jeunesses françaises*, La découverte.

Vallet Louis-André (2014) Mobilité observée et fluidité sociale en France de 1977 à 2003, *Idées économiques et sociales*, 2014/1 (N° 175), pp.6-17.

Vallet L-A. (1999) Quarante années de mobilité sociale en France. L'évolution de la fluidité sociale à la lumière de modèles récents, *Revue Française de Sociologie*, 40-1, pp.5-64.

Van Zanten Agnès (2001) *L'école de la périphérie*, PUF.

第6章

リセの哲学教育における争点
——「フランスモデル」の揺らぎのなかで

綾井桜子

はじめに

　本稿の目的は、本書が対象としている 1989 年教育基本法（ジョスパン法）以降、2013 年共和国学校再構築法（ペイヨン法）に至るまでの時期において、リセ（高校）の哲学教育について、どのようなことが争点となり今日に至っているのか、また、哲学教育をめぐる問題とはいかなるかたちでテーマ化されてきたのかを明らかにすることにある。

　あらかじめ述べるならば、哲学教育において問題とされる事象そのものは、この約 20 年間において、それほど変わらない。すなわち争点となる事柄は、①哲学を学ぶ年齢（哲学教育の開始をめぐって）、②哲学教育の中身（教育課程）、③バカロレアへの準備ともなる小論文のあり方（ディセルタシオン）といった、三つに集約することができるからである。ただし、これら三つの事柄が、どのような政治的布置のなかで論じられてきたのかを視野に収めることは、問題とされる事象そのものの記述に劣らず重要である。

　リセの哲学教育が占める政治的布置については、次のような代表的な見解が存在する。伝統的なナショナル・共和主義を信奉するレジス・ドゥブレを例に挙げると、哲学教育は、共和国の統治形態にとってメルクマールとも言うべきものである。経済的な自由主義ないし「新自由主義」と「ナショナル・共和主義」を対置させるドゥブレによれば、前者は市場の論理に適した

129

消費者を増大させるのに対し、後者は共和国という統治形態に相応しい市民、すなわち理性を行使する自律的市民を形成する（水林, 2006: 136-139）。フランス共和国というナショナルな枠組みを保つためにこそ、大学へ入学する手前での、リセ（高校）での哲学教育が重要な役割を持つとドゥブレは述べている（Debray, 1989＝2006: 13）。

　「戦後のフランスにおける哲学教育と民主化をめぐる問題」について論じた Boillot（2014）は、ミッテラン左派政権成立後の 1981 年から、シラク政権下の第三次保革共存（コアビタシオン）解消後の 2003 年に至る時期を哲学教育の「失敗」と総括している。Boillot は、この間の哲学教育をめぐる抗争を、伝統的な共和主義的な考え方に固執する哲学教育陣営と改革派との対立として捉える。伝統的な哲学教育陣営は、哲学は共和国がそうであるように分割不可能であり、あらゆる生徒に、同じ哲学を、同一の仕方で、一人の教師によって、1 年間のうちに教えられなくてはならないという信条を掲げる。他方、改革派は、リセ第 3 学年（最終学年）の生徒にとって、哲学の学習が成果をもつためには、文化的、論理的、言語的能力の習得が必要であると主張し、リセ第 3 学年に先立って哲学教育を行うこと、Boillot の言葉を借りれば「哲学教育の民主化」を推進しようとした。しかし、80 年代に左派政権のもとで唱えられた改革派による案は、90 年代に台頭したネオ共和主義[1] によって、いずれも実現に結びつくことはなかったと総括される（Boillot, 2014）。

　Boillot による指摘は、ミッテラン左派政権（1981-95）からシラクによる保守政権下（1995-2007）の第三次保革共存（コアビタシオン）（1997 年 6 月〜 2002 年 5 月）までを視野に収めるものである。この間の哲学教育をめぐる動向を、Boillot は哲学教育の改革を拒むネオ共和主義と改革を推進する改革派の対立（Boillot）として整理し、先述のドゥブレは共和主義と新自由主義との対立として描いている。彼らが示した基本的枠組みは極めて明解であるものの、次のような問題が残る。

　まず、共和主義と新自由主義についてである。『1945 年から今日に至るまでのフランスにおける学校』を著した Robert（2010）が指摘するように、教育をめぐる政治はそれほど単純ではない。Robert は、本著のなかで、1981 年〜 86 年にかけて、左派内部では、教育に関して、伝統派（ジャコバン派）

と改革派（近代派、地方分権派）との分裂が明確化し、その間、教育大臣を務めたシュベーヌマンは伝統的な共和主義的な学校の考え方（学校は共和国の理念を具現化する）を信奉しつつ、学校を企業体として捉える近代派の政治に理解を示したと指摘している（Robert, 2010: 136-7）。また、90年代について言えば、第三次保革共存（コアビタシオン）の開始まもない97年、教育をめぐる政府の見解は、新自由主義的な見解（管理・経営的な意味も含めた近代化）と、主として「平等」理念を掲げる共和主義の原理という、質的には異なる大きな二つの言説が結びついたものであったこと、アレーグル大臣による、OECDのDeSeCoプロジェクトによる小学校からコレージュ（中学校）、リセに至る学校管理の再編などは、その典型であると指摘している（Robert, 2010: 202）。加えて、第三次保革共存（コアビタシオン）（1997-2002）の解消後のシラク政権第二期（2002年5月）以降は、保守主義的な傾向が一段と強まるとともに、2005年学校基本計画法（フィヨン法）が、学力向上の数値目標を掲げるなど、新自由主義的な教育政策も具体化されてゆく。90年代の保守政権下に特徴的であるかのようにみえる、新自由主義的な教育政策や学校観は、すでに70年代には、ジスカールデスタン（大統領在任1974-81）によって表明されていた、とさえ指摘される（Robert, 2010: 18）。以上から、教育をめぐる共和主義的な言説は、必ずしも新自由主義的な言説に対置される訳ではないということが分かる。

　さらに、ネオ共和主義についても注意が必要である。宇野（2004: 189-90）が指摘するように、欧州統合と地方分権の動きが高まった90年代以降に顕著になった共和主義の現代的革新を目指すネオ共和主義は、複合性を帯びたものであるからだ。ネオ共和主義は、宇野（2004: 190）によれば、伝統的なナショナルな枠組みを固持するグループと、そうではないグループとに大別される。後者すなわち、伝統的なナショナルな枠組みを固持しない現代的なネオ共和主義の一人に数えられるアラン・ルノー（Alain Renaut）は、後述するように2000年代に入って、リセの哲学教育改革案を提起する。この案は、改革派内部での急進派の支持を得たにもかかわらず、具体化されずに終わった。実現をみることなく終わったものの、どのような新しい哲学教育の方向性が示されたのか、また、具体的な争点とはどのようなものであったのかを、

以下、浮き彫りにすることにしたい。

1. リセの哲学教育とその伝統

1-1　リセの哲学教育に求められてきた役割とは

　ジョスパン法（1989年）以降、ペイヨン法（2013年）に至るまでの時期における哲学教育をめぐる争点を明らかにするに先立ち、伝統的にリセの哲学教育に求められてきた役割とこれを支えてきた基本的な考え方について簡単な概括を行う。伝統的な哲学教育観は、過去のものではない。それは今日、「哲学教師協会（APPEP）」と呼ばれる教授陣によって支持されており、そこで信奉されている基本的な考え方（哲学教育の価値や教育方法も含めて）は、共和主義の制度が創られた当初におけるそれと大して変わらないとも指摘されている（Boillot, 2014）。

　リセ第3学年（最終学年）での哲学教育を支えてきた共和主義的な信条とも言うべき、基本的な考え方は、モンジー（Anatole de Monzie）文相による「哲学教育学習指導要領」（1925年9月）に遡る。Tavoillot（1998）はこの学習指導要領が示す内容を、次のように要約している。第一に、「最終学年における哲学の教育の役割は、個々の知識を伝達することにあるのではなく、十分な省察（リフレクション）の仕方を学ぶことにある」。第二に、「哲学の教師たる教授は、ひとりの哲学者であり（彼は自身の講義の作者である）、生徒は哲学者の見習である」。この第一の信条は、詳述すべき内容を含んでいる。モンジー文相による本学習指導要領を参照しつつ述べることにしよう。

　最終学年に哲学教育が設定されている理由は、それが、科学的内容にしろ、文学的内容にしろ、それ以前に学習したところの、「あらゆる知を総合する」働きを担うと考えられていることによる。哲学教育による知の総合は、生徒をして、将来の人生や職業的生活への準備を可能にし、知的・道徳的生活の一般的原理と省察の方法を提供する。加えて、哲学教育は民主主義社会が必要とする、見識豊かで自立した判断を行使できるような市民の形成を担う

（Instructions du 2 septembre 1925, *Journal Officiel*, 3 septembre, 1925, p.8650）。

　また、哲学教育の役割が「個々の知識を伝達することにあるのではなく、十分な省察（リフレクション）の仕方を学ばせることにある」とは、いわば次のような意味で、ソクラテス風のロゴス（言論）の探究が支持されていることを意味する。ソクラテスは真理、存在、美、正義、友愛、国家などの倫理的価値に関わる大事な事柄について、「無知」であるのに、そのことに無自覚である状態を浄める技術（パイデイアーとしての教養）（廣川：1990）として、問答を重ねて論駁し吟味すること（エレンコス）の必要性を説いた。この論駁・吟味によって、相手が暗黙に前提としている事柄を顕在化させ、学びの妨げになるような思い込みから解放することができるとソクラテスは考えたのである。後に、プラトンによって産婆術と呼ばれたこの技術が、ソクラテスにおいて極めて重要な意味付けを与えられたのは、「反駁的対話を耐え抜いたロゴス」によってこそ、自己の生き方についての絶えざる吟味が可能になると考えられたからである（岩田．2014: 295）。今日でも、ソクラテス風の方法に従って、哲学教師の役割とは、知を伝授することにあるのではなく、よく導かれた問いによって、生徒自身が真実を見出し、それをわが身とすることができるよう配慮することにあると考えられている（Groupe de philosophie, 2008: 24）。

　同様に、現代においても変わらず強調されているのは、リセの哲学教育のもつ市民形成的な役割である。今日的状況に照らして言えば、リセの最終学年に位置付けられている哲学教育とは、法的成人年齢（18歳）に達し、選挙権を得る一歩手前のところで、市民になるための準備をすることを意味するのである。国民教育省の総視学官 Sherringham M. が「フランスにおいて哲学を学校で教えるとは」（Sherringham M. 2006）と題する論考のなかで指摘するように、背景には、モンテスキュー以来、変わらず引き継がれてきた共和主義的知性についての考え方、すなわち共和国とは判断を自由に行使できる能力を備えた市民から成るという考え方がある。現代（2015 年以降）では、共和国や民主主義を支える〈価値〉、これを理解するための〈知識〉、これらを活かす〈実践〉を緊密に結びつけた（道徳的ジレンマを扱う討論や哲学的議論も含む）EMC（道徳・市民性教育 l'enseignement moral et civique）が導入され、より実践

的・具体的な市民性教育が行われている[2]。リセの最終学年にて行われる哲学教育も市民の形成という政治的次元を内包する。ただし、哲学教育においては、言葉、論理としてのロゴスこそが社会をかたちづくるという観点から、〈主体〉、〈文化〉、〈理性と現実〉、〈政治・道徳〉を思考するに欠かせない言葉や論理を吟味することに力点がおかれる[3]。

　前述した1925年の学習指導要領に立ち返ろう。Tavoillot（1998）によれば、本学習指導要領は、哲学教育の「フランスモデル」を体現してきたものの、その「フランスモデル」は、今日、問いに付されていると言う。現代におけるリセの哲学教育をめぐる争点は、まさにこの「フランスモデル」の存続をめぐるものであるといってよい。哲学教育の市民形成的な役割は、今日においても維持されているとはいえ、後述するように、哲学を学ぶ年齢、あらゆる知を統合する哲学という考え方については、中等教育の大衆化が顕著になる80年代に異論が唱えられ、改革案も提起され、今日に至っている。

1-2　書くことの学習──ディセルタシオン（小論文）に着目して

　リセにおける哲学教育の大きな特徴は、哲学バカロレアの出題形式にあわせて、ディセルタシオン（小論文）及びテクスト解釈といった、書くことの学習を基本に据えていることにある。哲学バカロレアでは、3問のうちから1問を選んで、解答させるものとなっている。3問のうち2問は、ディセルタシオン、1問がテクスト解釈に該当する。「ディセルタシオンは、生徒の学習成果に最も適した論文形態である」（Groupe de philosophie, 2008: 37）と述べられるように、ディセルタシオンを重視する姿勢は今日も根強い。ディセルタシオンが今日、抱えている問題については後述することにし、ここではディセルタシオンとはどのようなスタイルの小論文なのかについて述べることにしたい。

　ディセルタシオンについては、学習指導要領以上に、リセの生徒を対象として著された参考書が分かりやすく述べている。ここでは、リセの生徒に最もよく使われているとされているアティエ社の『プレパバック』（バカロレアへの準備のために）（Ghrenassia, P and Kahn, P, 2009）を参照することにする。

例えば、ここで紹介されているように、問題は、「知覚とは認識であると言えるか」／「芸術は社会の現実を表現しているか」／「真実であるものは、役にたつものか」といったかたちで示される。ディセルタシオンに取り組むにあたっては、まず問いについての方法的な検討が重要とされる。例えば、第一の問題例（「知覚とは認識であると言えるか」）を挙げると、なぜ、このようなことが問われているのか、と疑問や関心をもつことから始める必要がある。方法的に検討するとは、段階を踏んで、例証を挙げ、諸知識を用い、かつ「概念」（主観的／客観的、理想／現実）などや「手がかり」（絶対的／相対的、抽象的／具体的、分析／総合、原因／目的、偶然／必要／可能、普遍的／一般的／特殊な／単一の、ほか20組）を道具として使いこなしながら、問いが提起する哲学的な問題について検討するということである。

　そのために、まずテーマについてよく分析すること、さらには定義すべき用語は何か、を問うことが必要になる。例えば、上に挙げた最初の問い（「知覚とは認識であると言えるか」）では、「知覚」は、「印象」や「感覚」、ひいては「認識」とどう異なるのか、をまず考える必要がある。解答は、「認識」をどう理解するかによって、大きく異なるからである。問われている内容を確定するために、自分なりに言い換えること、すなわち、上の問いでは、「いかなる条件において、知覚は認識であると認めることができるのか」と読み替えられることが、ディセルタシオンを書くにあたって必須となる。

　以上からわかるように、ディセルタシオンとは、自らの思考を書き表す小論文である。ただし、自分の考えや意見を述べることや、授業の内容や哲学の歴史を書き表すことは論外であるとされ、十分に合理的な精神によって反論や論証が施されていなくてはならない。

　ディセルタシオンは、十分に構造化された論述である。すなわち「プラン」と呼ばれる、思考の深め方と展開の仕方に則った論述が求められるのである。「プラン」とは、通常、次のような三つの段階を踏む。

1. 問いについて、一般的な見地から直接的に答える。
2. 異論を提示し、より考え抜かれたレベルから異論について論述する。
3. 1.2にて提示した論の対立を乗り越えることのできるような論を展開する（先行する2にて扱った異論を補う、あるいは問いの立て方を変えることによっ

て)。

上述の第一の問題例に照らして言えば、

1. いかなる点で、知覚はあらゆる学習に先立ち、独立しているのかを論述する。つまり「知覚は学ぶことができない」ことを論じる。

2. 知覚は、学習によって、よりよくすることも、変化させることもできることを述べる。つまり「知覚は学ぶことができる」ことを論じる。

3. 知覚の学習可能性という次元を超えて、知覚することを学習する必要があるかどうか（「知覚を学習する必要はあるか」について論じる）、及びその限界について論じる。

これらの論証を経て、最後に、結論部にて、全体の要約及び、論証から導きだされた新しい疑問や問いを提示する、というのが伝統的なディセルタシオンの定型である。

2. 哲学教育の改革をめぐる提言

以上、従来型の哲学教育が持ちえた役割、及び書くことの学習に焦点をあてながら概括を行った。では、このような従来型の哲学教育に対する、改革の提言とはどのようなものであったのだろうか。この問題について、以下の3つ（哲学教育の開始、教科書的なものの意義、バカロレア試験の改良とディセルタシオンの相対化）をとりあげ検討する。特に、国民教育省が教育内容を再検討するために設置した委員会による報告書、すなわちピエール・ブルデューとフランソワ・グロが共同で委員長を務め、ジャック・デリダも委員であった委員会の「哲学と科学認識論に関する報告書」(1989) にて提起された内容に着目し、分析を加えることとする。

2-1　リセにおける哲学教育の開始をめぐって

リセにおける新しい哲学教育の方向性は、よく知られているように、デリダ（Derrida, Jacques）を中心として 1975 年に結成された「哲学教育研究グ

ループ（GREPH）」によってまず示された。その注目すべき主張とは、第一に、哲学教育をリセの最終学年（3年次）に限定している現行の制度に対して、それに先立つ第1・2学年から哲学教育を開始するというものである。GREPHによるこの主張は、哲学教育の拡張論として知られている。哲学教育を拡張してゆくべきだというこの考え方は、「哲学と科学認識論に関する報告書」（1989）のなかで一層、明確化される。哲学教育の拡張という新しい方向性において鍵概念とされたのは「漸進性 progressivité」である。これは、最終学年で学ぶ哲学とは、すべての教科の上位にあって、諸学を総合する哲学という伝統的な考え方に対して唱えられたものである。同報告書は、「漸進性」に関連して、次のように述べている。

　　哲学教育は多くの場合、回心をモデルにして組み立てられてきた。つまり一般的なものの見方から哲学的な精神へと一挙に、一回かぎりで生徒を向かわせなければならないというモデルである。哲学教育はむしろ、真に哲学的な考察を行うのに必要な知識と能力を方法的に、段階的に、しかも生徒のリズムに合った仕方で獲得する学習として検討されなければならない。（Rapport de la commission de philosophie et d'épistémologie, 1989: Derrida 1990 = 2015: 370）[4]

　従来型の哲学教育は、リセの最終学年の1年間、それも実質8カ月があてられているにすぎない。しかし哲学教育が扱うところの方法、問題、語彙、著者に生徒が慣れ親しむためには、それ以前の段階において、文化的、論理的、言語的能力の習得が必要となる。それ故、哲学教育においては、一歩一歩、段階を追って学習が進められるべきであり、「漸進性」の原則が他教科と同様に認められなくてはならないという提案である。とはいえ、「漸進性」の原則のもとに進められる哲学学習は、決して、哲学に関する知識を獲得するだけの累積的な過程に帰着してはならないと同報告書は指摘する（Derrida, 1990 = 2015: 365）。
　「漸進性」の原則のもと、哲学教育をリセ第1学年から開始するというGREPHにはじまるこれらの提案は、従来の哲学教育を支えてきた次のよう

な考え方、すなわち、哲学は共和国のように一つであり分割不可能であること、あらゆる生徒に、同じ仕方で完全に同一の哲学を教えるべきこと、そして、哲学はたった一人の教師によって、1年間のうちに教えられるべきだ、という旧来の考え方に反旗を翻し、哲学教育の民主化を目指すものであったと指摘される（Boillot, 2014）。「漸進性」の原則は、「哲学へのアクセス」（Derrida, 1990 = 2015: 373）を年齢によって制限することなく、広く認めてゆくという考え方（全ての人における「哲学への権利」）に帰着するのである。

2-2 「教科書的なもの」の意義を認めること

　第二に、注目すべきは、「教科書的なもの scolaire」の意義を認めることへの提案である。この提案は、直接には、現代の哲学教育が抱える問題への対応として示されたものでありながら、近代以降、哲学において肯定されてきた学びの特質を問題視している点で注目に値する。

　「哲学と科学認識論に関する報告書」によれば、リセの哲学教育においてこれまで繰り返し強調されてきた「自分で考えることを学ぶ」という基本的方針は、よく知られるところの「人は哲学を学ぶことはできない、哲学することを学ぶのだ」というカントの表現に従ったものである。では、この表現が言わんとしていることはどのようなことか。以下、カントに立ち返りながら、若干の検討を加えることにしよう。

　同報告書において問題となっているその表現は、『純粋理性批判』における有名な一節のなかに登場する。

　　「それゆえ、人はすべての理性的学問（アプリオリ）のなかで、数学のみを学ぶことができ、哲学を（歴史的に学ぶ以外には）けっして学ぶことはできない。むしろ理性に関しては、人はせいぜい哲学することのみを学ぶことができるのである」（Kant, 1781 = 2014: 483）

　哲学とは、この場合、「理性的学問」すなわち「人間理性の本質的目的とすべての認識のつながりに関する学問」と規定されている。それは、寄せ集

めの認識ではなく、知の体系的統一体を目的とする認識である。このような意味での哲学（「理性的認識」）は、「数学的認識」や「歴史的認識」とも異なるとカントは言う。「数学的認識」は、哲学と同じく「理性的認識」ではあるけれども、哲学とは異なり「習って覚える」ことが可能であり、「学ぶことができる」。「数学的認識」は哲学とは異なり、概念が定義によって与えられ、概念を構成することによって成り立つ認識であるからだとカントはみる。数学とは異なるが「歴史的認識」も「習って覚える」ことができるとカントは言う。なぜなら、「歴史的認識」は、自分に「与えられたものに基づく認識」だからである。では、哲学はどうか。哲学は、誰かがそれを所有しているわけではなく、「具体的にはどこにも与えられていない可能的な学問」であるから、「数学的認識」や「歴史的認識」のように「習って覚える」ことや「学ぶ」ことはできない。「哲学することをのみを学ぶことができる」とは、つまり「理性の普遍的原理に従うなかで、理性の本領を鍛える」ことを指し、純粋理性の教育を意味している（Kant, 1781 = 2014: 393-394, 481-483）。

　同報告書は、以上のようなカントの言明は、生徒に何を準備させたらよいのかについて不明瞭であり、生徒や教師を不安にさせ、哲学教育をさらなる混乱に陥れると指摘する。あわせて、「哲学することを学ぶ」というカントの表現が抱える問題を次のように指摘する。

　　　「哲学することを学ぶ、あるいは哲学を学ぶということが論じられるとき、問われているのはつねに、学ぶということなのだから、他のすべての教科と同様に〔哲学においても〕、いかなる知と能力が要求されているのかを一定の明確さでもって規定できるのでなければならない」（Derrida, 1990 = 2015: 381）

　つまり、同報告書は、哲学の一定内容を「学ぶ」ことを積極的に推奨するのである[5]。カントは、「哲学することを学ぶ」前の段階では哲学は「単なる学校概念」にとどまると述べ、「哲学する」とは、いわば学校や教科書から距離をおいたところに成り立つと考えた。対して、同報告書は、「あるテクストのうちにすでにであったことのある哲学的な問題に気付けること、あら

かじめ学習した思想と論拠を適切な仕方で再構成できること、既知の哲学的思想と自分の教養や個人的な体験から引き出された事例の結びつきをつくれること。これらはすぐれて哲学的な、思考の素質となる能力で、さらには体系的に獲得され、入念に評価されうる能力である」（下線：筆者）（Derrida, 1990 = 2015: 380）と述べる。今日、生徒に求めるべきことは、カント的な意味での理性的認識を鍛えることではなく、「教科書的な仕方で吸収されたある一定数の知識と推論の仕方を正確に再現し、それらを賢明に使用できること」（Derrida, 1990 = 2015: 381）なのである。かくして、哲学教育の教育的転換、つまりカント的な意味での「哲学することを学ぶ」から「教科書的な学び」を肯定する教育への転換が唱えられたことを強調しておこう。

2-3　バカロレア試験の改良とディセルタシオンの相対化をめぐる提案

　第三に、「哲学と科学認識論に関する報告書」は、既存のバカロレア哲学試験の再編を提言した。報告書は、現状では、生徒が実際に獲得した能力を測るうえでの信頼できる手段を試験が提供しえていないことを問題視する。報告書は、次のような新しい試験を取り入れることで、ディセルタシオン一辺倒になっている試験のあり方を変えるよう提案する。その内容は、大きく二点に整理される。一つは、リセ第3学年の生徒に要求しうる範囲での、かつ哲学するのに必要とされる、最低限の知識（基本的な哲学用語、概念の初歩的な区別、哲学史のメルクマールをなす知識）をどれだけ習得できたのかを評価する質問を導入することである（Derrida, 1990 = 2015: 367, 393）。二つには、テクスト解釈、及び小論文における出題の仕方を、もっと生徒にとって分かりやすいものへ変えるとともに（Derrida, 1990 = 2015: 394）、生徒があらかじめ実際に慣れ親しんだ問題だけが出題されるような手だてを講じるべきだと報告書は主張する（Derrida, 1990 = 2015: 366）。生徒が学習した内容に則った試験へ改良することにより、詰め込み式の受験勉強に陥ることなく、試験への準備を可能にすると報告書は提案する。

140

3. 2000年代以降の動き

3-1 学習指導要領の改革をめぐって——個々の生徒に応じた教育へ

　哲学教育の新しい動きは、1998年以降に新しい局面を迎える。新しい局面を特徴づけるのは、主に次の二つである。第一に、リセの哲学教育の改革派内部での急進派（ACIREPH; Association pour la création des instituts de recherche sur l'enseignement de la philosophie）の立ち上げ（1998年）である。ACIREPHは、一般的に教育学において自明視されている事柄を積極的に問い、かつ哲学教育の実践について省察する研究機関（IREPh）の創設に賛同する哲学教師らによって、またGREPHのメンバーも含むかたちで結成された。第二に、学習指導要領の改革（1998〜2003年）である。改革は、哲学者アラン・ルノーの主宰によって、1998年に手がけられ2000年に一応の完成をし、ACIREPHら一部の賛同を得たものの[6]、多くの議論を呼び、撤回され、2003年には別の新たな学習指導要領がつくられ今日に至っている。では、ルノーらの提案とは、どのようなものであったのだろうか。以下、その概要を述べよう。

　提案は、哲学教育の基本原理は、生徒をして自律的な判断を可能にすることにあることを確認する。そのうえで、以下の4つの基本的な考え方を示している。第一に、哲学教師の自由を保障すること。第二に、哲学的省察のためのツールを生徒が習得できるように、習得すべき諸概念を3つの項目（〈人間の条件〉、〈知〉、〈行為〉）に分類する。個々の項目では、対概念あるいは関連する概念を組み合わせて扱うことを提案する。すなわち、項目〈人間の条件〉では、自然と文化／良心、無意識と主体／言語とコミュニケーション／欲望と欲求／時間、存在と死が位置付けられる。項目〈知〉では、理性と感性／意見、認識と真理／論理学、方法と推論／自然科学と人間科学／神話、科学と政治が位置付けられる。概念を単独ではなく[7]、二つ以上を組み合わせることで、生徒は、省察を働かせるべき領域をより限定することが可能になるとルノーは説く。あわせてルノー案は、生徒が自身の理解度を知ることができるよう指標となるリストを載せること、概念のリストはこれまで

第6章　リセの哲学教育における争点　141

以上に簡潔なものであるよう提案している。第三は、口述・筆記、いずれに
おいても哲学の論述や論証の標準型を生徒が習得できるようにすることであ
る。ディセルタシオンという伝統的な小論文を維持するにあたっては、ねら
いが生徒にとって分かりやすいものにするよう要請している。第四に、生徒
自らが初歩の哲学的教養をつくりあげることができるよう、テーマ別に、哲
学の歴史（あるいは思想史）へのアプローチを導入することをルノー案は提案
している。

　ルノー案については、伝統的な「哲学教師協会（APPEP）」をはじめとして
反論が唱えられ、具体化することなく見送られた。その理由は、提案の内容
そのものに関わるものであったというよりは、多分に政治的なものであった
とされる。Weill（2001）は、ルノー案が認められず、反対勢力によって哲学
学習指導要領が改訂されるに至った理由について、ルノーが提示した概念
の組み合わせについて理解が得られなかったこと、バカロレア試験での評価
を改良することを目指し、論証の技法を提示したルノー案はディセルタシオ
ンのテクニック化を招くものと受け止められたことを挙げている。特に、ル
ノーは、論証や哲学的思索の新しいあり方を目指して、三つの問題設定の
枠組みを提示した（自然支配に関する問題群、民主主義と人間の権利に関する問題
群、近代性と宗教に関する問題群）が、この問題設定は、文化権を認める「穏健
な多文化主義」、「差異に基づくユマニテ」として人間主義を再定位する（北
川, 2003: 132, 140）、ルノー独自の政治哲学の反映であると捉えられた。加えて、
ルノーの政治哲学は、グローバリズムと学校を企業体と結びつける新自由主
義を体現したものであるとも曲解され、この観点から哲学教育のイデオロ
ギー化が懸念されたのである。

　加えて、次の点も指摘することが可能である。ルノーは、哲学の歴史ある
いは思想史を学習指導要領に導入することを提案した。しかし、この提案は、
伝統的な哲学教育における一つの定説、つまり哲学教育は、省察することを
学ぶことに向けられるべきであり、個別の知識の習得であってはならないと
いう考え方に適合しない。個別の知識の習得であってはならないとは、哲学
上の概念や哲学者の引用を、それらを生み出した歴史的な文脈を外したとこ
ろで思考するということであり、伝統的な哲学教育観に従えば、哲学史は不

要とされるからである。

　さてルノー案に代わり、施行された2003年学習指導要領（2016年度現在においても施行されている）は、現代の学校で教えるのにより適した哲学、一言で言えば「学校風の哲学」の色調を帯びるものになった（Groupe de philosophie, 2008: 13）。哲学教育を支えていたこれまでの哲学は、「哲学グループ」の表現を借りると、「カントの言う「人間悟性の至高の目的」に携わるものとしての哲学」、「純粋なる研究としての哲学」を目的としていた。代わって2003年の学習指導要領は、エリート主義を脱し、「有用性」を強調した（Groupe de philosophie, 2008: 13）。ここで言う「有用性」とは、哲学教育が、より、個々の生徒に資するものであるべきという考え方を指す。最終学年における哲学教育の目的は、生徒一人ひとりが判断力を鍛えられるようにすること、生徒一人ひとりに哲学的教養の手ほどきを与えることにあるとされ、一見、かつてと変わりはないようにみえるものの、強調点は、個々の生徒に応じるという意味での「個別性」と「支援性」に置かれていることに注意したい。判断力、批判的思考力の形成や教養形成を目的とすることに変わりはないとはいえ、体系としての哲学を少なからず前提としてきた「哲学〈の〉教育」から、個々の生徒に応じた哲学教育へ、という教育観上の変化を認めることができる。

3-2　リセ第3学年（最終学年）に先立つ哲学をめぐって

　GREPH以降の、哲学教育をリセ第3学年（最終学年）より前に開始することをめぐる提案は、2008年にLuc Chatel国民教育大臣によって、哲学教師の他教科への関わり、参加が導入されるなかで少しずつ考慮されるようになった。2011年の官報（2011年3月）は、よりはっきりと「第3学年（最終学年）に先立つ哲学」を明示した。第3学年での哲学教育の目的を、①生徒一人ひとりに、熟慮して判断できるよう支援すること、②哲学的教養の手ほどきを与えるとした点で変わりはないが、次のような新たな方向を見出すことができる。

　具体的には、2011年の新学期より、リセの第1・2学年のクラスに哲学

第6章　リセの哲学教育における争点　**143**

教員が「参加」することを（加えてリセ技術教育課程第2学年における哲学の拡張）説いている。その目的は、第一に、生徒のさらなる知的成熟（知的責任の感覚、概念の厳密さを求める感覚、分析的態度）を可能にするためであり、第二に、学際的な実践により、生徒それぞれのコースにより多くの意味づけを行うためである。そして第三に、哲学の実践にリセの生徒が慣れ親しむことができるようにし、第3学年での哲学、バカロレアでの哲学へよりよく準備するためである。加えて、哲学教師による第1・2学年における個別支援学習（l'accompagnement peronnalisé）への参加、第2学年における TPE（課題個別学習）への参加の意義を説いている。哲学教師の関わりについては、最終学年で学ぶ哲学上の概念（バカロレアで出題）と個々の教科で扱われる具体的内容を関連させることや、問題の定式化、概念分析、テクストの紹介などを挙げている。例えば、第2学年「フランス語」では、〈説得することと論証すること〉と〈17世紀、18世紀における論証のジャンル・形態〉とを関連づける。あるいは第2学年文学（L）コースでは、〈ユマニスムの観念〉と〈ヨーロッパ文化としてのルネサンスとユマニスム〉に関連させるなどである。リセ第2学年以前での哲学教師の関わりは、生徒を自立に向けて支援し、生徒をして学科目のつながり、知の一貫性への発見を可能にすると同官報は示している。これらの試みは、いずれもリセ第1・2学年に、広い意味での哲学的実践を新たなかたちで組み込もうとするものであり、リセ第3学年（最終学年）＝哲学を学ぶ年という伝統的な考え方から、部分的ではあるものの脱却する動きを認めることができる。

3-3　ディセルタシオンの存続と深まる困難

　1989年の「哲学と科学認識論に関する報告書」は、ディセルタシオン一辺倒になっているバカロレア試験のあり方を改める提案を行った。バカロレア試験における生徒の哲学小論文（ディセルタシオン）の「失敗」は、ますます軽視できないものになったにもかかわらず[8]、2000年代になっても抜本的な改革は行われなかった。ディセルタシオンは旧態依然としたかたちで存続したのである。

上述の「哲学グループ」が国民教育大臣に宛てた報告書「2007 年～ 2008 年における哲学教育の状況」は、ディセルタシオンをめぐる問題について、次のように指摘している（Groupe de philosophie, 2008: 31-32）。第一に、書く力の不足に加え、思考をつくりあげ表現し、分析し、統合する力が十分でないこと。第二に、ディセルタシオンは、授業で学んだことを指示通りに成し遂げる力を問うのではなく、生徒が自分自身において、問題を見出し、これについて論じ、結論づける力を問うものであるが、生徒にはこうしたディセルタシオンに必要な自律性が欠けている。第三に、教養の欠如である。ここで教養とは、「学校で学ぶ知識よりもいっそう根本的で、過去に関わるものごとであったり、知識やそのよりどころとなるような、確かな基礎となる事柄」を指す。こうした意味での教養は、リセ第 3 学年（最終学年）の生徒と哲学教師とが分かりあえる、双方をつなぐ基盤としてあった。そのような意味での教養は、今日、存在しないという理解のもとに、哲学の教師は哲学の授業を展開しなくてはならない事態にある。教養の欠如は、言語を組み立て発展させる、象徴界の理解にも悪影響をもたらしていると同報告書は指摘している。

おわりに

　以上の検討を通じて、80 年代に左派政権のもとで唱えられた改革（はじめに、にて挙げた①②③）のうち、特に、①哲学を学ぶ年齢（哲学教育の開始）については、あらゆる知を統合する哲学という考え方の失墜もあわせて、継続的に議論が行われ、生徒の「個別性」と生徒への「支援性」を鍵概念に、一部、制度の見直しが進められてきたことを明らかにしてきた。②哲学教育の中身（教育課程）、③小論文のあり方（ディセルタシオン）については、問題提起がなされたものの、議論は開始されたばかりである。一連の議論には、「フランスモデル」の揺らぎへの対応をみることができる。思考の型の「フランスモデル」ともいうべきディセルタシオンは、従来、生徒の知的成熟の証とみなされてきたが、今日では、生徒の知的成熟を多方面に認める方向性にある。本稿の冒頭において紹介した Boillot は、80 年代から 2003 年までの時

第 6 章　リセの哲学教育における争点　　**145**

期を哲学教育の「失敗」と総括した。これに対し、本稿で明らかになったのは、80年代の議論は90年代のネオ共和主義の台頭により挫折したのではなく、これまで対象化されてこなかった哲学教育の認識論的構造を明らかにし、新しいあり方にむけて、確実なる道を拓いたということである。80年代の議論は、哲学教育における生徒の習熟度を適正に評価するべく、「教科書的な学び」（一定の内容を学び、その内容に応じた試験を行い、評価する）という極めて学校教育的な方針を提示した。この方針は、伝統的なフランスのリセ哲学教育にとってラディカルであったため、依然として具体化されていない。伝統的なリセ哲学教育は、ソクラテス的方法を信奉し、カントが説いたところの「哲学することを学ぶ」という見地、ディセルタシオンにみられるようなヘーゲル的弁証法に忠実であり続けてきたからである。しかし、ACIREPHにおける議論の数々は、80年代の提言のインパクトの大きさを物語っている。

　リセの哲学教育をめぐる争点を明らかにするにあたっては、共和主義的な市民の形成と教育のあり方をめぐる政治的な対立を視野に収めることは勿論のこと、カントやヘーゲルなどの近代哲学の影響がどう乗り越えられようとしているのか、あるいは、ユネスコによる哲学教育の提案がどう受け止められ、フランスの教育に反映されてゆくのかといった、複合的な視点から考察することが一層、必要であると考えられる。今後の課題としたい。

[注]

1　歴史人口学者のエマニュエル・トッドによれば、「ネオ共和主義」は、マーストリヒト条約がフランスの国民投票にて51％の賛成票によって是認された1992年以降に出現し、しだいに進行していった。エマニュエル・トッド『シャルリとは誰か？　人種差別と没落する西欧』文藝春秋、2016年。トッドは本書のなかで、「ネオ共和主義」の出現によって、「ライシテ」や「共和国」の言葉が掲げられながら、実のところ、排除の論理が肯定され、真の共和主義的センスが凋落していっている現実について論じている。

2　Le parcours citoyen et les nouveaux programmes d'enseignement moral et civique, Année scolaire 2015-2016. 1999年にリセに導入された「市民・法律・社会」（ECJS; Education civique, juridique, et sociale）は、2012年に廃止され、2013年には「道徳・市民教育」（EMC l'enseignement moral et civique）が、初等教育からリセの最終学年を見通した、

「共通基礎」の第三領域（市民と個人の形成）として設定されることになった（2015年以降に実施）。これにより、道徳的・市民的教養のほか、社会的生活や個人の生活において責任ある人間を形成するのに欠かせない素質として批判的精神や道徳的、市民的教養の習得が目指されるようになったことも注目に値する。

3 鷲田は、西欧社会にて哲学が中等教育に組み込まれている理由について、神権や王権に代わって、人間の理性を柱とした近代市民社会においては、言葉や論理の吟味、つまり「哲学すること」は、市民にとって自らの権利と義務を果たす基礎的能力として捉えられてきたことを挙げている（鷲田, 2014: 10–11）。

4 以下、この報告書からの引用は、Derrida 1990＝2015とし、頁を表記する。

5 近代哲学において、このようなカントの「哲学すること」が思考の形式についての学習であるとし、これに対し、内容を学ぶことの必要性を説いたのは、ヘーゲルである。注目すべきヘーゲルの言葉を引用しておこう。「一般に、ひとは特殊的な諸学問を併せ持つ哲学体系と、哲学することそのものとを区別します。そして哲学の内容が教えられるべきでなく、内容ぬきで哲学することが学習されなければならないというのが近代の傾向、ことに教育学の傾向であります。ところで、こうしたことは、あれこれの町や川や地方や人間などを知らずして旅し、旅し続けなければならないというにひとしいことです」（ヘーゲル, 1812＝1988: 216）

6 Un manifeste pour l'enseignement de la philosophie(Extraits), Manifeste proposé par le groupe français de l'ACIREPH, Goucha, Moufida (dir) (2007) *La philosophie; une école de la liberté*, Paris; UNESCO, p.70.

7 国民教育省が制定する学習指導要領では、概念の多くは、単独で提示される。例えば、項目〈文化〉では、「言語」・「芸術」・「労働と技術」・「宗教」・「歴史」といったかたちで概念が提示される。

8 2001年3月に国民教育省は、バカロレア（哲学）では8割の受験生が平均点に達せず、2割の受験生が0点〜6点（20点満点のうち）であるという結果を明らかにした。Poucet, Bruno (2006) Histoire de la dissertation de philosophie dans l'enseignement secondaire, *Côté-Philo*, no.9.（http://acireph.org/Files/Other/Pedagogie/dissertation/POUCET%20Histoire%20Dissertation.pdf 2016年4月18日確認）

[文献]

岩田靖夫（2014）『増補　ソクラテス』筑摩書房。

宇野重規（2004）『政治哲学へ──現代フランスとの対話』東京大学出版会。

北川忠明（2003）「政治的リベラリズムと文化権── A・ルノー」三浦信孝編『来るべき〈民主主義〉──反グローバリズムの政治哲学』藤原書店、127–142頁。

廣川洋一（1990）『ギリシア人の教育──教養とはなにか』岩波書店。

水林章（2006）「新しい〈ユマニテ＝人文学的教養〉のために──グローバリゼーションと来るべき教育」R・ドゥブレ、樋口陽一、三浦信孝、水林章『思想としての〈共和

国〉』みすず書房、118-149 頁。

鷲田清一（2014）『哲学の使い方』岩波書店。

Boillot, Hervé (2014) L'enseignement de la philosophie en France depuis 1945 et la question de sa démocratisation : Groupe de recherche sur la démocratisation scolaire(http://www. democratisation-scolaire.fr/spip.php?article182, 15 January 2016).

Bouveresse, Jacques, and Derrida, Jacques (1989) Rapport de la commission de philosophie et d'épistémologie, in Derrida, Jacques, (1990) Du droit à la philosophie, Éditions Galilée.（= 2015、西山雄二・立花史・馬場智一・宮崎裕助・藤田尚志・津崎良典共訳『哲学への権利 2』みすず書房）

Cahen, Didier (2001) Derrida and the question of education: a new space for philosophy, Biesta, Gert J. J. and Egéa-Kuehne, Denise, Derrida & Education, New York: Routledge. pp.12-31.

Debray, Régis (1989) Etes-vous démocrate ou républicain? Le nouvel observateur, 30. Novembre-6,（= 2006、樋口陽一・三浦信孝・水林章訳『思想としての〈共和国〉』みすず書房）

Derrida, Jacques (1990) Du droit à la philosophie, Éditions Galilée.（= 2014、西山雄二・立花史・馬場智一共訳『哲学への権利 1』みすず書房）

Derrida, Jacques (1990) Du droit à la philosophie, Éditions Galilée.（= 2015、西山雄二・立花史・馬場智一・宮崎裕助・藤田尚志・津崎良典共訳『哲学への権利 2』みすず書房）

Ferry, Luc, and Renaut, Alain, eds. (1999) Philosopher à 18 ans, Paris: Grasset.

Ghrenassia, Patrik and Kahn, Pierre eds. (2009) Prépabac: Philosophie, Paris: Hatier.

Groupe de philosophie (2008) L'état de l'enseignement de la philosophie en 2007-2008, rapport à Monsieur le Ministre de l'Éducation nationale.

Hegel, G. W. F. (1812) Hegels Pädagogishe Schriften（= 1988、上妻精編訳『ヘーゲル教育論集』国文社）

Instructions du 2 septembre (1925) Journal Officiel 3 septembre, in Poucet, Bruno, 1999, Enseigner la philosophie : histoire d'une discipline scolaire, 1860-1990, Paris: CNRS.

Kant, Immanuel (1781) Kritik der reinen Vernunft（= 2014、石川文康『純粋理性批判〔下〕』筑摩書房）

Lyotard, Jean-François (1986) Le postmoderne expliqué aux enfants, Paris: Galilée.（=1998、管啓次郎訳『こどもたちに語るポストモダン』筑摩書房）

Ministère de l'Education national, programme de l'enseignement de la philosophie en classe terminale des séries générales, Bulletin Officiel n° 25 juin 2003.

Robert, André D. (2010) L'école en France de 1945 à nos jours, Presses universitaires de Grenoble.

Sherringham, Mark (2006) L'enseignement scolaire de la philosophie en France, La revue de l'inspecion générale, 03, pp.61-67.

Tavoillot, Pierre-Henri (1998) La fin du modèle français, Le Débat, numéro 101, septembre-octobre.（http://acireph.org/spip.php?article18&lang=fr 2016 年 4 月 10 日確認）

Tavoillot, Pierre-Henri (1999) L'invention de la classe de philosophie, Ferry, Luc. and Renaut, Alain eds. (1999) *Philosopher à 18 ans*, Paris : Grasset, pp.155-184.

Weill, Nicolas (2001) philosophie: les non-dits d'une amère controverse, *Le Monde*（http://www.lemonde.fr/archives/article/2001/08/22/philosophie-les-non-dits-d-une-amere-controverse_215551_1819218.html, 2016 年 4 月 15 日確認）

＊本研究にあたっては、国際フランス学園に調査の協力を頂いた。特に、哲学担当の Pascal Ritter 氏には、文学・社会科学コース合同の哲学授業の参観の申し出を二度にわたって快く受け入れていただいたほか、本テーマに関連する文献を紹介いただいた。また、訪問を許可していただいた副校長の Patricia Reynaud 氏はじめ、国際フランス学園の関係者の方々へ改めて感謝申し上げます。

第7章

コンピテンシーに基づく教育改革
——中等教育の伝統の打破？

細尾萌子

はじめに

　フランスの中等教育では、教養の涵養が一貫して重視されてきた。しかし、コンピテンシー（compétence）という新しい能力観に関する議論が1990年代から始まり、2000年代後半からは、コンピテンシーに基づく教育改革が義務教育全体で推進されている。

　この転換をもたらした一番の契機は、2005年学校基本計画法（フィヨン法）において、義務教育段階で生徒全員に保障すべき基礎学力として、「知識・コンピテンシーの共通基礎（socle commun de connaissances et de compétences）」（以下、共通基礎）が規定されたことにある[1]。

　そして2006年7月11日の政令で、共通基礎の具体的な内容が制定された。共通基礎は、次の七つのコンピテンシーで組織されていた。①フランス語の習得、②一つの現代外国語の実用、③数学の基本原理及び科学的技術的教養、④情報通信に関する日常的な技能の習得、⑤人文的教養、⑥社会的公民的コンピテンシー、⑦自律性及び自発性。各コンピテンシーは、現代における基本的な「知識」と、知識をさまざまな状況で活用する「能力（capacité）」、生涯にわたって不可欠な「態度」の組み合わせとして構想されている。

　義務教育における基礎学力として共通基礎が定められたことにより、共通基礎のコンピテンシーに基づく教育制度が、主に小学校とコレージュ（中学

校）で構築されつつある。共通基礎の習得状況が継続的に評価され、未習得の生徒には補充学習が与えられている。

コンピテンシーに基づく中等教育改革については、制度の枠組みや、学習指導要領との関係、実践事例が紹介・検討されている（赤星, 2007: 122-3、田﨑・金井, 2012: 280-90、三好, 2014: 201-28）。では、この改革は、伝統的な中等教育のどのような点を乗り越えようとしており、実際にそれを克服できているのだろうか。本章では、コンピテンシーに基づく中等教育改革の成果と課題に迫りたい。

1. フランスの中等教育における教養教育の伝統

まず、フランスの中等教育において伝統的に行われてきた教養教育がいかなるものであったかを見てみよう。

19 世紀の中等教育の創設期に重視されたのは、古典人文教養（humanités）の陶冶であった。古典人文教養とは、よりよき人間性を体現しているとされるギリシャ・ラテン古典文学の文体を模倣して書くことで涵養される知識・徳性・思考方法のことである。

しかし、1871 年の普仏戦争敗北を受け、この非実用的教育が批判されることとなる。第三共和政の教育改革では、古典人文教養ではなく、一般的教養（culture générale）の育成が謳われるようになった。一般的教養とは、世界事象の全般に関する、職業的ではない基本的な知の総体である。古典人文教養だけではなく、科学やフランス語の知識・思考方法も、教養に含まれるようになった（中野, 2013: 40-7, 綾井, 2017: 34-43, 71-6, 136-7）。

こうして、第三共和政以降の中等教育、特に普通教育（一般教育）コースでは、知育（instruction）による教養の啓培が目的とされてきた（桑原, 1988: 17）。フランスの教育は、情意面の形成を含む徳育（éducation）と、客観的な知識・技能の伝授である知育、職業資格の所有者を育成する養成教育（formation）とに 3 区分され、徳育は親や教会や地域社会の仕事、知育は普通教育学校の任務、養成教育は職業学校や企業の担当という役割区分が確立されてきた（桑

原，1997: 11）。

　教養（culture）とは多義的なことばであり、時代とともにさまざまな意味が付加されている（Guilbert eds., 1971–1978 (t.2): 1093–4, Imbs ed., 1971–1994 (t.6): 616–8）。ここでの教養は、体系的な学習を通して身につけた知識や価値観の総体で、人間がよりよい行動を選択する規準になるもの、という意味を指している。

　中等教育では、教養を伝授することにより、生徒の精神・知性としてのエスプリ（esprit）が育まれていくと考えられていた。そのため、学校の授業では、主に一斉学習の形態で、各教科の知識が体系だって伝達された。教師が知識を提供し、生徒はそれを聞いてノートにまとめ、知識を反復する練習問題を解いた。そして試験でも、翻訳や作文などの論述試験や口述試験が多いとはいうものの、生徒の独創的な考えを書いたり話したりすることが求められていたわけではなく、学習した知識を用いた標準的な解答が期待されていた（ヴィアル，1971 = 1977: 81–103）。ただし、断片的な知識の詰め込みではなく、学問的体系に沿った知識の伝達がめざされていたことには注意が必要である（Piobetta, 1937: 67）。

　以上のように、フランスの中等教育は、教養を中心にすえてきたといえる。断片的な知識の集積ではなく、知識のネットワークを、体系的な一斉学習で会得することに大きな比重が置かれている。試験でも、論述試験などによって教養の習得が見取られていた。

　興味深いのは、知識を活用して表現することが評価では求められるものの、知識をいかに活用すべきかは中等教育であまり指導されてこなかった、ということである（細尾，2017: 77–8, 116–8）。知識を活用する能力の形成は、なかば家庭に任されていたといえる。そのため、移民の家庭や困難を抱える家庭の子どもなど、知識の活用法を家庭で形成できない社会階層の生徒の多くが学業に失敗してきた。特に1975年の統一コレージュ誕生後は、多様な進路希望・学力の生徒が一緒に授業を受けるようになったものの、一部の恵まれた家庭の生徒を対象とした従来の指導法を一律に適応したため、大量の落第者が発生した。

2. コンピテンシーに基づく中等教育改革

このような教養教育の伝統が根強いなかで導入された、コンピテンシーに基づく教育改革とは、どのようなものなのだろうか。

2-1 コンピテンシーの定義

初めに、コンピテンシー（compétence）ということばの定義を確認しておこう。フランスでコンピテンシーは、16世紀末から①（裁判所などの）権限・管轄という意味で使われ始め、17世紀末には②（専門的）能力、20世紀には③専門家という意味が加わった（Imbs ed., 1971–94 (t.5): 1169）。

さらに1950年代後半になると、コンピテンシーは、知識や能力、態度などを活用しながら特定の状況で行動する力、という意味でも使われるようになった（Clément, 2013: 112-4）。このコンピテンシー概念は、1980年代になると、初等中等教育だけではなく、高等教育や職業教育、成人教育、企業にも普及する（Ropé et Tanguy, 1994: 14）。

近年のこの定義は、共通基礎のコンピテンシーの特徴とも重なっている。共通基礎におけるコンピテンシーについて、総視学官の2007年の報告書が、次の三つの特徴を指摘している（IGEN, 2007: 15-6）。第一は文脈性である。コンピテンシーは、実生活に近い現実的な状況で課題を解決する力とみなされている。第二は総合性である。コンピテンシーは、知識や技能（savoir-faire）、能力、態度を総合して課題を解決する力である。第三は領域横断性である。コンピテンシーは、複数の学問領域にまたがる学習を通じて獲得される力である。つまり、共通基礎におけるコンピテンシーは、複数の学問領域の知識や技能、態度などを総合して、生活の具体的な状況の課題を解決する力として捉えられている。

以上のように昨今では、複数の領域の知識などを総合して具体的な課題を解決する力としてコンピテンシーが使われている。コンピテンシーは、通教科的な力であり、また社会の文脈を意識した実用的な力であるという点にお

第7章　コンピテンシーに基づく教育改革　**153**

いて、伝統的な教養とは異なっている。

2-2　コンピテンシーに基づく教育改革

次に、コンピテンシーに基づく教育改革の内容を見てみよう（細尾, 2016:
112-3）。教育改革は、①全国学力テスト、②「コンピテンシー個人簿（LPC:
livret personnel de compétences)」、③「教育成功個別プログラム（PPRE: programmes
personnalisés de réussite éducative)」の三つで構成されている（ここで述べた制度は
2013 年共和国学校再構築法（ペイヨン法）制定時のものであり、その後、コンピテンシ
ー・ベースの別の制度に改編されている）。

一つ目として、1989 年創設の全国学力テストは診断的評価として実施さ
れていたものの、2009 年からは、共通基礎の習得状況をみる総括的評価と
して行われるようになった。フランス語と数学のテストが、学習期の最終学
年である小学校第 2 学年と第 5 学年で実施されていた。

二つ目として、2010 年度からは、評価簿の LPC が、小学校とコレージュ
で導入されていた。LPC は、生徒一人ひとりについて、共通基礎の習得状
況を、担任教員が日常的に評価する文書である。日本の指導要録をさらに
細かくしたものに近い。共通基礎は、多くの領域・項目に細分化されてい
る（コレージュでは 26 領域、97 項目）。LPC では、領域や項目として、共通基礎
を細分化した知識や能力、態度がリストアップされている。例として、表
–1 に、義務教育修了時に習得すべき共通基礎のコンピテンシー 3 に関する
LPC の全国モデルを示している（様式は小学校・コレージュとも基本的に共通）。

コンピテンシーの評価は、生徒一人ひとりについて、担任教師が日常の授
業のなかで行う。具体的には、次の三つのプロセスで評価することが推奨さ
れている。一つ目は、コンピテンシーが行使される複雑な課題の提示である。
現実生活で起こるような状況の課題に取り組ませることで、知識や能力、態
度などを総合してコンピテンシーを発揮できるかどうかを見取る。二つ目は、
学習の援助である。課題が解けない生徒には、それぞれの学習困難に応じて
援助を与える。三つ目は、評価である。生徒が教師の援助なしに複雑な課題
を解決できると、課題で対象とされているコンピテンシーが習得されたと判

断する。この評価の客観性を高めるために、全国統一の評価基準が示されている。こうして、生徒が習得したと判断するたびに、担任教師は、LPCの該当する領域または項目の欄に、習得の日付を記録していく。そして学習期末になると、LPCの記載をもとに、各コンピテンシーの習得の可否を、教師集団の話し合いで決定する（細尾. 2012: 29-38）。このように、LPCにリストアップされた知識や能力、態度などを一つひとつ獲得させ、それらを総合し

表-1　第3段階（義務教育修了）におけるコンピテンシー3（数学の基本原理及び科学的技術的教養）のコンピテンシー個人簿の全国モデル

		日付
領域	科学的・技術的解法を実践し、問題を解決する。	
項目	有用な情報を探し、抽出し、構成する。	
	指示を遂行し、操作し、測定し、計算し、適用する。	
	実験的解法または技術的解法を推論し、論証し、実践し、証明する。	
	辿った解法や得られた結果を提示し、適切な言語で伝える。	
領域	数学の知識とコンピテンシーを利用できる。	
項目	**データの構成と処理**：比例の状況を識別し、％や表、グラフを利用する。統計的データを活用し、確率の単純な状況に取り組む。	
	数と計算：整数と小数、分数を知り利用する。計算を適切に行う：暗算で、手を使って、計算機で、パソコンで。	
	幾何：幾何図形と空間物体を知り表す。その性質を利用する。	
	大きさと測定：さまざまな単位を用いて、測定を実施し（長さ、期間など）、値（体積、速さなど）を計算する。	
領域	さまざまな科学領域の知識を利用できる。	
項目	**宇宙と地球**：宇宙の構造、地球の地質学上の構成と年月を経た変化、物理現象	
	物質：特徴的な原則、形態と変化、物質と素材の物理的・科学的特性、電子の動き、光との相互作用	
	生物：組織の統一性と多様性、生物の機能、種の進化、人体の組織と機能	
	エネルギー：エネルギーのさまざまな形態（特に電気エネルギー）、エネルギーのある形態から他の形態への変化	
	技術用品：分析と概念、実現。機能と使用条件	
領域	環境と持続的発展	
項目	環境と持続的発展に関連する問題を理解するために自分の知識を動員する。	
	コンピテンシー3を認証した	

出典：《Annexe》, Arrêté du 14 juin 2010, *B. O.*, no.27, du 8 juillet 2010 を筆者が訳出した。

て生活の文脈の問題を解決する力を育み、この総合力そのものを評価することがめざされている。

ただし、2012年度からLPCは簡略化されている。大きな学習困難を抱えていない生徒についてはコンピテンシーごとの評価でよく、領域・項目ごとの評価は不要になった（2012年9月24日付官報）。97もの項目があるLPCに対して、コレージュでは、評価項目が細かすぎて生徒の状況の継続的な把握に使いにくい、評価の労働負担が重い、といった教員の不満が多く見られたためである（IGEN, 2012: 22-33）。

三つ目として、全国学力テストとLPCで特定された、共通基礎の習得が不十分な生徒には、「教育成功個別プログラム（PPRE）」が提供されていた。PPREは、フランス語と数学、外国語・地域語における未習得の共通基礎に焦点を当てた、少人数グループでの短期間の学習支援である（飯田, 2010: 101-14）。

以上のように、コンピテンシーに基づく教育改革は、共通基礎のコンピテンシーの習得度を継続的に評価し、未習得者には補充学習を与えるものである。従来の中等教育は、各教科の知識を系統立てて伝え、教養を体得させることを重視してきた。生徒は、知識を活用して表現する能力を主に家庭で養うことで、教養、さらにはそれが人格化したエスプリを駆使し、人生において臨機応変に自己実現できる市民になると考えられてきたからである。他方、コンピテンシーに基づいた教育は、現実生活の課題に対応する力であるコンピテンシーをリスト化し、各コンピテンシーを構成するさまざまな教科領域の知識や能力、態度を一つひとつ獲得させ、それらを当該の課題に向けて総合する力を高めようとするものである。そこでは、さまざまな教科領域の知識などを総合して、生活の具体的な課題を解決するという、通教科的で実用的な力を、形成的な評価と補充学習によって身につけることが教育の中心となっている。

表-2 共通基礎をめぐる議論の流れ（筆者が作成）

年	項目	特徴
1991	学習指導要領憲章	知識とコンピテンシーで学習指導要領を構成
1994	コレージュ白書	コレージュの「基礎」、「本質的基礎知識」
1994	全国教育課程審議会	「知識・コンピテンシーの共通基礎」
1996	フォロー委員会	「主要知識」
2004	国民討論（テロー委員会）	共通基礎を「知識とコンピテンシー、行動規則」で記述
2005	フィヨン法	共通基礎の制定
2006	教育高等審議会	コンピテンシー・アプローチ、共通基礎への「社会的公民的コンピテンシー」と「自律性及び自発性」の追加
2006	政令	共通基礎の具体的な内容の制定
2008	コレージュの学習指導要領改訂	コンピテンシー・アプローチの拡大
2013	ペイヨン法	「知識・コンピテンシー・教養の共通基礎」
2014	学習指導要領高等審議会の学習指導要領憲章	共通基礎の修正のねらいは教養教育の復権

3. 共通基礎をめぐる論争

　では、コンピテンシーに基づく教育改革は、中等教育の伝統のどの点を乗り越えようとしているのだろうか。共通基礎をめぐる議論からこれを探ってみよう（細尾, 2017: 150-78）。議論の大きな流れについては、表-2 を参照されたい。

3-1 学習指導要領憲章におけるコンピテンシーの公認

　1980 年代までは、国民教育省の中央教育視学部（各教科の専門家）が、学習指導要領の原案を作成していた。しかし、1990 年からは、「全国教育課程審議会（CNP: conseil national des programmes）」が学習指導要領の基本方針を提案するようになった。CNP の委員の多くは産業界に近く、知識の伝達よりも知識の実社会での活用を重視していた。

　CNP は 1991 年に、『学習指導要領憲章（*Charte des programmes*）』を策定した。

第 7 章　コンピテンシーに基づく教育改革　157

学習指導要領憲章は、知識を羅列する従来の学習指導要領を批判し、知識とコンピテンシーで学習指導要領を構成することを推奨している。

　コンピテンシー概念に関する国民教育省のワーキンググループのメンバーである、アミアン大学のロペ（F. Ropé）とパリ 10 大学のタンギー（L. Tanguy）は、教科の知識の伝達からコンピテンシー育成へと教育の方向性が転換する契機になったと憲章を評価している。

　他方、国内最大の中等教員組合である「中等教員組合（SNES: syndicat national des enseignants de second degré)」は、教育目標をコンピテンシーとして細かく定め、目標に向けて指導し、目標の達成を評価する教育では、知識を断片的に身につけることしかできないと、憲章を批判している。

3-2　国民討論による「共通基礎」の社会的認知

　憲章で公認されたコンピテンシーによるアプローチは教育政策に根づき、共通基礎の制定につながっていく。総視学官のブーシェ（A. Bouchez）が 1994 年に提出した報告書『コレージュ白書（*Livre blanc des collèges*)』では、「基礎（socle)」という語が初めて公的に使われた。ブーシェによると、コレージュで落第などの学業失敗が多い一因は、抽象的な教科内容を伝達するリセ（高校）の教育方法をコレージュにそのまま導入したことにあるという。そこでブーシェは、小学校とつながる義務教育の枠組みにコレージュを位置付けることが重要であるという立場から、すべての生徒がコレージュ修了までに身につけるべき「本質的基礎知識（socle fondamental des connaissances)」の策定を提唱した。

　CNP は、コレージュ白書の提案を受け、学習指導要領の教科内容が多すぎることが学業失敗の原因だとし、コレージュの「基礎」の定義に乗り出した。1994 年の報告書『コレージュの学習指導要領の指導思想（*Idées directrices pour les programmes du collège*)』では、「知識・コンピテンシーの共通基礎」という表現が初めて公式に使われている。

　さらに 1996 年には、元産業・国土整備大臣のフォルー（R. Fauroux）を議長とする大統領の委員会が、教科の柱ごとの六つの「主要知識（savoirs primordiaux）」を義務教育の軸とし、16 歳のすべての生徒に主要知識を保障することを提唱した。

この提案に対して、教員組合の立場は分かれた。反対派の SNES は、知を平等に全国民に伝えるという公教育の原則を破壊し、社会的不平等の拡大につながると批判した。主要知識を定めると、主要知識以外の知識の伝達は学校の義務でなくなり、その知識は家庭などで学ぶことになるため、家庭環境が恵まれない生徒は学べなくなるという主張である。一方、賛成派の「教員組合連合（FEN: fédération de l'éducation nationale)」は、主要知識の制定は社会的不平等の克服につながると捉えた。大半の生徒が習得できない難しい知識を伝達するよりは、主要知識をすべての生徒に獲得させた方が、すべての生徒が成功する学校になると考えたためである。このように、教育格差の克服という理念は共通しつつも、主要知識が格差の軽減につながるかどうかに関して、意見が対立していた。

共通基礎をめぐる対立は、新教育基本法の制定に向けて激しさを増す。CNP の長であったフェリー（L. Ferry）は、2002 年に国民教育大臣になると、学業の成功を生徒全員に保障するという 1989 年教育基本法（ジョスパン法）の理念は大衆扇動的であるとし、国民討論をもとに新教育基本法を策定することを宣言した。ジョスパン法は、共和国の思想であった共通の価値や共同体の規範の解体につながると危惧していたためである（上原. 2004: 79–82)。

このフェリーの試みに対抗すべく、2003 年には、初等教員組合の SNUIPP（syndicat national unitaire des instituteurs, professeurs des écoles et PEGC）や、新教育運動系雑誌の CRAP-Cahiers Pédagogiques、保護者団体の FCPE（fédération des conseils de parents d'élèves de l'enseignement public）など、教育運動家の連盟「統一コレージュに関する国民討論に向けて」が結成された。連盟は、最小限の共通教養としての基礎的な知識とコンピテンシーをすべての生徒に保障することをコレージュの目的にすべきであると表明した。

こうした主張をふまえつつ、ラファラン（J.-P. Raffarin）首相は 2003 年に「学校の未来のための国民討論委員会」を召集し、教育経済学者のテロー（C. Thélot）を議長に任命した。2003 ～ 2004 年にかけて、26,000 回の会合が全国で開かれ、100 万人以上が参加した。この国民討論において、共通基礎の制

定を前提とする議論が展開されるうちに、共通基礎は自明のものとして社会に受け止められるようになっていった。

そして2004年には、テロー委員会の最終報告書『すべての生徒の成功に向けて（*Pour la réussite de tous les élèves*）』が出されている。共通基礎は、「知識とコンピテンシー、行動規則（règles de comportement）」で記述すると提言された。

3-3　共通基礎の制定

フェリー国民教育大臣の後を継いだフィヨン（F. Fillon）は、国民討論で社会的認知を得た共通基礎を、制度として具体化させることになる。フィヨン国民教育大臣は、学業失敗を克服すべく、すべての生徒に共通基礎の習得を保障すると掲げ、共通基礎の内容を法案で提案した。

国会では、野党（フランス共産党や社会党）から、共通基礎のコンピテンシーは功利主義的で限定されすぎており、教育のレベルを低下させるという批判や、教養の伝達を重視すべきだという主張が寄せられた。これに対し、与党の国民運動連合は、実社会で有用なコンピテンシーの基礎を習得させることで、すべての生徒が学業で成功できると唱えた。

こうした審議を経て、フィヨン法が2005年4月に可決され、共通基礎について次のように示された。すなわち、「義務教育は、〔中略〕知識とコンピテンシーの全体で構成される共通基礎の獲得に必要な手段を生徒一人ひとりに保障しなければならない。共通基礎には、フランス語の習得、数学の基本原理の習得、市民性を自由に行使するための人文的・科学的教養、少なくとも一つ以上の現代外国語の実用、情報通信に関する日常的な技術の習得が含まれる」と。

ここで掲げられた共通基礎の五つの柱を具体化すべく、政府の諮問機関である教育高等審議会（HCE: haut conseil de l'éducation）が、2006年に、報告書『共通基礎の勧告（*Recommandations pour le socle commun*）』を提出した。この勧告には、次の二つの特徴が見られる。一つ目は、コンピテンシー・アプローチが強調されている点である。その背景には、EUとOECDの影響がある。OECDの

PISA 調査におけるコンピテンシー概念と、EU のキー・コンピテンシー概念を受けて、フランスの共通基礎もコンピテンシーで定義することが謳われたのである。二つ目は、「社会的公民的コンピテンシー」と「自律性及び自発性」という柱を共通基礎に加えた点である。これは通教科的なコンピテンシーであり、EU のキー・コンピテンシーの「人間関係・異文化理解に関するコンピテンシー及び社会的公民的コンピテンシー」と「企業家精神」から着想を得たものである。この勧告に基づいて、共通基礎の内容を具体的に定めた 2006 年 7 月 11 日の政令が作成された。

　そして共通基礎に基づいて、2008 年にはコレージュの学習指導要領が改訂された。『学習指導要領憲章』に基づいた 1998 年改訂時には知識の伝達からコンピテンシー育成への転換状況が教科によって異なっていたのと比べると、共通基礎におけるコンピテンシー・アプローチはコレージュに広く浸透していることが窺える。例えば、1998 年改訂時の数学（第 4 学年）の学習指導要領は教科の領域ごとに身につけるべきコンピテンシーの一覧表として構成されていた一方、歴史・地理（第 4 学年）の学習指導要領は教科内容の羅列となっていた（1998 年 9 月 15 日付官報）。それが 2008 年改訂時には、歴史・地理（第 4 学年）の学習指導要領も、教科の領域ごとに獲得すべき知識・能力と学習アプローチの一覧表として構成されている（2008 年 7 月 15 日付官報）。

　以上のように、抽象的な教科内容（知識）を大量に教授することで学業失敗を招いているという従来の中等教育の問題点を克服すべく、コンピテンシーに基づく教育が提唱されてきた。知識を活用する通教科的かつ実用的な力であるコンピテンシー概念は、『学習指導要領憲章』で公認され、教育政策の柱の一つとなった。さらに、すべての生徒への学力保障という観点から、「本質的基礎知識」や「知識とコンピテンシーの共通基礎」、「主要知識」が提案された。このように義務教育の基礎学力を定める動きに対し、中等教員組合の SNES は批判的立場を貫いてきた。コンピテンシーに基づく教育は学習の断片化を招くうえ、社会的不平等の拡大につながると考えるからである。しかしながら、知識の伝達かコンピテンシーの育成かという議論が教員たちの間で繰り返されるなか、国民討論を経て共通基礎は社会的に認知されていく。国会でも、教養の伝達を重んじる社会党やフランス共産党と、コン

ピテンシー教育を推進する国民運動連合との間で論戦が展開された。そして、EU や OECD のコンピテンシーの影響を受け、フィヨン法と政令において共通基礎が策定される。

3-4　共通基礎の改訂

こうして定められた共通基礎について、SNES などの中等教員組合は、伝達する教科の知識が減少し、中等教育のレベルが下がるとして、強く反対した。

教育高等審議会が、この批判の背景を三つ指摘している（HCE, 2010: 32, HCE, 2011: 17–8）。一つ目は、中等教員は教科の専門家を自認しており、教科内容の伝達に執着していることである。

二つ目は、共通基礎の改革が、小学校の読み・書き・計算・推論といった基礎基本への回帰と混同されていることである。共通基礎は外国語や科学的技術的教養など七つのコンピテンシーで構成されているが、フランス語と数学のコンピテンシーだけに矮小化して理解される場合が多い。そのため、基礎基本の学習を重視するあまり、上位層の生徒の学力向上が疎かになると懸念されている。

三つ目は、共通基礎がしばしば、共通基礎の評価簿である LPC と同一視されていることである。LPC を厳密に遂行すべく、共通基礎を分割した非常に細かい項目ごとに学習し、評価することで、知識の細分化、つまり断片的な知識を身につける機械的な学習になってしまうと危惧されている。

このような批判に応えるべく、国会では、共通基礎の再定義について議論することとなった。SNES など教養教育を支持する中等教員の意向を受け、共通基礎の文言（「知識・コンピテンシーの共通基礎」）に、「教養」を追加する議案が提出された。教養教育派の教員も共通基礎を支持しやすくなると考えられたためである。共通基礎における「コンピテンシー」と「教養」の並列は、コンピテンシー教育派と教養教育派に教員が二分されていることをふまえ、共通基礎への両者の支持を得るための政治的妥協であったといえる。

この国会での審議を経て、2013 年 7 月 8 日に、ペイヨン法が公布され

た。共通基礎は、「知識・コンピテンシー・教養の共通基礎（socle commun de connaissances, de compétences et de culture）」と示された（新しい共通基礎は 2016 年度から施行）。

国民教育省の諮問機関である「教育課程高等審議会（CSP: conseil supérieur des programmes）」は、2014 年 4 月の『学習指導要領憲章（*Charte des programmes*）』で、ペイヨン法における共通基礎の修正のねらいは、教養教育の復権だと説明している（CSP, 2014: 9）。さらに 2014 年 6 月に、CSP は、共通基礎の具体的な内容を示す提案を発表している。ここでも、教養は知識やコンピテンシーよりも上位の包括的概念であり、義務教育は教養を涵養するものであるという認識が示されている。「義務教育は、不可欠な知識とコンピテンシーに基づいた共通教養を生徒に与える。〔中略〕共通基礎は、生きた教養への入り口をすべての生徒に開く知識とコンピテンシーを定義する」と述べられている（CSP, 2014: 1）。このように、共通基礎の知識とコンピテンシーを介することで教養に到達できるというロジックの背景には、教養教育派とコンピテンシー教育派の両者を取り込もうという政策意図が見え隠れしているように思われる。

4. コンピテンシーを育む教育実践——帯による評価

以上のように、抽象的な教科の知識を大量に伝達することで学業失敗を招いているという、従来の中等教育の課題を解決すべく、コンピテンシーに基づく教育改革が進展している。そこでは、通教科的かつ実用的な力であるコンピテンシーを、形成的な評価と補充学習によって習得させることで、すべての生徒が学業で成功できるようになることがねらわれている。この改革の理念は実践現場において実際に実現しているのだろうか。改革の柱の一つである、評価に焦点をあてて見てみよう。

2012 年の総視学官報告書によると、2010 年度の LPC の活用方法に関して全国調査を行った結果、多くのコレージュでは、最終学年の第 4 学年になって初めて LPC を活用し、第 1 ～ 3 学年では LPC の記載のための情報収集

をしていなかった。LPC は単なる総括的評価の文書として教員に認識されており、形成的評価のツールとしては使われていないのである。そもそも、LPC を活用している学校は 3 分の 1 に過ぎなかった（IGEN, 2012: 22-33）。コンピテンシーの習得状況を継続的に追跡し、補充学習のニーズの把握など実践に活かすという LPC の制度的理念は、浸透していないことがわかる。

　このような限界を乗り越える試みとして、「帯（ceinture）」を用いたコレージュ・リセの実践例を紹介したい（Natanson et Berthou, 2013）。この実践は、1960 年代に誕生した、新教育の制度主義教育論に基づいている。制度主義教育論は、生徒が学習を自主管理する「制度」を媒介として、自律の能力を獲得させ、知的・人格的開花を実現させることを目的としている（岡田, 1984: 359-68）。

　帯による評価は、コンピテンシーの形成的評価により、生徒に自律性を身につけさせることを重視している。学期末に欄を埋めるだけの形式的な文書とみなされている LPC とは異なり、生徒がよりよく学ぶためのコンピテンシーの評価方法が提案されている。

　なお、帯の実践におけるコンピテンシーは、「資源全体を効果的に動員・活用する行動知」であり、「複雑な状況において、知識や技能を動員する」力として示されている（Natanson et Berthou, 2013: 18）。この定義は、共通基礎のコンピテンシーの定義と重なるといえよう。

　帯による評価の発想は、制度主義教育論の主要な実践家であるウーリー（F. Oury）が、柔道をしていたことに由来する。この方法は、柔道のように、さまざまなレベルの生徒が自身のレベルを知り、各自のスピードで学習に取り組める制度として構成された。

　帯は、当該のコンピテンシーを発揮しているときに見られる特徴を、6 ～ 8 程度のレベル別に示した評価基準である。例として、表-3 に、コレージュ第 1 学年における論証・討論のコンピテンシーの帯を示している。帯の上から下の順に、レベルが上がっていく。各色の右の欄（成功の規準）には、当該のレベルに達するために生徒がすべきことを、生徒にわかる言葉で記載する。その際、時間や量、正確さなど、達成の規準を明確にすることが重視されている。表-3 でも、論拠の数など、量によって規準が定められていることが

表-3　コレージュ１年生における論証・討論のコンピテンシーの帯

帯の色	成功の規準
黄色	議論のテーマがわかった。
橙	意見の論拠を一つ見つけた。
緑	意見の論拠を二つ見つけた。
青	論拠のうち一つには、少なくとも一つの具体例がある。
紫	意見の論拠を三つ見つけた。
茶	すべての論拠に、少なくとも一つの具体例がある。
黒	接続詞とつなぎ言葉、動詞によって話が構造化されている。

出典：Natanson, Dominique et Berthou, Marc, 2013, *Des ceintures pour évaluer les compétences des élèves*, Paris: Fabert, p.72 を筆者が訳出した。

わかる。

帯による評価は、次の五つのステップで行われる。

①教師による帯の作成

　初めに、最もよくできる生徒に何を期待するかという観点から、最上位の帯の規準を決める。次に、最も困難を抱える生徒の状況を鑑みて、最下位の帯の規準を定める。そして、生徒が段階的に達成していけるように、中間の帯の規準を階層化していく。

②帯で対象となっているコンピテンシーの指導

　帯は、生徒の教科ノートに貼らせたり、教室の壁に掲示したりする。当該のコンピテンシーを活用する学習のたびに、帯を参照させる。

③形成的評価

　生徒の作品を返却しながら、または学習の様子を観察しながら、生徒一人ひとりに対し、その場で、該当する帯の色を伝える。

④補充学習

　まず、クラス全体に対して、よく見られた間違いの指導を行う。特に困難を抱えた生徒には個別指導する。

　さらに、帯の規準を理解させる指導も行う。ある生徒の作品（レポートや発表の映像など）をクラス全体で検討し、帯の表を見ながら、どの色に該当するか評価する。または、ペアやグループで作品を交換し合って相互評

価させたり、自己評価させたりする。このように帯による評価を生徒自身に行わせることで、生徒は自分が何をできて何ができていなかったか、学習を批判的に見直し、コンピテンシーを獲得するためにすべきことに気付く。

　そのうえで、より上位の帯をとるための学習計画を生徒が自ら立て、学習をやり直す。

⑤総括的評価（コンピテンシーの認証）

　帯の規準を生徒があらかた理解したら、コンピテンシーの行使が必要となる複雑な状況の課題を出し、コンピテンシーの習得を認証する。この総括的評価のタイミングを、生徒が決めることもできる。その場合は、準備ができたと生徒自身が感じたときに、教師が評価する。複雑な課題を自力で数回達成し、コンピテンシーをさまざまな状況で行使できることが確認できたら、当該の色の帯を取得させる。

　以上のように、コンピテンシーの評価基準である帯を用いた実践は、形成的評価と補充学習（一斉指導、個別指導、相互評価、自己評価）によってコンピテンシーを生徒自身が育むことを支援する方法となっている。コンピテンシーに基づく教育改革の理念を実現する具体的な方法が提案されていることが評価できる。自律性を伸ばすことが最終目標であるため、学習計画を立てたり、評価に参加したり、総括的評価のタイミングを決めたり、生徒が学習の主体となる場面が多く見られる。学習のための評価として、生徒の参加や形成的評価が重視されているのが特徴的である。

　だが、帯の実践で育まれるのがはたしてコンピテンシーであるのか疑問も残る。本章で取り上げた帯の規準では、論拠と具体例の活用や論の構造といった思考・表現のプロセスが重視されており、教科の体系に照らして本質的な内容を論拠や例に用いているかどうかが考慮されていないように見受けられる。この傾向は、本章で紹介したものとは別の種類の帯にも当てはまる。従来の中等教育が知識の伝達に偏重していたことの反省から、思考・表現のプロセスに焦点が当たっていると推察されるものの、どのような教科内容を思考・表現するかを不問にしてしまっては、知識や技能などを総合する力で

あるコンピテンシーは捉えられない。教科内容と思考・表現力の二律背反ではなく、両者があいまっていかに発揮されているかを見取る評価基準へと帯を洗練させることが課題として指摘できる。

おわりに

　最後に、フランスの中等教育におけるコンピテンシー教育改革の成果と課題について考察したい。

　中等教育では従来、教科の知識の体系である教養を伝達することが重視されてきた。そして、知識を活用する能力を家庭など学校外で育むことにより、生徒が教養を自在に発揮して自己実現する市民となることがめざされてきた。しかし、この伝統的な教養教育は、抽象的な知識を大量に教授するばかりで、評価で求められる知識の活用力は直接指導せず、学業失敗につながると批判されるようになった。

　そこで、知識の活用力であるコンピテンシーが注目されるようになる。すべての生徒を学業で成功させるため、コンピテンシーの基礎を全員に保障すべく、コンピテンシーに基づく教育改革が進められた。全国学力テストと、LPC、PPRE という三つの制度が設けられ、継続的な評価と補充学習によってコンピテンシーを育成するしくみが整えられた。

　だが、中等教育の実践現場を見てみると、改革の理念は実現していない。中等教育のレベルの低下や、LPC による評価の負担の重さ、学習の断片化、社会的不平等の拡大などが批判されている。LPC は、実践の改善に役立てるコンピテンシーの形成的な評価のツールとしては活用されておらず、単なる形式的な総括的評価の記録簿と化している。

　とはいうものの、コンピテンシーに基づく評価を学びに活かそうという実践の試みも一方でなされている。帯によるコンピテンシー評価の実践はその一つである。形成的評価と補充学習によって、生徒自身がコンピテンシーを自律的に育む方法が提案されている。

　結論として、コンピテンシーに基づく教育改革が、知識の伝達に偏重して学業失敗を招いているという伝統的な中等教育の問題点を解決しようという

理念をもち、そのための制度を構築したことは、教育の民主化につながる成果として評価できる。だが、この理念を全国の実践現場で達成するための具体的な対策を取ることが課題として残されているといえよう。

[注]

1　compétence については、文部科学省（2007）『フランスの教育基本法──「2005 年学校基本計画法」と「教育法典」』に則り、「技能」と訳すのが慣例となっている。小野田正利・園山大祐（2007）「フランスにおける「知識・技能の共通基礎」の策定の動向」研究代表者：山根徹夫『諸外国における学校教育と児童生徒の資質・能力』国立教育政策研究所、31–61 頁における共通基礎の訳でも技能と示されている。しかし、①フランス語圏の論者は compétence と技能（savoir-faire）を異なる能力概念として説明しており、②共通基礎は、コンピテンシーと邦訳されることの多い OECD と EU の competence /competency 概念の影響を受けて制定されており、③ OECD のコンピテンシー概念はフランス語圏の compétence 論を論拠の一つとしている。従って筆者は、OECD と EU とフランスのコンピテンシー概念の類似性に注目する観点から、compétence を「コンピテンシー」と訳す。

[文献]

赤星まゆみ（2007）「フランスの教育改革と学力モデル」原田信之編著『確かな学力と豊かな学力──各国教育改革の実態と学力モデル』ミネルヴァ書房、105–128 頁。

綾井桜子（2017）『教養の揺らぎとフランス近代　知の教育をめぐる思想』勁草書房。

飯田伸二（2010）「教育成功のための個人プログラム（PPRE）──その理念とコレージュにおける実践」『フランス教育学会紀要』第 22 号、101–114 頁。

上原秀一（2004）「新しい教育基本法と哲学者＝国民教育大臣リュック・フェリー」『フランス教育学会紀要』第 16 号、79–88 頁。

岡田敬司（1984）「フランスの制度主義教育論について」『教育学研究』第 51 巻第 4 号、359–368 頁。

桑原敏明（1988）「フランス教育の社会的基盤」原田種雄・手塚武彦・吉田正晴・桑原敏明編『現代フランスの教育　現状と改革動向』早稲田大学出版部、9–26 頁。

桑原敏明（1997）「1989 年教育基本法の基本原理── 20 世紀フランス教育改革の総決算」小林順子編『21 世紀を展望するフランス教育改革── 1989 年教育基本法の論理と展開』東信堂、5–23 頁。

田﨑徳友・金井裕美子（2012）「『コンピテンシー』とフランスの教育課程」『中国四国教育学会教育学研究紀要（CD-ROM 版）』第 58 巻、280–290 頁。

168

中野知津（2013）『プルーストと創造の時間』名古屋大学出版会。

ヴィアル，ジャン（吉田正晴訳）（1977）「教師中心主義」波多野完治・手塚武彦・滝沢武久監修『教育の歴史 2（現代教育科学 3）』白水社、81–152 頁。

細尾萌子（2012）「フランスの新しい学力観——compétence は技能や能力とどのように異なるか」『フランス教育学会紀要』第 24 号、29–38 頁。

細尾萌子（2016）「フランスの中等教育におけるコンピテンシーと教養の相克」田中耕治編著『グローバル化時代の教育評価改革——日本・アジア・欧米を結ぶ』日本標準、112–123 頁。

細尾萌子（2017）『フランスでは学力をどう評価してきたか——教養とコンピテンシーのあいだ』ミネルヴァ書房。

三好美織（2014）『現代フランスの前期中等物理・化学教育改革に関する研究』渓水社。

Clément, Pierre (2013) *Réformer les programmes pour changer l'école? Une sociologie historique du champ du pouvoir scolaire*, Thèse présentée à l'Université de Picardie Jules Verne.

Conseil Supérieur des Programmes (le 3 avril 2014) *Charte relative à l'élaboration, à la mise en œuvre et au suivi des programmes d'enseignement ainsi qu'aux modalités d'évaluation des élèves dans l'enseignement scolaire.*

Conseil Supérieur des Programmes (le 8 juin 2014) *Projet de socle commun de connaissances, de compétences et de culture.*

Guilbert, Louis, Lagane, René, et Niobey, Georges eds. (1971–1978) *Grand Larousse de la langue française*, Paris: Larousse.

Haut Conseil de l'Éducation (2010) *Le collège. Bilan des résultats de l'École.*

Haut Conseil de l'Éducation (2011) *Mise en œuvre du socle commun. Bilan des résultats de l'École* （藤井穂高（2014）「フランスの教育高等審議会報告書『共通基礎（socle commun）の実施』（2011 年）——翻訳と解題」『教育制度研究紀要』第 9 号、67–82 頁）.

Imbs, Paul ed.(1971-1994) *Trésor de la langue française. Dictionnaire de la langue du XIXe et du XXe siècle (1789-1960)*, Paris: Éditions du Centre National de la Recherche Scientifique.

Inspection Générale de l'Éducation Nationale (2007) *Les livrets de compétences. Nouveaux outils pour l'évaluation des acquis*, Rapport no. 2007-048.

Inspection Générale de l'Éducation Nationale (2012) *La mise en œuvre du livret personnel de compétences au collège,* Rapport no. 2012-094.

Natanson, Dominique et Berthou, Marc (2013) *Des ceintures pour évaluer les compétences des élèves*, Paris: Fabert.

Piobetta, Jean-Benoît (1937) *Le baccalauréat*, Paris: J.-B. Baillière et Fils.

Ropé, Françoise et Tanguy, Lucie eds. (1994) *Savoirs et compétences de l'usage. De ces notions dans l'école et l'entreprise*, Paris: L'Harmattan.

官報

Arrêté du 15 septembre 1998, *B. O.*, hors-série, no.10, du 15 octobre 1998.

Arrêté du 15 juillet 2008, *B. O. spécial*, no.6, du 28 août 2008.

Note de service du 24 septembre 2012, *B.O.*, no.35, du 27 septembre 2012.

第IV部

高等教育

第8章

フランス保守政権下における
高等教育改革の動向
——高等教育の市場化と政府統制の葛藤

大場　淳

はじめに

　世界の多くの国で高等教育改革が進められているが、その改革の方向の一つは市場化である。市場化は規制緩和を伴い大学の自律性を高め、各機関の創意工夫や機関間の競争を促すことなどによって、教育研究の質向上、多様な教育研究やサービスの提供、運営効率の改善等を目指すものである。しかしながら、多くの場合、高等教育における市場化は全面的に大学の活動を市場に委ねるものには至らず、政府は規制緩和を行う一方で、予算配分を始めとして大枠についての権限を保持しつつ、事後的な評価制度等を通じて高等教育制度の統制を維持してきた（Goedegebuure et al., 1993）。財政緊縮のなか、各国政府は高等教育を含む公役務（public service）の戦略的提供を図るようになり（Ferlie et al., 2008）、それは政府と高等教育機関の関係の再定義をもたらすこととなった。そして、大学の自律性はもはや政府に保障された自明のものではなく、"統制された乃至獲得された自律性（regulated or earned autonomy）"に過ぎなくなっている（Amaral et al., 2002）。さらに欧州では超国家的枠組が形成され、他方で地方分権や社会への市民参加が推進されるなかで、国家（政府）—大学—市場の関係が一層複雑化している。

　以下本章では、フランスにおける高等教育制度の市場化（大学の自律性拡大

等）に向けた取組を概観する。そして、政府統制が残るなかでそれと市場化の葛藤を浮き彫りにし、日本の高等教育とも比較しつつ、そこから得られる示唆について考察する。

1.　世界における高等教育の市場化

　1980年代以降、世界の経済・社会が知識を基盤とするものになるに伴って、諸制度の改革が各国で進められてきた。そのなかで大学は鍵となる主体（key actors）とされ、欧州ではかつてないほど高等教育・研究が政策の対象とされるようになった（Ferlie et al., 2008）。大学改革の手法は多様であるが、その主たる一つは、競争原理導入や大学の自律性拡大、規制緩和を伴う市場化（marketisation）[1] と言われる（Baker & Brown, 2007, Neave 1997, OECD 2003, Williams 1995）。日本においても、市場化に向けた大学改革の世界的な流れに沿いつつ、1980年代の臨時教育審議会での検討を踏まえて本格的に高等教育の規制緩和が始められ（天野, 1999）、大学設置基準大綱化・準則化や大学組織や教員にかかる諸制度の緩和・撤廃、国立大学法人化、特区における営利企業による大学設置・運営、21世紀COE等の競争的資金の拡充等が図られてきた。
　こうした高等教育の市場化は、世界における福祉国家あるいは「大きな政府」の見直しに伴う政府規模の縮小やその機能の変化に向けた諸改革と軌を一にし（井上、2006；広田・武石、2009; Ferlie et al., 2008）、また、政府の責任の下で提供される公高等教育について言えば、行政改革——特に新公共経営（new public management: NPM）の導入——と相俟って推進されている（Henkel: 2002）。市場原理導入に対しては、公共財（public goods）としての高等教育を支持する者等から多くの批判があり、かかる批判は高等教育が主として公権力の下で提供されてきた大陸欧州において特に大きい（Neave, 2004）。欧州委員会のリスボン戦略——ボローニャ・プロセスはここに包含される——に則って進められる高等教育改革に対して、"新自由主義的"改革として各方面から批判が展開されている（Charle et al., 2007）。
　高等教育への市場原理適用は全面的なものではなく、各国の制度において、

政府による規制及び資金提供が重要な調整装置としての機能を維持している。一部の例外を除けば、依然として高等教育は公共財としての性格を強く有するとされ（Marginson, 2010）、疑似市場（quasi-market）の下で提供されるに止まる。実際、高等教育の提供を市場に委ねた場合、供給不足やプログラムの限定性といった課題が生じることから、何らかの形での政府の関与は不可欠とされる（Teixeira et al., 2004）。西欧諸国では、消費者保護の観点から、補助金の対象外である営利目的の私立高等教育機関についてもその活動の質を監視するようになっている（Weber et al, 2007）。こうした政府関与は高等教育に限るものではなく、競争が重視される方向で見直しが進められる福祉国家後の社会政策全般に共通するものである（武川, 1999）。

　かかる政策見直しは、政府の役割が大学（あるいは学問）の自律性を保障するに止まるといった伝統的なマートン社会学的定義の再検討を迫り（Ferlie et al., 2008）、政府と大学間の関係に大きな変化をもたらした。ただし、そのあり方は一様ではなく、英国のように市場化を徹底した国がある一方で、フランスのように政府統制の根幹を維持した国もある。Neave（1988）は、新たな高等教育政策について「評価国家（evaluative state）」の概念[2]を用いつつ、当該概念は官僚的決定による規制に代わるという点では変わらないものの、その解釈は多様なイデオロギーや実践を含むと言う。近年の研究においても、例えば Ferlie et al.（2008）は、国の条件の相違や具体的な取組の違い（すなわち経路依存性）等を理由に挙げて、大学改革が収斂していくことには否定的である。

2.　フランスにおける高等教育市場化の展開

2-1　フランスにおける高等教育の市場化の進展

　フランスの高等教育制度は、政府の統制が強い中央集権的な制度として知られ（Ferréol 2010: Goedegebuure et al., 1993）、1960 年には OECD によってソビエト連邦の制度とともに公的資金及び集中的計画による高等教育制度の典

型として示されていた（Vinokur et al., 2005）。政府が高等教育の需要やその他の社会的要請を判断して、その提供にかかる調整や機会均等の確保、質の担保を担うといった中央集権的制度は、特に社会党政権下で高等教育の普及・規模拡大に大きく寄与した（Neave, 1991）。しかしながら、大幅に規模が拡大した高等教育の中央集権的統制は、1980 年代までにはその限界が誰の目にも明らかであった（Lamoure-Rontopoulou & Lamoure, 1988）。当時、改革の考え方には、基本的に伝統的制度の根幹を維持する立場、現制度を硬直的過ぎて諸課題に対応することができないと批判しつつより現実的な政策を求めるもの（コレージュ＝ド＝フランスに拠点を置く研究集団等）、並びに、市場に依拠した制度に置き換えることを主張するもの（J. シラクの率いる政権党（Rassemblement pour la République）に近いフランス大学刷新研究会（Groupe d'Étude pour la Rénovation de l'Université Française: GERUF）や全国大学間連合（Union nationale interuniversitaire: UNI 等）の三つがあった（Neave, 1991）。

　その最後の集団── GERUF 等──は、自由主義を推進する 1986 年のドバケ法案（projet Devaquet）の起草に大きな影響を与えた（Durand-Prinborgne, 1988）。学生の強い反対運動の前に同法案は撤回されたものの、一度改革の俎上に載せられた政府と大学との関係の見直しがその後の議論から消えることはなかった（Neave, 1991）。既に 1984 年高等教育法（サバリ法）で設置された大学評価委員会（Comité national d'évaluation des établissements publics à caractère scientifique, culturel et professionnel: CNE）が大学・政府の関係に統制による理論とは別のあり方をもたらし（Gelleni, 2008）[3]、さらに 1980 年代末の契約政策の導入は、大学運営や教育課程編成にかかる裁量を広げることによってその自律性拡大に大きく寄与した（Dizambourg, 1997, Musselin, 2001）。法人格を有する大学は法令の範囲内で契約締結が可能であり、また、生涯教育活動や大学独自の免状の授業料は自由に設定することができた（Belloc, 2003）。少なからぬ外部資金を得る大学も出始め、1980 年代には自然科学系の大学で外部資金を含む自己収入（ressources propres）が国からの交付金（dotation）を上回る大学も出てきた（Durand-Prinborgne, 1988）。

　1990 年代には、右派・左派両政権の下で、ロラン報告（Laurent et al., 1995）やアタリ報告（Attali et al., 1998）など大学の自律性拡大を促す複数の政府報告

書が取りまとめられた[4]。アタリ報告はボローニャ・プロセスのきっかけとなった 1998 年のソルボンヌ会合の基礎となったものであり、その意味では大学の自律性拡大はボローニャ・プロセスの基底にあると言ってよい。ボローニャ・プロセスに対応して、フランス国内では新しい大学教育課程である LMD（licence–master–doctorat）が導入され（2002 年）、国による認証制度（habilitation）は維持されたものの教育課程編成要領（maquettes）が廃止されて、大学は教育課程をより自由に編成することが可能となった。その後も、競争的資金の拡充（国立研究機構（Agence nationale de la recherche: ANR）設置やテーマ別先端研究ネットワーク（réseau thématique de recherche avancée: RTRA）等）が図られ、また、大学の自律性拡大を図るフェリー法案（2003 年）は撤回されたものの、その趣旨は 2007 年大学自由責任法（Loi relative aux libertés et responsabilités des universités: LRU）（以下「LRU 法」）として実現された。このように規制緩和・競争拡大をもたらす一連の政策が採られてきており、その傾向はサルコジ＝フィヨン政権下でさらに強まっている（大場, 2010）。

　市場化に対する懸念は少なくなく[5]、それに向けた改革の歩みは漸次的であった（Goedegebuure et al., 1993, Thiaw-Po-Une, 2008）。なかでも大学の自律性拡大は機関・政府の両者にとって長年にわたって課題と考えられ（Musselin, 2009）、上述 LRU 法制定は一連の大学改革の帰着点と言われた（Paradeise, 2007）。他方、全てが国立である大学の改革は行政改革としての性格を強く有しており、政府機能の見直しを伴うものの、依然として政府が一定の役割──少なからぬ──を果たすことは当然の前提であったことも事実である。実際、大学設立が政令事項であること、教職員の任命が政府（高等教育担当大臣）によってなされること、学位プログラムの提供には国の認証（habilitation）が必要であるといったさまざまな規制が維持され、市場化に向けた改革はあくまでも政府統制下のものに過ぎなかった。

2-2　政府統制のあり方の変化とその限界

　規制緩和に伴って大学の自律性が世界的に拡大していることを前節で見たが、同時並行的に別の形で管理強化が図られてきていることが知られている

(Ferlie et al., 2008)。前述のように、高等教育の市場化は社会の変化に対応した必然的なものであったが、直接統制が困難と見た政府は市場を新たな統制の手段として認識し、それを積極的に活用した (Dill, 1997)。すなわち、直接的な統制から「遠隔からの政策運営 (steering from a distance)」を行う間接的政策手段に転換したのである (Marginson, 2010、Mok, 2007)。

　間接的な政策手段は多様であるが、業績連動型資金や競争的資金の活用は最も重要な手段の一つである (Herbst, 2007、Steier, 2003、Vinokur et al., 2007)。フランスにおいては1990年代以降、人件費等を除く大学運営費が契約政策（前述）の下で配分されてきたが[6]、同政策実施方針の提示並びに契約（機関契約）締結に至るまでの大学との協議を通じて、高等教育担当省は学術政策の推進、進学率の拡大、図書館等の施設整備、公役務の観点からの地域的均衡確保といったさまざまな政策目的の実現を図ってきた。また、一足早く始まった国と地方の国・州共同計画契約 (contrat de plan État-région: CPER) は、第一期 (1984-1988) では主として将来性のあると見られる研究（生命技術、物質、電子）及び技術系教育（技師養成課程及び技術短期大学部 (institut universitaire de technologie: IUT)[7]）の発達を促し、また、第二期 (1989-1993) では大学の収容力拡大をもたらした。さらに目的を明確にした競争的資金が拡大してきおり、例えば、2008年に立ち上げられた大型競争的資金プログラムであるキャンパス計画 (Opération Campus) は、フランスの大学の国際的認知度を高めるための施設整備等を図るもので、資金提供に併せて研究・高等教育拠点 (PRES、後述) の形成を強く促していた。

　他方、1980年代に英国で始められた新公共経営 (NPM) は、2006年から適用された2001年予算組織法 (Loi organique relative aux lois de finances: LOLF) によって大学にもその手法が全面的に及ぶこととなった。LOLF に基づいて、従来から実施されていた機関契約は発展契約 (contrat de développement) から目標契約 (contrat d'objectif) と性格を変えて、大学の活動は指標を含む業績評価の対象となり[8]、さらに資源配分の一部が当該評価結果と結び付けられることとなった。同時に、公役務の枠組みで実施されていた評価制度 (Gelleni, 2008) の見直しが図られており、従来形成的評価に従事していた大学評価委員会 (CNE) は研究・高等教育評価機関 (Agence d'évaluation de la recherche et de l'enseignement supérieur: AERES）に統合され、学位授与権認証や研究にかかる評価とともに統合的・総括的に評価を行うこととなった。機関評価の規準（références）や基準（critères）はCNE時代からあり[9]、これが大学の行動を多分に規定していたが、AERESでは評価の規準等は多数の指標を含む詳細なものとなり、さらに評価結果は予算配分にも活用されて、自律性が拡大したとされる大学の行動にこれまで以上の制約を加えることとなった。

　教育の評価に関しては、人件費を始めとするプログラム評価の費用が高額に上ることから、その重点は評価の仕組に重点を置いた質保証に移行してきている（Gelleni, 2008）。しかし、緩和されたとは言え学位授与権認証は維持されており、学位の質を国家が保証するという制度自体は変わらないままである。実際、高等教育担当省は、認証申請にかかる通知や各大学の実践に係る調査委員会等の報告や勧告を通じるなどして、大学の教育活動を誘導してきた（大場, 2008）。そして、近年は学位授与権認証が機関契約に含まれて予算配分と一体的に運用され、予算を通じた誘導が容易になっている。

　以上に見るように、フランスの高等教育制度が機関の自律性を高める方向に進んできたが、直接・間接の統制を継続する政府に対してさらなる裁量拡大を求める声が大学から頻繁に聞かれる[10]。公財政への説明責任担保、政策実施の手段としての高等教育行政、公役務として提供される高等教育の観点等から、政府が大学に関与することは避け難い。市場化が図られているとは言え、市場原理適用はフランスでは限定的なものに止まったのである。

3.　複雑化する大学を取り巻く環境への対応

3-1　グローバル化と欧州統合

　前節で政府統制の維持が困難になってきていることを見たが、Ferlie et al.（2008）が指摘するように、政府・大学間の関係に両者を超えたさまざまな力学が働き当該関係が本質的に変容していることがその背景にある。一つには、グローバル化が進むなか、大学——主として研究大学——は学生募集

や教員獲得、共同研究開発推進等において国の枠組を超えて行動するように
なり、それは大学の自律性拡大を不可欠としている（Weber et al., 2007）。その
一方で、世界規模の大学間競争や世界大学ランキングが大学の行動に与える
影響も無視できなくなっている（Marginson, 2006）。欧州においては、それら
に加えて EU やボローニャ・プロセスといった超国家の枠組が高等教育にさ
まざまな影響を及ぼして、各国政府に制約をもたらしつつ大学の活動を直接
に規定し、さらには高等教育に係る政府の権限を“侵害”するようになって
いる（Damme, 2002、Weber et al., 2007、Wende 2007）。

　研究領域においては、1983 年に始められた EU の研究・技術開発枠組事
業（Framework Programme for Research and Technological Development）が規模を拡大し、
各国の研究・高等教育政策に少なからぬ影響を及ぼしている。枠組事業は
EU としての優先領域を定めて計画を募り、それに対して各国の研究・高等
教育機関が応募する。採択審査に際しては、優先領域や計画の卓越性だけで
はなく、国を超えた協働が重視されており、そのことは研究・高等教育にお
ける国際的な協力や流動性拡大を促している。フランスにおいても、高等教
育担当省が 2001 年予算組織法（LOLF）に基づく大学の評価指標に枠組事業
への参加状況を含めていることに見られるように、同事業は無視できない存
在となっている。

　他方、教育については原則として EU の権限の対象外であり、エラスム
ス－ソクラテス以外に目立った活動はなかった。しかし、1990 年代末から
用いられるようになった開放型政策協調手法（open method co-ordination: OMC）[11]
は、EU が各国の教育政策——特に高等教育——に多大な影響を及ぼすこと
を可能とした。OMC は加盟各国を拘束しない政策協調に過ぎないが、各国
の達成度は可能な限り数値化されて報告・公表され、必要があると判断され
る場合は改善勧告が出される。各国は当該領域で遅れた国との認定を受け
ないよう、目標達成のための努力を行わざるを得なくなっている（伊藤. 2004、
Gornitzka, 2007）。

　以上のように、超国家的な力学が各国政府の行動を制約しつつ、直接に大
学の活動を規定するようになっている。すなわち、大学が政府の手から離
れていくだけでなく、高等教育政策の“脱国家（désétatisation）”現象（Thiaw-Po-

Une, 2008, Westerheijden, 2007）が起こっているのである。

3-2　地方分権

大学の政府統制からの離脱は、国家を超えた"上"からの動きだけではなく、大学を地域発展に不可欠な手段と見るようになった地方からの"下"からの動きによっても促されている。

フランスでは、私立を別にしても、一部の課程（上級テクニシャン養成課程（section de technicien supérieur: STS）及びグランド・ゼコール準備級（classe préparatoire aux grandes écoles: CPGE））は州（région）が所管するリセ（高校）に付設されている。全てが国立である大学については、1982 年の地方分権法の対象にはならなかったものの、進学率上昇に対して国のみでの対応を困難と見た政府は、1990 年代以降地方と共同で受入れ拡大方策に取り組んだ。1990 年に始まった施設整備事業である大学 2000 年計画（Plan Université 2000: U2000）は地方とともに実施され、その経費は国と地方が共同で負担した。計画実施に際しては、地域の関係者を集めて州高等教育審議会（assise régionale de l'enseignement supérieur）を各大学区[12]に設けて以降 10 年間の高等教育発展計画を策定することとし、地方の意見を大幅に取り入れた各州の計画は U2000 の実施計画として結実した。地方との協働は 1997 年の右派から左派への政権（内閣）交替以降も維持され、U2000 後の大学三千年紀計画（Plan Université du 3ème Millénaire: U3M）は、国と地方の共同整備計画である国・州共同計画契約（CPER, 前述）へと発展した（Soldano & Filâtre, 2004）。

国と地方の関係の変化は大学の予算に現れており、大学の収入に地方自治体が占める割合は、1980 年代初めからの 20 年間に 4 倍に増加した[13]。国と地方の協働は、学生受入れの量的拡大並びに大学施設の分散化を図ることによって、進学の地理的利便性向上に大きく寄与した。この高等教育の発展は地方の参画抜きでは不可能であったと言われ、地方の高等教育への関心を高めるきっかけとなったが、同時に大学の地理的配分に係る国の政策（carte universitaire）を減退させ、地域間の不均衡を拡大することにもなった（Cytermann, 2002）。

180

3-3 連携・統合と大規模競争的資金

2000 年前後から、世界的に大学の統合あるいは他の機関をも巻き込んだ幅広い大学連携が進展している。欧州では大学の統合・連携が政策的に進められ、高等教育制度全体に及ぶ合併や再編をもたらしている（小林, 2013）。フランスでは、資源の有効活用等の観点から、以前から大学連携が政策的に推進されてきた。それに加えて 2000 年代後半からは大学統合が進められ、1990 年代の高等教育拡大期に大学増設が行われて以来 80 余りで推移してきた大学数は大幅に減少している。

2006 年研究計画法（Loi de programme pourl la recherche）は、新たな連携の枠組として研究・高等教育拠点（pôle de recherche et d'enseignement supérieur: PRES）を設定した [14]。PRES は、地理的に近接する高等教育・研究機関の合意によって設立され、必ず大学またはそれと同じ地位を有する機関を設立者に含まなければならない。PRES の目的は効率（efficacité）、認知度（visibilité）、魅力（attractivité）の向上とされる。PRES の構想発表資料（MEN, 2006）[15] において高等教育担当省は、激しい国際競争の下で、高等教育機関が臨界規模（taille critique）を達成することによって高い認知度が得られ、それが魅力をもたらすであろうことを強調した。

こうした魅力や認知度の向上に向けた政策の背景には、世界大学ランキングにおいてフランスの大学が高い位置を占めることができなかったことがある。例えば、2003 年の第 1 回上海交通大学世界大学ランキング、同国最上位の大学はピエール＆マリー・キュリー大学（パリ第 6 大学）の 65 位であった。ちなみに、日本の大学のこの回の順位は、東京大学が 18 位、京都大学が 30 位、大阪大学が 53 位、東北大学が 64 位である。フランスの大学が低位に止まったことに対して強い批判が各方面から寄せられた。例えば留学生受け入れに関する国会上院報告書（Cerisier-ben Guiga et Blanc, 2005）は、大学ランキングの基準に問題があることを認識しつつも、その順位が留学生の大学選択に影響を及ぼし、最も優秀な学生がフランスの大学に来なくなることを危惧した。同報告書は、大学を再編して規模の拡大を図り、世界大学ランキングで上位を占め、世界に向けて魅力向上を図ることを勧告した。

政府の誘導策の下で PRES は速やかに設置され、社会党政権下で制度が COMUE（後述）に置き換えられるまでに 27 地区に設置された（未認証の PRES を除く）。政府は当初、PRES に多様な法的地位を採り得る可能性を示唆していたが、最終的に補助対象としたのは参加機関の連結性の強い EPCS と FCS のみであった[16]。政府の求める設置形態で急速に設置が進められた背景には、PRES に加わることができなければ競争に乗り遅れて二級大学の地位に落ちてしまうといった、いわば生存をかけた懸念と努力があった（Aust et al., 2008）。

　PRES が設置されるのと並行して、一部では大学統合の検討が進められた。大学統合は、2000 年代前半から大学連携の一環として既に議論の対象となっており、CNE、国民教育研究行政監査総局（Inspection générale de l'Administration de l'Éducation nationale et de la Recherche: IGAENR）[17]、会計検査院（Cour des Comptes）等の評価・監査機関も揃ってそうした方向を支持していた。例えば全土の研究体制に関する 2005 年の IGAENR 報告書は、法令整備または財政誘導によって、大学の再編（regroupement）と統合（fusion）を高等教担当育省に勧告した（IGAENR, 2005）。最も早く統合を決めたのはストラスブールの 3 大学である。統合の方針は 2006 年 11 月に公表され、PRES を設置することなく 2009 年 1 月に 3 大学を統合したストラスブール大学が設置された。統合の理由について元ストラスブール第 1 大学長のベルナール・カリエール（Bernard Carrière）は、「総合大学を創ることにより、複合領域的教育――今日の世界的大学間競争に有利となる――の提供が可能となる」と述べている。また、高等教育関係者からは、国際競争に必要な臨界規模の確保、世界大学ランキングへの対応、大学の差別化の推進といったことが統合の背景として指摘された（Jacqué & Rollot, 2006）。

　その後、先導的卓越事業（Initiatives d'excellence: IDEX）を始めとする政府の大規模競争的資金に促進される形で、大学統合は続けられた。2010 から 2012 年にかけて公募・採択された先導的卓越事業（IDEX）（表-1）は、世界で最も優れた大学に伍する高等教育拠点を構築することを目的とし、採択拠点に対して数百万ユーロの資金を提供するものである。その申請には PRES に求められる以上に機関間の密接な連携が期待されたことから、幾つかの地域では統合を目指すこととなった。IDEX 選定が進むなかの 2012 年 1 月、エクサ

ン＝プロバンスとマルセイユの 3 大学が統合してエクス＝マルセイユ大学が、ナンシーとメスの 4 大学が統合してロレーヌ大学がそれぞれ設置された。最終的に IDEX には採択されなかったものの、ロレーヌ大学設置の決定はキャンパス計画（前述）と IDEX が大きく後押しした（Bohlinger, 2013）。

表-1　先導的卓越事業（IDEX）一覧（第一期）

名称	事業主体	法的地位
IDEX Bordeaux	ボルドー大学	EPCS
UNISTRA	ストラスブール大学	EPSCP
Paris Sciences et Lettres	科学・文学パリ	FCS
Aix-Marseille University IDEX	エクス＝マルセイユ大学	EPSCP
Université de Toulouse	トゥルーズ大学	EPCS
IDEX Paris-Saclay	パリ＝サクレ・キャンパス	FCS
Sorbonne Université	ソルボンヌ大学	FCS
Université Sorbonne Paris Cité	ソルボンヌ・パリ・シテ	EPCS

出典：高等教育担当省の発表資料及び各 PRES のウェブサイト

おわりに

　フランスでは、2007 年以降公共政策包括的見直し（révision générale des politiques publiques: RGPP）が取り組まれ、行財政全般への市場原理適用が加速されるなか、高等教育の一層の市場化が図られている。高等教育改革を最優先課題の一つと位置付けるサルコジ政権下のフィヨン内閣は、発足早々の 2007 年 8 月に LRU 法を成立させて、大学の自律性を大幅に拡大した。LRU 法制定後 5 年以内に全大学が同法下の新体制に移行することとされ、その完了を以て制度としての大学自律性拡大は一つの区切りを迎えることとなった。

　市場化に向けた改革に対しては、例えば Charle et al.（2007）や Vinokur et al.（2005, 2007）に見られるように、反対運動や厳しい批判が展開されてきた。しかし、近年はグローバル化の進展や不安定な就労状況等を反映して当該活動は停滞気味である（Charle et al., 2007、Oblin & Vassort, 2005）。他方、政府においては、規制を緩める一方で、直接的・間接的手法を用いて大学への統制維持

を図っている。その結果、LRU法後においても大学の自律性は中途半端な状態であり、例えば大学評価一つとっても質向上への支援よりも説明責任の視点を含む統制の性格が強いものとなっている（Gelleni, 2008）。規制緩和と統制強化が同時に行われることは高等教育が公役務とされる国に共通して認められ、提供される高等教育の内容が公共財としてそぐわない、あるいは市場における大学の活動が国の目的に合致しないことを危惧する政府によって頻繁にとられる行動である（Weber et al., 2007）。

　今日、世界の高等教育は非常に複雑かつ変化の早い環境に置かれ、一元的な中央統制は既に過去のものとなって、可能な限り現場で決めるようにする、すなわち大学の自律性を拡大することが不可避となっている。その一方で、高等教育の提供を全面的に近い形で市場に依存することは困難であり、実際に形成されるのは疑似市場にしか過ぎない。すなわち、何らかの形——例えば予算による誘導や質保証——で政府の統制が維持され、時には大学の自律性を大きく制約する。さらに政府は、市場を大学の活動を統制するための手段と見ており、場合によっては当該統制が政治動向に左右され、あるいは恣意的に運用される虞れは拭えきれない。残置する政府統制への批判は多い。特にAERESの評価実践に対してそれが強く[18]、左派政権への交代後、研究・高等教育評価高等審議会（Haut conseil de l'évaluation de la recherche et de l'enseignement supérieur: HCERES）に置き換えられることになった。

　市場化政策は、2012年に発足した左派政権の下でも基本的には踏襲されている。発足翌年に制定された高等教育・研究法の検討時には一部の大学関係者はLRU法以前の状態に復帰することを期待したが、拡大された大学の自律性は概ね維持された。また、先導的卓越事業（IDEX）は継続され、研究・高等教育拠点（PRES）はさらに機関間の連結性の強い大学・高等教育機関共同体（communauté d'universités et établissements: COMUE）に置き換えられた[19]。左派政権は必ずしも大学の自律性拡大等は前面には打ち出さず、高等教育の市場化と政府統制の葛藤は、同政権下において一層顕著となった。

　しかしながら、中央集権的制度の限界は既に1980年代に認識されて地方分権が図られ、また国の行政一般にLOLFが適用され権限分散が図られると同時に結果を重視した評価を行うこととなった今日、伝統的な形での国によ

る公役務の提供はもはや想定されていない。他の大陸欧州国においては、ドイツのように大学に実質的な自律性を付与して、機関が自ら評価の方針と手続を定めて教育研究の質の向上を図る国が出始めている（Gelleni, 2008）。フランス政府が大学の自律性を現状維持乃至小幅な拡大に止めつつ、今後とも強い統制を継続することは、高等教育の国際競争力の維持・向上が求められるなかでは容易ではなく、大学の自律性拡大は不可避と思われる。

　翻って日本の場合であるが、大学設置基準の準則化や国立大学法人化等に見るように、大学改革はフランス同様に市場化に向けて取り組まれてきた。国立大学法人化を例にとれば、法人化は国立大学の裁量を大幅に拡大したとされるが、依然として国立大学は文部科学省の強い統制下にある（天野, 2006）。実際、法人評価は業績評価に傾斜して改善の視点に乏しく（羽田, 2009）、教育研究の質向上よりも統制の手段として用いられている様子が窺える。そして、統制の対象は国公立大学に止まらず、改革の取組状況を評価して補助金額を決定する私立大学等改革総合支援事業（小入羽, 2015）に見られるように私立大学にも及んでいる。

　近年、国立大学を始めとする日本の大学の研究業績の低下──特に法人化以降──が危惧されているが（齋藤・松本, 2010）、その理由として、運営費交付金削減と併せて、評価制度の整備やFDの推進といった統制強化が挙げられよう[20]。高等教育制度の運営は、本稿で見た通り大学を取り巻く環境が複雑化するなかで困難な舵取りが要求されているが、欧州と比べて日本では、高等教育に関して超国家機関が存在せず、現在のところ地方分権の対象ともされていないことに鑑みて、低下しているとは言え政府の役割が大きいことに変わりはない。文部科学省は、当事者間の信頼関係構築──そのためには可能限り幅広い当事者の参加が重要である──を図りながら大学の自律性を拡大しつつ、その統制のあり方を再構成していくことが欠かせないであろう。適切に競争的資金が活用されるなどといった一定の条件の下ではあるが、自律性の拡大は大学の生産性を向上することが先行研究（Aghion et al., 2010, Dill, 2017）で知られており、その方向に向けた改革が進められることが期待される。

［注］

1 「市場化」は英語の"marketisation"の和訳であるが、それに対応する仏語が欠落している。直訳すれば"marchandisation"になろうが、同語には英語の当該用語にはない軽蔑的・批判的な意味が込められており、市場化に否定的な文脈で用いられることが多い。OECDでは、Duke（2000）の例に見られるように、その訳に"mise en place d'une logique de marché"を充てている。

2 評価国家においては、評価が政策立案に用いられるとともに、評価が事前評価から成果についての事後評価となる。この変化は高等教育の目的を市場の需要に応じて再定義し、政府にとって大学を規制する有効な手段となるとNeaveは指摘する。

3 ただし、CNEの評価結果が国の予算配分に参酌されず、大学によっても殆ど活用されなかったことから、その大学自律性拡大への寄与は限定的であった（Gelleni, 2008）。

4 この間の左右両派政権の高等教育政策の基本的性格は、市場化に向かうという点において変わらないと言われる（Oblin & Vassort, 2005）。

5 詳細に取り上げる紙幅はないが、2002-2003年のフェリー法案への反対運動、アレゼールの活動等が挙げられる。Charle et al.（2007）、Oblin & Vassort（2005）、Vinokur et al.（2005, 2007）参照。

6 契約政策の下で締結される機関契約に基づいて配分されてきた資金は、一種の競争的資金である（Steier, 2003）。LRU法によって初めて人件費総額が大学予算に組み込まれた。

7 大学1-2年次の職業技術教育課程。

8 2004年5月12日付高等教育局長通知。

9 CNEの規準全文が大場編（2009）に収録されている。また、LOLFの指標についても同書参照。

10 例えば、LRU法に移行した大学長の会合（2010年6月25日於クレルモン＝フェラン）報告書（Augé et al., 2010）。

11 具体的な目標や年毎の指針を通じた非拘束的政策協調手法。国家主権に属して欧州規模での政策統合が困難であった分野においても、一定の協調行動をとることを可能にした（伊藤, 2004）。

12 国の地方教育行政区域。概ね2016年の統合再編前の州毎に設置されている。

13 ただし、地方が大学予算に占める割合は5.5％に止まっている。

14 PRESについては大場（2014）参照。

15 この文書の日本語訳が船守（2007）に収録されている。

16 PRESの法的地位は法律では規定されておらず、高等教育担当省は、科学利益団体（groupement d'intérêt scientifique: GIS）、非営利社団（association Loi 1901）、公的利益団体（groupement d'intérêt public: GIP）、科学協力公施設法人（établissements publics de coopération scientifique: EPCS）、科学協力財団（fondation de coopération scientifique: FCS）の5種類が例示された。詳しくは大場（2014）参照。

17 1965 年に設置された教育担当大臣及び研究担当大臣直属の組織で、教育研究行政組織についての点検、調査、情報収集、評価、助言を行う。活動結果は報告書にまとめられ、両担当大臣に提出される。

18 例えば、Holzschuch（2010）は AERES の指標に基づく評価を批判し、また、Trautmann（2009）は評価手法や基準の不透明性を非難しつつ AERES の廃止を主張した。

19 COMUE については大場（2015）参照。

20 研究業績に影響を与える要因の解明は容易ではないが、各種調査（詫間ほか（1997）等）によって、大学教員が大学運営や評価、競争的資金獲得、社会貢献活動等のための業務に多くの時間を費やして研究時間が減少・断片化していることが知られている。

［文献］

天野郁夫（1999）『大学——挑戦の時代』東京大学出版会。

天野郁夫（2006）「国立大学の法人化——現状と課題」『名古屋高等教育研究』第 6 号、147–169 頁。

井上定彦（2006）「現代日本の社会変動と高等教育改革：到達点と課題——総合政策論による接近」『島根県立大学総合政策学会紀要「総合政策論叢」』第 11 号、85–107 頁。

伊藤裕一（2004）「『開かれた政策協調手法』の発展とその評価—— EU 雇用政策分野における取組みを中心に」慶應義塾大学総合政策学ワーキングペーパーシリーズ No.47。

大場淳（2008）「ボローニャ・プロセスとフランスにおける高等教育質保証——高等教育の市場化と大学の自律性拡大の中で」『大学論集』第 39 集、29–50 頁。

大場淳（2010）「フランスの大学改革——サルコジ＝フィヨン政権下での改革を中心に」『大学論集』第 41 集、59–76 頁。

大場淳（2014）「フランスにおける大学の連携と統合の推進——研究・高等教育拠点（PRES）を中心として」広島大学高等教育研究開発センター編『大学の多様化と機能別分化（戦略的研究プロジェクトシリーズⅧ）』広島大学高等教育研究開発センター、41–59 頁。

大場淳（2015）「フランスにおける大学・高等教育機関共同体 (communauté d'universités et établissements: COMUE) の設置——大学の統合・連携を巡る政策の形成とその背景」『広島大学高等教育研究開発センター戦略的研究プロジェクトシリーズ』Ⅹ、31–50 頁。

大場淳編（2009）『フランスの大学評価（高等教育研究叢書 104）』広島大学高等教育研究開発センター。

小入羽秀敬（2015）「機能別分化時代の補助金——大学改革補助金の制度的検討」広島大学高等教育研究開発センター編『大学の機能別分化の現状と課題（戦略的研究プロジェクトシリーズⅨ）』広島大学高等教育研究開発センター、105–115 頁。

小林信一（2013）「大学統合および大学間連携の多様な展開」『レファレンス』753、5–32 頁。

齋藤安史・松本明彦（2010）「日本の科学・技術、学術の深刻な危機——日本の科学論文

数の減少傾向をどう考えるべきか」『日本の科学者』Vol. 45(4)、30-35 頁。

詫間宏ほか（1997）『大学等における研究者の生活時間に関する調査研究』科学研究費補助金研究成果報告書。

武川正吾（1999）『福祉社会の社会政策――続・福祉国家と市民社会』法律文化社。

羽田貴史（2009）「再論・国立大学法人制度」『東北大学高等教育開発推進センター紀要』第 4 号、1-12 頁。

広田照幸・武石典史（2009）「教育改革を誰がどう進めてきたのか―― 1990 年代以降の対立軸の変容」『教育学研究』第 76 巻第 4 号、2-13 頁。

船守美穂（2007）「フランス「研究・高等教育拠点（PRES）」形成の動向」東京大学国際連携本部国際企画部編『世界の有力大学の国際化の動向』東京大学、246-255 頁。

Aghion, Philippe, Dewatripont, Mathias, Hoxby, Caroline, Mas-Colell, Andreu, & Sapir, Andru (2010) "The governance and performance of universities: evidence from Europe and the US", *Economic Policy*, 25 (61), pp.7–56.

Amaral, Alberto, Jones, Glen A., & Karseth, Berit (eds.) (2002) *Governing Higher Education: National Perspectives on Institutional Governance*, Dordrecht: Kluwer.

Attali, Jacques, Brandys, Pascal, Charpak, Georges, Feneuille, Serge, Kahn, Axel, Kristeva, Julia, Lazdunski, Michel, Leclerc, Michel-Edouard, Le Douarin, Nicole, Lewiner, Colette, Marchello Nizia, Christiane, Mer, Francis, Monod, Jérôme, Pellat, René & Touraine, Alain (1998) *Pour un modèle européen d'enseignement supérieur*, Paris: MEN.

Augé Philippe, Béjean, Sophie, Bouabdallah, Khaled, Beretz, Alain, & Berger, Vincent (2010) *Relevé de conclusions du séminaire «Autonomie des universités : Quel bilan ?» du 25 juin*, Clermont-Ferrand: Université d'Auvergne.

Aust, Jérôme, Crespy, Cécile, Manifet, Cristelle, & Soldano, Catherine (2008) *Rapprocher, intégrer, différencier: éléments sur la mise en place des pôles de recherche et d'enseignement supérieur*, Paris: Délégation interministérielle à l'aménagement et à la compétitivité des territoires.

Baker S. & Brown B.J. (2007) *Rethinking Universities: The Social Functions of Higher Education*, London: Continuum.

Belloc, Bernard (2003) "Incitations et transparences: instruments de changement dans l'enseignement supérieur", IMHE ed., *Rapport de la conférence générale IMHE 16 septembre 2002*, Paris: OCDE, pp.217-231.

Bohlinger, Philippe (2013) "Université de Lorraine : la fusion, espoir de rebond", *EducPros.fr*, le 21 octobre.

Cerisier-ben Guiga, Monique, & Blanc, Jacques (2005) *Rapport d'information fait au nom de la Commission des affaires étrangères, de la défense et des forces armées sur l'accueil des étudiants étrangers en France*, Paris: Sénat.

Charle, Christophe, & Soulié Charles (direction) (2007) *Les ravages de la « modernisation » universitaire en Europe*, Paris: Syllepse.

Cytermann, Jean-Richard (2002) "Le développement de l'enseignement supérieur: Rôle respectif de l'État et des collectivités territoriales", *Éducation & formations*, 62, pp.109-118.

Damme, Dirk van (2002) "Quality Assurance in an International Environment: National and International Interests and Tensions", *International Quality Review: Values, Opportunities, and Issues, CHEA Occasional Paper,* June 2002, pp.3-16.

Dill, David D. (1997) "Markets and higher education: an introduction", *Higher Education Policy,* 10 (3/4), pp.163–166.

Dill, David D. (2017) *Market-Based Policies and Higher Education: Assuring and Improving Efficiency and Academic Quality in the University Sector*, Hiroshima: RIHE Open Seminar 31 May.

Dizambourg, Bernard (1997) *Moderniser la gestion administrative des universités*, Paris: Maison des Universités.

Duke, Chris (2000) "Beyond 'Delayering': Process, Structure and Boundaries", *Higher Education Management*, 12 (1), pp.7-21.

Durand-Prinborgne C. (1988) "Évolution et juridification de l'enseignement supérieur en France", *European Journal of Education*、23 (1/2), pp.105–123.

Ferlie, Ewan, Musselin, Christine, & Adnresani, Gianluca (2008) "The steering of higher education systems: a public management perspective", *Higher Education*, 56: 325-348.

Ferréol, Gilles (2010) "Développement universitaire et logiques territoriales: entre cadrage national et arrangements locaux", *Éducation et Société,* 25, pp.171-189.

Gelleni, Claudia (2008) *L'évaluation et l'accréditation de l'enseignement supérieur : évolutions récentes en France*, Rome: CIMEA.

Goedegebuure, Leo, Kaiser, Frans, Maassen, Peter, Meek, Lynn, Vught, Frans van, & Weert, Egbert de (1993) *Higher Education Policy: An International Comparative Perspective*, Oxford: Pergamon.

Gornitzka, Åse (2007) "The Lisbon Process: A Supranational Policy Perspective - Institutionalizing the Open Method of Coordination", Maassen, Peter and Olsen, Johan P. (eds.), *University Dynamics and European Integration*, Dordrecht: Springer (155-178).

Henkel, Mary (2002) "Emerging Concepts of Academic Leadership and their Implications for Intra-institutional Roles and Relationships in Higher Education", *European Journal of Education*, 37 (1), pp.29-41.

Herbst, Marcel (2007) *Financing Public Universities: The Case of Performance Funding*, Dordrecht: Springer.

Holzschuch, Nicolas (2010) "Ce qu'il y a de bien (ou de mal) dans l'évaluation bibliométrique telle que pratiquée par l'AERES", *Bulletin des bibliothèques de France*, 4, pp.52-55.

IGAENR = Inspection générale de l'Administration de l'Éducation nationale et de la Recherche (2005) *Recherche et territoires*, Paris: MEN.

Jacqué, Philippe, & Rollot, Catherine (2006) "Enseignement supérieur : y-a-t-il trop d'universités ?",

Le Monde, édition du 14 décembre.

Laurent, Daniel, et al. (1995) *Universités, relever les défis du nombre*, Paris: Groupe de réflexion sur l'avenir de l'enseignement supérieur.

Lamoure-Rontopoulou, Jeanne, & Lamoure, Jean (1988) "French University Education: A Brief Overview, 1984-1987", *European Journal of Education*, 23 (1/2), pp.37–45.

Marginson, Simon (2006) "Dynamics of national and global competition in higher education", *Higher Education*, 52, pp.1-39.

Marginson, Simon (2010) "The Limits of Market Reform in Higher Education", *Higher Education Forum*, 7, pp.1-19.

Mok, Ka Ho (2007) "The Search for New Governance: Corporatisation and Privatisation of Public Universities in Singapore and Malaysia", *RIHE COE Publication Series*, 29, pp.37–60.

Musselin, Christine (2001) *La longue marche des universités françaises*, Paris: PUF.

Musselin, Christine (2009) "Seeking Autonomy: French Universities Against the Jacobins", *International Higher Education*, 56, pp.17-18.

Neave, Guy (1988) "On the Cultivation of Quality, Efficiency and Enterprise: an overview of recent trends in higher education in Western Europe, 1986-1988", *European Journal of Education*, 23 (1/2), pp.7–23.

Neave, Guy (1991) "The Reform of French Higher Education, or the Ox and the Toad: A Fabulous Tale", Neave, Guy & Vught, Frans A. van (eds.), *Prometheus bound: the changing relationship between government and higher education in western Europe*, Oxford: Pergamon, pp.65-79.

Neave, Guy, 1997, "Markets, Higher Education and Social Responsibility", *Higher Education Policy*, 10 (3/4), pp.161-162.

Neave, Guy (2004) "The Temple and its Guardians: An Excursion into the Rhetoric of Evaluating Higher Education", *The Journal of Finance and Management in Colleges and Universities*, 1, pp.212-227.

Oblin, Nicolas, & Vassort, Patrick (2005) *La crise de l'université française : traite critique contre une politique de l'anéantissement*, Paris: L'Harmattan.

OECD = Organisation for Economic Co-operation and Development (2003) "Changing patterns of governance in higher education", OECD (ed.), *Education Policy Analysis*, Paris: OECD Publishing pp.59–78.

Paradeise, Catherine (2007) "Défis mondiaux et traditions universitaires : Comparaisons européennes", *Esprit,* 340, pp.82–95.

Soldano, Catherine, & Filâtre, Daniel (2004) *L'articulation spatiale des politiques d'enseignement supérieur: configurations régionales et politiques de sites*, Communication séminaire «La construction de l'offre de formation», ks 30-31 mai..

Steier, Francis A. (2003) "The Changing Nexus: Tertiary Education Institutions, the Marketplace and the State", *Higher Education Quarterly*, 57 (2), pp.158–180.

Teixeira, Pedro, Jongbloed, Ben, Dill, David, & Amaral, Alberto (2004) *Markets in Higher*

Education: Rhetoric or Reality?, Dordrecht: Kluwer.

Thiaw-Po-Une, Ludivine (2008) *Les universités face à la logique du marché*. Séminaire à l'Université Nationale de Saint Martin du 27 juin.

Trautmann, Alain (2009) *Dire publiquement nos vérités sur l'AERES*, Collectif Papella.

Vinokur, Annie, Cussó, Roser, D'Amico, Sabrina, Dale, Roger, Normand, Romuald, Didou-Aupetit, Sylvie, Carry, Alain, Hugon, Philippe, West, Anne, Pennell, Hazel, Gérard, Étienne, Schlemmer, Bernard, Chappaz, Flore, Proteau, Laurence, & Meunier, Arlette (2005) *Pouvoirs et mesure éducation*, Paris: ARES.

Vinokur, Annie, Sanyal, Bikas, West, Anne, Currie, Peter, Cussó, Roser, Faye, Waly, Charlier, Jean-Émile, Berthet, Thierry, Astudillo, Gustavo, Croché, Sarah, Moens, Frédéric, Sigman, Carole, Henaff, Nolwen, & Carry, Alain (2007) *Pouvoirs et financement: Qui pays décide ?*, Paris: L'Harmattan.

Weber, Luc, Dolgova-Dreyer, Katia, Amaral, Alberto, Lindqvist, Ossi V., Kohler, Jiirgen, Williams, Peter, Georgieva, Patricia, Costello, Fergal, Rauhvargers, Andrejs, Sharp, Norman, & Pusser, Lewis (2007) *The legitimacy of quality assurance in higher education: the role of public authorities and institutions*, Strasbourg: Council of Europe Publishing.

Wende, Marijk van der (2007) "Internationalization of Higher Education in the OECD Countries: Challenges and Opportunities for the Coming Decade", *Journal of Studies in International Education*, 11, pp.274-289.

Westerheijden, Don F. (2007) "States and Europe and Quality of Higher Education", Westerheijden, Don F., Stensaker, Bjørn & Rosa, Maria Joãn (eds.), *Quality Assurance in Higher Education: Trends in Regulation, Translation and Transformation*, Dordrecht: Springer, pp.73-95.

Williams, Gareth L.(1995) "The 'marketization' of Higher Education: Reforms and Potential Reforms in Higher Education Finance", Dill, David D. & Sporn, Barbara (eds.), *Emerging Patterns of Social Demand and University Reform: Through a Glass Darkly*, Oxford: Pergamon, pp.170-193.

第9章

フランスにおける選抜制教育機関の
進学機会拡大政策
―― グランド・ゼコール準備級への非富裕層の進学促進

夏目達也

はじめに

　フランスの高等教育制度の特徴の一つとして、大学とグランド・ゼコールの二重構造がつねに指摘されてきた。両者はそれぞれ独自の教育の目的や性格を有している。大学が幅広い分野の専門教育を教授する機関であるのに対して、グランド・ゼコールは官界・産業界の上級・中堅幹部職員等の養成機関として一般に捉えられる。両者の関係は競合として捉えられることも多いが、大学との競合という点ではグランド・ゼコールだけでなく、グランド・ゼコール準備級（classes préparatoires aux grandes écoles、以下、CPGE と略す）も重要である。

　CPGE はグランド・ゼコール進学準備、すなわち入学試験合格や入学後の教育に必要な学力の形成を目的としている。バカロレア取得後に CPGE での 2 年間の教育を経てグランド・ゼコールに進学する。従って、バカロレア取得後の進学先の選択は、大学かグランド・ゼコールではなく、まず大学かグランド・ゼコール準備級か（その他にも多様な機関がある。後述）である。

　他の教育機関と比べて、CPGE は教育条件に恵まれており、人気は高い。進学者の多くは成績優秀者であるが、それにとどまらず特定の社会階層の出

192

身者でもある。より率直にいえば、家庭環境に恵まれ学業成績も優秀な者を選抜して、恵まれた環境・条件のなかで高水準の教育を行う、いわば特権的な教育機関としての性格を有する。

　本稿では、保守党政権下で進められた CPGE に関する政策を取り上げる。とくに着目するのは、2000 年以降に保守政権が打ち出した CPGE 在籍者中の奨学金受給者の比率を 30％に高めるという政策である。この政策は、富裕層以外の学生を増やすことを目的としている。この政策の背景・概要・進捗状況、政策の是非をめぐる各方面による議論を取り上げる。これらを通じて、同政策の意義について検討する。

　本論に入る前に、本研究に関連するテーマを扱った先行研究について言及する。大学とグランド・ゼコールの二重制をめぐる問題を取り扱った研究は、日本ではきわめて少ない。そもそも、グランド・ゼコールを直接の考察対象とした研究も多くない。そのなかで比較的まとまった研究として、以下のものを上げることができる。

　グランド・ゼコール全般を扱った研究として、柏倉（1996, 2011）がある。エコール・ポリテクニク、エコール・ノルマル・スペリウール等のとりわけ社会的威信の高い学校を中心に、グランド・ゼコールの教育や学生生活等を著名な卒業生の活躍とともに紹介している。個別のグランド・ゼコールについて扱った研究としては、堀内達夫（1997）、栗田啓子（1992）らの研究がある。これらは、エコール・ポリテクニクに関して創立当時の高等教育の実情や政治・経済状況をふまえて、大学とは異なる高等教育機関としてグランド・ゼコールが創設された経緯を丁寧に描いている。国立行政学院（ENA）については、留学経験をふまえた八幡（1984）の著作等がある。これらは、いずれもグランド・ゼコール入学後の教育や修了後の進路について扱っており、入学前段階の CPGE に関する記述は限定的である。CPGE に焦点を絞って論じた研究は、日本ではきわめて少ない。そもそも、CPGE がどのような教育機関であるか、たとえば教育目的、教育課程、学生の特徴、進路等がいかなるものであるかも、日本では十分に知られていないのが実情である。

　このような事情をふまえて、本稿では以下の点を明らかにする。

1) CPGE における教育の概要と主な性格（主に大学との対比において）
2) 非富裕層出身者の CPGE 入学機会拡大に関する政府の政策の背景、概要、進捗状況
3) 同政策をめぐる関係諸機関間の議論、合意取り付けに関する政府の方策や課題

　直接の考察とするのは、保守・中道右派の国民運動連合（UMP）が政権を担当した 2002 年から 2012 年までの期間とする。

1. グランド・ゼコール準備級に関する制度上の特徴
──大学との格差の実態

1-1　高等教育制度における CPGE の位置付け

　フランスの高等教育機関は多様である。大きくは長期教育機関と短期教育機関に分かれる。前者はおおむね修業年限 3 年以上であり、後者は同 2 年以上である。これらは、さらに以下のように多様に分化している。

　長期教育機関：大学、グランド・ゼコール
　短期教育機関：CPGE、技術短期大学部、上級テクテニシャン養成課程

　大学は、幅広い領域の専門教育・専門基礎教育を目的としている。特定の職業に向けた準備教育を行う専攻領域も近年増えているが、全体としてはまだ少数である。これに対して、大学以外の多くの機関は、明確に職業準備を目的とした教育を行っている。グランド・ゼコールは技師学校、商業・経営学校、法律・行政学校等が主要な学校であり、それぞれの分野の職業人養成を目的としている。技術短期大学部（IUT）、上級テクテニシャン養成課程（以下、STS と略）はともに、上級テクニシャンの養成を目的に教育を行っている（夏目・大場, 2016）。CPGE は、主要なリセ（後期中等教育機関）に付設

されており、中等教育課程修了後に進む高等教育課程になっている（この点は、STS も同様）。

CPGE の特徴の一つは、将来社会の幅広い分野で活躍する幹部職員を養成するグランド・ゼコールへの入学準備を直接の目的としていること、社会の指導者層のいわば予備軍を教育することである。CPGE の組織と運営に関する 1994 年 11 月 23 日付け政令によれば、CPGE は高等教育第 1 期課程（最初の 2 年間の課程）における教育の一翼を担う。経済、教育、研究、行政、防衛の各分野のための教育を通じて、グランド・ゼコールの入学試験に向けて学生を準備させること、及び各専攻の深遠な知識とその一般的な性格について理解させることが目的とされている。

CPGE、大学、STS の在学者数及び高等教育在学者総数に占める 3 機関在学者の比率は、表-1 のとおりである。

表-1　高等教育機関別（大学、CPGE、STS）の在学者数の推移

	1970	1980	1990	1995	2000	2005	2010	2015
CPGE（千人）	32.6	40.1	64.4	76.0	70.3	74.8	79.9	83.5
比率（%）	3.8	3.4	3.8	3.5	3.3	3.1	3.4	3.3
大学（千人）	637.0	799.2	1,097.6	1,362.5	1,396.8	1,425.3	1,440.9	1,593.2
比率（%）	74.9	68.0	64.7	63.6	64.7	59.8	62.1	62.5
STS（千人）	26.8	67.9	199.3	225.2	238.9	230.4	242.2	234.2
比率（%）	3.2	5.8	11.7	10.5	11.1	9.7	10.4	9.2
合計（千人）	850.6	1,174.9	1,698.7	2,140.9	2,160.3	2,283.3	2,319.6	2,551.1
比率（%）	100.0	100.0	100.0	100.0	100.0	100.0	100.0	100.0

注：「合計」は CPGE、大学、STS 以外の在学者数を含むため、三機関の計と一致しない。
出典：DEPP 2016, p.155（2015 年の数値のみ）。1970-1995 年は同書 2000 年版 p.155、2000-2010 年は 2013 年版 p.171。

高等教育在学者総数はほぼ一貫して増加しているが、各機関別の在学者比率は 90 年以降ほぼ一定である。CPGE は 1970 年から一貫して 3％程度でその比率は小さい。同じ短期教育機関であり、かつリセ付設機関である STS は 1980-90 年に急増した後 90 年以降 10％前後で推移していることと対照的である。

CPGE 在籍者は公立私立を問わず、ほとんどが国民教育省の管轄下の学校に在籍しており、農業省や国防省の管轄下の学校、政府管轄外の私立学校の在籍者はごく一部にとどまっている（Bodin, 2007: 32）。

第 9 章　フランスにおける選抜制教育機関の進学機会拡大政策　195

1-2　入学者選抜・教育課程

　高等教育機関に入学するには、通常、バカロレアの取得が必要である。こ
れは後期中等教育修了と高等教育入学基礎資格をあわせて認定する国家資格
であり、取得者は大学には原則として選抜なしで入学できる。大学以外の教
育機関は、何らかの形で入学者選抜を実施している。CPGE は、バカロレア
試験の成績、リセでの学業成績、リセ教員の所見等の書類選考により入学者
選抜を行っている。

　CPGE は科学系、経済・商科系、文学系の 3 系に大きく分かれる。科学系
は CPGE 在学者総数の約 60％を占める最大のコースであり、普通バカロレ
ア中の難関・科学科の取得者が 90％以上を占める。経済・商科系は CPGE
在学者総数の約 24％を占めており、普通バカロレア科学科の取得者が 48％、
経済・社会科が 45％となっている。私立の在籍者比率が全体の約 27％と、
他系と比べて高い（科学系 15％、文学系 10％）。文学系は CPGE 在学者総数の
約 15％を占めており、普通バカロレア文学科の取得者が 54％と過半数を占
めているが、バカロレア科学科や経済・社会科も各々 20％を占めている。

表-2　CPGE 入学者のバカロレア種類別の割合（2015 年）

（単位：％）

CPGE	普通バカロレア			技術バカロレア	その他	計	2015 年入学者
	科学	経・社	文				
科学系	93.2	0.0	0.0	5.7	1.1	100.0	25,573 人
経済・商科系	42.6	45.3	0.5	10.7	0.9	100.0	10,145
文学系	22.4	22.1	54.0	0.0	1.5	100.0	6,821
合計	69.8	14.4	8.8	6.0	1.1	100.0	42,539

出典：DEPP, 2016: 173.

　これら 3 系のクラスは、ともに第 1 学年から多様なコースに分化し、第 2
学年からはさらに細かく分化する。それぞれめざすグランド・ゼコールを
特定して準備教育を行っている。たとえば、科学系であれば、表-3 の通り、
バカロレアの種類に応じて第 1 学年で大きく 5 コースに分化するが、普通バ
カロレア科学科取得者は第 1 学年で 5 クラス、第 2 学年で 6 クラスに分かれ

る。

　科学系と経済・商科系はともに大半の学生が入学試験を経てグランド・ゼコールに進学する（前者は主に技師学校、後者は主に商科学校）。これに対して、文学系では大半の学生が大学に進学している。本来接続するはずのエコール・ノルマル・スペリゥール等のグランド・ゼコールの募集学生定員が小さい（1学年260名程度）ためである。

　CPGE の教育課程の基準は国民教育省内に設置された委員会が作成しており、国民教育省が省令により規定している。CPGE の最終目的はグランド・ゼコールの入学試験合格であり、修了証は授与されない。グランド・ゼコールに入学できなかった場合に備えて、なんらかの修了証を取得すべく、大学に学生登録（二重登録）するように学生を指導している（後述）。

表-3　グランド・ゼコール準備級科学系各学年・クラス、受験可能なグランド・ゼコール

バカロレアの種類	第1学年		第2学年	受験・入学できる学校
	1 学期	2-3 学期		
科学科	MPSI	→	MP ┐	・エコール・ノルマル ・エコール・ポリテクニク ・共通入試：鉱山・橋梁学校、Centrale-Supelec、 　エコール・ポリテクニク、公共事業学校、工芸院 ・軍隊学校 ・その他多くの学校（単独入試）
	PCSI	→	PC	
	PTSI	→	PSI	
			PT ┘	
	VETO	→	VETO	・獣医学校入試
	BCPST	→	BCPST	・農業学校 ・化学学校、地質・環境技師学校 ・エコール・ノルマル
STI 工業	TSI	→	TSI	・MP、PC、PSI、PT と同じ学校
STI 物理・化学	TPC	→	TPC	・化学学校
STL 生化学・生物工学	TB	→	TB	・BCPST と同じ学校
STI 応用芸術	ENS-Cachan	→	ENS-Cachan	・エコール・ノルマル（カシャン校）美術・工業創造

注：STI と STL は技術バカロレア。MPSI（第1学年1学期）等のアルファベットはクラス名をさすが、同時に専攻領域名を示す。M 数学、P 物理、SI 技師科学、C 化学、T 工学、VETO 獣医学、B 生物、ST 地学。たとえば MPSI は「数学・物理・技師科学」を示す。
出典．：Bodin, 2007: 26.

第9章　フランスにおける選抜制教育機関の進学機会拡大政策　197

1-3　恵まれた教育条件

　CPGE の特徴の一つは、他の高等教育機関と比較して、教育条件に恵まれ
ていることである。この点を教員の特性と国の教育予算の面からみてみよう。
　まず教員資格をみてみよう。中等教員資格は担当する機関、クラス教科等
によって多様である。後期中等教育課程の教員の多くは、中等教育教員資格
（CAPES）を取得している。これは大学を卒業後、教員養成機関での教育を経
て採用試験に合格することにより取得できる。一方、CPGE 担当教員の一定
数は、アグレガシオンと呼ばれる中等教育教員として最高の資格を取得して
おり、博士学位を取得している者も少なくない。アグレガシオンは中等教育
アグレガシオン試験（Agrégation de l'enseignement du second degré）と高等教育アグ
レガシオン試験（Agrégation de l'enseignement supérieur）の 2 種類がある。前者は、
大学で修士学位かそれに相当する学位（バカロレア取得後 5 年以上の修業年限）
を取得していることが受験の条件とされる。中等教員資格取得者でも CPGE
を担当することができるが、彼らと比べてアグレガシオン取得者は勤務時間
が短いなど労働条件は恵まれている。
　学生一人当たりの教育予算は、CPGE と大学では大きな格差がある。1995
年には大学の 7,520 ユーロに対して、CPGE は 15,060 ユーロと 2 倍の開きが
あった。近年は改善されてきているとはいえ、それでも、2015 年現在、大
学の 10,390 ユーロに対して、CPGE15,100 ユーロと、両者間には 1.5 倍近い
格差がある。

表-4　各教育機関別の学生一人あたりの教育予算の推移

（単位：ユーロ）

	1995	2000	2005	2010	2014	2015
CPGE	15,060	15,800	16,190	15,930	15,050	15,100
大学	7,520	8,830	8,870	10,770	10,580	10,390
STS	12,930	14,100	14,630	14,480	13,630	13,760
高等教育全体	9,470	10,580	10,770	11,980	11,830	11,680

出典：DEEP, 2017: 329.

2. CPGE の社会的開放政策

上述のように、CPGE は教育条件が恵まれている。たとえば、CPGE の教育機会均等について検討した上院の文化問題委員会の報告書は、CPGE の性格について、以下のように指摘している。

「CPGE は、歴史遺産を負う制度であり、フランスの高等教育制度のなかで特別な位置を占めている。CPGE は、グランド・ゼコール入学試験の準備を基本使命・最終目的としている。その点で、リセ（大半の CPGE が付置されている場所）とグランド・ゼコールの中間に位置し、一種の「こし器」（sas）として機能する。また、「学校エリート」（élite scolaire）から、経済・政治・科学・文化の各方面における将来の「社会エリート」（élite sociale）へと昇進するための選抜制コースである。CPGE とそれが導くグランド・ゼコールは、新たな「学生貴族」（aristocratie étudiante）を産み出す場であるが、それは生産というよりも再生産の場である」（Bodin, 2007: 13）

ここには、制度上の CPGE の位置が端的に表現されている。つまり、CPGE が社会の指導者層の選抜機関でありそれゆえ特別の地位を保障されていること、その地位は CPGE を通じて次世代に継承されていること、である。問題は、このような特権的な教育機関の門戸が社会の幅広い階層出身者に対して均等に開かれているかどうかである。

2-1　社会的開放政策の背景

高等教育進学者が全般に増加しているとはいえ、家庭環境等により進学状況には少なからず格差が存在する。18-23 歳の人口全体に占める労働者の家庭出身者の割合は 29.2％であるのに対して、高等教育の学生全体に占める割合は 10.7％にすぎない。一般に富裕層と見なされる幹部職・自由業の家庭出身者の場合、その割合は 17.5％と 30.3％である（DEPP, 2015）。選抜制の高い高等教育機関、なかでも CPGE では富裕層出身の生徒の占める割合が高い。上述のように CPGE は多くの点で条件的に恵まれているため、入学希望者

は多く競争倍率はつねに高水準で推移する。富裕層出身者は経済的にも文化的にも競争に有利な位置にあり、結果的に入学者の多くを彼らが占めることになる。

表-5は、各高等教育機関在籍者の出身家庭の分布を示したものである。これによると、CPGEでは幹部職員・自由業の家庭出身者が49.5％と半数を占めている。従業員や労働者の家庭出身者は10.1％と6.4％と少数である。一方、大学では幹部職員・自由業の家庭出身者が30％にとどまり、従業員や労働者の家庭出身者はそれぞれ12.7％と10.8％を占め、無職等も13.1％を占めている。幹部職員・自由業の家庭出身者の比率という点で、大学とCPGEの間には少なからぬ格差がみられる。ちなみに、大学は一部の専攻領域（法学、医学等）を除けば、社会的威信は高くない。

表-5 各高等教育機関在籍者の家庭の職業別分布（2014年）

	農業・職人・商業・企業主	幹部職員自由業	中間職	従業員	労働者	無職等	不明	計
CPGE	10.6	49.5	12.0	10.1	6.4	6.4	5.1	100.0
大学	9.1	30.0	12.7	12.7	10.8	13.1	11.5	100.0
IUT	11.5	28.8	16.9	15.8	14.6	8.7	3.7	100.0
STS	10.1	13.8	12.0	15.6	20.4	13.1	15.0	100.0
技師	11.5	46.5	11.7	7.5	6.0	7.4	9.3	100.0
商科	13.9	37.1	6.4	4.5	2.5	5.1	30.4	100.0
全体	9.8	30.3	11.9	11.9	10.7	11.8	13.5	100.0
18-23歳	13.1	17.5	17.7	8.9	29.2	6.8	6.8	100.0

注：「技師」は技師学校、「商科」は商業・経営学校をさす。いずれもグランド・ゼコールである。「全体」は高等教育在籍学生全体の家庭の職業別比率を、「18-23歳」は当該年齢層の家庭の職業別比率を、それぞれ示す。
資料：DEPP, 2016: 181.

このような状況を改善して、より多様な階層出身者にCPGEへの進学機会を広げようとする政策と動きが2000年以降活発になっている。その背景には、EU高等教育圏構想が具体化するなかで、フランス国内では従来さほど問題視されてこなかった制度が見直しを余儀なくされている事情がある。経済競争が国際的に激化するなかで、優秀な人材の育成が各国とも喫緊の課題として位置付けられている。国民全体の基礎的能力を向上させると同時に

優秀な人材を育成・確保することが必要であり、そのためには一部の限られた階層出身者のみを対象に教育したり優秀者をリクルートしたりするだけでは不十分である。国民の幅広い層を対象とすることが必要と認識されるようになっている。

　すでに初等中等教育では、優先教育地域政策（ZEP）と呼ばれる政策が1980年代から実施してきた。貧困地域にある学校では、家庭の支援を十分に受けられず、学業不振に陥る生徒が少なくない。教員の加配により生徒の学習指導を強化すること、それを通じて生徒の勉学促進と学校全体の教育面の改善を図ることを目的とする施策である。このような貧困地域への特別支援方策は、高等教育では従来はほとんど取り組まれてこなかった。

　しかし、2000年以降、一部の有名グランド・ゼコールでは、貧困地域のリセに在籍する生徒に対して積極的に門戸を開く方針を打ち出し、実施してきた。パリ政治学院（Institut d'Etudes Politiques de Paris, IEP）は2001年に、高等経済商業学校（ESSEC）は2003年に、さらに有名リセのアンリ4世校は2006年に、それぞれ取組を開始している（Coquard, 2010）（後述）。くわえて、エコール・ポリテクニクやエコール・ノルマル・スペリウール等のグランド・ゼコールの学生が組織する団体が、貧困地域の青年に対する学習支援を2000年から行っている（Association Tremplin, 2009）。

　これらの動きに呼応して、全国のいくつかの優先教育地域内の学校は、生徒たちに高等教育への進学を促すための活動を行ってきた。大学、グランド・ゼコール、研究機関と連携して、高等教育機関の教育・研究の内容、修了後の進路等の進路選択に関する情報を生徒たちに提供する等の活動である。

2-2　「卓越教育機会均等憲章」の制定

　2005年1月に、「卓越教育機会均等憲章」（La Charte pour l'égalité des chances dans l'accès aux formations d'excellence）が制定された。これは、貧困地域の学校の生徒への高等教育機会の保障に向けて、関係各機関が連携して活動するための枠組を定めた文書である。国民教育省と高等教育・研究省等が、国立大学長評議会（Cnférence des Présidents d'université, CPU）、グランド・ゼコール評

議会（Conférence des Grandes Écoles, CGE）、全仏技師学校長評議会（Conférence des Directeurs des Écoles Françaises d'Ingénieurs）との間で調印した。

　同憲章の前文は、貧困地域の生徒の高等教育機会が制限されている現状について、以下のように指摘している（MEN, 2005）。

　　「これらの地域（優先教育地域）では、他の地域と同じように、すばらしく成功する生徒がいる。しかしかれらの学業や職業に関する意欲は高くない。それは適切な社会・文化的資本や現代社会での賭け金が不足していること、さらに学習経路が複雑で自分の能力に応じた進路選択も複雑化するなかで、しっかりした指導が得られないためである。

　　高等教育第5年次修了の資格（グランド・ゼコールの修了証や大学の修士学位：筆者）の取得者の社会階層は、ほとんど多様化されておらず、裕福な階層出身者が顕著に多いことが分析結果で判明している。社会的開放性の不十分な状態は、経済的文化的に良好な環境を享受できない者を「卓越コース」（voies de l'excellence）から閉め出すこととなり、正当化を損ねる。そのような状態は、社会的制約によって遅れて開花する才能を排除する。本来であれば、社会階層の多様性は知的な豊かさとともに、責任遂行を望むエリートを保障するはずであるが、（社会的開放性の不十分さは）そのチャンスを奪ってしまう。」

　2006年1月には、シラク大統領（当時）がCPGEの奨学金受給者の比率を当時の18％から30％にまで高めるという目標を打ち出した。CPGEが富裕層の子弟が多数を占めている現状が、社会平等の原則に反するとの認識に基づくものである。これを受けて、国民教育大臣ドロビアンは、2006年11月に行った演説で、以下のように述べている（de Robien, 2006）。大学やグランド・ゼコールで非富裕層の子弟の割合が少ないことは、フランス社会の「社会上昇」（ascenseur social）の機能が十分機能していないこと、社会的昇進の原動力たる学校が世代間で不平等を再生産していることを示している。意欲と能力のある青年に、卓越した選択、要求水準の高いコースを選択できるように支援することが必要である。同時に、彼らは経済的な理由だけでなく、周

囲に進学者がいないとの理由で高等教育進学を断念していることにも配慮が必要である。

こうした現実をふまえて、新たな対策を講ずる意向を表明した。第1に、バカロレア試験の成績の優秀な生徒に個別に接触してCPGEへの進学を勧告する。第2に、有名校であるパリのサン・ルイ校（Lycée Saint-Louis）とストラスブールのクレベール校（Lycée kléber）のCPGEにおいて、貧困地域のリセの生徒向けに進学促進策を講ずる。具体的には、①同リセの第2学年と第3学年生徒にチューターをつけて重点的に指導を行う、②入学者選抜では同リセの生徒を特に慎重に審査する（ただし、通常審査の枠内で行う）、③入学が許可された場合に、学生寮の入寮定員枠を優先的に割り当てる、④入学後2年間特別の継続指導・教育支援を提供する。さらに、国立通信教育センター（CNED）により、高等教育移行支援のための特別教育を提供することも対策の一つとして掲げた（de Robien, 2006）。

2010年に、高等教育・研究省は、「卓越教育機会均等憲章」の内容を具体化するための方策に関連して、関係省庁とともに国立大学長評議会、グランド・ゼコール評議会、全仏技師学校長評議会との間で契約を交わしている（MESR et al, 2010）。その主要な内容は、以下のとおりである。

1）グランド・ゼコールの「社会開放」

　　調印者は各機関の基本使命を尊重しつつ、奨学生比率30％達成に向けて奨学生の増加に取り組む。

2）入学試験

　　受験料や受験関連の経費（交通費・宿泊費）が高いことが、貧困層学生の受験を制限している。協議会は奨学生の受験料免除や口頭試験のための交通費・宿泊費削減に留意する。また、試験の構成・内容・バランスなどが貧困層出身生徒に不利に作用することを考慮して、必要な是正策を講ずるように、会員校に要請する。

3）リセ技術教育課程の生徒向けにグランド・ゼコール進学促進

　　リセ技術教育課程の生徒の社会階層構成は普通教育課程のそれと異なっており、高等教育進学率も全般にかなり低い。調印者は技術教育課程の社会的評価を高めることにより、生徒数の増加に努める。そのため

に、技術バカロレア、職業バカロレア取得者を対象とする CPGE を創設し、意欲があり成績もよい生徒を多数受け入れる。彼らがグランド・ゼコール（商科学校、技師学校）に入学しやすくする。

4）その他

上記の施策を推進するために、貧困層の教育機会拡大に取り組む教育機関に対して「成功調整機関」（cordées de la reussite）の称号を付与する。各協議会は、できるだけ多数の機関が「成功調整機関」型の措置に取り組むよう会員校に働きかけをする。2011 年までに参加校 100％を目標とする。

2-3 「機会均等法」の制定

「機会均等法」（2006 年 3 月 31 日付け法律、Loi no. 2006-396 du 31 mars 2006 pour l'égalité des chances）は、雇用・社会一体性・住居省（Ministère de l'emploi, de la cohésion sociale et du logement）の提案によるものである。大都市郊外を中心に、移民の子弟等の貧困層は、経済、文化、雇用等の点で長年にわたり劣悪な条件に置かれてきた。過去における政府の対策はかれらの条件を改善するものには遠く及ばず、いっこうに改善の見通しが立たない。2005 年秋にパリ郊外で発生した暴動は、このような状態に対する彼らの怒りが極限に達していることを示している（バリバール他，2006: 8）。これを目の当たりにして、政策担当者もようやく重い腰を上げることとなった。暴動が鎮圧された後まもなくシラク大統領は、事態改善のために郊外の若者向けに優遇策を講ずることを表明した。そこで発表された施策を盛り込んだのが機会均等法である。この法律による施策は多岐にわたっているが、教育に関しては優先教育地域での CPGE 新設が盛り込まれたことが注目される。

204

3. 考察

3-1　30%目標は教育の質低下をもたらすか

　グランド・ゼコールの関係者は、グランド・ゼコールやCPGEの入学に関して貧困地域のリセ生徒向けに優遇措置を講ずることに反対の立場を取っている。入学者選抜が学力等の能力のみを基準に行われるべきと、彼らは主張する（CGE, 2010）。その理由として、彼らはそれが「真の共和国メリット主義」（véritable mérite républicain）の養成に関する基本原理であり、教育水準を維持・向上させるために必須の条件であることをあげている。フランスの学校は「真の共和国メリット主義」の原則に基づいて運営されており、選抜された青年を「責任ある職務」（carrières de résponsabilité）へと導くための教育を提供することを目的としている。入学の手続きは、多様な形態を取りつつも、「個人の業績」（mérite personnel）という同一の基準で選抜されることを保証すべきものである、という。能力を有する者に同一条件の下で競争するための機会を与え、能力の開花を促すべきであり、競争試験の水準・評価項目等はすべての者に同一であるべきというのである。能力以外の事項、たとえば社会的出自等を考慮した入学者選抜はこの原則に反するとの立場から、奨学金受給者比率の30%という目標設定に反対している。

　グランド・ゼコールの関係者はまた、CPGEの教育水準の低下をもたらしかねないという立場から、このような貧困層出身者への優遇策に懸念を表明している（Foch, 2010）。CPGEでは教育内容の水準が高いうえに、週あたりの授業時間数が多い。その分、予習・復習等の個人学習の時間数も多くなる。高等教育入学後の学生の学習時間は、教育機関により相当の開きがある。CPGEは各機関のなかでも学生の学習時間が特に長く、週あたりで授業35時間、個人学習24時間の計59時間に達する。これに対して大学では、比較的学習時間の長い科学系の専攻領域でも23授業時間、個人学習12時間の計35時間である（Bodin, 200: 37）。

　長時間の授業を受け、さらにそれに関連した個人学習をこなすために、高

い学力はもちろん、精神的にも身体的にもかなりの強靱さをもつことが生徒には求められる。それを支えるためには、外部からの強制力がなくても、自主的・自発的に学習するだけの勉学に対する強い興味・関心、つまり強い内発的な学習動機や知的関心をもつことが不可欠である。教育内容だけでなく、教員や生徒間で意識され内面化された文化や慣習等、CPGE のもつ多様な側面への強い親和性を有することも必要である。このような条件を満たすためには、入学前の学習経験とそれに基づく優秀な学業成績が必要、それらをもたない生徒は入学後の勉学についていけない、従ってそのような生徒をCPGE に入学させることは難しいというのが CPGE 関係者の主張である。

　しかし、このような学力や学習行動・習慣は生活経験のなかで長期間にわたって形成されるものであり、長時間の学習も、それを可能にする環境・条件があって初めて可能になる部分が大きい。これらは家庭の文化水準、その前提としての親の経済力や学歴等に大きく規定される。これらの前提条件の格差に言及することなく能力のみを問うことは、社会的公正さに欠けるといわざるを得ない。

3-2　30%目標は格差の解消につながるか

　高等教育の奨学金受給者の比率は、各機関によって大きく異なる（表-6 参照）。奨学金を受給するには所得制限があり、受給できる者は全般に厳しい経済状況にある。一方、CPGE では富裕層出身が多く、奨学金受給者の比率は他機関と比べて低い。

　CPGE での奨学金受給者比率を高めるという目標は、学生の階層構造が特定の出身階層に集中している状況を改め、多様な階層出身者に教育機会を提供しようとするものである。政府は、目標達成に向けて各種の施策を講じてきた。一つは、高等教育の奨学金受給者枠を大幅に増やしたことである。その結果、CPGE の受給者数は 2001 年の 1.3 万人から 2015 年の 2.3 万人へと増加した。CPGE の受給者比率も 2001 年の 19.3％から 2015 年の 28.4％へと増加しており、30％目標の達成に近い状況になってきた。その意味では、政府の施策は一定の効果をあげていると言えよう。

表-6 学生の奨学金授与率の推移

		2001	2005	2010	2013	2014	2015
CPGE	人数	13,120	13,685	20,016	22,375	22,341	23,455
	受給者比率	19.3	19.0	25.7	27.9	27.7	28.4
大学	人数	335,187	369,365	441,304	474,558	484,239	500,578
	受給者比率	26.6	30.2	37.5	35.7	36.0	36.3
STS	人数	86,969	87,240	94,771	101,334	106,644	113,755
	受給者比率	42.4	42.4	44.1	45.3	47.5	50.3
全体	人数	488,059	522,242	665,114	664,675	683,647	711,261
	受給者比率	28.6	30.2	37.5	35.7	36.0	36.3

注 :「全体」は、何らかの奨学金を1種類以上受給している高等教育在籍学生（複数受給を含む）の総数。
出典：DEPP, 2016: 337.

しかし、施策の内容を具体的に見ると問題点も見いだせる。一つは、奨学金制度の内容である。政府の「社会基準奨学金」は、家庭の所得や子どもの数などの困窮度に応じて、従来は1～5級までの等級が設定されてきた。それを困窮度に応じて0級から7級までに拡大した（0級、準0級、6級、7級を新設）。奨学金受給のための家庭の最低年間所得額は、2007年の2.7万ユーロから約3.2万ユーロへと大幅に引き上げられた。結果的に増加したのは、困窮度の低い0級の学生である（Clarisse, 2010）。彼らには授業料（学生登録料）や保険料が免除されるだけで、奨学金は支給されない。政府にとってはさほどの財政負担を必要としない枠の拡大である。これにより、CPGEの学生のなかからも奨学金受給者を増やすことができることになった。

3-3 非富裕層の学生のCPGE入学促進に必要な条件とは何か

CPGEの生徒の多くは、富裕層の出身である。彼らのなかには、小学校の時代から、家庭の経済的条件を活用して私立校に通っている。中等教育段階では、公立校はもちろん私立校でも公的助成を受ける場合、通学区制が適用され階層間格差が生じにくいはずである。しかし、例外措置が設けられており、一定の条件を満たせば通学区域外の学校への進学が認められる。富裕層は、例外的措置適用の方法に関する情報量を多くもち、それを活用して上級

学校進学に有利な学校に進学する。そのため、学校によっては通学区制本来の趣旨と異なり、特定の家庭環境の生徒が多くなる傾向がある。そのような環境で育った青年がCPGEには多い。結果的に、社会的・経済的・文化的背景が同一ないし類似した者たちだけで構成するコミュニティになりがちである。貧困層の生徒にとって、そのようなコミュニティは自分たちの育った環境や文化とは大きく異なる独特の世界である。そこに入ることに彼らが強い抵抗を覚えたとしても不思議ではない（そのような抵抗感は、富裕層の学生にとっても同様であり得る）。

　貧困層の生徒たちに、進路先としてCPGEを積極的に選択させるためには、どのような条件が必要なのであろうか。この点に関しては、すでに貧困層の入学を促進している有名グランド・ゼコールであるパリ政治学院や高等経済商業学校での事例が参考になる。パリ政治学院では、特別入試の実施、有名教育機関出身の青年によるチューター制、奨学金の支給、文化や企業関連の活動への参加などを実施している（Zanten, 2010）。高等経済商業学校では、優先教育地域にあるリセと提携し、生徒の学力向上のための丁寧な支援活動を行っている。内容は、①チューターによる指導（週3時間）、②口頭表現の練習、③進路選択に関する個別指導、④学生や教員による個別面接、⑤校外での文化活動（博物館、歴史的遺産等の見学）等である。これらの指導のための時間は、リセ第1学年で100時間、第2・第3学年で140時間をあてている（ESSEC, 2005）。

　これらの取組は、貧困家庭出身の学生が有名グランド・ゼコールやその準備段階のCPGEで一定の成功を収めるためには、通常の入試経路で入学してくる学生とは異なった丁寧な指導・支援を必要とすることを意味している。問題は、このような特別の指導や支援を、多くのグランド・ゼコールやCPGEで継続的に実施できるかどうかである。

　いま一つは、CPGEの課程を終了した後にグランド・ゼコールに入学できなかった場合の制度的救済の問題である。CPGEでは、学位や修了証をいっさい授与しない。そのため、グランド・ゼコールに入学できなかった場合には、他の教育機関への進学等で不利になり、2年間の修学が無駄になりかねない。そのことは、経済的に余裕のない非富裕層の青年たちには大きなリス

クであり、CPGE 入学に慎重にさせている可能性がある。

　高等教育・研究省は、この点で CPGE への進学が不利にならないように、CPGE の制度改革を行っている。ドロビアン大臣は、2006 年 11 月の演説のなかで、CPGE の高等教育制度上の位置付けにも言及し、CPGE 進学後にグランド・ゼコール入学試験に不合格になり進学できなかった場合の救済策を示した。在籍者に対して修了証（国の基準に準拠した詳細な証明書）を授与し、教育を通じて習得した知識・能力を証明する、欧州共通単位（ETCS）の認定も行う。さらに、CPGE から大学に進学した学生に対する、単位認定の方法を検討する。ボローニャ・プロセスによる新たな制度内に CPGE を位置付けるべく、政府の全国高等教育・研究審議会（CNESR）で検討するとしている（Robien, 2006）。

3-4　教育機会不均等は CPGE だけの問題か

　CPGE と比較して、大学では全般に富裕層以外の学生の比率が高い。とはいえ、大学内でも専攻領域や課程によって出身階層には少なからぬ格差が生じている。表-7 によれば、法学や医・保健は上級幹部職員・自由業の家庭出身者の比率が高く、労働者の家庭出身者の比率が低い。修士課程や博士課程でも同様の傾向を指摘できる。

　上級幹部職員・自由業の家庭出身者の比率は学士課程 27.9％、修士課程 33.5％、博士課程 34.3％である。労働者の家庭出身者の比率はそれぞれ 12.7％、7.8％、5.2％である。（DEPP, 2016: 181）

　この点では、教育機会の不均等は、CPGE だけの問題ではないことがわかる。公的資金配分の不公平の是正には、CPGE 以外の諸機関、各機関内でも専攻領域等による格差という現実にも目を向ける必要がある。

表-7　大学在学者の出身家庭の状況（2014 年）

(単位：%)

	法律	経	文	科学	医・保健	IUT	平均
農業	1.4	1.8	1.4	1.9	1.5	2.4	1.7
職人・企業経営等	8.9	8.7	6.5	7.3	6.6	9.1	7.5
上級幹部・自由業	34.2	24.5	25.0	30.3	40.5	28.8	30.0
中間職	10.9	10.5	13.2	14.1	11.2	16.9	12.7
従業員	12.2	12.7	13.8	13.4	8.3	15.8	12.7
労働者	9.3	12.4	11.2	12.2	6.0	14.7	10.8
無職等	14.0	15.2	16.3	11.5	8.9	8.7	13.1
不明	9.0	14.2	12.6	9.3	17.0	3.6	11.5
全体	100.0	100.0	100.0	100.0	100.0	100.0	100.0
在学者総数（人）	180,807	147,967	402,817	268,944	202,345	109,956	1,312,836

資料：DEPP, 2016: 181.

おわりに

　本稿では、CPGE への非富裕層出身者の進学促進をめぐる保守政権の政策の内容とその特徴を考察してきた。

　保守政権が進めてきた政策は、具体的には奨学金受給学生の比率を高めること、技術系 CPGE を増設すること等である。これにより、富裕層だけでなく、それ以外の出身階層からの入学を促そうとするものである。奨学金受給には家庭の所得額が一定水準以下である必要があり、受給比率を高めれば所得水準の相対的に低い家庭出身者でも入学しやすくなることは確かであろう。

　このような施策を政府が導入する背景には、EU 拡大のなかで域内各国間の競争の激化という事情がある。優秀な学生をより多く高等教育機関に学ばせ、将来国の経済・社会を担う人材として養成することが余儀なくされている。それを達成するためには、特権的な教育機関である CPGE を保守層の要求のままに存続させ機能させることは難しい。国民の幅広い層から優秀な学生を募集することが重要である。

　しかし、政府が講じている政策は、必ずしもその方針を忠実に反映しているとみることはできない。奨学金受給者比率 30％という目標を掲げている

ものの、奨学金受給基準を実質的に引き下げ、経済的困窮度の比較的低い層の受給拡大を図っている。貧困層からの進学を促進するのであれば、入学者の特別枠を設定するなどの施策が有効であり、必要でもある。しかし、それは政策に盛り込まれていない。一部の有名CPGEは先駆的に優先入学枠の設定に取り組んでいるが、全体の動きになっていない。政府の政策の基本は、非富裕層を含めた幅広い層に競争参加の機会を提供するにとどまる。また、CPGEの総定員を増やすためにはCPGEの増設が不可欠であるが、政権が増設の対象としたのは主に技術系CPGEであり、有名CPGEに共通する普通教育系CPGEではない。技術系CPGEでは、従来から奨学金受給者の比率が相対的に高く、非富裕層からの進学も一定数にのぼっている。このコースに非富裕層の出身者を誘導しようとする政策的意図をみることは容易である。

　機会均等を標榜するのであれば、本来はグランド・ゼコールの進学が有利なCPGEを対象に同施策の実施を促進すべきであろう。グランド・ゼコール進学に有利な普通教育系、特に科学系のCPGEへの進学を促進することは、政府の施策では重視されていない。

　有名CPGEでは、一部を除けばこの施策を歓迎しておらず、取組は進んでいない。これらのCPGEは、有名グランド・ゼコールへの進学実績をめぐって激しい競争を繰り広げている。劣悪な条件の下で十分に勉学ができず学力形成の面で不利な状況にある学生の受け入れは、この競争を勝ち抜くうえで不利になりかねない。それゆえ、これらのCPGEは今後とも消極的な姿勢をとり続ける可能性が濃厚である。

　このような有名CPGEの方針ともあいまって、技術系CPGEを増設し非富裕層を誘導しようとする政府の施策は、富裕層出身者による有名CPGE独占の存続や有名CPGEの特権的な位置・機能の擁護につながる可能性がある。

　これらの点を考慮すると、政府（保守政権）の施策は、富裕層の意向に配慮して、妥協的な内容になっている。むしろ、有名CPGEの特権的性格に対する社会の批判をかわしつつ、それを擁護する効果をもつとすれば、政府の企図する教育機会の均等という理念は、富裕層の要求に反しない、むしろそれと合致するものとみることもできる。

第9章　フランスにおける選抜制教育機関の進学機会拡大政策　　211

［文献］

大場淳（2004）「フランスのエリート校の新しい入学者選抜制度」（RIHE メールマガジン No.6（2004 年 3 月 1 日発行）、http://home.hiroshima-u.ac.jp/oba/html/sciences-po.htm、2016.01.14）

柏倉康夫（1996）『エリートのつくり方──グランド・ゼコールの社会学』（ちくま新書）。

柏倉康夫（2011）『指導者はこうして育つ』吉田書店。

栗田啓子（1992）『エンジニア・エコノミスト──フランス公共経済学の成立』東京大学出版会。

園山大祐（2003）「フランス高等教育におけるアファーマティブ・アクションの導入──パリ政治学院の「多様性の中にみる優秀性」に関する一考察」『日仏教育学会年報』第 10 号、100–110 頁。

夏目達也・大場淳（2016）「フランスの高等教育における職業教育と学位」『高等教育における職業教育と学位』第 2 号、63–81 頁。

バリバール、エチエンヌ他（2006）「危ないぞ、共和国！」『現代思想』vol.34-3。

堀内達夫（1997）『フランス技術教育成立史の研究──エコール・ポリテクニクと技術者養成』多賀出版。

八幡和郎（1984）『フランス式エリート育成法── ENA 留学記』中公新書。

Association Tremplin (2009), "Histoire de Tremplin", http://www.association-tremplin.org/16-histoire-de-tremplin, 2016.02.04

Bodin Y. (2007) "Diversité sociale dans les classes préparatoires aux grandes écoles", Sénat. (Rapport d'information no.441(2006-2007) de M. Yannick BODIN, fait au nom de la commission des affaires culturelles et de la mission d'information, déposé le 12 septembre 2007) http://media.education.gouv.fr/file/07/9/3079.pdf

Coquard O. (2010) "De l'ouverture sociale à Henri IV, Retour sur l'expérience de la Classe Préparatoire à l'Enseignement Supérieur", http://www.laviedesidees.fr/De-l-ouverture-sociale-a-Henri-IV.html, 2016.02.04

Clarisse Y. (2010) "La sacro-sainte sélection des grandes écoles en question", http://www.capital.fr/carriere-management/actualites/la-sacro-sainte-selection-des-grandes-ecoles-en-question-467147、2016.01.30

CGE (2010) "L'ambition du mérite républicain pour les Grandes Écoles".

DEPP (Direction d'évaluation, de la prospective et de la performance), (2007) "Les étudiants en classes préparatoires aux grandes écoles Année 2006-2007", Note d›information pp.07–37.

DEPP (2016) *Repères et références statistiques sur les enseignements, la formation et la recherche*, édition 2016, (édition 2014, édition 2015)., MENESR.

de Robien G. (2006) "Ouverture sociale des C.P.G.E. : Gilles de Robien présente son bilan et son projet au lycée Michelet de Vanves", http://www.education.gouv.fr/cid4217/gilles-de-robien-presente-son-projet-d-une-ouverture-sociale-des-c.p.g.e.html, 2016.02.04.

ESSEC (2005) «Une prépa, une Grande Ecole: pourquoi pas moi ?», Programme porté par la Chaire Entrepreneuriat Social de l'ESSEC, http://cache.media.education.gouv.fr/file/82/0/3820.pdf, 2016.02.04

Foch J. (2010) "Les grandes écoles opposées aux quotas de boursiers" *Le Monde* 2010.01.04, http://www.lemonde.fr/societe/article/2010/01/04/les-grandes-ecoles-opposees-aux-quotas-de-boursiers_1287198_3224.html#MqJFbAjuYzC1DCjw.99,2016.2.04.

MENESR (Ministère de l'Éducation nationale,de l'Enseignement supérieur et de la Recherche) (2005a) "Mise en œuvre de la charte pour l'égalité des chances dans l'accès aux formations d'excellence", circulaire no. 2005-148 du 22-8-2005, "La Charte pour l'égalité des chances dans l'accès aux formations d'excellence", Bulletin officiel, no.36 du 6 octobre 2005, http://www.education.gouv.fr/bo/2005/36/default.htm, 2017.08.28.

MENESR (2015) *L'état de l'enseignement supérieur et de la recherche par thématique.* L'édition 2015, http://publication.enseignementsup-recherche.gouv.fr/eesr/8/EESR8_ES_03-l_aide_sociale_aux_etudiants.php,2016.01.30

MESR (Ministère de l'Enseignement Supérieur et de la Recherche) et al (2010) "Convention spécifique, La Charte pour l'égalité des chances dans l'accès aux formations d'excellence," http://www.cordeesdelareussite.fr/wp-content/uploads/2012/03/RapportEgaliteDesChancesPartie2.pdf, 2016.02.04, http://aphec.it-sudparis.eu/spip.php?article423, 2016.02.04.

Zanten A.V. (2010) "'Prépas', élites et inégalités", *Le Monde* 13.09.2010 http://www.lemonde.fr/idees/article/2010/09/13/prepas-elites-et-inegalites_1410470_3232.html,2016.01.30.

第10章

フランス保守政権下の教員養成制度と教員に求められる能力

大津尚志
松原勝敏

はじめに

　フランスの教員養成制度は1989年の社会党政権下に制定された教育基本法（ジョスパン法）を機に大きく変容する[1]。ジョスパン法では、初等・中等教員養成を行うのは、教師教育大学部（Institut universitaire de formation des maîtres、以下 "IUFM" と表記）に一元化され、各大学区に一つ設置することが規定された。1990-91年からIUFMが設立され、初等教員は師範学校で、中等教員は地方教員養成センター（centres pédagogiques régionaux）や大学で養成されていたのが、IUFMにまとめられることになった。

　本稿はIUFM設立時からさかのぼり、特に保守政権下（1995 ～ 2007年のジャック・シラク、2007 ～ 12年ニコラ・サルコジ大統領のもと）を中心にその時期における教員養成に関する動向について明らかにする。この時期はフランスにおける議論動向とボローニャ宣言（1999）にはじまる議論動向が交錯する時期である。両者の関係にも注目する。

　また、「教員養成制度」及び、そこで育成が求められる、「教師に求められる能力」にも注目する。教員に求められる能力は「教科（disciplinaire）の専門的知識」「教科を教える（didactique）能力」、及び校種・教科に関係なくすべての教員に共通する「教職としての専門的能力」に分類できると考える。なお、日本では「教科の指導法」は「教職に関する科目」に位置付けられるが、

214

フランスでは教科に関する科目より（例えば、数学の時間に数学と教科指導法の両方が含まれる）の位置付けである。

　なお、本稿では政策文書のほか、教員養成カリキュラム、及び採用試験に関する文書を分析対象とする。

1. IUFM 設立当初の教員養成制度

1-1　IUFM の設置の背景

　IUFM の設置以前、初等教員の養成機関は、各県に設置された師範学校であった。この学校は、戦後間もない頃には、高等小学校あるいは前期中等学校を卒業した生徒を受け入れ、学生は、バカロレア資格取得のための学習と並行して教職課程を履修することによって初等教員資格の取得を目指した。その後、1968 年の 5 月革命を経て入学資格がバカロレア資格取得に引き上げられ、2 年間の養成課程が設置されるに至る。

　一方で、中等教員の場合には、主として、コレージュ（中学校）の教員、リセ（高校）の教員、大学での教授資格を有するアグレジェ教員が存在した。コレージュの教員は、各大学に設置された教員養成センターにおける 2 年間の養成教育を経て教員となった。リセの教員の場合は、大学を卒業した後に、大学区に設置された地方教員養成センターでの 1 年間の養成教育を経て教員となった。また、学生のなかにはアグレガシオン試験を受けて合格し、大学で教授する資格を有するアグレジェ教員となる者もいた。

　複線型の教員養成制度は、学校制度の民主化と就学期間の長期化にともなって変更を余儀なくされる。いわゆる統一学校は、1963 年に、当時の国民教育大臣であったフーシェによるコレージュの改革に始まる。その改革で、前期中等教育段階においてすべての生徒は同じタイプの教育施設に就学することが予定された。しかし、現実には、中等教育終了後に高等教育につながる普通教育コース、技術教育につながる就職コース、その他のコースと複数の系統が存在した。この系統が実質的に廃止され、前期中等教育段階にある

すべての生徒が同一のコレージュに進学することになったのは、1975 年の、国民教育大臣アビによる単線型学校改革を待つことになる。

この改革では、単一のコレージュにすべての生徒が入学することによって、それまで系統立てられていた学校制度のなかでは見えなかった学業失敗の問題が顕在化することになる。つまり、それまでは学校の系統ごとに生徒に均質性があったが、改革後に生徒の学力の差が顕在化することによって、教員は難しい現実に向き合うこととなる。

一方で、中等教育の大衆化は、より多くの教員需要を生み出すことになる。折しも、社会の情報化が進むとともに社会の変化が急速化し、また、複雑化した。加えて、第三次産業部門に高度に養成された人材のニーズが高まることによって、生徒たちにより高度な学習経験が求められるようになったのである（Danvers, 2008: 89–93）。

こうした社会状況に対する国の認識を示すものとして、ジョスパン法第 3 条が掲げた、2000 年にバカロレア試験の合格者を 80％にするという目標を挙げることができるだろう。実際のところ、バカロレア取得者（普通教育・技術教育）は、1980 年の 26.5％から 1990 年には 44.4％となり、1995 年には 62.9％となったが、目標である合格者数 80％の達成には遠いものであった。しかし、その施策の過程において生徒数が大きく増加し、1985 年から 1995 年において、リセの生徒数は 25％増加した。だが他方では、その期間に、教員の数が大きく不足する状態に至り、1988 年には、中等教育に関して言うと、2,597 名の教員が不足していたとされる（Danvers, 2008 : 92）。

こうした教員不足の背景には、当時の教員の給与が決して恵まれたものではなく、また、多くの多様な生徒を抱える一方で、教員としての養成課程で蓄積される知識が他の高等教育の領域に比べると少ないとみられていたがために、教員のキャリアは一般的に低く見られる傾向があったことを指摘することができる（Danvers, 2008: 93–95）。

こうして、教員の養成は、生徒数の爆発的な増加に対応するために、量と質の問題を合わせて解決することが求められるに至った。教員養成のための新たな教育機関の創設は、それらの緊急を要する重要課題への答えとならなければならなかった。つまり、教員という職業をその職責にふさわしいもの

にすること、初等教員と中等教員を同等の身分にすること、そして教員に求められる能力を高めることであった。こうして、教員という職業を社会一般に対してより魅力のあるものにし、新しい教育課題によりよく適応することができる教員の養成が準備されることになる。

1-2　IUFM の設置

　ジョスパン法には、その第17条でIUFMの設置が定められた。IUFMは、先に見たように、学校教育の民主化とともに顕在化した教員の数と質の問題を解決するために、従来は別系統でなされていた初等教員養成と中等教員養成を同一の機関で行うものである。

　そして、IUFMでは、IUFMに学ぶ学生に、新しい時代にふさわしい教員に求められる初等教員と中等教員に共通する資質能力として次の七つを挙げている（Danvers, 2008: 95）。

　　・教育現場での教育活動計画全体を組織すること。
　　・教育実践を準備・実施すること。
　　・教育実践を展開・調整し、それを評価すること。
　　・教育活動に関係する現象を管理すること。
　　・個々の学習活動において、生徒に求められる援助を行うこと。
　　・前向きな職業計画の出現に資すること。
　　・学校内外の関係者と共同すること。

　IUFMの入学時には、学士号が求められる。IUFMでの学習期間は2年間であり、第1学年は教科学習と教職教養を学ぶことになる。採用試験に合格すると試補教員として採用され、給与の支給を受けながら教職・教科教育の学習、現場での教育実習、そして卒業論文をまとめるための時間にIUFMの第2学年が当てられる。そしてこれらの課程を修了することによって、正式に教員として採用されることとなる。

　なお、従来は「教諭」であった初等教員は中等教員と同じ単一の養成機関

第10章　フランス保守政権下の教員養成制度と教員に求められる能力　217

を経ることによって「教授（Professeur）」としての身分を有することになる。

1-3　IUFM 設置の意義と残された課題

　この項目については、意義及び課題が多岐にわたるが、そのいくつかに限って触れておきたい。

　IUFM の設立は、初等教員とそれを養成する側に恩恵をもたらした。IUFM で養成される「教諭」は、「教授」という社会的に高い評価を有する肩書きを持つことになった。彼らは、「バカロレア＋3 年」で採用され、以後は、もはや B ランクではなくて A ランクの公務員のカテゴリーに属することになった。それゆえに、待遇面では、中等教員のレベルに達することになる。

　初等教員と中等教員の養成を IUFM によって一本化することは、初等教員と中等教員との間にあった地位の差異をなくすものであって、それは、20 世紀初頭から構想されてきた統一学校の理念に大きく近づくものであった（Sicard, 2011: 167–8）。

　また、IUFM の設立は、初等教員を養成してきた師範学校の関係者にも恩恵をもたらすことになる。IUFM は、「師範学校の壁のなかに設置された」。師範学校の多くの教授たちは IUFM に在籍し、多くの師範学校の校長たちは IUFM の副校長になった。かつての師範学校の教員や校長たちは、IUFM が設立されることによって社会的な地位の向上を果たすことになる（Sicard, 2011:168）。

　しかし、IUFM の設立は、内部で行われる養成教育に関していくつかの課題を生じさせることになる。

　まず、IUFM でなされる養成教育の質と適切さが議論の的となった。たとえば、IUFM において与えられる養成教育は、伝統的な教授法ではなくて「児童中心主義」に基づくものであった。教育は、もはや生徒に知識を伝達することを請け負うのではなく、学ぶことを学ぶのであって、子どもはその能力を獲得する適切な当事者にならなければならない。そこでは、記憶や応用よりも創造性や活動性が高く評価される。

新しい教授法の鍵は、社会認識の対立であり、子どもたちはおのおのの答えをだし、多様な意見の対立は子どもたちを適切な解決策に向かわせるのであって、教員は可能な限り介入しない。あるいは、思考を発展させるために現象の把握から出発しなければならなかった。もちろん、学習の進行には、かつての教授法に比べて多くの時間が必要であるが、このことが、知識の伝達が軽視されたと批判されることになる（Sicard, 2011: 171-2）。

　また、初等教員と中等教員の養成を単一化することによって、それぞれに形成されていたアイデンティティの対立とも言えるものが存在した。初等教員は教授法を重視する。そして、かつての師範学校では、「カリスマ的、職人技的モデル」に基づく養成教育が行われてきた。一方で、中等教員の学際性を重んじるそれとは対立する。中等教員の養成は、大学で行われてきたので、職業的アイデンティティは、基本的に、学科目の学習と知識の伝達の論理にあったのである（Condette, 2007: 316-7）。

　教員のアイデンティティの隔たりを取り除くために、バンセル (Bancel) 報告による「総合的な養成教育」に共通する共通課程の創設と獲得されるべき能力の接近が企図された。しかし、IUFM での実際においては、養成教育の内容に関するバンセル報告とジョスパン法の曖昧さのために、望まれる方向には必ずしも進まなかった。反対に、共通の養成教育の計画は、強力に、教職団の間にあるかつての分断をよみがえらせた。中等教育関係者は、自らの領域の教育水準が低下することを危惧していた。中等教育関係者によると、単一の教員養成制度という考えは、理念的には重要であっても、初等教員の広範にわたる養成教育と学科目に強く根付いた中等教員のそれとの間には、基本的な相違が存続する。初等教員の広範性は、中等教育により影響され特化される養成教育と同一視されない専門的な養成教育を求めるし、学級での教育実践は同一ではないと彼らは主張する（Condette, 2007: 317）。

　実際の養成教育に関しても課題が明らかになる。養成教育の段階では、教員になる者に対して「本当の教育学的養成教育」を与えることが意図された。つまり、教員に共通して求められる哲学的省察、社会学的分析や心理学的素養を与えることが必要であって、単に教授法の基礎を与えることにとどまらない。しかし、先に見たように、IUFM での第 1 学年は、単に採用試験のた

めの準備をする一年に変容し、学際的な知識が集中した。そして、第2学年には職業専門的な養成教育が集中し、試補教員は現場の現実を知ることとなる。彼らは、IUFM での教育に関して、学級で出会うことになるであろう問題状況に対する具体的な答え、つまりある種の「レシピ」や緊張状態に対する奇跡的な改善を求めた。しかし、彼らは、理論的な教授学に中心を置く教育が現場の仕事の実際には少しも対応していない「現場からあまりにかけ離れた養成教育」と不満を持っていた（Condette, 2007: 317、et Sicard 2011: 173）。

　さらに、IUFM と大学との関係も両者間に摩擦をもたらすものになっていた。初等教員と中等教員の養成が IUFM に一本化されることによって、大学は伝統的な任務の一つとして有していた教員養成に関する影響力を減じられてしまう。研究の面において、科学性を重視する大学と学校や学級の現実を重視する IUFM では、相互に補完的な関係を築くには困難が大きかった（Condette, 2007: 317）。

　いずれにせよ、ミッテランの 1988 年の大統領選勝利の後に開始された教員養成の IUFM への統合は急速な改革であったために、多様な関係者の間に軋轢を生じせしめた。1993 年の社会党の歴史的な敗北の後、1993 年 7 月に国民教育大臣に提出された IUFM に関する報告書[2]には、IUFM が大学との関係や IUFM の位置、教員の配属や教育内容、卒業論文の位置付けなど課題が多岐にわたることが示されている。IUFM を廃止すべきとの声がある一方で、IUFM は、結果的に修正の方向で動き出すことになる。

2. 保守政権下の教員養成・高等教育の動向

　1995 年の大統領選挙でシラクが勝利し、フランスに 14 年ぶりに保守政権が発足することになる。教員養成の制度はどのように変容していくのであろうか。また、EU やヨーロピアン・ディメンジョンの影響はどのように表れていくのであろうか。本節はその点を検討する。

2-1 ボローニャ宣言とフランスの高等教育

1998 年 5 月のソルボンヌ宣言（Sorbonne Joint Declaration, Joint declaration on harmonisation of the architecture of the European higher education system, Paris, the Sorbonne, May 25 1998、フランス、ドイツ、イタリア、イギリスが署名）をうけて、1999 年 6 月のボローニャ宣言（The Bologna Declaration of 19 June 1999, Joint declaration of the European Ministers of Education, Bologna, 19 June 1999、31 カ国が署名）で、ヨーロッパ（EU 加盟国とは限らない）での高等教育制度において、ヨーロッパ内での雇用の流動をしやすくなるように容易に理解でき比較可能な単位制度、主として学部と大学院という 2 段階からなる制度、欧州共通単位制度（その後、"ECTS"（European Credit Transfer and Accumulation System）として実現される）、学生と教員の流動性を促進すること、質保障のためのヨーロッパ内での協力、高等教育におけるヨーロピアン・ディメンジョンの促進、の必要性がいわれた。ただし、ボローニャ宣言は「宣言」であって法的拘束力はない。

　フランスはソルボンヌ宣言（ソルボンヌ大学の 800 周年を記念している）のホスト国であったこともあり、ボローニャ宣言の実現化、すなわちボローニャ・プロセスに積極的であった。国内に大学とグランド・ゼコールという二元の高等教育機関をかかえていたため、学位の制度は複雑であったという事情もあった。アレーグル国民教育大臣はヨーロッパの学位制度にあわせるために LMD（3-5-8）のシステムを提案する。1999 年 8 月 30 日の省令（Décret no 99-747 du 30 août 1999 relatif à la création du grade de mastaire）によって修士号（Mastaire）がバカロレア取得 5 年後に、大学及びグランド・ゼコールで取得できることが規定された。2002 年から施行されていく。それまでは、学士課程後に 1 年で修士（Maîtrise）の学位取得が可能であった。

　すなわち、フランスでは Baccalauréat, Licence, Mastaire, Doctorat という四つの学位にまとめられる方向に動くこととなり、大学以外の高等教育機関（グランド・ゼコール以外にも BTS などがある）も含めて欧州共通単位互換制度のもとでまとめられる方向となった。

　学位制度の統一は資格制度の統一とある程度リンクすることになる。すでに述べたように、フランスの初等中等教員には修士号を所持していることは

第 10 章　フランス保守政権下の教員養成制度と教員に求められる能力　221

必須の条件ではなかった。教員資格制度はのちに、2010 年から修士号要求
（mastérisation）が行われるようになる。

2-2　2005 年学校基本計画法（フィヨン法）の制定までの動向と　　　教員養成

2002 年の大統領選挙でシラクが再選し、保守政権がつづくこととなる。
国民教育大臣はフェリー（在職 2002 年 5 月〜 2004 年 3 月）によって、かつて社
会党政権時代に制定されたジョスパン法に加える新たな教育基本法制定への
動きがはじまる。

保守政権のもとで国民教育大臣であったフェリーは『学校を愛するすべて
の人のために』（Ferry, 2003）という書物を出版する。同書で彼は新たな討論
の必要性を訴えかけ、その理由の一つとして彼は「教員養成の改善」をあげ
ている。そこで彼は IUFM で習得すべき知識が「寄せ集め」のような状態
であり、「必要とすべき知識の習得」を主張している（Ferry 2003: 17）。そして、
テローを委員長として、「学校の未来のための国民討論委員会（Commission du
débat national sur l'avernir de l'École)」が設立された。

2003 年 11 月 17 日から 2004 年 1 月 17 日にかけて行われた討論はフラン
ス全国各地で 15,000 回にのぼるとされる。100 万人以上の参加者があり、半
数が教員であった。電子メールでの意見集約もなされた。委員会のホーム
ページには 40 万のアクセスがあり、5 万の電子メールでの意見がよせられた。
委員会への手紙も 1,500 通にわたった。あらかじめたてられた討論の柱の一
つとして「どうやって、教員を養成し、採用し、評価して、職能成長をさせ
るのか」というのがあった。討論が行われた場所は小学校、コレージュ、リ
セだけでなく IUFM においても討論が行われていた。学校以外の場所におい
ても大学区単位で、郡（arrondissement）単位でも行われていた。

意見は専門家により分析、統合されて『討論の鏡（Le mirroir du débat)』と
いう報告書にまとめられる。そのなかでは、教員の「採用」「養成」につい
ても言及されている。「採用」試験に関しては、知識偏重で教授学、心理学、
コミュニケーションのコンピテンシーが見られていないことが指摘されてい

る。「養成」に関しては「理論偏重」であることが指摘されている。

　IUFM での討論はやはり教員養成にかかわることが多かった。報告書では各 IUFM の意見が集約されている。そのなかで、採用試験のうち少なくとも受験資格試験は学士課程修了後に行うべきという意見もだされた。IUFM からあがってきた意見でもっとも多かった意見は「能力の多面性（polyvalence）」であった。すなわち、「市民・法律・社会」という学際的な教科がリセに設置された時期（1999 年より必修教科として導入）において、各教員が専門分野をもち協力することと多面的な能力をもつことの必要性がいわれた（Commission du débat national sur l'avenir de l'École 2004a）。

　フェリーの後に国民教育大臣となったフィヨン（在職 2004 年 3 月〜 2005 年 6 月）はこの路線を引き継ぐ。そして、2004 年 10 月には委員会による報告書が出される。それは『すべての児童生徒の成功のために』と題されている。

　同報告書では「教員の仕事の再定義」という章もあり、教員の役割として、「知識を教える（instruie）」だけではなく、「しつける（éduquer）」ことも強調されている。そして、職業的コンピテンシーにもとづいた教員採用ということもいわれている。（Commision du débat national sur l'avenir de l'École, 2004b）

　フィヨン法制定までにあたって、各所で集会がひらかれる、教育関係者を中心にして意見がだされる、意見が集約されて本が出版されるなど、民主的な過程が保障されていたと評価することはできよう。また、学校の役割として「しつける」ことが強調されたが、フランスにおいては市民教育（éducation civique）という教科が道徳教育の役割を果たしている（大津尚志, 2003）。そこではフランスにおいて歴史的に形成された「共和国の価値」を教えるものであって、特定の教義を教えるものではないことは、いうまでもない。例をあげると、「フランスの民主主義のなかで、他者とともに生きることができるようにする。」、あるいは「平等」という価値概念から「宗教や外見などで差別なく人と接することができるようになる。」といったことをさす。

　後述するが、これらの議論動向は、たとえば採用試験に「国家公務員としての倫理」が出題されるようになるという点などでフィヨン法のあとにでる政令・省令などに影響を与えることになる。

2-3　フィヨン法の制定と教員養成

　これらの議論をうけて、フィヨン法ではどのような規定がおかれたのであろうか。

　フィヨン法第2条によって、学校の第一の使命は「知識の伝達」にくわえて「共和国の価値の共有」をさせる場所であること、「職務の行使において、教職員はこの価値を実践する」ことが定められた。「共和国の価値」すなわち、「自由」「平等」「連帯」「ライシテ」は教職員が公務員として持つべき価値であり、それを生徒と共有するのが学校の役割とされた。この点は詳しくは後述するが、教員採用試験にも影響をあたえることとなる。

　第9条によって、義務教育は知識、コンピテンシーの「共通基礎」を児童生徒に保障しなければならにことを規定した。「共通基礎」に関しては、具体的には翌2006年に政令で詳細に7項目にわけて規定される（B.O., no.29 du 20 juillet 2006）。それぞれの領域について児童生徒が習得すべき「知識（connaissances）」「能力（capacités）」「態度（attitudes）」を定めている。知識をみにつけ、それを活用する能力をもち、日常の態度に反映させること児童生徒に保障することが教員の役割とされたわけであるから、教員養成にも影響をあたえることとなる。立法前の議論で「行動規範」とあったのは「態度」という表現に改められた。

　第43条により、「教員養成はIUFMによって行われる。IUFMは採用試験の準備をする学生……を受け入れる。」「IUFMにおける教育は、教育高等審議会の意見をうけて高等教育及び国民教育に責任をもつ大臣の省令が定める基準に従う」とある。第44条で「IUFMは……大学の一部をなす附設学校と同一とみなす」とあり、さらに「必要があるときは、他の高等教育機関と協定を締結することができる」とある。さらに、IUFMに2010年までに大学への統合をうながす規定がある。すなわち、フィヨン法は法律でIUFMに言及はしているものの、後の改革の詳細は省令などにゆだねられていることとなる。

　フィヨン法には附属報告書が存在したが、憲法裁判所の判決により法手続き上の問題で違憲とされ、法的な効力を有しない。ただし、政府は同法にも

とづく教育改革の基本方針としている（文部科学省, 2007: 21-39）。実際にその方向で政策が動いたことは明らかである。

同報告書には、「教員養成をヨーロッパの学位体系に組み込ませる」「修士号取得のために単位に認定する部分を明示する」とあるが、「IUFM の教員養成課程を大学が提供する修士課程に寄り添わせ、IUFM を大学の構造に統合することは、大学における質の高い研究の発展を促進するであろう」と述べるにとどめ、いまだ同時に第一学年で試験準備を行うことには変更はないことも言っている。また、2 年間の学修による修士号授与を要求してはいない。

同附属報告書では「教員養成の専門的特性は国の責任による大綱によって保障される」「この基準は教育高等審議会を経て……大臣が策定する」とある。

フィヨン法は 9 名の委員（大統領が 3 名、公民議会議長が 2 名、上院議長が 2 名、経済社会評議会議長が 2 名を指名する）からなる「教育高等審議会（Haut Conseil de l'éducation）」の設置を規定している（第 14 条）。教育高等審議会は 2006 年 10 月 31 日に「教員養成のための勧告（Recommandations pour la formation des maîtres）」をだしている。

同勧告は 3 部構成をとっている。第 1 部は教員養成における原則についてである。10 の原則があげられている。

教職の仕事にかかわるもの（第 1 原則「教師の仕事にむけて養成すること」）、教科教育にかかわるもの（第 2 原則「すべての教師に確固となる教科教養を保障すること」「「共通基礎」とむすびついた教員養成を保障すること」）、の双方があげられることにはじまり、第 6 原則で「IUFM の 2 年次での学習の体系化」、第 7 原則で「初任者の教職養成の強化」、さらに第 9 原則で「継続教育の義務化」と続く。

他に第 4 原則で「ヨーロッパ的視野をもつこと」、第 8 原則で「教員養成を社会にひらく」と、フランス内にせよヨーロッパ内にせよ他所とむすびついた教員養成がいわれる。

第 10 原則で「大学との「信頼の契約」をむすぶ」、また第 5 原則で「研究の結果から教授方法をひろめること」がある。IUFM は徐々に大学の一部と

第 10 章　フランス保守政権下の教員養成制度と教員に求められる能力　225

なっていくとともに、後の修士号要求とともに研究機関としての位置付けも強まる。

教員養成において、教員となる人は「「共通基礎」を教えられるだけの知識を有する人」であることは当然の前提とされる。しかし、それだけでなく、「教職にふさわしい人」（例えば「学習困難にある生徒を教えることができる」、「父母との関係がつくれる」など）が求められている。

本報告書第2部は教員養成の「成功の条件」すならち、教員養成のための外的条件について10項目の記述がされている。学士課程もふくめた大学教育の重要性、教育実習の重要性、採用試験の改革、IUFM第2学年の学修において教職に関する専任教員の任用、IUFM第1学年における2回の実習の必要性、修士課程ECTSの単位取得、現場経験のある教員（formateur）の必要性、教師教育研究の必要性、大学との密接な連携、があげられている。

これらの条件整備に関することについては、一部のIUFMですでに行われていたことでもあるが、その後のIUFM改革の指針になったことは間違いがない。ただし、ECTSの導入は行われたものの、ヨーロッパの他国との単位互換や、ヨーロッパ他国での実習などはその後活発に行われるようになったとはいえない。

第3部は「教員の職業的コンピテンシー」についてであるが、10項目があげられている。これらは本報告書第1部をうけているのは明らかである。それは次節にのべるとおりに、項目の順序はかえられた（当初10番目に「教育の公役務にたずさわる者として倫理的に責任ある行動するコンピテンシー」という項目があったが最初にうつされた）、次節にのべるとおりに省令としてだされることとなる。（Haut Conseil de l'Education 2006）

3. 教員養成のスタンダード

フランスにおいて教員養成に関するスタンダードが作成されるのは、これまでにも、存在した[3]。しかし、これから言及するものほど体系的なものではない。

2006 年 12 月 19 日付けで前にものべた教育高等審議会の答申をうけて「IUFM における教員養成の大綱」という省令が出された。その附属書類で「教師に求められる職務能力」が規定された[4]。2010 年 7 月 18 日付け省令でデジタル教材などについて若干の加筆修正を加えたものが、「教員、司書、生徒指導専門員の職務遂行にあたっての能力の定義」[5] という文書が省令として出されている。2006 年版と同様に、以下の 10 項目が挙げられていることにはかわりがない。（B.O., no. 29 du 22 juillet 2010）

1. 「国家公務員として倫理的で責任のある行動」
2. 「教育し、伝達するためにフランス語を習得すること」
3. 「教科の習得と、良い一般教養を身につける」
4. 「教育を理解し実行する」
5. 「学級での学習を組織する」
6. 「生徒の多様性を理解する」
7. 「児童・生徒を評価する」
8. 「ICT を習得する」
9. 「集団で働き、親や学校のパートナーと協力する」
10. 「自己研修とイノヴェーション」

それぞれについて、教師がもつべき「知識（connaissances）」「能力（capacités）」「態度（attitudes）」を定めているのは、児童・生徒にとっての「共通基礎」と同じである。

筆頭に挙げられている「国家公務員として倫理的で責任のある行動」をみると、「知識」としては「共和国に関する価値（自由、平等、友愛、ライシテ、あらゆる差別の拒否、男女共学、男女平等など）」といった価値と、「フランス共和国の教育政策、制度」「学校内の制度」「子どもの権利条約」「子どもの安全の確保」「公務員に関する法典」など教員という仕事にかかわる事項、「フランスの政治や経済状況」といった学校外の状況にかかわる事項があげられている。

「能力」としては、公役務の実施にあたってそういった知識を使用するこ

とのほか、「児童生徒の健康、危険な行動、極端な貧困、虐待といった固有の困難のサインにきづくこと」「内外のパートナーとの協力」といったことがあげられている。

　「態度」としては、「共和国の価値を理解し共有すること」すなわち、教師が共和国の価値を持ち、子どもと共有する方向で行動する態度を示すことが求められている。公務員として行動することが、そのまま教員の職務倫理、義務論として語られている。

　上記は項目数からみると教科に関する事項（2、3）、教科指導に関する事項（4）は少なく、むしろ教職に関する事項のほうが多数をしめる（1、5、6、7、9）。それでは、それに合わせて教員養成や採用試験はどう変容していくのであろうか。

4. 「修士号要求」以降の教員養成

　すでにのべたボローニャ宣言の影響をうけて、フランスでは2010年度採用からは「修士号」を所持していることが必須の条件となった。職業資格に関しても統一化がはかられる傾向が生じた。ボローニャ宣言には法的拘束力はないために、2015年現在すべての関係する国で初等中等教員に修士号要求にはなっていない。資格の統一化は、EU間の教師の移動を容易にするためでもある（B.O., no.1 du 7 janvier 2010）。移行期間を経て、各IUFMは大学との統合、提携を目指すようになった（京免, 2009）。IUFMは大学附設でなく大学内にあるものという位置付けになる。当然人的な問題や授業を行う場所という問題が発生する。IUFMで授業を担当していた教員もIUFMの教授ではなく、大学の教授がIUFMの校舎で授業をするという形態をとるようになっていく。かつて師範学校の時代からは、元小学校・コレージュ・リセ教員であるゆえにIUFM教員になることがあった。修士号要求以降は修士号を授与する機関として、大学所属教員としてIUFM教員となる、教授（professeur）、講師（maître de conferences）となるためには、博士論文（thèse）を書いていることが必須要件となっていった。博士号をもっていなくても、初等中等教員

免許状（agregé, certifié）を授与されている人が、IUFMでは実習の事前・事後指導やTD（Travaux dirigée, 指導付き学習）の担当者として教員養成官（formateur）になることはある。

それまで、IUFM1年次修了後に「事実上の採用試験」があり2年次には合格者のみが進級できた。そして、2年次は実習と学習を並行して行うというシステムであった。

修士号要求後には2年間の学習となる。2年次に実習は存在はするが、実習期間は短くなり、実習によって職業的技能を習得する時間は減らされることになる。

それでは、修士号要求以後の教員養成カリキュラムはどうなったのか。学修機関が2年になったものの（4セメスターで各30単位のECTS、計120単位が要求される）、前述した理由もあって博士論文を書いている教員が単位認定権者として授業を担当することが多くなるゆえ、教員という職業に関する実践的なことよりは教科的な授業内容の単位数が増えることとなる。

IUFMのカリキュラム内容をみると、教科（教科に関する知識・認識論、及び教授法の双方を含む）が圧倒的に重視されている。全校種・教員に共通する教職に関する学習の時間はきわめてわずかである。初等教員の場合は教授法（didactique）に関する時間もとられる。

多くを占めるのは小学校の場合各教科（特にフランス語、数学）の教科、教授学、認識論である。教職に関する科目（子どもの心理学、教育制度など）の時間はわずかである。実習及び事前事後指導の時間も少ない（大津尚志, 2014）。

中等教員になると、たとえば「歴史・地理」であれば「受験資格試験」の試験範囲は事前に公開されているのでその分野を深くほりさげることが中心となり、教科指導法よりは教科（disciplinaire）に関する知識・認識を深めることがIUFMにおける中心となっている。

たとえば、2012年の歴史・地理科であれば、出題範囲は以下のように事前公開されている。

表-1 2012 年度「歴史・地理」中等教員受験資格試験 出題分野

歴史	地理
・紀元前 7 世紀から 3 世紀おわりまでのギリシャの離散（地中海、近東）	・フランス：都市におけるフランス
・14 ～ 18 世紀の仏伊の君主と芸術	・カナダ、アメリカ、メキシコ
・帝国時代の植民地社会（アフリカ、アンティル、アジア　1850 — 1950）	・紛争地域における地理

　なお、出題分野は例年三つであるが、毎年若干の入れ替えは行われる。

　IUFM のカリキュラムをみると、試験に合わせた分野を学習することになっているのが明白である。例えば、IUFM パリ校で 2012 年度後期は「紛争地域における地理」（2012 年度もそれが出題分野であった）に関して、「紛争と空間的正義」「バルカンにおけるアイデンティティと紛争」「水と紛争」など毎週タイトルをつけたオムニバス講義（各回ごとにその領域を専門とする教員が担当する）がくまれている。出題分野にあわせた「参考書」が出版されてもいる[6]。予告されている分野を「狭く深く」学習することがほかの分野の教授法にもつながると考えられているといえる。教職に関する科目や実習及び実習の前後指導の時間も設定はされているが、わずかにしかとられていない。

　これまで「教科の指導法」「教職としての能力」を重視すべきという議論が行われてきたにもかかわらず、修士号要求により「教科に関する知識」をさらに重視する方向に動いたといえる。

5. 修士号導入以降の教員養成

　フランスの教員採用試験は受験資格試験（admissibilité, 筆記）、採用試験（admissable, 口述）があるのは初等学校・中等学校のいずれにおいても、どの教科でも同じである。

5-1 初等教員採用試験

初等教員採用試験は、まず受験資格試験では、まずフランス語と算数を中心に筆記試験がある。その形式は以下のとおりである。

表-2 初等教員受験資格試験の構成

試験内容	テスト方法	配点指数	時間
フランス語、歴史、地理、市民・道徳	フランス語：テクストの総括あるいは分析、解釈（6点）＋言語に関する三つの質問（6点）歴史、地理、市民・道徳：2問への解答（8点）	3	4時間
算数、実験科学、テクノロジー	算数：2、3の問題、演習（12点）科学とテクノロジー：文書にもとづく2、3の質問（8点）	3	4時間

Concours des professeur des écoles 2013, Foucher, 2012, p.10. に基づき筆者作成

表-3 初等教員採用試験の構成

試験内容	テスト方法	配点指数	時間
算数の授業の一部を準備することと、質疑（受験者の選択により）視覚芸術、音楽、体育・スポーツ	2部に分割した試験 第1部 抽選で選んだテーマについて、授業の一部について、小学校学習指導要領にある観念や内容についての論拠づけられたプレゼンテーションをする。次いで、試験官と質疑を行う。	3	準備1時間 発表20分、質疑20分
	第2部 選択した領域について事前に準備した発表を行う。次いで試験官と質疑を行う。		発表10分、質疑10分
フランス語の授業の一部を準備することと、「国家公務員として倫理的に、責任をもって行動する」：能力に関する質疑	2部に分割した試験 第1部 文書（テクスト、音声、図像など）から出発して、授業の一部について、小学校学習指導要領にある観念や内容についての論拠づけられたプレゼンテーションをする。次いで、試験官と質疑を行う。	3	準備1時間 発表20分、質疑20分
	第2部 試験の最初に配布された文書から出発して、質問に答えながら発表を行う。ついて試験官と質疑を行う。		発表10分、質疑10分

Concours des professeur des écoles 2013, Foucher, 2012, p.10. に基づき筆者作成

初等教員試験[7]は、採用試験で実際に授業を行うことまで含まれるなど、教授法に関する試験の割合が高い。「国家公務員として倫理的に責任をもっ

て行動する」は 2010 年度の採用試験から加えられた。ここで言う「倫理的」とはもちろん特定の教義にもとづいた倫理ではなく、国家公務員としての働くうえで、フランス共和国において長年にわたって蓄積された価値（人間の尊厳、自由・平等、公教育のライシテ（非宗教性））についての理解や、フランスの教育制度の理解、公務員として規則を尊重して行動する態度について、また教育政治の最新の動向について、ということが試験でとわれる。フィヨン法で学校の使命は「共和国の価値を共有」することが規定されたこともうけて、教員にも共和国の価値の理解が当然のごとく求められることになった。

たとえば「宗教上の理由で男女が一緒にはいるプールの授業を拒否する子どもに、停学を命じた校長の是非」などといった問題が出題される。学校関係法令についてもそれを運用する能力を口述ですぐに説明できる能力まで求められている[8]。

5-2　中等教員採用試験——歴史・地理科を例として

中等教員受験資格試験は歴史・地理各分野ともに少なくとも一方は資料（documents）を提示されて作文を書くという形式である。

表-4　中等教員受験資格試験（歴史・地理科）の構成

試験内容	テスト方法	配点指数	時間
歴史	歴史に関する試験（作文）	3	5 時間
地理	地理に関する試験（作文）	3	5 時間

2013 年度の歴史の問題は「16 世紀と 17 世紀のフランスとイタリアにおける君主の財産と芸術について」というのみである。

地理の問題は、「フランスの郊外、その多様性と社会的空間」というテーマで、「Langdoc-Rousillon では都心と周囲はなお魅力的であるのか。（中心部のみ人口は横ばい、周辺部、郊外は人口増というデータを示して）」「Toulouse の雇用条項（中心部に雇用がふえているデータを示して）」「都心の危険を感じる地域の住民と社会的リスクを感じる地域に関する文章」「森のなかに住宅（アパート）

232

がたつ Gagny 市の写真」という、五つの資料を示しての論述である。

論述試験で試験官が求めることといえば、受験参考書によると、「論理的に厳格であること」「作文の形式をふまえていること（序論、本論、結論。さらに本論のなかで 3 部にわけての展開）、テーマをよくよみ、問題を浮かび上げられること、が挙げられている（Molinié et al, 2014）。

表-5 中等教員採用試験（歴史・地理科）の構成

試験内容	テスト方法	配点指数	時間
文書にもとづく質疑	以下のことがみられる。 ・科学的、専門職的教養 ・文書にかかわる教科内容、教育内容の知識 ・教科の目標についての考察、別の教科との関連性についての考察	3	準備 4 時間 発表 30 分、 質疑 30 分
	第 1 部 （14 点） 受験生は歴史あるいは地理を抽選で選択する。（抽選であたらなかったほうが第 2 部で問われる） 受験生は関係資料を授業でどのように使うかを示す。教育方法(didactique et pédagogique) についてもかかわる。		
	第 2 部 （6 点） 「国家公務員として倫理的に、責任をもって行動する」能力に関する文書にもとづいた質疑		発表 10 分、 質疑 10 分

Arrêté du 28 décembre 2009 fixant les sections et les modalités d'organisation des concours du certificat d'aptitude au professorat du second degré にもとづき、筆者作成。

2013 年は歴史では「歴史家にとって時代区分をする意味とは？」、地理では「持続可能な開発のための教育」に関する問題であった。

採用試験に関しては、当日みた文書をもとに口頭で発表・質疑の試験を行うということから、歴史学・地理学に対する深い認識、及びそれをわかりやすく理路整然と説明ができる能力、また資料を基に話を組み立てる能力、すなわち授業をする能力をみているともいえる。

第 2 部で、「倫理的で責任ある国家公務員として行動する」については、2012 年の試験問題をみると、歴史は、高校の「市民・法律・社会」の学習

指導要領を文書として示されたうえで、「どうして論拠付けられた討論を行うことは、あらゆる市民性にむけての教育にとって必要なのか？」という質問をするものであり、地理では「公共の場でのデモに対する県警察の役割」に関する文書を示されたうえで、「道路は表現の場か？」という質問がされる。

　以前からフランスの教員養成は「教科に関する科目」重視で行われていたが2年間の学修と修士号要求とともにより一層その方向にすすんだといえよう。それは、試験内容からしても明白である。修士号要求以前の時代とくらべて、採用試験から模擬授業がなくなったこともその表れである。口述試験に多くの時間をとることによって、「教科教育法」の能力をみている面があるとはいえる。教授法よりは教科に関することに重点がおかれていることは明らかである。

おわりに

　フランスの教員は「教科教育を行う人」であり、教員採用においても「教科に関する科目」に関する比率が非常に高かった。教育高等審議会の審議をへて教員スタンダードがつくられ、ある教科の指導ではなく教職という職業に関する仕事に関する能力が多く求められるようになった。しかし、採用試験では初等教育では教科及び指導法、中等教育では教科に関することが圧倒的に重視されることはかわっていない。修士号要求のこともあって、IUFMのカリキュラムにおいても同様であり、また博士号をもつ研究者が教員養成にかかわることが増える傾向もあって、特に中等教員養成では、教育実習など教育現場に近いことを学ぶ時間もあるものの、教科（それも指導法ではなく）に関する学習が求められることになった。

　2010年の修士号要求によって、2年間の学修及び修士論文の作成が求められるようになって、より高度な知識教育が教員養成において行われるようになったといえる。修士号要求により学修によって取得する単位数はふえ、それも教科に関する学習がより中心的になったといえる。一方で「公務員として倫理的に行動する」ということが採用試験において出題されるようになっ

た。それは日本の「人物重視」の教員採用ゆえに行われる面接試験とは大いに異なる内容である。

　なお、IUFM は 2013 年新学期より教職教育高等大学院（ESPE, écoles supérieures du professorat et de l'éducation）と名称をかえ、ふたたび一年次終了後に採用試験（受験資格、採用試験の 2 回にわたる）を行うなど、試験方法も変更された。1 年目は「半時間（mi-temps）」教師として、初等教育であれば週 2 回（月火か木金）と隔週の水曜日午前、中等教育では正規教員の半分のコマ数の責任をもって担当し、のこりの時間は学習や実習の振り返りを行うこととなった。さらに引き続き修士論文なども課せられる。教員養成及び採用において「職業的な要素」が重視されるようになった。新たな教職員の資質・能力に関するスタンダードも出された[9]。さらなる動向に注目する必要がある。
（なお、本稿は、はじめに、第 2 節以降を大津尚志が、第 1 節を松原勝敏が執筆した）

［注］

1　フランスの教員養成に関する先行研究としては、小野田正利（1997）、園山大祐（2002）、フランス教師教育研究会（2003, 2004）、田崎徳友（2005）、上原秀一（2006）、古沢常雄（2010）、など多数にのぼる。いずれも修士号要求以降の動向には深く言及されていない。

2　KASPI, André, 1er juillet 1993, *Rapport sur les instituts universitaires de formation des maîtres.*

3　Note de service no.94-271 du 16-11-1994, Annex II, B.O., no.43 du 24 novembvre, 1994, pp.3140-3143., Circulaire no.97-123 du 23-5-1997, B.O., no.22 du 29 mai 1997. などがある。

4　翻訳としては、大津尚志（2008）がある。

5　翻訳としては、大津尚志（2011）がある。

6　例えば、「紛争地域における地理」に対応する参考書として、Cattaruzza, Amaël., et Sintès, Pierre.（2012）などが出版されている。

7　なお、修士号要求以前の初等教員採用試験にたいして考察を加える文献として、上原秀一（2009）がある。この時代においても、「教職教養」より「教科内容（特にフランス語と数学）」に重点がおかれていたことを、上原は指摘している。

8　上原、前掲参照。日本の教員採用試験の「教職教養」のなかの「教育法規」の出題は「条文の暗記」を問うものが多い。

9　翻訳としては、上原（2017）がある。

［文献］

上原秀一（2006）「フランス」文部科学省『諸外国の教員』国立印刷局、109-151 頁。

上原秀一（2009）「公立小学校教員採用制度の日仏比較」『宇都宮大学教育学部紀要』第
　　60 号、15-26 頁。

上原秀一（2017）「フランス」『諸外国における教員の資質・能力スタンダード』国立
　　教育政策研究所、25-35 頁。

大津尚志（2003）「フランスのコレージュにおける公民教科書分析」『公民教育研究』第
　　10 号、67-77 頁。

大津尚志（2008）「フランスの教師に求められる職務能力」『日仏教育学会年報』第 14 号、
　　147-154 頁。

大津尚志（2011）「教員、司書、生徒指導専門員の職務遂行にあたっての能力の定義」
　　文部科学省委託事業「教員の資質能力の向上に係る基礎的調査」『非教員養成系
　　大学教職課程における「学びの実効性」と教員の「資質能力の向上」に関する研
　　究』183-193 頁。（http://www.mukogawa-u.ac.jp/~edugrad/itakujigyohoukokusyo3.pdf、
　　2016.1.23）

大津尚志（2014）「フランスにおける教員養成と採用の接続」『教員養成と採用の接続に関
　　する国際比較研究プロジェクト報告書』東京学芸大学教員養成カリキュラムセンター、
　　31-42 頁。

小野田正利（1997）「大学付設教師養育部による初等・中等教員養成制度統一の意義と課
　　題」小林順子編『21 世紀を展望するフランス教育改革』東信堂、235-255 頁。

小野田正利、園山大祐（2007）「フランスにおける『知識・技能の共通基礎』の策定の動
　　向」山根徹夫『諸外国における学校教育と児童生徒の資質・能力』国立教育政策研究
　　所、30-61 頁（http://www.nier.go.jp/kiso/sisitu/foreign.pdf, 2016.2.16.）

京免徹雄（2009）「教員養成大学センター（IUFM）の大学への統合」『日仏教育学会年報』
　　第 15 号、162-165 頁。

園山大祐（2002）「フランスにおける教師教育大学院（IUFM）の問題と展望」『日本教師
　　教育学会年報』56-63 頁。

田崎徳友（2005）「フランスの教員養成」日本教育大学協会編『世界の教員養成 II』学文社、
　　49-73 頁。

フランス教師教育研究会（2003）『フランスの教員と教員養成制度　Q & A』、科学研究費
　　補助金研究成果報告書。

フランス教師教育研究会（2004）『フランスの教員養成に関する研究』科学研究費補助金
　　研究成果報告書。

古沢常雄（2010）「フランスの教員養成はどうなっているのか」三石初雄、川手圭一編『高
　　度実践型の教員養成へ』東京学芸大学出版会、205-219 頁。

文部科学省（2007）『フランスの教育基本法』国立印刷局、21-39 頁。

Cattaruzza, Amaël., et Sintès, Pierre. (2012) *Géographie des conflits*, Bréal.

Commision du débat national sur l'avenir de l'École (2004a) *Les Français et leur École: le mirroir du débat,* Dunod.

Commision du débat national sur l'avenir de l'École (2004b) *Pour la résussite de tous les élèves,* La documentation française.

Condette, Jean-François (2007) *Histoire de la formation des enseignants en France (XIXe-XXe siècles),* L›Harmattan.

Danvers, Christophe (2008) *Réforme des IUFM vers une nouvelle professionnalisation enseignants?,* L'Harmattan.

Ferry, Luc (2003) *Lettre à tous ceux qui aiment l'école,* Odile Jacob

Garben, Sacha (2011) *EU Higher Edeucation Law,* Wolters Kluwer, pp.249-57.

Haut Conseil de l'Education (2006) Recommandations pour la formations des maîtres.

Molinié, Anne-Sophie et al. (eds) (2014) *Le CAPES, Histoire-Géographie, éprueuves d'amissibilité,* Armand Colin,.

Sicard, Germain (2011) *Enseignement et politique en France de la Révolution à nos jours (Tome I),* Godefroy de Bouillon.

第Ⅴ部

職業教育

第11章

フランス保守政権下における
技術・職業教育の改革と実際

堀内達夫

はじめに

　フランスでは、1981年の左派（革新）政権誕生以来、さまざまな政権すなわち左派単独、保革共存、右派（保守）単独政権が相次いで登場して、それらの下で教育改革が行われてきた。そのなかでも特に1989年の教育基本法と2005年の学校基本計画法及びそれらに基づく教育政策は、フランスの政治、経済、社会の変化・発展と教育の関係を考えるうえで、貴重な示唆を与えてくれる。筆者は、フランスの教育を対象とする研究者とともに、教育と政治・経済・社会との関連性を視点として、これまで以下に掲げる著作において、フランスの教育改革の全体像及び職業教育の特色を描き出す共同的な研究に従事してきた。すなわち、①原田種雄・手塚武彦・吉田正晴・桑原敏明編『現代フランスの教育　現状と改革動向』早稲田大学出版部（1988年）、②小林順子編『21世紀を展望するフランス教育改革——1989年教育基本法の論理と展開』東信堂（1997年）、③フランス教育学会編『フランス教育の伝統と革新』大学教育出版（2009年）。

　さて、2016年5月現在、フランスは社会党（左派）の単独政権下にあるが、2005年に制定された学校基本計画法（右派単独政権下フィヨン文相による立法）に基づく教育政策を大筋で継続している。中等レベルの技術・職業教育においても、この学校基本計画法に基づき、かつ各地方、各アカデミー（大学区）

240

の実情に合わせてその政策が実施されていると思われる。

現代のフランスにおける技術課程を含む職業教育の改革について、これまで行ったいくつかのメティエ・リセ（職業リセ）への訪問調査を通じて、それらの特色を描き出し、かつ論じてきたので、それらを参照してもらいたい。すなわち、堀内達夫・佐々木英一・佐藤史人・伊藤一雄編著『日本と世界の職業教育』法律文化社（2013年）、堀内達夫「近年のフランスにおける職業教育の改革と実際——ストラスブールの職業リセ（メティエ・リセ）調査研究ノート」『大阪千代田短期大学紀要』第43号 2014年。

本論は、これらの調査研究を踏まえ、フランスの保守政権（1990年代後半〜2010年代前半：シラク大統領、サルコジ大統領による政権）において行われた職業教育（技術課程を含む）に関する改革と実際（パリ及びマルセイユの近郊、ストラスブール市内現地調査）について、それら特色を描き出すことを目的とする。

なお、フランス職業教育の特色をなす見習訓練（apprentisage）の全般的な動向については、『技術・職業教育——分析と展望』（2006年）（*L'enseignement technologique et professionnel, Analse et perspectives,* Foucher, 2006, pp.47-56.）を参照してもらいたい。

1. 技術・職業教育の制度

現在のフランス学校体系では、5年制の小学校の上に4年制のコレージュ（中学校）が設けられている。それに続く後期中等教育レベルでは、2年制と3年制の職業リセ（職業課程）及び3年制リセ（普通・技術課程、特別課程）とに分かれている。どちらのリセにも工業系・商業系などの専門諸コースが用意されているが、前者は熟練職に、後者の3年制コースはテクニシャン・中間職にそれぞれ導く専攻を設けている。さらに短期高等教育のレベルでは、上級テクニシャンの養成コース（STS、IUT）が設けられている。なお、職業課程における進学上の袋小路緩和と資格レベル向上を目的として職業バカロレア準備コース（BEP取得後2年制）が設置されてきたが、最近では普通・技術課程との同等化（中学校修了後3年制）が推進されている。

リセでは入試が行われず、中学校（コレージュ）における進路指導（つまり

本人の成績及び希望）によって生徒は振り分けられる。どのリセへも進まない場合、見習訓練を受けて熟練労働者になる道も用意されている。

またリセにおける職業課程と技術課程の間には、橋渡しとなる適応学級が設けられ、進学へのバイパス（編入）となっている。さらに、バカロレア取得後に続く高等教育の段階では、2年制のIUT（技術短大）とSTS（上級テクニシャン科）において職業教育が行われている。

現在の日本と比べて、学校における職業教育が発展する背景には、広範な職業資格（QP）システム、すなわち資格社会がある。職業教育を通じて得られる多種多様な職業免状（DP）に関して、それは雇用の際に職種とそれに対応する賃金を保証する条件となりうると多くの労働協約や法令で定められており、労使官等の代表からなる業種別協議委員会（CPC）がそれら新設・改廃などに深く関与している。毎年、これら各協議委員会を通じて50～70種類の免状が新設・改廃されているが、最近の傾向として、2年制の職業課程（CAP、BEP）に関わる専攻種類が大きく減少しているのに対して、同じ課程の上級にある職業バカロレア（Bac.P）及び上級テクニシャン免状（BST）の種類は増加しており、また、以下の一覧に示したように、より高い水準の免状取得者数が増加して、資格を得るまでの教育歴が上昇している（表1、2参照）。

表1-1　教育水準別免状取得者数

（単位　千人）

西暦	水準V			水準IV					水準III		
	CAP	BEP	小計	BT	Bac.T	Bac.P	Bac.G	小計	BTS	DUT	小計
1980	235	79	314	4.5	63	—	160	228	17	19	36
1990	272*	157	429	8.3*	113	24	247	392	53	28	81
2000	227*	209	436	2.0*	153	93	271	519	96	47	143
2010	164*	157	321	1.0*	133	119	280	533	110*2	48*2	158*2

備考：Bac.G（普通バカロレア）以外はすべて職業教育の免状であり、これら教育水準は職業資格レベルに対応している。BEP（職業課程免状）取得者には関連専攻のCAP（職業適格証）を併せて取得する者が含まれる。水準Vは中学校後2年制、水準IVは中学校後3年制、水準IIIはリセ後2年制である。ただし、Bac.P（職業バカロレア）はBEP取得後2年制だが、2009年から中学校後3年制へ移行する。水準IVには、他にBP（実務経験必要）、補充科（年間400時間養成等）がある。
* 印：CAPは補充科（1年）、BT（テクニシャン免状）は技芸科を含む。
*2 印：2009年数値。
出典：Ministère de Education nationale (MEN) , Repère et référence statistiques sur les enseignements, la formation et la recherche - éd.2001,p.201,203, & éd. 2011, pp.235-251.

表 1-2 資格水準と免状の一覧

水準Ⅰ、Ⅱ…グラン・ゼコールないしエンジニア学校の免状、大学第2期、第3期の各免状
水準Ⅲ…上級テクニシャン免状（BTS）、技術短大免状（DUT）、大学第1期免状（DEUG等）、
　　　　社会医療免状
水準Ⅳ…普通バカロレア（BacG）、技術バカロレア（BacT）、テクニシャン免状（BT）、職業上
　　　　級免状（BP）、農業（BEA）、商業（BEC）、工業（BEI）、社会（BES）、ホテル（BEH）
　　　　の各職業免状、BSEC、国立職業学校の免状、職業バカロレア（Bac. P）
水準Ⅴ…職業適格証（CAP）、職業教育免状（BEP）、職人徒弟修了証、成人職業教育研修証、
　　　　…初等教育修了証（CEP）と同等な免状、前期中等教育修了免状（BEPC）

出典：CEREQ, Bref, no.42 (1989), p.2.

2. 職業教育の改革と動向

　1980年代に誕生した左派政権の主要な教育政策の一つは、若者の失業対策と密接に関係する職業教育の改革であった。その後、3回の保革共存政権においても、また右派単独政権（2002年以降）においても、職業教育に関する政策は、特に変化する若者の自立過程や長期化・深刻化する若者失業の対策、さらには継続教育（生涯学習）の拡充など重点的に行われてきた。2000年代の右派単独政権下に制定された学校基本計画法（2005年通称フィヨン法）では、職業教育のシステムとカリキュラムに関わる改革として、主に3年制職業バカロレア準備コース（2001年試行、フィヨン法による継承）と公称メティエ・リセ（lycée des métiers：2002年導入、フィヨン法による明確化：地域総合職業高校という性格）の普及が挙げられるので、これら二つの改革に焦点を当てる。教育政策全般のなかにおけるそれら改革の位置付けに関して、前述の文献⑨で紹介・説明した。すなわち、3年制バカロレアの導入は、これまで中学校（コレージュ）卒業後に4年かけて取得準備を行ってきた職業バカロレア準備コースを3年間に短縮して、普通バカロレアと技術バカロレアと同等にするのが趣旨である。3年制職業バカロレア準備コースのカリキュラムについて、表2（2-1と2-2）に例示する。

第11章　フランス保守政権下における技術・職業教育の改革と実際　　**243**

表 2-1 職業バカロレア準備コース
専攻別カリキュラム表

設置専攻別	a	b	c	設置専攻別	d
工業科学・技術	10	10	10	工業科学・技術	13.5
数学・物理学	4	4	4	（普通教育の領域）	
経済・管理	2	2	2		
フランス語	3	3	3	フランス語	
歴史・地理	2	2	2	歴史・地理 英語 経済・管理	20.5
外国語	2	2	2		
芸術－応用芸術	2	2	2	社会・職業生活 応用芸術	
体育・スポーツ	3	3	3	体育・スポーツ	
衛生・予防・救急法	1	1	1		
個別学習支援	2.5	2.5	2.5	個別学習支援	

表 2-2 職業バカロレア準備コース

専攻：EELEC	1 年次	2 年次	3 年次
電気関連（専門）	3 + 8	3 + 9	3 + 9
理科	2	2	2
数学	2	3	3
経済・管理	1	1	1
フランス語	1	3	2+1
歴史・地理	2	2	…
外国語			
応用芸術	1	1	1
体育・スポーツ	2	2	2

備考（表 2-1）：各専攻名：a. 電気工事等、b. 工業設備保全、c. 金工テクニシャン、d. プロセス工業。専攻に関わらず、1〜3 年次まですべて同じ週時間数である。表記以外の「企業内実習」（stage）について、a、b では 3 年間で 22 週、c、d、については記載なし。3 年次修了率は a 専攻において約 75% である。
出典（表 2-1）：マルセイユ市近郊のブレリオ職業リセ訪問調査時資料（2011 年 3 月中旬）
備考（表 2-2）：「衛生・予防・救急法」は選択科目に配列。略称 EELEC：電気・エネルギー・設備・コミュニケーション。出典：ストラスブール市クフィニャルリセ訪問調査時資料（2014 年 2 月上旬）

　他方、メティエ・リセは、地域の産業と連携して、同一産業内のさまざまな職業を集めて、各種各レベルの免状準備コースを編成して、見習訓練や継続教育の受講生も受け入れる総合的な職業リセであり、行政当局によって期限付きで「良質」と公認される。

　職業課程の改善策は、2008 年度方針（文相）で明確化されたように、メティエ・リセ公称の増加と 3 年制職業バカロレアの一般化である。まず、公称メティエ・リセは、良質な活動を保証する期限付きの名札（ラベル）であり、その趣旨に応ずる学校に与えられる。パリ郊外にあるリュミエール職業リセでは、そこを管轄するクレテイユ大学区との間で 5 年間にわたる二つのメティエ・リセ活動を行う契約を結んだ（2007 年）。その内容を挙げると、ともに、①提供する技術・職業教育を向上させ、「メティエ」のアイデンティティを強め、受け入れ生徒の多様化を図る。②大学区の方針に従い、経験知認証制（VAE）に加わる。③社会的パートナーシップを向上させる。④中学校の教員と生徒に向けた情報提供を行う。⑤欧州開放ないし諸外国との交流活動を促進する。⑥生徒の職業的移行（就職）を援助し、フォローを確保す

る。リュミエールの D.G. 校長によれば、「候補の中から公称されるためには、さまざまな職業の隣接領域があるなかで提供コースが明確であること、その種類が豊富であること、若者だけでなく成人にもコースを提供できることが必要である。その財政的な措置については、通常の施設・設備費は地方当局から支出されるので、それ以外に当てられる。また、これらとは別に企業から徴収される教育訓練税（Taxe）もあり、企業自身の選択により、公的機関または学校へ納付される。メティエ・リセ公称の措置費と教育訓練税は、主に教材や教具（PC 等）の購入や企業内実習の旅費に当てられる」。

　また、公称を得た職業課程について、マルセイユ郊外にあるブレリオの J-P. L. 校長は、「カリキュラムは明確な参照基準により全国的レベルで定まっており、全体として扱われる必要があるので、本校では普通教育でも職業教育でもカリキュラム編成に変更はない」という。公称のための審査では、学校の施設設備面ではなく、学校計画（PDE）の内容、バカロレア合格率の目標値のほか、校内暴力や生徒欠席（不登校）への対策なども点検されるという。この発言には、職業リセの地域性や多様性とともに生徒指導上の問題を窺い知ることができる。

　次に、もう一つの職業課程改革である 3 年制職業バカロレア準備コースへの移行について述べる。職業課程の袋小路的な性格の緩和とその資格レベル向上を図って、1986 年に設けられた職業バカロレア（職業バック）の準備コース（2 年制 BEP ＋ 2 年制職業バックの計 4 年制）は、2009 年度から 3 年制へ全般的に移行した。2001 年からの試行結果を踏まえ、2005 年のフィヨン法とそれに基づく施策によって継承され、各大学区、各専攻分野の対応が注目されてきた。以下の図 1–1 は、3 年制職業バック準備コースについて国民教育省が表したものである。

　2008 年から 3 年制コースを導入したパリ近郊のキュニョー職業リセ校長は、その趣旨について、つぎのように述べる。「職業教育再評価の一つとして、職業バックを従来の 4 年間から 3 年間で取得できるようにする。4 ～ 5 年前から既に実験的に行われてきたものであり、財政的な節約にもなる。この点では、生徒たちの批判（デモ）を浴びてしまった。それから、生徒をBEP 取得だけで離学させないで、バックへ進学させる狙いがある。そして、

普通・技術バックと同等の価値を職業バックに与える。そもそも、職業課程の生徒は勉強があまり好きではないので、4年間は長すぎる。これにより、従来のBEPは減少するが、社会・衛生職のように職業バックにない分野もあるので、すぐにはなくならないであろう」。

3年制への移行措置について同校長によれば、「受け入れ可能者数に対して120％の志願者がいる状況である。1年次には各コース共通の専門科目（情報学メンテナンス等）を設けている。実際、1年次についてはBEP準備のプログラム、2・3年次では職業バック準備の1・2年次のそれを参照している。本校の自動車科では、BEP3分野に対して職業バックは1分野しかない。つまり、1分野分の生徒数しか進学できない現状だが、BEPを職業バックに代替すれば、全員がバックに到達できるという利点がある」。

図1-1　3年制職業バック準備コースの概念（国民教育省）

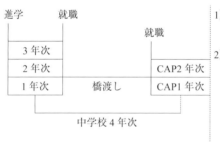

出典：www.education.gouv.fr (2009)

ブレリオの校長は、「他の学校では、教員間で議論があったようだが、本校ではそれほどなかった。だだし、これまで4年間で教えていた内容を3年で教えるには限界があるという意見があった。工業系では、BEP廃止の代わりにCAPを置いている」。

キュニョーとブレリオの両校長発言にもあるように、3年制職業バック準備コースの移行・「一般化」には、利点ばかりでなく考慮すべき問題点も指摘できる。2007年末に国民教育省と全国教員組合の間で行われた協議では、3年制コースの導入が職業課程に「エリート主義」を持ち込み、学習困難に

ある職業課程生の勉学意欲を削ぐことにならないかという危惧が組合側から出された。この協議には参加していないが、総同盟（CGT）では、「4年間でバックに到達する生徒のうち、25 ～ 30％だけが3年で成し遂げることができるだろうが、それより多くの生徒は上手く行かないし、バックには進まずにCAPで諦めるだろう」と予想する。職業教育（課程）再評価の陰で、学習困難な生徒が教育の周縁に追いやられ、さらに失業に陥りやすい無資格離学者とならぬような措置が望まれる。

おわりに

およそ1990年代後半から2010年代前半まで、保守政権ではあるが、左派との共同政権を経験したフランスにおける教育改革、とくに中等レベルの職業教育（技術課程を含む）の分野では、右派、左派の明確な相違を指摘することは難しい。学校体系上の統一化ないし標準化（バカロレア各科の同等化）、地方の実情に応じた特色づくり＝職業教育の分権化（公称メティエ・リセの普及）は、その典型であろう。

［文献］

Alunni D. (2005) *Démocratiser la formation professionnelle*, Les Edition de l'Atelier.

Bessette-Holland, F., Coste,S. (2008) *Les enseignements de lycée professionnel face aux réformes, Tensions et ajusements dans le travail, sous la direction de Lantheaume*, F.,INRP.

Prost, Antoine (2013) *Du changement dans l'Ecole, Les reformes de l'education de 1936 a nos jours,* Seul.

Raulin, D. (2006) *L'enseignement professionnel aujourd'hui*, ESF éditeur.

Robert, André D. (2010) L'Ecole en France de 1945 à nos jours, PUG.

第12章

フランスおける技術・職業教育と高等教育との接続問題

——数学教育、エンジニア科学教育、リセ技術教育課程改革をめぐって

上里正男

はじめに

　フランスにおける技術・職業教育と高等教育との接続では、分岐制学校体系の各段階に対応する学歴（教育水準）に従って職業資格・免状が用意されており、これまで教育と雇用を繋ぐ重要な役割を果たしてきた特徴がある。技術者教育においては、学歴（教育水準）に対応する技術者の職業資格・免状として、中等教育レベルのリセ（高校）における技術教育課程でのテクニシャン（téchnicien）と職業リセ（職業高校）における熟練工、高等教育レベルのリセに付設された上級テクニシャン養成課程（以下、STSと略）や技術短期大学部（以下、IUTと略）の短期高等教育における上級テクニシャン（téchnicien supérieur）と、大学やグランド・ゼコール（以下、GEと略）の長期高等教育におけるエンジニア（ingénieur：技師）などがある。これら学歴（教育水準）に対応する職業資格・免状は、カードルと呼ばれる管理職（エンジニア）と中間管理職（テクニシャン等）と熟練職などに人材配分する雇用構造に関係し[1]、カードルであるエンジニアと非カードル層との賃金等処遇上の格差は大きい[2]。このように、フランスのヒエラルキー的な技術者教育では、高等教育レベルの学歴における専門性（職業資格）のための専門教育によって形成されるエ

248

ンジニアの専門的能力が、技術者の人材配分の基準にもなっている。

　また、フランスでは学歴（教育水準）が一般教育レベルの上昇に基づくので、このヒエラルキー的な技術者教育の専門教育における専門的能力の形成に関する問題は、学歴（教育水準）に基づく一般教育と専門性（職業資格）のための専門教育との関連問題となり、中等教育における普通教育と専門教育との関連問題と、その中等教育との接続関係にある高等教育における一般教育と専門教育との関連問題となる。

　本稿では、上記の視点より、フランスにおける技術・職業教育と高等教育との接続問題の構造を、今日的課題となっている一般教育としての数学教育と専門教育との関連問題、テクノロジー教育からエンジニア科学教育への方向転換、リセ技術教育課程改革に焦点を当てながら明らかにする。

1. 一般教育としての数学教育と専門教育との関連問題

1-1　数学教育問題

　フランスの中等教育は、リセにおける普通教育課程と技術教育課程、そして職業リセに分かれ、それぞれで普通バカロレア、技術バカロレア、職業バカロレアを取得することができる。また、これらのバカロレア取得者の進学する高等教育は、修業年限が 2 年以上の長期教育機関である大学と GE の二元的教育システム、その他の終業年限が 2 年の短期教育機関であるポスト・バカロレア・レベルの教育機関がある。それは、IUT、リセに付設された STS、GE への進学準備教育を目的とするグランド・ゼコール準備級（以下、CPGE と略）である。これらの中等教育と高等教育との接続は、GE と IUT と STS は選抜接続であり、大学は無選抜接続である。本来、教育政策的には、IUT と STS は上級テクニシャン養成という教育目的やカリキュラムの接続という点において、リセの技術教育課程の出身者の進学先に適した高等教育機関であったはずであるが、入学者選抜を実施しているため、IUT の入学試験では全般に学力、特に数学の学力を頂点とするリセの普通教育課程の出身

者が有利になり、技術教育課程及び職業リセの出身者は入学が少ない状況をもたらしている。その結果、技術バカロレアや職業バカロレアを取得した卒業生が高等教育である大学の文系に追いやられ、これら卒業生の一般教育を重視する大学の文系への不適応と、それによる大量落第という問題を引き起こしている。たとえ、これらの卒業生がIUTに進学できても、STSより一般教育における数学を重視するIUTなどの専門教育では、留年を招き、STSへの進路変更（リ・オリエンテーション）が勧められている[3]。このように、中等教育におけるリセの上級学校への進学を目標とする普通教育課程や、進学だけでなく専門性〈職業資格〉を重視する完成教育を目標とする技術教育課程と職業リセにおけるそれぞれの数学教育と、高等教育における専門教育の基礎科学教育としての一般教育における数学教育との教育接続に関する問題及び、それと高等教育における専門教育（機械工学など）との関連問題が重要になってきている。

1-2　中等教育レベルのリセのテクニシャン養成と職業リセの熟練工養成における数学教育

（1）リセにおける数学教育と職業教育との関連問題

リセは、第2学年から普通教育課程と技術教育課程に分かれる。第3学年（最終学級：classes terminales）修了後に習得する大学入学資格であるとともに中等教育修了試験であるバカロレアの種類は、リセでは普通バカロレア（文学（L）コース、経済・社会（ES）コース、科学（S）コース）と技術バカロレア（第3次産業技術（STT）コース、工業科学技術（テクノロジー）（STI）コース、実験室科学技術（テクノロジー）（STL）コース、医療社会科学（SMS）コース）であり、学習指導要領には、それぞれのバカロレアにおける各コースに対応する教科「数学（mathématiques）」のカリキュラムが公示された。1993年には、普通教育バカロレア・技術バカロレアに関して大きな再編が行われ、旧教育課程において見られた数学・物理コース（C科）への学力優秀者集中の解消などが目指されることになった。そのコース（C科）では、上級学校進学者向けの伝統的エリートコース用のアカデミックな教育内容が特徴であるカリキュラムが

用意され、数学の学力水準が高い生徒が集中していたが、再編された学習指導要領では、旧 C 科の新分類である S 科（科学コース）数学のカリキュラムは、S 科と他の L 科・ES 科・STT 科・STI 科・STL 科・SMS 科の 2 グループに分けられた。次に示す 2001 年の学習指導要領でも、S 科と他の科のカリキュラムの違いが表示され、S 科と他の科との数学教育の区別における特質をみることができる。

数学[4]　第 3 学年（最終学級：classes terminales）
1. 解析：平均値の定理（S 科は除く）。三角関数（S 科では 1 階の微分方程式のみ。他の科では 2 階の微分方程式）。数列。
2. 代数、整数論、幾何：線形方程式。複素数（S 科では、ド・モアブルの定理を除く）。ベクトルと幾何（S 科では、ベクトルの積を除く）。
3. 順列組み合わせ、確率：確率変数：分布関数（S 科は除く）、期待値、分散、標準偏差

　カリキュラムでは、S 科は、数学の概念の理論的解説を主とし、その他の科は、理論のテクノロジー的応用（ベクトルの積などに見られる）を具体化した教育内容までを含める特質がある。ここに S 科では、上級学校進学者向けの伝統的エリートコース用のアカデミックな教育内容が特徴であった旧課程 C 科のカリキュラムが受け継がれていることがわかる。S 科は、職業教育との関連を欠いた進学者向けの普通教育としての数学教育のカリキュラムであり、特に数学のバカロレアの得点が高得点でないと CPGE への選抜接続に残れないという旧来通りのエリート的でアカデミックな教育内容を特質とするコースといえる。その他の科はバカロレア取得後に、一部の選抜をする高等教育（GE がその代表）以外であれば、どの高等教育にも進める理由によるためか、数学教育の教育内容が職業教育との関連を有している特質がある。その他の科は、「教育接続」[5] のためのカリキュラムであり、そのための数学の学力レベルが提示されているのではないかと考えられる。中等教育における数学教育のカリキュラム及び学力水準においても、高等教育の二元的教育システムの影響が、いまだに強いといえる。以上より、リセの技術教育課

第 12 章　フランスにおける技術・職業教育と高等教育との接続問題　251

程における数学教育の特質、すなわち数学教育の教育内容が職業教育との関連を有し、数学理論のテクノロジー的応用（ベクトルの積などに見られる）を具体化した教育内容を含めたカリキュラムの特質は、リセの職業教育における専門的能力の形成の性格を規定する。

（2）職業リセにおける数学教育と職業教育との関連問題

　職業リセにおける熟練労働者資格の取得を目的とする職業適格証（CAP）準備課程の数学教育では、上記のリセの普通教育課程及び技術教育課程に対応する数学教育のカリキュラムから区別され、学習指導要領において、次の別のカリキュラムが示された。

数学[6]

　1. 数値計算：因数分解。2. 位置：座標、図面。3. 比例。4. 方程式：未知数、係数。5. 記述統計。6. 平面幾何。7. 立体幾何。8. ピタゴラスとタレスの定理。9. 直角三角形における三角法。10. 商業計算。11. 利子、利率。

　職業リセの数学教育では、工業や商業の直接的な実用に役に立つ実用数学に特質がある。リセのS科は高等教育進学用のためのアカデミックな数学、その他の科は数学教育の教育内容が職業教育との関連を有している理論の応用的対応の数学であるが、職業リセは理論よりも実用の数学が特質である。これは、職業リセが、主に就職希望者を対象にしていることが関係している。この職業リセにおける普通教育としての数学教育の特質は、職業リセの職業教育における専門的能力の形成の性格を規定する。

1-3　高等教育レベルのエンジニア養成と
　　　　上級テクニシャン養成における数学教育

（1）高等教育における一般教育と専門教育との関連問題

　フランスでは、1980年後半から高学歴化の傾向が生じ、学校教育修了時の教育水準（学歴）が急速に高まり、水準Ⅰ・Ⅱ（バカロレア水準＋3年以上、

主な GE 修了資格、大学の学士以上）の資格取得者の伸びが目立った。また、水準Ⅲ（バカロレア水準＋2年、大学一般教育課程修了資格：DEUG、（現行制度ではない）短期高等教育修了資格の BTS：STS の修了資格、DUT：IUT の修了資格）の学生が学業継続して水準Ⅰ・Ⅱに到達しようとした[7]。ここで問題となるのが、高等教育における数学の学力問題である。水準Ⅲより学業継続して水準Ⅰ・Ⅱに到達するには、数学の学力水準が要求されている。現に、一般教育の比重の少ない BTS より水準Ⅰ・Ⅱへの学業継続は、高等教育における数学の学力水準からして困難を極めている。そこで、STS、IUT、大学の DEUG を取得する一期課程、CPGE、それぞれの各高等教育機関における数学教育の特質を、中等教育と高等教育との教育接続の問題と関係づけながら、一般教育としての数学教育と専門教育との関連問題として明かにする。

（2）STS における数学教育と専門教育との関連問題

STS と IUT は、リセの技術教育課程や職業リセの生徒が卒業後に進学する代表的な高等教育機関である。STS の教育課程は、一般教育科目と専門教育科目によって構成され、BTS（brevet de technicien supérieur：上級テクニシャン免状）取得試験が行われる。専門教育は狭い専攻領域で行われ、時間数が多い。専門教育は、専門に関する知識・技能の獲得を目的としているが、次のカリキュラムより、専門教育が機械工学に関係する機械生産学科における一般教育としての数学教育の特質を、専門教育との関連より明らかにする。

数学[8]　第1・2学年
・教育目的：数学教育は、BTS のための数学教育の教育目的、教育内容、数学的能力を規定した官報を参照する。
・教育内容構成：5領域を主要領域とする。それは、常用の関数、微分方程式の解法、幾何的問題の解法、統計への入門、プログラムと計算機のための数値的・グラフィック的側面である。
・カリキュラム：
　　1. 複素数（ド・モアブルの定理の応用など）とその演習（travaux pratiques）。
　　2. 関数。3. 微分法と積分法（テイラーの定理、近似法など）とその演習。

4. 微分方程式（1・2階線形微分方程式の解法など）とその演習。5. 2変数または3変数関数。6. 記述統計学（中央値、標準偏差、相関係数など）とその演習。7. 確率論（ポアソンの法則など）とその演習。8. 推測統計学とその演習。9. ベクトル。10. 幾何（数学プログラムでない図法幾何学）とその演習。11. 曲線（機械・テクノロジーの幾何的問題、円錐形など）とその演習。

　数学教育の教育目的は、BTSという職業資格を前提にしていることに表れ、専門教育がBTSに関係付けられるだけでなく、一般教育に位置付けられている数学教育も、BTSと強く関係づけられている特徴を有する。リセの技術教育課程における数学教育は、学習指導要領では、ちなみに普通教育としての数学教育は職業資格である技術者免状（B.T.）との関係は規定がなかった。しかし、BTSにおける数学教育の教育内容は、常用の関数、微分方程式の解法、幾何的問題の解法、統計への入門、プログラムと計算機のための数値的・グラフィック的側面という5領域に重点化された応用数学を特徴とする規定が官報にあるところに、職業資格を前提とした専門教育との関連で数学教育の教育内容が構成されている特徴がある。また、微分方程式の解法、数学プログラムでない図法幾何学、機械・テクノロジーの幾何的問題といった技術的実践における数学的問題解法を演習（travaux pratiques）で行うようにしていることも、数学教育の教育内容の特徴でもある。BTSでは完成教育としての数学教育が行われているといえ、その数学教育の特質は、専門教育との関連をもたされた応用数学及びその演習にあるといえる。このBTSの一般教育としての数学教育の特質は、BTSの専門教育における専門的能力の形成の性格を規定する。

（3）IUTにおける数学教育と専門教育との関連問題

　IUTは、高度経済成長に必要な人材を養成するため1966年に創設され、機械工学教育の例では、STSが細分化された専門領域の職業教育を多くの時間で行っているのに対して、IUTは専攻領域が広く専門教育の時間は半分で、より一般教育の色彩が強い特色がある[9]。また、その一般教育には共通科目として科学・人文教育や幅の広い工学基礎教育が含まれ、数学教育は科学・

人文教育の分類に入っている。次に示すカリキュラムより、専門教育が機械工学に関係する機械・生産学科における一般教育としての数学教育の特質を、専門教育との関連より明らかにする。

数学[10] 第1・2学年
・時間割：授業、講義内容の応用演習、学生の演習
・教育目的：有効な方法で、数学的な道具を活用することが可能でなければならない。
・あらかじめ必要な知識：
　◎バカロレアS科：リセ最終学級の数学カリキュラム、そして特に必要なもの：三角法、複素数と応用、関数、導関数と合成関数の微分、2階微分方程式の解法、円錐曲線。◎バカロレアSTI科：最終学級の数学プログラム。
・教育内容：
　◎バカロレアSTI科資格所有者：三角法、複素数と応用、関数、導関数と合成関数の微分、2階微分方程式の解法、円錐曲線。
　◎全バカロレア所有者：代数：多項式。線形代数と行列（マトリックス）：ベクトル空間、線形の行列、行列計算、線形方程式、対角行列、三角行列、線形微分の解法の応用。関数：微分、逆関数、双曲関数、マクローリンの公式、漸近線。R（実数）上の積分：部分積分、有理関数の積分、1階微分方程式、2階微分方程式。平面曲線：極座標に関する曲線。

IUTの機械・生産学科における数学教育の特質は、教育目的が数学的応用を重視していることであり、一般教育に位置付けられている数学教育も、IUTにおける数学の前提として、S科以外の科のバカロレアにおける数学理論のテクノロジー的応用の知識までを教育接続として要求している。しかし、IUTで行われる全てのバカロレアのための数学教育そのものは、STSにおける数学教育と比較して、代数、線形代数と行列、関数、R上の積分、平面曲線という基礎数学としての純粋数学の教育内容である。それは主とし

第12章　フランスにおける技術・職業教育と高等教育との接続問題　255

て、代数、解析、幾何であり、BTS のような応用数学を目的とする確率と統計は含まれない。特に、機械工学の専門教育との関連において、線形代数と行列（ベクトル空間、線形応用の行列、行列計算、線形方程式、対角行列、三角行列、線形微分の解法の応用）という BTS にない教育内容が含まれている点に、IUT の数学教育における教育内容構成の特徴がある。機械工学における構造工学の分野では、コンピューターを導入することにより飛躍的発展をとげた構造解析や構造設計の手法があり、マットリックス構造解析法、あるいは構造物を数学的なモデルに構造化し、これを有限要素法に定式化し、代数的にコンピューターを用いて解くという方法がある。その際、コンピューターを用いた複雑な技術計算や設計などの機械工学の内容・方法及びその基礎となる行列（マットリックス）の数学的知識の習得は、現代工学の基礎科学の修得という点と、教育水準Ⅰ・Ⅱ（バカロレア水準＋3年以上、主な GE 修了資格、大学の学士以上）以上の専門教育への IUT からの進学、そのための教育接続の必要性という点において重要な意味を持つ。こうした意味から、IUT の数学教育の特質は、数学的応用を目的しながらも、基礎数学としての純粋数学が教育内容であり、行列の数学的知識という、現代数学や現代の工学及び科学技術における基礎科学に関する数学的知識の習得を含む特質がある。この IUT の一般教育としての数学教育の特質は、IUT の専門教育における専門的能力の形成の性格を規定する。

（4）大学の大学一期課程とグランド・ゼコール準備級（CPGE）における数学教育と専門教育との関連問題

大学では、大学付設職業教育センター（IUP）の設置のような教養教育中心の伝統から職業教育を重視するようになってきたが、大学一般教育課程修了資格（DEUG）を取得する大学一期課程では大学における学習方法や教養教育を重視していた。従って、大学一期課程における一般教育としての数学教育は、専門教育とは関係なく行われていた。また同様に、エリートコースである CPGE でも、一般教育としての数学教育が行われている。以下、大学一期課程と CPGE の共用として発行されている次の教科書における教育内容[11]の分類から、一般教育としての数学教育の特質を明らかにする。

数学　第1・2学年
・解析学：積分計算：リーマン積分（定積分）、積分計算の実際、有理関数の積分。
・無視できる関数と同等の関数：極限展開：テーラ展開、極限展開に関する操作。
・微分方程式：1階微分方程式、線形微分方程式、1階線形微分方程式、2階線形微分方程式。
・平面に値をもつ関数：曲線。
・線形代数：ベクトル空間、線形写像とベクトル商空間、ベクトル空間─行列、ベクトル空間の双対、多重線形形式と行列式。
・確率論：確率空間、重要な確率空間、条件付き確率論と独立、確率変数、数学的期待値、積率、母関数、ラプラス変換。
・数論

　大学の一期課程とグランド・ゼコール準備級の数学教育は、一般教育としてアカデミックな純粋数学の理論が中心である特質があるといえる。純粋数学として、解析学、線形代数、確率論、数論のカリキュラムがあり、日本の大学の理工系の教養レベルの純粋数学である。しかし、確率論は純粋数学として、応用を目的とする統計学のためというよりも、基礎の数学の位置付けであり、また数論もかなり詳細である。つまり、カリキュラム全体でアカデミックな純粋数学の特徴がある。STSとIUTとの比較では、大学の一期課程とグランド・ゼコール準備級の数学教育における解析学、線形代数は、IUTの数学教育における純粋数学の教育内容構成と同じであるが、IUTの教育内容には確率論、数論は含まれない。IUTと比較して、大学の一期課程とCPGEの数学教育はカリキュラム全体がアカデミックな純粋数学の特徴があるといえる。従って、一般教育としてのアカデミックな純粋数学の理論が中心である大学の一期課程とCPGEの数学教育は、リセのS科以外の科との教育接続は考慮されていないし、STSのカリキュラムのような応用数学を含まない特質がある。

1-4　技術・職業教育と高等教育との接続問題

　フランスの技術者教育における技術・職業教育と高等教育との接続に関して、中等教育機関である職業リセにおける数学教育は実用数学が特質であり、またリセにおける数学教育では、S科は数学の概念の理論的解説を主とし、その他の科は職業資格との関連は明示されていないが、数学理論のテクノロジー的応用を具体化した職業教育と関係のある教育内容まで含めたカリキュラムを提示している特質がある。そして、S科を含めた全ての科の数学教育と、短期高等教育機関であるSTSとIUTとの数学教育は教育接続が法令上でも考慮されている。そのSTSの数学教育は応用数学であり、IUTの数学教育は数学的応用を目的しながらも、基礎数学としての純粋数学が教育内容であり、行列（マトリックス）の数学的知識という現代数学や現代工学の基礎科学を含む特質がある。しかし、大学の一期課程とCPGEの数学教育は専門教育と関連をもたない一般教育としてアカデミックな純粋数学の理論が中心であり、リセのS科以外の科との「教育接続」は考慮されていない。アカデミックな数学教育はグランド・ゼコールまで接続し競争選抜によって強化されているし、STSとIUTの卒業生の上級の高等教育（大学、GEなどの長期高等教育）への進学において、数学の学力水準の基準になっている。よって、リセのS科以外の科からの自然科学系の長期高等教育への進学は各バカロレア取得者に自由にひらかれているが、困難を極めており、現在も、エリートコースであるリセのS科出身者から輩出されるリセの伝統的教育課程間格差は、継続しているといえる。フランスのエリート教育では、「純粋数学」だけが「有用なもの」である「応用」より「位置付け」が高かった[12]と指摘される数学教養の歴史的な問題は、現在も継続しているであろうか。

258

2. テクノロジー教育からエンジニア科学教育へ
——コレージュから高等教育までの接続関係

2-1 テクノロジー教育

1986年のリセ技術課程改革では、進路決定期の第1学年（第2級）に二つの新たな選択科目が導入された。「自動システム・テクノロジー：Technologie des systèmes automatisés（以下、TSAと略）」及び「CAD/CAM」の各4時間の科目である。そのうちTSAは、複数の技術からなる多技術（pluritechnique）・オートメーションシステムのさまざまな機能と設計を学び、機械工学、空気工学、電子工学、電気工学、オートメーション工学、情報工学の壁を取り払った知識の習得を目指していた。TSAは、コレージュ（中学校）の「テクノロジー（Technologie）」科教育の延長線上にあり、技術的問題の解決方法を基本とした[13]。

1992年のリセ改革では、バカロレアEを「科学系バカロレア・工業テクノロジー科（baccalauréat scientifique option technologie industrielle）」として設置し、よりテクノロジー教育に特化した科学系バカロレアを創設した。そこでは、テクノロジー教育の科学性とエクセレンス（excellence）という方向性が確認され、「システム工学」的側面及びモデルと実物の関係分析が導入された。「科学系バカロレア・工業テクノロジー科」は、事実上、科学系バカロレア（général S）の一つの名称を得るが、その一方で科学系バカロレアの選択コースの1つに過ぎなくなり、「技術バカロレア（bac.Technique）」の伝統に取って代わることとなった。「技術バカロレア」は、独立性を失った[14]。

2-2 エンジニア科学教育

2000年代には、マイクロエレクトロニクスと情報通信技術（TIC）の飛躍的発達に伴う国際競争の激化という経済状況を背景に、エンジニア科学が注目される。テクニシャンやエンジニア、研究者の需要増を受けてのことであ

る。

2000 年には、「科学系バカロレア・工業テクノロジー科」は、「科学系バカロレア・エンジニア科学（baccalauréat scientifique option science de l'ingénieur)」科となった。リセの第 1 学年の TSA に代わる選択科目「エンジニア科学入門（以下、ISI と略)」及び S 科の選択科目である「エンジニア科学：science de l'ingénieur（以下、IS と略)」の導入は、いずれも新たな方向転換の指標となった[15]。このテクノロジー教育から変化したエンジニア科学教育の導入は、すでに高等教育では、1995 年の CPGE 改革によってリセの CPGE へ導入されているので、大学やエンジニア学校で行われていたエンジニア科学教育へも接続することになった。ここに、中等教育や高等教育の技術教育において、エンジニア科学教育のエクセレンスが見られるようになった。

ISI の目的は、製造のソリューションとその動作を結びつける機能の概念に基づいて技術的教養（culture technique）の手ほどきを行うことにある。技術システムへの総合的かつ具体的なアプローチ、関心事項、帰納法的取り組み及びプロジェクトを重視しながら、多技術（pluritechniques）の機械・装置類のなかでも日常的な「家庭用製品」の研究を行う。「科学系バカロレア・エンジニア科学」科における SI は、純粋な知識よりも、製品の技術的機能の分析と総括への取り組みを重視する。技術的問題への多科目的なアプローチを通して、工業製品や日常生活に浸透した電化製品等の実際の動作を理解し、説明する能力が求められる。技術的機能への外的アプローチはシステム、内的アプローチは機能、実際の動作と原則の比較は法則とモデルの総合的な理解を、それぞれ可能にする。このように、SI は、複雑な多テクノロジー・システムの分析とコンピューターによるモデリングを発展させた。この複合性の分析論理は、新しい意味での「技術的教養」の段階的な獲得につながる。エンジニア科学教育の基本的なポイントは、機械、オートメーション、電気、電子、情報・ネットワーク処理の各分野に共通する[16]。

2010 年には、高等教育であるテクノロジー系グランド・ゼコール受験準備クラス（CPGE technologique）への進学を目的とする「科学系バカロレア・エンジニア科学」コースにおいて、エンジニア科学（SI）教育は、応用科学の教育に取って変わった。それは、非職業化と非専門化を特徴とし、観察と実

験と実物、モデルとシミュレーションという「システム工学」を重視するようになる。この「システム工学」に重点をおくエンジニア科学教育は、コレージュから高等教育まで接続すると位置付けられ、コレージュの「テクノロジー」科教育にもその傾向がみられる[17]。

　1946年の「技術バカロレア」の導入から21世紀初頭の「科学系バカロレア・エンジニア科学」科におけるエンジニア科学教育の導入までに、技術教育におけるエリートの選抜に関係する学科構成を概観すると、三大科目「製図（dessin technique）、テクノロジー（technologie）、工場労働（travaux d'atelier）」の学科構成から「機械工学（génie méchanique）、電気工学（génie électrique）」等を重視する工業テクノロジー教育（les enseignements technologique industriels）、次いでエンジニア科学教育へと進化したことになる。

3. リセ技術教育課程の改革

3-1　リセ改革

　リセでは、2010年より技術・職業教育は、普通バカロレアのための「科学系バカロレア・エンジニア科学」コースにおけるエンジニア科学（SI）教育、技術バカロレアのための「工業と持続可能開発の科学・技術（テクノロジー）：Sciences et technologies de l'industrie et du développement durable（以下、STI2Dと略）」コースにおけるテクノロジー教育、職業バカロレアのための職業リセにおける職業教育で行われることになった。1988年以来、技術（テクノロジー）バカロレア（baccalauréat technologique）の「工業科学・技術（テクノロジー）（STI）」コースのプログラムは、改訂されていなかったが、2010年には、STI2Dコースとして、プログラムが完全に最新化され、改訂されることになった。そのSTI2Dコースのテクノロジー教育は、「科学系バカロレア・エンジニア科学」コースと同様に、応用科学としての、「システム工学」に重点を置くエンジニア科学（SI）教育化する傾向を持っている。

　STIでは、工業科各専攻（機械工学、電気工学など）の専門科目は、「製作学

第12章　フランスにおける技術・職業教育と高等教育との接続問題　　261

習」、「工業システム学習」、「ショップ別実習及び実験・実習」であった。また、全専攻に共通して、第1学年に選択科目の TSA と「工業システム学習」における情報技術が重視された。コレージュの「テクノロジー」科とも関係していた情報技術の重視は、リセの技術教育が各専攻の専門性を薄めた「資格に統合された一般教養の成分」に改められたということでもあった[18]。

その STI は、2010 年のリセ技術教育課程の改革によって、STI2D に最新化して改定されることになる。その背景には、2010 年のフランス国民教育省から発表された「新しいリセ」におけるリセ改革の主旨がある。そこには、リセ技術教育課程の改革に関して、「高等教育進学のためのより良き準備（STI の現代化・総合化）」が含まれていた[19]。

3-2　STI2D 教育

STI の現代化・総合化を志向する新設された STI2D 教育は、2011 年度の学習指導要領（Programmes）[20] において、教育目的・内容・方法等が示された。以下は、その概要である。

現代のテクノロジー教育は、従来の「どのように（comment）」に加えて「なぜ（pourquoi）」という問いに対しても、多くの基準による分析や技術革新と結びついた答えをもたらす必要がある。技術を使う全てのものづくりには、技術面、経済面そして環境面の制約がある。そこで必要となるのが、「材料・エネルギー・情報」という三つの要素を考慮したエコ設計への取り組みである。これらの各分野に関する能力及び知識こそ、工業部門におけるあらゆるテクノロジー教育の基本となる。STI2D バカロレアは、以下のことを可能にする。

- ・システムの構造及び／または機能を理解し説明するために必要な能力の基礎を身につけること。これらの必要能力は、テクノロジー科の共通科目にまとめられる。
- ・専門化の一環としていずれかの高度な学習分野を選び、そのソリュー

ション研究を通してシステム設計の初歩を学ぶこと。

　テクノロジー教育の STI2D バカロレアは、共通科目と専門科目で構成される。そのうち専門科目の目標は、設計、実験及びディメンション操作（dimensionnement）の各技術に関する能力を、バカロレアのレベルに合わせて習得することである。職業バカロレアと異なり、テクノロジー系バカロレア(voie technologique) は職業への直結を目的としていない。テクノロジー系バカロレアで学ぶ知識やノウハウは、製品の製作やサービスの実施に必要な適性を保証するものではない。

　科学及びテクノロジーという面で、バカロレア STI2D の合格者は、材料・エネルギー・情報という 3 分野の知識と結びついた幅広い能力を持つと認められ、大学、エンジニア学校、テクノロジー系グランド・ゼコール準備級（CPGE technologique）、STS 及び IUT の各専門課程といった多様な高等教育の科学教育（formations scientifiques de l'enseignement supérieur）に進むことができる。それらの能力は、生涯にわたって新たな知識を学び続けるための基礎となる。

　上記は、進学という面から見た STI2D の野心的な目標である。それらの目標は、科学系バカロレア（série scientifique）の目標とほとんど変わらない。ただ、より若者の特徴に配慮した STI2D は、生徒にさまざまな能力の動員を促し、各自の可能性を引き出す効果が高いと期待される。

　テクノロジー教育が長きにわたり守ってきた教授法の特徴は、抽象化と具体化、分析と行動、理論と現実のバランスにある。これこそは、「職業教育の選択を先延ばしにしているが、過度に演繹的・抽象的なアプローチにも馴染めない」というタイプの生徒に不可欠な特徴である。STI2D の授業では、実在し現に使用されている技術的なシステムの分析という実践的な活動とプロジェクトが優先される。

　最終学年には、一つのシステムの設計・製作、改良または最適化にグループで取り組み、それまでに学んだことの総括と掘り下げを行う「テクノロジー・プロジェクト（projet technologique）」がある。協同体制による工学・エンジニアリング（ingénierie）とエコ設計への取り組みは、各生徒・グループがイニシアチブと自立性を発揮する機会である。キーとなる能力の習得とい

う意味では、リセ全体を通して最も重要な時間とも言える。

カリキュラムの実施に当たっては、システムの機能と構成ソリューションの観察、システムの全体または一部に関する実験及びシミュレーション、それらの結果の理解及び活用に必要な理論的論証を密接に関連づけなければならない。授業の基礎をなすシステム研究においては、モデルの分析・表現・検索・認証ツールを使いこなす能力のほか、用いられている構成ソリューションに関する知識が求められる。生徒はあくまでもテクノロジーによって学び、技術的な働きの分析を通してモデルを理解するのであって、その逆ではない。このことは、STIの教授法の基本であり続けている。

テクノロジー教育の授業には、実際にさまざまなシステムに取り入れられイノベーションにも貢献している情報通信技術（Tic：ICT）の活用が不可欠である。今後もインターアクティブなマルチメディアの導入等により、授業ツールとしてのICTの活用を推進する。

科学（S）科とテクノロジー科の教員同士の結びつきを強めるため、科学科の教員とテクノロジー科の共通科目の教員は各種の研究室に定期的にアクセスできるようにする。これにより、全ての科目が各研究室の具体的な状況（実験、プロジェクト、技術的システムの研究）を足掛かりとし、同じペースで授業を進めることが可能となる。

・総合テクノロジー教育（enseignements technologiques transversaux）

　共通科目である総合テクノロジー教育には三つの目標が割り当てられている。

第一に、工業テクノロジーの基本的な概念を身につけ、環境への影響を最小限に抑えるという原則のもとで応用すること。そのため、授業は物理・化学（基礎・応用）及び数学の授業との直接的かつ緊密な連携のもとで実施し、学習のコーディネートを行うとともに、進学に必要な科学（S）科のレベルが確保されるようにする。また、持続可能な開発については、たとえば地理・歴史科と連携し、世界や地政学の課題を取り扱う。

第二の目標は、現代の技術的ソリューションがいかに豊富で多様かがわかる多技術型（pluritechnique）のアプローチで、主に帰納的な行動重視の教授法に基づくもの。それらのソリューションには、「エネルギー管理」、「情報処

理」、「材料の利用及び加工」という三つの領域が関わってくる。総合テクノロジー教育では、これらの3領域を包括的・非排他的にバランス良く、かつ別々に取り扱う。そのうえで、実際に発生した技術的な問題の解決にモデルや分析法をどう活用するかを考える。

　第三の目標は、コミュニケーション（現代語1によるものを含む）に関するものである。

・特定専門科目（enseignement spécifiques de spécialité）

　バカロレア（STI2D）に合格するには、各自が選んだ専門科目において、一つのシステムまたは技術的ソリューションの全体または一部につき、以下のことができなければならない。

・設計
・ディメンション操作
・検討対象とする技術的ソリューションについての試作品、模型、習作の作成
・コミュニケーション（現代語1によるものを含む）

これらの能力は、下記専門科目それぞれのカリキュラムに細分化される。

・建築・建設：建物及び構造物に関する建築面・技術面のソリューションを学び、研究する専門科目。持続的開発の原則のもと、建築物の分析・設計を行い周辺環境との同化を図るために必要な能力を習得する。
・エネルギーと環境：エネルギーの生産、輸送、流通及び利用のほか、その管理についても学ぶ専門科目。システムのエネルギー効率とその環境への影響を把握し、ライフサイクルの最適化を図るために必要な能力を習得する。
・テクノロジーのイノベーションとエコ設計：工業製品に関する革新的な技術的ソリューションの学習及び研究に設計と人間工学の視点を取り入れた専門科目。持続可能開発の原則のもと、システムの分析及びエコ設計を実施し周辺環境との同化を図るために必要な能力を習得する。

第12章　フランスにおける技術・職業教育と高等教育との接続問題　265

・情報システムとデジタル通信技術：情報（声、データ、画像）の獲得、処理、輸送、管理及び返還について学ぶ専門科目。ユーザーインターフェース、システムの直接操作（commande rapprochée）、電気通信、情報ネットワーク、情報獲得・配信モジュールの理解に必要な知識のほか、より一般的にバーチャルシステムの開発、その環境への影響及びライフサイクルの最適化に関する知識を習得する。

　以上の授業で取り扱うのは、人間のニーズに応えるシステムである。各専門科目のカリキュラムには、それぞれの分野を深く掘り下げる一方で、実際のシステムの内部相互作用を特徴づける「材料・エネルギー・情報」アプローチを包括的に取り扱うことが求められる。STI2Dの特徴でありその趣旨と結びついたプロジェクトもまた、同じ原則に基づいており、多技術型（pluritechnique）の展開を要する。

　以上より、STI2D教育の特徴は、次のように指摘できる。

　STI2D教育は、現代のテクノロジー教育として、従来の「どのように（comment）」に加えて「なぜ（pourquoi）」という問いに、「材料・エネルギー・情報」という三つの要素を考慮したエコ設計を必要とする。また、テクノロジー教育のSTI2Dバカロレアでは、STIにおける機械工学、電子工学、エネルギー工学などの各専攻の専門科目は、リセ技術教育課程の改革での「高等教育進学のためのより良き準備（STIの現代化・総合化）」という目的に沿って、STIにおける工業科の各専攻はなくなり、STI2D科における共通科目の総合テクノロジー教育と、オプションの特定専門科目に再編成される。

　共通科目は、システムの構造及び/または機能を理解し説明することを目的とする。共通科目である総合テクノロジー教育の目標は、主に、工業テクノロジーの基本的な概念を身につけ環境の原則のもとで応用すること、そのために物理・化学（基礎・応用）及び数学の授業と連携し、進学に必要な科学（S）科のレベルが確保されるようにすること、現代の技術的ソリューションがわかる多技術型のアプローチで、材料、エネルギー、情報の3領域をバランス良くかつ別々に取り扱い、そのうえで、実際に発生した技術的な問題の解決にモデルや分析法をどう活用するかを考えさせることである。

特定専門科目は、専門化の一環としていずれかの高度な学習分野を選び、そのソリューション研究を通してシステム設計の初歩を学ぶことを目的とする。そこでは、設計、実験及びディメンション操作の各技術に関する能力を習得する。テクノロジー系バカロレア（voie technologique）は、職業バカロレアと異なり、職業への直結を目的とせず、学ぶ知識やノウハウは、製品の製作やサービスの実施に必要な適性を保証するものではない。各専門科目は、それぞれの分野を深く掘り下げる一方で、実際のシステムの内部相互作用を特徴づける「材料・エネルギー・情報」アプローチを包括的に取り扱うことが求められる。

　科学及びテクノロジーという面で、バカロレア STI2D の合格者は、大学、エンジニア学校、テクノロジー系グランド・ゼコール準備級、STS 及び IUT の各専門課程といった多様な高等教育の科学教育に進むことができる。それらの能力は、生涯にわたって新たな知識を学び続けるための基礎となる。これは、進学という面から見た STI2D の野心的な目標である。それらの目標は、科学（S）系バカロレア準備課程の目標とほとんど変わらない。しかし、「職業教育の選択を先延ばしにしているが、過度に演繹的・抽象的なアプローチにも馴染めない」というタイプの生徒は、あくまでもテクノロジーによって学び、技術的な働きの分析を通してモデルを理解するのであって、その逆ではない。このことは、STI の教授法の基本であり続けている。

　このように、STI2D のテクノロジー教育は、「科学（S）系バカロレア・エンジニア科学」コースのエンジニア科学教育における「システム工学」の重視と、類似する特徴をもつ。エンジニア科学の教育は、コレージュから高等教育までの接続関係において、技術教育の中核として位置付けられることになる。

おわりに

　フランスにおける技術・職業教育と高等教育との接続問題において、今日的課題では、次の問題構造がある。

　一般教育としての数学教育と専門教育との関連問題に関しては、抽象的で

エリート的な数学を基準とした教養のエクセレンスが各教育段階の各学校に
ヒエラルキーに採用されていることに対して、ペルペルとトロジャーによっ
て職業教育のエクセレンスから問題提起がなされている[21]。また、専門教育
と関連をもたない CPGE の一般教育としてのアカデミックな純粋数学の理
論による選抜接続が特徴である「エリートのために行うグランド・ゼコー
ル」[22]における「特権的」な「学歴によって保障された専門能力」[23]に対し
て、職業訓練における能力から問題提起もなされている。

　テクノロジー教育からエンジニア科学教育への方向転換に関しては、リセ
の普通教育課程と技術教育課程における技術教育のエリート選抜に関係する
エンジニア科学教育の「学科」化の動きには、「降格への道」とみなされる
従来からの職業リセにおける職業教育との非常に難しい関連問題が浮上した。
フランスの技術教育に関係する教育制度の変遷におけるテクノロジー教育の
役割と、その高等教育への延長に関わる問題である。これを受け、教育及び
進路指導という二つの役割のあり方が問い直されている[24]。

　リセ技術教育課程改革に関しては、リセのテクノロジー教育としての
STI2D の目的は、主として高等教育の科学教育への進学の目的に変更され、
テクノロジー系バカロレアは、職業バカロレアと異なり、職業への直結を目
的せず、製品の製作やサービスの実施に必要な適性を保証するものではない
とされた。かっての中等教育レベルのリセにおけるテクニシャン養成という
目的は、まさに高等教育に移動したといえる[25]。

　これら今日的課題の背景には、EU モデルに連携した高等教育による上位
の職業資格取得の要請がある[26]。

[注]

1　堀内達夫（1997）「高学歴化における職業資格・免状の価値」小林順子編『21 世紀を
　展望するフランス教育改革―1989 年教育基本法の論理と展開―』東信堂、205-206 頁。
2　野原博淳（1992）「フランス技術者範疇の社会的創造―教育制度・社会的階層・内部
　労働市場の内的連鎖構造―」『日本労働研究雑誌』No.393、27 頁。
3　上里正男（2004）「フランスにおける高大接続問題――般教育と専門教育との関連よ
　り―」名取一好編『技術・職業教育における中等教育から中等後教育への接続の実態

と動向』名取一好、科学研究費補助金基盤研究（B）（1）報告書、51頁。

4　MATHÉMATIQUE, Le B.O No 3 AOÛT 2001. 前掲書（3）の pp.51–52 に掲載。

5　荒井克弘編（2003）『高校と大学の接続―選抜接続から教育接続へ―』科学研究費補助金基盤研究（A）（1）報告書、1–281頁。同書では、選抜に替わる教育課程の接続などの新しい接続システムを教育接続とするとしている。

6　Ministère de l'Éducation nationale, de l'Enseignement supérieur et de la Recherche Direction de l'enseignement scolaire, 2004, Mathématiques-sciences certificat d'aptitude professionnelle, collection Lycée-voie professionnelle série Accompagnement des programmes, CNDP.

7　藤井佐知子（1997）「後期中等教育の構造変動と改革動向」小林順子編『21世紀を展望するフランス教育改革―1989年教育基本法の論理と展開―』東信堂、198頁。

8　MINISTÈRE DE L'ÉDUCATION NATIONALE, DE LA RECHERCHE ET DE LA TECHNOLOGIE, 1999, Direction de l'enseignement supérieur BREVET DE TECHNICIEN SUPÉRIEUR Productique mécanique , CNDP. 前掲書（3）の 54–55 頁に掲載。

9　夏目達也（2000）『フランスにおける高校職業教育と高等教育の接続関係に関する実証的研究』科研費（c）（2）研究成果報告書、31–32頁。

10　GENIE MECANIQUE ET PRODUCTIQUE, MODULE 1.8 MATHÉMATIQUES, Le B.O No 3 JUIL 1998. 前掲書（3）の 55–56 頁に掲載。

11　(http://www.les-mathématiques.net/pages/deug/php3,2003.03.25.）において、Cours de mathématiques supérieures（高等数学）の項目があり、Deug/Prépa（大学一期課程／グランド・ゼコール準備級）における数学教科書の教育内容が記載されている。著者は、現代数学におけるゲーム理論の世界的権威である数学者 Claude Berge である。前掲書（3）の 57–58 頁に掲載。

12　F.K. リンガー著・筒井清忠他訳（1999）『知の歴史社会学―フランスとドイツにおける教養 1890-1920 ―』名古屋大学出版会、152頁。

13　Christian Hamon, Joël Lebeaume, 2010, Du « technique » aux « sciences de l'ingénieur » au lycée : 65 ans de ruptures et d'évolutions, Actes du Congrès AREF 2010 Genève, p.5.

14　Ibid., p.6.

15　Ibid., p.7.

16　Ibid., p.7.

17　Christian Hamon, Joël Lebeaume (2015) Industrial Technology and Engineering Sciences in France. The disciplinarisation process and its impact on technology education, PATT Conference 29, p.215.

18　堀内達夫（2001）「フランスの工業系教育」『専門高校の国際比較―日欧米の職業教育―』法律文化社、43頁。

19　堀内達夫（2011）「リセのカリキュラム改訂、2010-2012年」『教育学論集』大阪市立大学大学院文学研究科、第37号、53頁。

20　Enseignement technologiques Série Sciences et technologies de l'industrie et du développement durable (STI2D) classes de première et terminale, 2011,Centre nationale de documentation pédagogique, pp.1–9.

21 Pelpel, P. et Troger, V. (2001) *Histoire de l'enseignement technique*, L'harmattan, p.264.

22 アレゼール日本編（2003）『大学界改造要綱』藤原書店、240 頁。

23 マリー・デュリュ＝ベラ（2007）『フランス学歴インフレと格差社会―能力主義とい
う幻想―』明石書店、75 頁。

24 Christian Hamon, Joël Lebeaume, Du « technique » aux « sciences de l'ingénieur » au lycée :
65 ans de ruptures et d'évolutions, op. cit., p.10.

25 Christian Hamon, Joël Lebeaume (2015) Industrial Technology and Engineering Sciences in
France. The disciplinarisation process and its impact on technology education, op. cit., p.215.

26 Ibid, p.216.

第VI部

インクルーシブ教育

第13章

フランスにおけるインクルーシブ 教育導入をめぐる葛藤

坂倉裕治

はじめに

　こんにち、学校教育から誰をも排除することなく、「成功のための機会」を等しく保証しようとするインクルーシブ教育は、「もっとも恵まれない状況」にある子どもたちに注目して、学業失敗 (échec scolaire)、学業放棄 (décrochage) といった問題を改善、解消する努力全般と理解されている[1]。一方でこの理念が、「障がいのある状況の子どもたち (les enfants en situation de handicap)」の就学や社会での活躍を広く実現しようとする配慮を重要な契機として導き出されたという事実も見逃せない。フランスでは、18世紀に、それまで不可能だと考えられていた聾や盲の子どもたちの組織的教育を実現しようとする挑戦が始まり、19世紀を通じて国家による特段の優遇政策のもとに[2]、障がいを持った子どもたちの教育可能性論議と教育実践を切り開いてきたという実績がある。しかし、インクルーシブ教育については、EU加盟国のなかでも特に導入が遅れ、後に触れるように、成果に対しても比較的低い評価が与えられている。本章では、フランスでインクルーシブ教育を導入するにあたって、関係者たちの一部に認められた葛藤[3]に注目することによって、インクルーシブ教育の理念を多少なりとも相対化して、再考してみたい。

272

1. フランスにおける障がい者教育小史

　フランスにおいてインクルーシブ教育の理念をめぐって、障がいのある人たちの教育に携わっている人々の間に生じた「葛藤」の意味を理解するためには、まず、おおまかに歴史的な経緯をふまえておく必要がある[4]。

　障がいのある人たちの教育可能性を、理論的に、また、実践を通じて、切り開いた先人たち、すなわち、組織的な聾教育の先駆者とされるレペ（Charles-Michel abbé de l'Epée, 1712–89）、盲学校の創設者として知られるアユイ（Valentin Haüy, 1745–1822）、点字を発明したブライユ（Louis Braille, 1809–52）などの名とともに、障がいを持った人たちの教育の歴史を描くとき、フランスには名誉ある位置が与えられてきた。18世紀を通じて、「聾者」と「盲人」の教育可能性論議は、哲学者たちにとっても重要な問題であり続けた。ラ・メトリー（Julien Offroy de La Mettrie, 1709–51）、ビュフォン（George-Louis Leclerc Buffon, 1707–88）、ルソー（Jean-Jacques Rousseau, 1712–78）、ディドロ（Denis Diderot, 1713–84）、コンディヤック（Etienne Bonnot de Mably abbé de Condillac, 1714–80）など多くの著述家たちが、「聾者」や「盲人」に特段の関心を寄せた。そこに、人間の知的能力がどのように獲得され、発達していくのかという問題をめぐる思索と、教育実践の洗練との間に、たぐいまれな共犯関係が生み出されていた[5]。感覚器官に障がいを持った人々をめぐって切り開かれた教育可能性論議に続いて、ピネル（Philippe Pinel, 1745–1826）、イタール（Jean Marc Gaspard Itard, 1774–1838）、セガン（Onesimus Édouard Séguin, 1812–80）らとともに、知的障がい者の教育可能性にかかわる論議の扉が開かれた。もっとも、障がいを持った人たちの教育可能性論議が本格化した当初から、障がいの認定、「治療」、教育のあり方をめぐって、教育界と医学界の間にしばしば緊張・対立関係が生じていたことは、見のがすことができない。医学界との対立から、アユイは自らが創立した盲学校から追われ、セガンはフランスを離れてアメリカに渡った。

　1879年にビセートル施療院の神経科医となったブルヌビル（Désiré-Magloire Bourneville, 1840–1909）は、当時「白痴（idiots）」、「精神薄弱者（dégénérés）」など

と呼ばれていた子どもたちが置かれた悲惨な境遇を改善すべく力を尽くした。特に適応可能な（les plus adaptés）子どもたちのために、通常の小学校のなかに「特殊学級（classes spéciales）」を設置するように求めた。通常のクラスとは別に設けられた「特殊教育（éducation spécialisée）」のための環境が整備されていった背景には、平等を実現しようという強い意志があった。第三共和政期当時、国家政策として、不平等との闘い、社会正義の実現に向けた努力が推進されていた。ここにいう平等と正義は、各人の能力に応じて教育の機会を与えることを意味しており、結果の平等を意味したわけではない。皮肉にも、上述の環境整備は結果的に、「健常ではない」子どもたちに対して「相対的に能力が劣っている」という烙印を押すことになってしまったのである。

心理学者ビネ（Alfred Binet, 1857-1911）は、「精神薄弱」の分類を試み、特殊教育は通常の学校教育に適応できない子どもたちだけを対象とするべきだと考えた。この主張は別の見方をすれば、学力的に「不適応」となる可能性の高い生徒にあらかじめ別の道を用意しておくことで、結果的に「本線」となる学校教育を効率化しようとするものだった。ビネの主張に基づいて、1909年に通常の学校のなかに「特別補習学級（classes de perfectionnement）」を設置する法律が発布された。この学級は、医学的に「軽度の知的障がい」と認定された生徒たちの受け入れを意図したものだった。もっとも、この学級への登録は任意で、国民教育省が管轄する特殊学級の設置は1960年代になって実現された。

障がいがあると医師が認定した子どもたちを私立の施設に収容する制度が、厚生省[6]によって1937年に整えられた。障がいを持った子どもたちの教育をめぐって、医療＝教育施設と国民教育省管轄の学校の間に緊張関係が生じることもまれではなかった。全体としての学校教育体系は、産業構造に対応する形で生徒たちを選別、序列化し、子どもたちを労働に適応させることをも課題として担っている。そのため、競争的性格を色濃く有している。重度の障がいを持った生徒たちについては、1950年代から70年代にかけて、厚生省管轄の公的補助が拡充されていったのと裏返しに、国民教育省が管轄する「通常の」学校教育体系からは切り離されていった。

従来の複線型の学校教育を単線型にあらためるべく、1975年に実現され

た統一コレージュも、「すべての子どもに門戸を開く」という基本理念に反して、重度の障がいを持った子どもたちを実質的にしめだしていた。障がいを持った子どもたちの通常学級からの排除の根拠となったのは、1882年法であり、1938年6月30日付の法律は、収容所（internement）を「健常でない（anormaux）」子どもたちへの合法的な唯一の援助の形と規定していた。

　1975年6月30日付の「障がい者の進路に関する法律」は、障がい者の社会統合（intégration sociale）に向けて、「障がいを持った青少年に義務教育を課す」（4条）とともに、その費用を国家がまかなうことを明確に規定した（5条1項）点で、大きな転換点とみなすことができる。1980年代には、学校のみならず、子どもにかかわる公サーヴィス部門が一丸となって、障がい者の社会統合にとりくむこととされた。社会統合の課題をめぐって、障がい者だけではなく、移民家庭に出自を持つ子どもたちや、修了免状や職業資格を取得することなく学校を離れる生徒たちについても、同様の目配りを求めるようになっていった。統合の理念には、従来の特殊教育が障がいを持った子どもたちを健常の子どもたちから分離・隔離することで、たとえ悪意がないとしても、結果的に差別を構造的に生み出してしまっていることへの反省が込められていた。身体、感覚器官、知能に障がいを持った子どもたちを小学校に集団として統合する CLIS（Classe d'intégration scolaire）の目的を定めた1991年11月18日付の通達91–304号では、子どもの年齢、能力に応じて、「通常の環境」において効果を引き出すことをめざすとしている。1999年11月19日付の通達99–187号では、就学の統合（intégration scolaire）を社会統合（intégration sociale）に必要不可欠なステップとして、障がいを持った子どもたちの就学を権利として明確に規定した。中等教育段階については、主に知的障がいを持った生徒たちを受け入れるために、1995年5月17日付の通達95–21号によって UPI（Unité pédagogique d'intégration）が設けられた。単に教育機会を与えるだけではなく、可能な限り「通常の環境」での就学を可能にするために最大限の努力をすることが、国家の責任とされた。1999年11月19日付の通達99–187では、「就学を権利」、「受け入れを義務」と明示した。厚生省が管轄する医療教育院（établissements médico-éducatifs）や施設は、障がいのタイプに応じた分類に従って高度に専門化しており、その専門性に対応し

た生徒を受け入れた。その反面、対応関係が認められない場合、行き場を失うこともあったのである。

フランスで顕著にみられるような、同じような援助を必要とする子どもたちを集めて、特別な援助を必要とする子どもたちに、理解ある環境において適切かつ効率的な支援を提供しようとする考え方は、国際社会、EU の枠組みにあって、時代後れの、問題を含んだ方策とみなされた。そのような考え方は、対象となる子どもたちを一般社会から切り離し、隔離するもので、一般社会への統合（intégration）の実現という目的に対して無用な「遠回り」をしているといった批判が、1970 年代に英国などで強まっていた。医学的治療のモデルに基づいて洗練されてきた特殊教育にあって、ごく少数の「例外」をのぞいた多くの「障がい者たち」が、特殊教育のために整えられた施設に依存したまま自立できずにいることが問題視され、特殊教育のあり方そのものが、社会統合を阻んでいるのだとする議論も展開された。この問題を乗り越えようとする統合教育は、その初期においては特別な支援を必要とする人々も、適切な支援によってふたたび一般社会に統合できると考え、「ゆるやかに」、「段階的に」普通教育に統合する道を選んだ。しかし、統合教育についても、医療モデルが色濃く維持されており、特殊教育の問題が乗り越えられたとはいいがたい。

2002 年 12 月 3 日、シラク大統領は障がい者諮問国民会議のメンバーをエリゼ宮に招いて、「もっとも恵まれない人たちに対して（aux plus vulnérables）、よりいっそうの正義とよりいっそうの注意をむけるべく、国民の団結を強化する」と演説した。統合からインクルーシブへと大きく舵を切ることを明確に示したのが、2005 年 2 月 11 日付の法律である。

2. 2005 年法の理念

2005 年 2 月 11 日付の「障がいのある人々の権利と機会の平等、社会参加と市民性のための法律」（以下、「2005 年法」と略記する）[7] は、インクルーシブ教育の導入をはっきりと示した。2008 年に改正された「教育法典」は

「障がいのあるすべての子どもが居住地に最寄りの学校に学籍登録される」（L.112-1）と明記した。障がい者に「学校教育、職業教育、高等教育を保障する」こと、「国が、その権限の及ぶ範囲で、障がい児等の通常の環境における就学に必要な財政的・人的手段を講じる」ことが明文化されている。2005年法が定める枠組みのなかで、国民教育省管轄の学校に学籍を残したままで、必要に応じて、厚生省が管轄する医療教育院などを利用することができる仕組みになっている。これは、フランスが2010年に批准した「国連障がい者権利条約」第24条の要件（可能な限りインクルーシブな教育環境の創出をめざし、障がい者を対象とした学級や施設などが存在することまでも否定するものではないものの、普通学級との間の頻繁な行き来を保障することを求めた）を満たすための条件整備であるとともに、2008年の「差別対策分野のEU法を国内法化する法律」にみえるように、この問題に対するEUの統一的な立場を尊重するという政治的決断の現れととらえることができる。すなわち、EUと国際社会との二重の関係のなかで、制度変更を伴う法整備を行ったと解釈することができる。

　2005年法に直接かかわる人々の全体像はなかなかつかめない。完全な統計は存在しないものの、個別の目的から作成された統計資料を組み合わせて、全体像を推計しようとした試みがある。その一例を示してみよう。2002年時点で、135,000世帯が、子どもの障がいの認定を受けて、特殊教育補助金（AES: Allocation d'éducation spéciale）を受給していた。2001年において、107,000名以上の青少年が全国で1981箇所の厚生省管轄の医療教育院に受け入れられ、23,000名以上の青少年が911の在宅での特殊教育サービス（SESSAD: Service d'Éducation Spéciale et de Soins à Domicile）を利用した。1999–2000年度、特殊教育県評議会（CDES: Les Commissions Départementales de l'Education Spéciale）は290,000件の判定を行い、185,000名の障がいを持った子どもが医療教育院に入り、77,600名の子どもがAES受給対象とされた[8]。

　2005年法の精神は、あらゆる社会制度を「障がいの状況にある人たち」に開くことにある。単に社会参加を保証するのにとどまるのではなく、「通常の生活」を維持するとともに、人生設計において「自由な選択」を可能にすることを理想とする。また、多様な子どもたちが一緒に学ぶことで、「健

常者たち」が往々にしてもってしまう、いわれのない差別意識や未知の障がいへの恐怖心を解消することにも寄与しうると期待されている。

　従来みられたような、医学的に認定され、カテゴリー別に分類された障がいのタイプについての知見に基づいて、特定の生徒が「できないこと」をあらかじめ想定したうえで、細かく分類されたカテゴリーごとに対応しようとする考え方を退けて、インクルーシブ教育では、あることを「できない」状態にしている社会的障壁に注目し、環境を改善することで、「できない」状況を緩和し、のりこえていこうという考え方に立って、さまざまな人たちが同じ「通常の環境」で学び、働くことができる社会を築こうとする。

　障がいを持った児童生徒の就学には、つきそいが必要となることが少なくない。2005年法の制定に先立って、2003年4月30日付法律 (n° 2003–400) によって設定された教育補助員契約 (contrat d'assistant-e d'éducation) に基づいて、障がいを持った児童生徒につきそって就学の手助けをする学校生活支援員（AVS : Auxiliaire de Vie Scolaire）の制度が導入された。通常学級に就学する児童生徒に個別につきそう AVS-i (Auxiliaire de Vie Scolaire en accompagnement Individuel) と、CLIS、ULIS といった教育単位に配置される AVS-co (Auxiliaire de Vie Scolaire en suivi Collectif) の区別がある[9]。この制度は、若者の失業対策として導入されたという側面もあり、労働市場に新規に参入することになる学生たちに経験を積ませることを目的のなかに折り込み、原則としてバカロレア取得相当の免状を取得した者を採用し、1年契約で、6年を上限として更新可能とした。フルタイム契約の場合、39～45週にわたって年間労働時間1,600時間（内60時間は研修）となっている。多くの場合、週3時間労働からフルタイムの1/4相当までのさまざまな形でのパートタイム契約で、給与は実働時間に応じた歩合制となっている。実際には、そもそもの制度設計とは異なり、高等教育機関に在学中の学生が数多く採用されたわけではなかった。その理由は明白である。学校のタイムスケジュール（9～17時）にあわせて、学生が自分の学業と両立させながら就労することは容易ではないからである。AVS だけではつきそいに必要な人員を十分に確保することはできず、2005年8月に国民教育省通達 (circulaire ministérielle n° 2005–129) によって、障がい生徒就学支援契約支援員（EVS-ASEH: Employées de Vie Scolaire en Aide à la Scolarisation d'Elèves Handicapés）を設定した。職務内容は AVS と基本的に同一である。長期失業者の労働市場への再編入も視野に入れた職位で、AVS とは雇用形態が異なっている。管轄する大学区によって定めにばらつきがあるものの、6カ月の契約を3回更新可能といった短期の雇用契約となっていることが多かった。2010 年に CUI（contrats uniques d'insertion）に統合された、CAE（Contrat d'Accompagnement vers l'Emploi）や CA（Contrats d'Avenir）といった、将来の就職につながりうる個別契約に基づいて採用された。採用条件となる免状も養成や研修プログラムも設定されず、質保証の観点から疑問があった[10]。

　就学、社会、教育のインクルージョンの未来のための国民連合（UNAISSE: Union Nationale pour l'Avenir de l'Inclusion Scolaire, Sociale et Educative）が 2008 年 4 月に発表した、海外領土を除く全大学区にわたる 700 名の AVS 及び EVS に行ったアンケート調査結果（回答数 541 名）[11]は、フランス全土で 16,000 名ほどの補助員の 3.31% 相当から回答を得て、当時のつきそい補助員の実態をある程度推測できるものとなっている。9 割が女性で、平均年齢は 34 歳。修了免状については、バカロレアのみ取得 27%、バカロレア取得に加えて 2 年の高等教育免状取得者 18%、学士号取得者 20%、バカロレア取得後 3 年以上の高等教育を受けた者 15%、バカロレア未修得者 11% となっている。AVSについては 8 割が 60 時間の研修を受けていたのに対して、4 割の EVS は研修をまったく受けていなかった。国民教育省がサイト上で公開している数値によれば、個別のつきそいのもとに「通常の」学校に就学した障がい者の数は、2006–07 年度は、26,341 名、2010–11 年度は 70,647 名と、2.68 倍に増えている[12]。

　なお、左派政権下で、2014 年 6 月 27 日付の政令（décret）724 号により、AVS の仕事は、AESH（Accompagnants des Élèves en Situation de Handicap：障がいのある状況にある生徒たちのためのつきそい）と名づけられた新たな専門職に順次受け継がれることとなった。インクルーシブ教育にかかわる 2 年間の実務経験によって取得できる国家資格（DEAES：Diplôme d'État d' Accompagnant Éducatif et Social）によって、質保証を担保することをねらった制度変更である。

3. インクルーシブ教育をめぐる葛藤

　フランスにおいて、「通常の環境」からは切り離された場で行われてきた特殊教育（分離）からインクルーシブ教育（社会的絆の保持）への転換の歩みが、あまりにも緩慢であるとの批判がある[13]。じっさい、インクルーシブ教育の導入は、フランスの障がい者教育にかかわる人々の一部に、緊張関係や葛藤を生じさせた。インクルーシブ教育の基本的な考え方に、正面から激しい批判の声を上げた人たちのなかで、聾、盲など、感覚障がいを持った子どもたちの教育にかかわりのある人々の存在感が無視できないように思われる。

　たとえば、必ずしも一般化できないとはいえ、注目に値すると思われる個別的な事例が紹介されている。移民出自の家庭で暮らす聾の子どもの場合である。通常学級では、フランス語を母語としない（ほとんど理解できない）ということと聴覚に障がいがあることから、ほかの子どもたちや教員との意志疎通に二重の困難を覚えていた子どもが、通常の学級から聾学校に移って手話を学ぶことで、子どもたちや教員との意志疎通に障壁がなくなり、学業や行動に大きな改善が認められたという。こうした事例を根拠として、特定の障がいを対象とする医療教育院の存在が必ずしも社会的隔離となっているとはいいきれないと指摘する[14]。

　より一般的な議論としては、聾の子どもの教育について、聴力の回復や音声言語の習得をめざす治療モデルに対して、手話話者の共同体の文化的な豊かさを強調するラビーニュの論考、「聾の子どもたちを通常の環境で就学させることの「自明性」を問い直す」が注目される。聾の子どもたちに「フランス語」による教育か「フランス語とフランス式手話の2言語」による教育かのどちらかの二者択一しか許さなかった従来の制度については、フランス語文化と手話文化の間に、社会における多数者の言語の話者と少数者の言語の話者との間に起こるものと類似した衝突が起こりうることを指摘している。さらに、2005年法によって、障がいを持ったすべての生徒が、一義的には「通常の」学校で教育されなければならなくなり、個別の障がいに応じた医療教育院が「通常の」学校への就学を準備したり、「通常の」学校での

学習を補足するという位置付けになったことについて、手話話者の共同体と
聾の人たちの文化にとって必ずしも好ましいことではないと主張する。少な
くとも聾の子どもたちにとって、聾者の教育にかかわる特別の施設が存在
することは「社会からの排除（ségrégation）」を意味するのではなく、手話文
化を育むうえできわめて重要な役割を担っている。法の条文どおりに、最寄
りの「通常の」学校に生徒を個別に登録し、聾の子どもを「通常の学級」に
通わせても、情報にアクセスするための人的・物的資源を対象となるすべて
の学校に整えることは困難であり、受け入れ体制はまったく不十分だと指
摘する[15]。この論考が掲載されたのは、2005 年法第 87 条と、2005 年 12 月
30 日付の政令 1754 号第 2 条に基づいて、2005 年法に示された原則を実現
するための国立組織として、従来の CNEFSES (Centre national d'Etudes et de formation
pour l'Adaptation scolaire et l'Education spécialisée, Beaumont-sur-Oise), CNEFEI (Centre national
d'études et de formation pour l'enfance inadaptée, Suresnes), CNESPET (Centre national d'études et
de spécialisation des personnels de l'enseignement technique, Paris) を統合して INS HEA
(Institut national supérieur de formation et de recherche pour l'éducation des jeunes handicapés et
les enseignements adaptés) が開校したのを記念して、2006 年 10 月 20 日から 21
日にシュレンヌで開催されたシンポジウムの報告書である。多くの論者が、
2005 年法に好意的な立場に立ち、同法の理念を実現するための具体的な方
策について論じているなかにあって、きわめて異色である。ラビーニュの論
の直後に、同校のクリスティーヌ・フィリップによる「自閉症の子どもたち
を「通常の」環境で就学させることの自明性」が掲載されている。ここで問
われているのは、ある立場を代表することの根拠と意味である。いったい誰
が、いかなる根拠に基づいて「障がい者」全体の立場を代表することができ
るのだろう。代表者を認めることにどのような社会的意味があるのだろう。
フィリップも、「障がい者」という名のもとに一括りにして、みなが同一の
就学形態を享受しなければならないと考えるような、極端な一般化は避ける
必要があることを認めたうえで、すなわち、それぞれのタイプの障がい者に
は、それぞれの歴史的な特殊性があることを認めたうえで、たとえば聾の子
どもたちにとって「通常の環境」での就学は必ずしもよい方法ではないとし
ても、自閉症の子どもたちにとってはよい方法であることが自明であり、多

くの親たちもそれを望んでいる、と指摘する[16]。

　パリ国立聾学院の機関計画書にも、厚生省管轄の医療教育院と国民教育省
管轄の学校との緊張関係が伺われる記述が散見される。2005 年法の定めに
もかかわらず、「専門職員のつきそいによって聾の生徒を個別に通常の学校
に通わせることは、必ずしも国民教育省が管轄する学校の教員たちから歓迎
されるわけではなく、教員たちから十分な配慮や指導が期待できないこと
もある」として、ときには聾学院にたどりつくまでに生徒たちが国民教育省
管轄の学校で経験した就学の実態が「まったく混乱したもの（chaotique）」だ
ったとする評価すら見られる[17]。障がい者の就学の権利を最大限に保証しよ
うとする制度的な枠組みを担う人材の育成・配置については、必ずしも十分
ではない様子が伺われる。こうした状況にあって、パリ国立聾学院では、そ
れぞれの生徒の学籍にとらわれずに、協定を結んだ特定の学校に聾の生徒た
ちを集団で通わせる試みをしている[18]。また、「通常学級」の進度では難し
い教科（たとえばフランス語、算数）についてのみ学院で授業を受け、他の教科
は「通常学級」で授業を受けるといった柔軟な就学形態もすすめられている。
就学のあり方を最終的に決定する権限は、保護者にある。障がいを持った児
童生徒の保護者を対象として国民教育省は『障がいを持った子ども、青年の
就学手引き』（Guide pour la scolarisation des enfants et adolescents handicapés）を作成し、
就学の決定、個別就学計画（PPS: projet personnalisé de scolarisation）、テストの特
別措置、小学校、コレージュ、リセの統合学級、在宅サービス、訪問教育、
長期入院の子どもの就学、高等教育機関における障がいを持った学生の受け
入れなどを説明している。それぞれのステップで進路を決定していくさいに、
両親が深く関与することになっている。しかし、聾教育をめぐる議論のなか
では、専門家の助言を両親が拒否することで、当該児童に必要な援助を提供
することができないという事態も起こりうるとされ、当該生徒の要望を誰よ
りも両親が一番よくわかっているという考え方に疑義が投げかけられること
もある。こうした事態を回避すべく、3 年以上の専門教育を受けたうえで国
家資格を取得した専門家が、保護者に助言するしくみになっているとのこと
であるが、筆者がパリ国立聾学院の進路指導担当者にインタビューしたとこ
ろでは、専門家の判断と保護者の意向が大きく食い違うこともめずらしくな

いという。

　以上の例に見えるように、インクルーシブ教育の理念に対する反応は、立場によって大きく異なる場合がある。特に、フランスにおける障がい者の教育をめぐって、組織や人員について、厚生省管轄のものと国民教育省管轄のものとの間の緊張関係は根深い。国民教育省の視学官で、ストラスブールの教師教育大学（IUFM）でも教鞭をとったジリングは、インクルーシブとは、同意しない者たちを排除する権力を押しつける、唯一無二の思考の形であり、「政治的に正しいとされたこと」に対応する、実態のない人為的につくられたパラダイムであると厳しく論難した。ある種の条件を満たしうると考えられる障がい者を、本線となる学校教育に戻そうとする統合教育に対して、インクルーシブ教育は、出発点からいかなる生徒も「通常の」学校の外に置いてはならず、受け入れ条件が整っているかどうかをあらかじめ確かめてみる必要もないとすることに疑義を投げかけ、それでは、「行き先の分からない列車に乗せられるようなものだ」と痛烈に批判した[19]。また、インクルーシブ教育の理念は、現実の教育実践に認められる、失敗、拒絶、排除を前にして価値や倫理の問題として立てられたもので、科学的裏づけを持たないという指摘もある[20]。さらに、その実効性についても、かつての統合教育の「失敗」を乗り越えて「成功」できるのか疑問視する論もある[21]。

　上述したとおり、フランスでは、「通常の」学校教育体系とは別立てで、カテゴリー分けされた障がいごとに、医療教育院などの施設が設けられてきた。また、それぞれの施設に対応する高度な専門知識や技能を磨いて資格を取得した専門職員が養成されてきた。しかし、2005年法の施行以来、主に教育を担うのが国民教育省が管轄する「通常の」学校となり、主として教育活動を担う主体も「通常学級」の担当教員となった。このため、従来の特殊教育の枠組みのなかで養成された専門の資格を持った教職員は、以前とは大きく異なる職務に就くこともめずらしくなくなり、多くの場合、二次的な役割に甘んじることを強いられた。地位の保全をめぐって監督官庁と緊張関係が生じる例も報告されている。また、これまで専ら通常学級を担当してきた教員が障がい者の教育にかかわる専門的技能を修得することにも大きな困難があると指摘されている[22]。

第13章　フランスにおけるインクルーシブ教育導入をめぐる葛藤　　283

インクルーシブ教育の導入期に、フランスでは一部の関係者たちの間で大きな葛藤や緊張関係が認められた。居住地にもっとも近い学校に自動的に学籍が登録されるとしても、現実的に有効な手段、環境が整わなければ、法が求める理念の実現とはほど遠い、制度の形骸化を招きかねない。フランスでは、2005年法いらい、通常の学校に登録される児童生徒の数は確実に増えているものの、その過半数が、初等教育のCLIS（Classes pour l'inclusion scolaire）、中等教育のUPI（Unités Pédagogiques d'Intégration）にとってかわったULIS（Unités localisées pour l'inclusion scolaire）と呼ばれる教育単位に通っており、これらは、その名称にもかかわらず、隔離的であると評価されることがある。逆に、障がいを持った児童生徒を集団で就学させることを、インクルーシブ教育を実現するための過渡的段階として評価する論もある[23]。特に、障がいを持った児童生徒のほぼ4分の1の受け入れ先となっているのが、「軽度知的障がい者」を受け入れてきた特殊学級に起源を持つ教育部門、SEGPA（Sections d'enseignement général et professionnel adlapté intégrées à des collèges）となっており、2005年法が定める、「可能な限り通常の環境」に受け入れられているとみなしうるのかについては議論の余地がある[24]。従来からの障がいの分類に基づいて「適切な」対応をするという特殊教育の考え方によって整えられてきた資源を生かしながら、制度改革を進める過渡期にあって、「適切な」対応を見いだすことが困難な状況に置かれている、重度の障がいを持った人たちが存在することも忘れてはならないであろう[25]。

おわりに

2005年法の制定に象徴される、特殊教育からインテグレーションを経て、インクルージョンをめざすという取り組みは、フランスの主体的な選択というよりも、差別や排除を撤廃しようとするEUの方針、国際社会の方針に従った結果という色合いが強い。EUは、2003年に「障がい者年（année européenne des personnes hadicapées）」、2007年に「すべての人の機会平等年（année de l'égalité des chances pour tous）」を設定して、インクルーシブ教育の実現を推進した。

さまざまな形態や条件で行われている EU 加盟国の障がい者の就学についての調査結果が、OECD によって 1995 年に公にされた[26]。この報告では、就学の統合を、障がいを持った生徒と健常の生徒の間の最大限の相互作用を実現するための過程にあると定義したものの、調査に参加した 21 カ国の間には、実情に著しい多様性が認められるとしている。

　たとえば、イタリアでは、1970 年代の学校改革において、障がいを持った生徒の親と学校関係者の協力のもとに、特殊教育は、通常の学校のなかに入り込み、特別な支援が必要な生徒に応じる形をとってきた。そのため、障がい者の 98％が「通常の」学校に就学し、学校外で個別的な教育支援を受けている生徒は、1.27％にすぎない。1992 年には、家庭、学校、労働、リクリエーションのすべての領域において、障がい者が排除されたり周縁に置かれることを避けるための法整備がなされた。福祉国家として知られるスウェーデンでは、障がい者というカテゴリーを立てて特段の法的地位を与えることはせず、障がい者を対象とした特殊学校もほとんど存在しない。それに対して、スペインや旧西ドイツなど、教育が基本的に各州にゆだねられている国々では、伝統的に培われてきた特殊教育の存在が認められる。

　実際、どのような形態で障がいを持った子どもたちを教育するのが適切なのかを見極め、評価することは容易ではない。インクルーシブ教育の実施という点で高い数値上の評価を得ているイタリアについては、高度な知識や技能を有した教育者の養成に課題をかかえているという指摘があり、より高度な教科教育を社会的要請として受けとめている中等教育段階では、健常の生徒と特段の配慮を必要とする生徒との間の年齢格差が広がっていることに懸念が示されている[27]。このような指摘に鑑みると、必ずしも、フランスよりもイタリアが進んでいるとか優れているといった評価をすることはできまい。むしろ、フランスの状況とイタリアの状況が、長所と欠点でちょうどネガとポジの関係にあるととらえるのが妥当である。

　インクルーシブ教育の理念は、国際的な文脈で認知された「政治的に正しいとされたこと」を示したものであり、関係条約を批准した国々が必ず取り組まなければならない必須案件とされる。その背景には、人権と社会正義をめぐる議論と実践がある。1989 年に採択された国連の「子どもの権利条約」

は、権利を基盤とするものとして教育をとらえた。当初は、障がいを持った子どもたちの特段の必要に応じることから出発しながら、インクルーシブ教育は、すべての生徒たちが社会のうちに居場所を見いだすことができるように、生徒たちの多様性によりいっそう公正に機能する教育のあり方を追求する規範的概念となっている。ユネスコによれば、「インクルージョンは、単に特殊教育の改革にかかわるのではなく、同時に、通常の教育と特殊教育のシステムの改革にもかかわる」[28]。この概念が対峙する現行の社会システムは、競争的選抜的性格と、不平等の構造的再生産の機能によって特徴づけられる。あらかじめ合格者の人数が決まっている上級のコンクールと呼ばれる選抜試験、義務教育課程で40％弱に達する留年などに見てとれるように、フランスの学校教育体系の選抜機能は、きわめて強固である。学校教育全体を通じて再生産される社会構造の全体を、もっぱら学校教育の内部的な努力によって変えるのは容易ではあるまい。コンクールに合格し、「国家貴族」とさえ揶揄されるような、社会の上層に居場所を見いだすいわゆるエリートが再生産される一方で、学校における「成功」のイメージを多様化することによって、すべての生徒の「成功」を実現することが可能であるかのような言説もみられる。社会において支配的とみなされる文化的価値に鑑みて「成功」とみなされる形以外にも、さまざまな形の「成功」があるのだという論理は、オルタナティブとしての「成功」に対するまなざしを操作し、大多数の生徒たちを誘導しようとする進路指導を強化していくことを必要とするところからも、その論理的強度の低さが見え隠れしているように思われる。

　フランスの教育基本法の改正を一つの画期とみなして、ジョスパン法（1989年7月10日付）からペイヨン法（2013年7月9日付）までの時期について、障がい者の教育をふりかえると、「改革」を押し進めたのが政権に独自な教育理念・政策ではなく、国際社会、EUの政策であったことがわかる。個別の国が積み重ねてきた歴史ある努力の蓄積とは必ずしも親和性がよいとは限らないとしても、議論の余地なく圧倒的な作用を及ぼす国際社会がすすめる原理原則の是非について適切な評価を与えるには、いましばらくの時間が必要であるように思われる。

[注]

1 巨視的な立場からフランスにおけるインクルーシブ教育を手際よく概観したものに次がある。Danielle Zay (2012) *L'éducation inclusive : une réponse à l'échec scolaire ?*, Paris : L'Harmattan.

2 フランスにおける障がい者のための教育は、聾教育を一つの重要なモデルとして整備、発展してきた。まずは、レペの実践に起源を持つパリの聾唖学院、レペの批判的な継承者であったシカール（Roch-Ambroise-Cucurron Sicard, 1742–1822）が 1785 年にボルドーに開いた聾唖学校、アユイのパリの盲学校（現在のパリ国立盲学院 INJA de Paris: Institut National des Jeunes Aveugles de Paris）の 3 校が革命政府から優遇措置を与えられたのに始まり、聾学校は 19 世紀に飛躍的に発展する。革命以前に、レペとその弟子たちによってフランス国内に 4 校設立されていた聾唖学校は、1815 年に 7 校、1827 年に 20 校、1844 年に 39 校、1858 年に 47 校、1866 年に 54 校、1880 年代に 70 校と充実していくのに対して、盲学校については、1852 年にパリの学校をモデルとしてナンシーに 1 校が開かれたほかには、いくつかの聾学校に付設される形で 10 人にも満たない少人数のクラスが設けられたにすぎなかった。1858 年の「聾唖」の就学者はおよそ 2,400 名だったのに対して、盲の就学者は 300 名に満たなかった。 cf. François Buton (2009) *L'administration des faveurs : l'État, les sourds et les aveugles (1789-1885)*, Presses universitaires de Rennes, pp.79–80. なお、国家による優遇措置そのものが歴史的文化的な産物であり、その妥当性は常に問い直されなければならない性質のものである。フランスにおいて国家による特段の優遇措置の対象とされた「感覚障がい（déficients sensoriels）」という社会的カテゴリーが、特定の歴史的社会的文脈のもとで成立した恣意的なものであったことは、それが実質的に聴覚障がいと視覚障がいのみを意味し、たとえば、「無嗅覚症（anosmie）」に対しては学校教育や社会生活において優遇措置がほとんど講じられていないことからも明らかである。古典古代以来のヨーロッパの知的伝統のなかで、しばしば不当に軽視されてきた嗅覚をめぐる哲学的な議論の蓄積と展望を整理したものとして、次を参照。Chantal Jaquet (2010) *Philosophie de l'odorat*, Paris : PUF.

3 cf. Marie-Françoise Crouzier (2010) «Inclusion scolaire : tentions et mutaitons pour les professionnels de l'éducation», *Nouvelle revue de l'adaptation et de la scolarisation*, n° 51, pp.27-41. Jean-Marc Lesain-Delabarre (2001) «L'intégration scolaire en France: une dynamique paradoxale», *Revue française de pédagogie*, Volume 134, pp. 47-58.

4 以下は、次を参考にしてまとめたものである。Joël Zaffran, *Quelle école pour les élèves handicapés ?,* Paris : la Découverte, 2007, pp.25–42. Marie-Françoise Crouzier, *op.cit.*, pp.29-32. B. Chabrol, C. Halbert, M. Milh, J. Mancini, «Handicap : définitions et classifications», *Archives de Pédiatrie*, 16, 2009, pp.912-914. N. Catheline, «De l'intégration à la scolarisation des handicapés : regards sur 30 années de collaboration école–psychiatrie», *Neuropsychiatrie de l'enfance et de l'adolescence*, 59, 2011, pp.240-246. Philippe Mazereau, *La déficience mentale chez l'enfant entre école et psychiatrie : contribution à l'histoire sociale de l'éducation*

spéciale, 1909-1989, Paris : l'Harmattan, 2002.

5 拙稿「18世紀フランスにおける「聾唖者」へのまなざしの思想史的意味」『フランス
教育学会紀要』第18号、2006年9月、5〜18頁、参照。

6 日本の厚生労働省に相当する官庁は、政権交代などにともなって頻繁に名称を変更し
ている。本章では、煩瑣になることを回避するため、便宜的に「厚生省」で統一した。

7 この法律の意義にかかわる全般的な評価については、以下を参照。池田賢市「障が
い児にとっての2005年法の意義」『フランス教育学会紀要』第23号、2011年9月、
29-38頁。フランス教育学会編『フランス教育の伝統と革新』大学教育出版、2009年、
136-139頁。

8 *Handicap en chiffres juin 2005*, Syntèse réalisée par Cécile Brouard et Pascale Roussel,
Paris : CTNERHI [Centre technique national d'études et de recherches sur les handicaps et les
inadaptations], 2005, pp.32-49.

9 CLIS は2015年より、UPI は2010年より、ULIS（Unité localisé pour l'inclusion scolaire）
に名称変更となっている。

10 cf. Céline Gratadour, Véronique Remy (2010) «Accompagnement et formation pendant les
contrats aidés : le point de vue des employeurs», *Dares Analyses*, n° 084, décembre. Brigitte
Belmont, Eric Plaisance, Aliette Vérillon (2009) «Les auxiliaires à l'intégration scolaire des
enfants en situation de handicap. Conditions de travail et développement de compétences
professionnelles», *Revue européen de recherche sur le handicap*, Vol.3 (4), pp.320-339.

11 UNAISSE, «Bilan National et résultats interprètes des enquêtes», le 18 avril 2008.

12 «Journée internationale des personnes handicapées», in education.gouv.fr. (http://
www. education.gouv.fr/cid66421/journee-internationale-des-personnes-handicapees.
html&xtmc=avs&xtnp=1&xtcr=4)

13 cf. Marie-Claude Mège-Courteix, Jean-Marc Lesain-Delabarre (1998) *Intégration,
scolarisation, accueil des jeunes handicapés ou en grande difficulté en France: mémento
pratique*, Suresnes : Éditions du Centre national de Suresnes. Jacqueline Gateaux-Mennecier,
Marie-Claude Mège-Courteix (1999) «Marginalisation, intégration (dossier)», *La nouvelle
revue de l'AIS*, n° 8, 1999, pp.5-8. Gabriel Langouët (dir.) (1999), *L'Enfance handicapée en
France*, Paris : Hachette.

14 Diane Bedoin (2008) «Enfants sourds et malentendants en situation d'immigration à l'école :
une double stigmation ?», *Alter : European Journal of Disability Research*, Vol. 2 n° 4, oct.-
déc., pp.292-311.

15 Chantal Lavigne (2007) «Interroger « l'évidence » de la scolarisationdes enfants sourds en
milieu ordinaire», in André Philip dir., *Scolarisation des élèves en situation de handicap ou de
difficulté : les partenariats de recherche et de formation de l'INS HEA*, Suresnes : Éditions de
l'INS HEA, pp.81-97.

16 Christine Philip, «Les évidences de la scolarisation en milieu ordinaire des enfants avec
autisme», *ibid.*, pp.99-110. 自閉症の子どもの通常の環境での就学は、両親のストレス

についてもよい結果をもたらしているとの報告がある。cf. Émilie Cappe (2012) «Effet de l'inclusion sociale et scolaire sur le processus d'ajustement et la qualité de vie des parents d'un enfant présentant un trouble du spectre autistique», *Annales Médico-Psychologiques*, 170, pp.471-475.

17 *Projet d'établissement 2011-2015*, INJS de Paris, p.6.

18 *ibid.*, pp.12, 25-26.

19 Jean-Marie Gillig (2007) «L'illusion inclusive ou le paradigme artificiel», *Nouvelle revue de l'adaptation et de la scolarisation*, n° 36, pp.119-125.

20 John Paul (2010) *Intégration et inclusion scolaires, des modèles éducatiofs attendus ?*, Paris : L'Harmattan.

21 Michèle Lapeyre (2005) «L'école inclusive peut-elle réussir là où l'intégration échoue ?», *RELIANCE*, 16, pp.36-42.

22 Marie-Françoise Crouzier, *op.cit.*, pp.33, 39.

23 cf. Éric Gilles (2013) «L'inclusion, enjeu majeur des élèves à besoins éducatifs particuliers et levier de l'évolution des pratiques pédagogiques», *Nouvelle revue de l'adaptation et de la scolarisation*, n° 63, pp.313.

24 棟方哲弥「日本との比較からフランスの障がい児教育の問題点」『フランス教育学会紀要』第 23 号、2011 年 9 月、参照。

25 フランス国内で適切な入所施設が見つからない重度の知的障がい者の中には、国境を越え、ベルギーの施設に受け入れられている例（「知的障がいゆえの国外追放」）があると指摘されている。フランス政府は、ベルギーの当該施設に、入所者数に応じた財政支出をしているとされ、入所者のほとんどがフランス国籍の障がい者という施設も存在するという。cf. Jeanne Auber, *Les exilés mentaux : un scandale français*, Montrouge : Bayard, 2014.

26 OCDE (1995) *L'intégration des élèves à besoins particuliers*, Paris.

27 cf. Angela Chionna, Giuseppe Elia, Valéria Rossini et Luisa Santelli Beccegato (2004) «Hétérogénéité et des besoins éducatifs dans le contexte de l'école italienne», in Claude Rault (dir.), *Diversité des besoins éducatifs: des réponses en Europe et ailleurs*, Paris : L'Harmattan, pp.19-56.

28 UNESCO (2008) *L'inclusion: donner à tous les jeunes les mêmes chances de réussir*, 48ᵉ Conférence internationale pour l'éducation à Genève, du 25 au 28 novembre, p.8.

〔付記〕本稿の準備にあたり、貴重な資料の利用を許された、ドニ・ディドロ図書館（リヨン高等師範学校付設）、健康高等研究院（EHESP）付設障がい者社会科学館図書室、パリ国立聾学院（INJS）、パリ国立盲学院（INJA）に謝意を表明いたしたい。

第14章

インクルージョンという
教育理念のあり方

池田賢市

はじめに

　前章で見たように、2005年の法律によってフランスは、障害の有無にかかわらずすべての子どもは居住地からもっとも近い普通学校に学籍登録されることになった。これは、国連の障害者権利条約の批准に向けた準備であり、フランス政府は2010年にその選択議定書と共に条約を批准している。

　しかし、法は「学籍登録」を規定しているのであって、正確に言えば、それは障害児が実際に普通学級で「ふつうに」学習することと同義ではない。ただし、いわゆる「別学制度」を前提としているわけではない。条約自体がそのような教育制度を推奨しているわけではないのだから、これは当然である。権利擁護に関する独立行政機関による調査では、実際に、前期中等教育の学校長の95%は、この2005年法で示された原則に賛同しており、調査対象となった障害のある生徒の保護者の95%が、障害児を通常の学校に就学させる機会をできるだけ多くしていくことに賛同している。また、障害のある生徒の92%は、通常学校に就学することは大切だと感じているとの結果が出ている[1]。

　つまり、障害児が普通学校で学ぶことを権利として確認した2005年法、そして国連の障害者権利条約の第24条に規定されているインクルーシブ教育について、学校現場並びに保護者、障害当事者がよく理解していること

がわかる。一方で、日本においては、「まだ十分に条件が整っていないので、障害児を受け入れるのは無理である」といったような普通学校側からの発言はよく聞かれることである。日本も批准している障害者権利条約に従えば、これは明らかに「差別を放置する」と言っていることと同じなのであるが、それを許容してしまう土壌があるのは、なぜなのか。フランスにおいては、インクルージョンという語から何がイメージされ、それがどんな教育理念として機能しているのか、前章の補足的考察として論じてみたい。

1. 障害者権利条約第 24 条の表現

　国連の障害者権利条約は、その第 24 条で「教育」に関する障害者の権利を宣言している。その際にインクルーシブな教育制度がその権利を保障するとし、日本語訳では以下のように規定している。

　　「締約国は（中略）障害者を包容するあらゆる段階の教育制度及び生涯学習を確保する」

　ここで、「包容する」と訳されている原語は「インクルーシブ」である。英語では、次のように表現されている。

States Parties (...) shall ensure an inclusive education system at all levels and life long learning

　「インクルーシブ」を日本語として「包容」と訳したのは、中国語での表現（締約国応当确保在各级教育实行包容性教育制度和终生学习）を参考にしたからだと思われるが、中国語と同様に国連の公用語の一つであるフランス語ではどのようにこの部分が書かれているかを見てみると、インクルーシブという語の意味がよくわかる。

les Etats Parties font en sorte que le système éducatif pourvoie à l'insertion scolaire à tous les niveaux et offre, tout au long de la vie,

　ここではインクルーシブという用語は使用されていない。むしろその内容が説明的に表現されている。つまり、やや補足的に訳せば、「学校教育への組み込みに必要なものを提供する（pourvoie à l'insertion scolaire）」教育制度ということになる。このことは、インクルーシブ教育を実現するための重要な条件としての「合理的配慮」とつながる表現である。障害者権利条約、そして2005年法の趣旨にとって「合理的配慮」は、最重要キータームと言っていい。合理的配慮の提供は義務であり、その否定は差別となる。問題は、これをどう実現していくかという具体にある。

2.「合理的配慮」と意見表明権との関係

　障害者権利条約は、障害のある子どもが自分に影響を及ぼすすべての事項について自由に意見を表明することは権利である、と規定している。これは、子どもの権利条約における「意見表明権」と同じである。つまり、当事者の話を聞かない教育施策はあり得ないということである。
　これを前提としたとき、「合理的配慮」をどのようなものとしてとらえればよいのか。それを知るために、再び原語に着目したい。合理的配慮は、英語では、reasonable accommodation となっている。問題は、accommodationをどう訳すかであり、日本政府はこれに「配慮」という語をあてた。しかし、accommodation の本来の語義としては、「調節・調整」あるいは「変更」といったことになる。したがって、「合理的調整」と訳されるべきであろう。フランス語においても、「調整」を意味する aménagements が使用されている。逆に、「配慮」のニュアンスは、英語では care か consideration になるのではないか。いずれにせよ、「配慮」とは、気づかい、保護、世話、思いやりといった、「対等」な関係を前提としない、いわば「上から目線」の対応をイメージさせる言葉である。そこには「話し合い」がない。「してあげる側」

の論理だけが正当なものとして提示されることになる。

　しかし、「調整」であれば、まずは双方が意見を出し合うことが前提であり、そのうえでいかに条件整備をしていくかが問われることになる。もちろん、何のための調整かと言えば、障害のある子どもたちが普通学級で学習していけるような調整である。つまり、調整した結果、別の場所で学ばなければならなくなるということは、原則的にはあり得ないのである。

　「配慮」という語では、障害者の権利は守られない。しかし、たとえば学校の建築等に関して大きな変更を物理的にしなければならない場合には、自宅からもっとも近い普通学校に通えないことも起こり得る。特に、パリなどの場合、建物の構造上、スロープ等の設置が困難な場合もあり得る。あるいは歴史的建造物として改築が不可能である場合も考えられる。このような「例外的なケース」は想定されるものの、「合理的調整」は、いろいろな知恵を出し合って、障害の有無によって分けることなく教育への権利を保障するかを問うものである。

　日本のある障害当事者の次のような言葉は、「調整」のあり方をよく表している[2]。

　　　　入学当初からすべての環境が整っていたわけではない。合理的配慮とは、排除せずに共に学ぶために試行錯誤し続けるという前提があってこそ意味をなす（後略）

　はじめになんらかの物的・人的「条件」があるのではなく、共に学ぶことの意義を基盤とする学校のなかで、みんなで学び活動していくためにどんな工夫が必要なのかをその時その時の具体に応じて考えていくことが、「合理的配慮」の現実的な姿なのである。

3. 「障害」・「差別」の定義

　以上のようなインクルーシブ教育についての基本的な考え方を念頭に置き、

実際のフランスの 2005 年法による措置について、あらためて確認していきたい。2005 年法は、まず、ICF（国際生活機能分類）を採用したうえで、社会参加への環境要因に着目して「障害」をつぎのように定義している。

　　障害とは、一つあるいは複数の身体・感覚器官（sensorielles）・知能（mentales）・認識（cognitives）・精神（psychiques）に関する機能の実質的・永続的・決定的な悪化（altération）、また重複障害あるいは生活に支障をきたす健康上の問題を理由として、その環境において個人が被る活動の制限（limitation）あるいは社会生活への参加の制約（restriction）のすべてをいう。

　つまり、障害は、個人の何らかの「欠陥（déficience）」に還元して説明されるものではなく、学校環境において、また社会的環境において彼らが被っている障壁（obstacles）や限界（limitations）の全体に対する困難として定義されるようになったということである。そして、社会生活への参加を阻むような行為は「差別」とされる。したがって、「合理的配慮」の欠如は差別とされる。なお、障害を理由とする差別の禁止については、1990 年に刑法典においてすでに定められている。

　　出自、性別、家族状況、妊娠、身体的外観、姓、健康状態、障害、遺伝的特徴、習慣、性的指向、年齢、政治的信条、組合活動、特定の民族・国家・人種・宗教への実際のまたは想定上の帰属または非帰属を理由に、自然人の間で行われる区別はすべて差別にあたる。

　障害と差別に関するこれら二つの定義を学校教育施策に当てはめたとき、学校への「アクセシビリティ」が確保されていない場合、その状態は「差別」となる。2005 年法は、障害児「専用」の特別学級を廃止したわけではないが、学籍は一元化され、インクルージョンの方向に大きく踏み出した。教員に関しては、養成・研修において、障害児の受け入れにかかわる特別な教育を受けることが規定され、また、前章に紹介されている「学校生活支援

員（AVS）」という職が創設されたことで、学校内での介助が保障されることになった。

なお、2005年法が「国は通常の学校にいる障害のある子ども、青少年及び成人の教育に必要な財政的、人的手段を講ずる」と規定しているため、それを根拠に、教育関係予算が全体として基本的には削減傾向にあるなか、障害に対応する機器の購入等の予算は増大している。自宅からもっとも近い普通学校への障害児の入学は「権利」であり、彼らへの援助は学校全体に帰されるものであるとする法改正の趣旨は、障害児が学び続けていけるように学校を変えていくことを約束するものであり、それが予算としても反映されているということになる。

4. 2005年法の趣旨と具体策

2005年法は障害者の生活全体を問題とする法律であるが、学校教育に関しては、2005年4月15日付通達（no.2005-067、「05年度新学年の準備」）及び同年8月19日付通達（no.2005-129、「障害児の学校教育」）により法の趣旨が確認されている。それは、つぎのようにまとめることができる。

① この法律は、障害のある子ども・青少年に対して公教育へのアクセスが権利であることを確認するものである。すべての生徒の教育水準向上のためには、そのニーズに合った対応を受けられないことで学業不振となる生徒に特別な注意を払うことが必要である。

② 通常の学校環境において教育を受けている生徒へのよりよい援助、生徒の学業遂行における流動性の確保が図られなければならない。

③ 子どもの就学問題についての親の要求に応えることが不可欠であり、地域の学校への障害児の就学は権利である。

④ 障害のある生徒の学校教育は、保障されるべき特別な課題のようにみなしてはならない。その援助は、教育チーム（＝学校全体）に帰されるものであり、生徒にもたらされる個人的な援助として考えることではない。

第14章 インクルージョンという教育理念のあり方 295

⑤　中等教育において学業が続けられるように、また、社会的及びその習得した技能に見合った職業的統合を促進するように、病気及び障害のある生徒が教育を受けている学校の能力を向上させることが重要である。

そして、具体的施策としては、以下のような改革が行われることになった。

①　生徒の就学は、その居住地にもっとも近い学校（公立または契約私立）とし、その学校を「連絡担当校 établissement scolaire de référence」とする。「連絡担当教員」も新設され、一定の範囲の学校を担当し、県障害者会館（maison départementale des personnes handicapées: MDPH）と協力して、情報提供や啓発活動などを行う。教員資格をもつが授業は担当せず、障害児の就学全体をオーガナイズする（いわば窓口的役割を果たす）。

②　従来の県特殊教育委員会（行政側主導）を廃止し、「障害者権利自立委員会 commission des droits et de l'autonomie des personnes handicapées（CDAPH）」（労働組合や障害者団体代表を含む）を新設する。

③　保護者からの要求により「個別就学計画 projet personnalisé de scolarisation（PPS）」が策定される。これは保護者の意見表明を保障したうえで「関連分野専門家チーム équipe pluridisciplinaire（EP）」が作成し、障害者権利自立委員会（CDAPH）が就学先を決定する。なお、学校側から就学途中に保護者に対してこの個別計画の策定を提案できる。（しかし学校に決定権はない）

④　障害者権利自立委員会（CDAPH）の決定を点検するために「就学事後点検チーム équipe de suivi de la scolarisation（ESS）」を新設する。これは、生徒、保護者、担任教員などを構成員とし、連絡担当教員が招集する。年一回以上、個別就学計画（PPS）の実施状況を点検する。結果は、関連分野専門家チーム（EP）及び障害者権利自立委員会（CDAPH）に報告され、必要があれば、進路などを修正する。

⑤　学校全体の力を向上させるために、教員が障害児の受け入れにかかわる特別な教育を受けられるよう教員養成・研修の見直しをする。

⑥　仮に現在は障害児の受け入れが困難な学校も、10 年以内に（2015 年ま

でに）受け入れ態勢を整えなければならない。（改善は、市と学校の責任）

⑦　合理的配慮を欠いた（＝権利を否定した）状態を差別とみなす。

⑧　学校生活支援員の職が創設され、学校内での介助にあたる。

5. インクルージョンを実現するための施策

　学籍登録した普通学校に実際に通うかどうかは、学校側の受け入れ態勢の状況によることはすでに述べた。建築上の条件以外にも、たとえば、医療的なケアが必要な場合には、全日を通常学校で過ごすのではなく、医療機関等との連携が考慮されることもある。しかし、障害の種類や程度を直接的理由として受け入れを拒否するということは差別とされる。

　フランスは、2004年に「差別禁止平等推進高等機関（HALDE、アルデ）」を創設した[3]。これは1997年の国連人権委員会勧告と2000年6月の人種差別禁止についてのEU指令に応えるものであり、法律（刑法典）で禁止された理由に基づく差別的扱い（雇用、住宅、財やサービス、教育へのアクセスの禁止または制限）を調査し、その具体的な問題を明らかにしたうえで和解に向けた調停や告訴をし、また法律の改正も含む勧告を発することもできる独立行政機関である。またHALDEは、差別被害者だけでは入手困難な文書や証拠を企業等に要求できるばかりではなく、証人から事情を聴取することもできる。

　たとえば、HALDEが扱った事例として、自閉症児の普通学級への受け入れ拒否に関する審議（2008年7月7日）がある。これは、公立保育学校に在籍していた自閉症児が小学校への就学にあたり普通学級への登録を拒否された事案であり、HALDEはこれに対して、自宅から最も近い普通学校に学籍登録すると規定した教育法典（第112-1条）及び差別を禁止した刑法典（第432-7条）に反しており、障害児への教育権を尊重しないものとして、障害を理由とした差別であると判断し、国民教育視学官に法の尊重を勧告している。

　なお、2005年法の重要な点の一つに、保護者の最終的な決定権を確認していることがあげられる。これは日本の状況と大きく異なっている。日本の場合には、保護者は意見を聞かれることはあるものの、子の就学先に関して

第14章　インクルージョンという教育理念のあり方　297

の法的な意味での決定権はない。フランスの場合には、保護者が納得し決定しなければ、他に誰も決めることはできない。したがって、就学に関するあらゆる会議には必ず保護者が構成員として入っている。

　もちろん、就学に関して医療的な観点などからの「専門的」意見は提出されるが、それはあくまで意見であり、行政機関が決定権をもつわけではない。決定権は全面的に保護者にある。保護者の同意なくして地元の普通学校以外の場に就学先が指定されることはない。個別就学計画の策定においても必ず保護者が関与している。この点も、日本の実態と比べると大きな違いとなっている。

　また、インクルージョンを学校全体の責任としている点も重要である。一部の「理解のある」教員あるいは校長に頼るかたちで普通学級への就学が実現するといったことがあったとすれば、そのような学校の姿勢自体が差別として追及されることになる。これは、先の HALDE のさまざまな勧告からも明らかとなっている。

6.　運営上の課題

　以上のように 2005 年法の趣旨と具体的施策をみてくると、順調にインクルージョンに向けて制度改革がなされているかに映るが、実際の学校現場での課題は多い。

　つまり、実際の教授の場をどうつくっていくかという点では、実質上の別学に近い状態も見られるのである。障害のある子どもに対しては、通常の学級以外に、普通学校のなかに、聴覚や視覚等の障害種別に応じた「インクルージョンのためのクラス（CLIS: classes pour l'inclusion scolaire）」等が用意されている。しかし、分離教育が進んでいるということではなく、生徒それぞれの個別の時間割に従って、たとえば 90% を特別学級で過ごす生徒もいれば、半分以上を普通学級で過ごす生徒もいるといったように、普通学級との間を頻繁に行き来することで、共に学ぶ場を可能なかぎり創出しようとしている。

　この場合、それぞれ個別につくられた時間割に従って普通学級との間を移

動することになる。つまり、子どもによって普通学級に通う時間帯が異なるわけである。ということは、普通学級の側から見ればつねに構成員が微妙に異なる状況となり、かつ、それぞれの障害児の課題に応じた適切な教材を用意しておく必要がある。そのためには、特別学級の担当教員と普通学級担当教員との間でかなり綿密な打ち合わせをしておかなければならない。「合理的配慮」という観点からすれば、双方の教員は対等なはずなのだが、実態としては、障害児担当の教員が普通学級の教員に理解を求める形で話が進んでいく場合が多く、普通学級のカリキュラムを見ながら教材を工夫し、時間割を合わせていくのは障害児担当の教員となっているケースもある。これは、普通学級への障害児の受け入れに対し理解が十分ではないということの証左なのであるが、特に自閉症児の受け入れに対しては、学校現場はかなり困難を感じているようである[4]。しかし、彼らが落ち着くような環境整備、また支援員をつけることなどを通して対応することで成功している例も多く、やはり学校がインクルーシブな環境づくりをどのように考え、どのように実現しようとするかどうかが鍵になっている。

　学校現場の課題はさまざまにあり得るとしても、法律としてインクルーシブ教育が規定されていることの意義は大きい。また刑法において差別が罪として成立していることも、今回の改革を推進する大きな力となっている。さらに、このインクルージョンの発想が、フランス「共和国」の理念と結びつく特徴をもっていることも、2005年法の評価においては忘れてはならないだろう。

7.　市民概念の重要性

　2005年法の基本原理は、その法の名称 (pour l'égalité des droits et des chances, la participation et la citoyenneté des personnes handicapées) のなかにすでに表現されている。それは、平等 (égalité)、参加 (participation)、市民性 (citoyenneté) である。そして、この法律の基本原理を一言であらわすとすれば、「すべての者にすべてへのアクセスを」ということになる。

「平等」の原則とは、ひとりに同じずつ配分するといったイメージではなく、不足している人を支援するという、公平性や社会的正義といった概念として、「補償（compensation）」の発想へとつながっていく。

「参加」の重要性は、フランス共和国が人々の合意によって成り立つ政治的共同体であるという原理に基づくものであり、「アクセシビリティ（accessibilité）」の具体的方策を要請するものとなる。

そして、「市民性」は共和国を支える重要な概念であり、2005年法においては、出生から死までの人生設計という視点から、soins（看護）・école（学校）・formation（職業訓練）・emploi（雇用）・logement（住居）・cité（街）といったように広範囲にわたる権利保障を実現するものとなっている。

これら三つがなぜ重要なのか。それは、この法律が、社会的排除への闘いとして位置付いているからである。1970年代以降、フランスでは移民の増加・定住化も含めて都市郊外の政治・経済・文化面での社会的な断絶が問題となってきた。しかし、それらを個人の単なる就職難として捉えるのではなく、社会関係の欠如として課題設定することで、排除されている人々への個別対応的なアプローチではなく、社会構造的に仕組まれた関係性（問題を生み出す過程）のあり方に課題解決の糸口を見つけようとする施策へとつながっていった。

いわば、「国民的連帯（solidarité national）」の発想であり、これは2005年法の核となっている。このような関係性のあり方に関しては、これまでフランスの教育政策においては、intégration（統合）の語でイメージされることが多かったが、2005年法を契機にinclusionという語のイメージへと変化したといえる。インテグレーションが分離状態を前提としつつ「全体に付け加えられた」状態を指すのに対して、インクルージョンは分類されることなく「全体のなかに位置付けられる」状態がイメージされる語であり、フランス社会が「共和国」として連帯していくこととつながってくる。

フランス「共和国」は、「市民」による契約に基づいて形成された政治的共同体であり、そのための市民形成の場が学校であるとされる。したがって、「連帯」は不可欠な概念であり、ある一定の子どもたちを学校から排除していくことは、まさに共和国の危機となる。2005年法の趣旨は、このような

共和国原理を前提として考えれば、きわめて理解しやすい。一定の子どもた
ちを「障害児」という枠組みで把握し、そのまとまりを基礎にして学校教育
を組み立てるという発想は、少なくとも形式上は、子どもたちを分断してい
くことになる。あらゆる区別は差別であるというシンプルの定義がここで力
を発揮する。そもそも「障害」は医学的な説明による個人の問題として定義
されるものではなく、社会的諸条件によって左右される市民としての参加の
「制限」や「制約」のことなのだから、それらを解消する責任は社会の側に
あることになる（＝障害の社会モデル）。

　2005年法が障害児の普通学校へのインクルージョンを「権利」として確
認し、それを「補償」によって支え、子どもあるいは障害児一般としてでは
なく、具体的な個人として把握したうえで、相互理解に基づいた「連帯」を
実現しようとしたことは、社会的な排除に抗する教育分野での具体的な政策
としてむしろ当然の帰結といえよう[5]。

おわりに

　社会的な排除への闘いという観点から、教育におけるインクルージョン概
念を捉えていくことの重要性をフランスの事例は明らかにしてくれている。
最後に、学校がインクルージョンの状態になるためには、どのようなこと
が必要だと考えられているのか、2009年版の視学官報告書に基づき紹介し、
その概念の社会的広がりを確認したい[6]。

①　家庭的・社会的・文化的条件において不利な立場にある子どもたちの
　　学校での成功の機会の平等を保障すること。生徒は多様であり、その学
　　習のプロセスも多様である。生徒に自信を与え、個別的な支援によって
　　落第をなくしていくことが必要である。

②　保育学校から義務教育修了までの間、社会的に厳しい地域にある学校
　　に通っていて、困難を抱え、またその兆候のある子どもに対して、その
　　状況を改善し、さまざまな支援を与えること。社会的排除への闘いは、
　　学業面での成功と将来の市民としてのよりよい社会参画をめざすもので

ある。困難を抱えている子どもたちへの教育実践（教授法）を改めることは重要である。

③　学校を離脱した子どもに「セカンド・チャンス」を与えること。経済的・社会的・文化的に恵まれていない（moins favorisés）生活環境にある子どもたちへの対応は、単に就学させたり学業を続けさせるといったことだけではなく、学校からの離脱と闘う政策を必要とする。

④　障害児が学習を続け、また将来に準備できるように、その要求にあった学校環境を用意すること。障害があると言われる子どもたちのなんらかの「欠陥」によって学業面の「失敗」や「成功」があるのではない。彼らの特別なニーズを認識し、そのための適切な対応をとる学校環境のあり方によって彼らの学業は左右されるのである。

⑤　フランスに新たに入国しフランス語を十分に話せない外国人の子どもの社会的・職業的参画を保障するために、その特別な要求に応えること。外国人の子どもも、区別なく、通常の学校に組み入れられなければならない。

⑥　ロマの家庭の民族的・文化的特殊性に基づく要求を聞き取ること。共和国の学校は生徒の民族的な特性による区別を禁止しているが、現場対応のレベルでは、この点は両義的となる。実際、ロマの子どもたちが学校で「成功」するやいなや、彼らは学校によってもはやロマであるとは認識されなくなってしまう。

⑦　拘留中の未成年者の教育は権利であり、学校は他の生徒に対するのと同様な義務を彼らに負っていると認識していくこと。司法の手にゆだねられている未成年者もひとりの生徒であり、学校は彼らに対して義務を負っている。

⑧　刑務所内での教育は権利であり、したがって、もし教育を受けていない者がいれば、彼らへの読書算の教育を最優先すること。教育への権利は基本的であり普遍的な権利である。これは、留置されている人が外の社会から孤立しないようにするものである。

　以上のように、「インクルージョン」という概念がカバーしている問題・

課題は日本におけるこの語のイメージよりかなり広いことがわかる。むしろ、「インクルーシブ教育」と言いながら、実際には「障害児教育」のこととほぼ同義にとらえている日本の状況が、問題を狭く限定しすぎていると言える。したがって、社会的な排除や連帯といった概念との結びつきが弱くなり、学校全体の課題、そして社会全体の課題としてインクルージョンが位置付かなくなってしまう。教育政策は、社会をいかに共同的に成り立たせていくか、その変革に係わる政策であることが、フランスの2005年法からはよく読み取れる。

[注]

1 棟方哲弥・田中良広「フランスにおける障害のある子どもの中等教育の現状と展望——権利擁護官（Le Défenseur des droits）によるアンケート調査結果を中心に」『国立特別支援教育総合研究所ジャーナル』第2号、2013年3月、14-19頁。

2 国民教育文化総合研究所編『教育と文化』81号、アドバンテージサーバー、2015年、66頁。（同研究所は現在、一般財団法人教育文化総合研究所となっている）

3 HALDE は11人のメンバーで構成される。大統領、元老院議長、国民議会議長、首相がそれぞれ2人を指名、コンセイユ・デタ（国務院）副院長、破毀院院長、経済社会評議会議長がそれぞれひとりを指名することになっている。大統領指名のうちひとりが委員長となる。差別されていると考える人は誰でも HALDE に申し立てをすることができる。申し立て件数は、電話での問い合わせを含め年間2万件を超え、出自を理由とした差別が最も多い。次いで健康状態・障害を理由とするものとなっている。分野としては、雇用に関するものがほぼ半数である。なお、現在、HALDE は、共和国オンブズマン（Médiateur de la République）及び子ども擁護官（Défenseur des enfants）と統合され、独立行政機関「フランス権利擁護官（Défenseur des droits）」として2011年よりその機能が引き継がれている。

4 2009年11月23〜25日にフランス・パリの小・中・高校において著者が行った障害児教育についての教員へのインタビューに基づく。なお、インタビューでは、インクルージョンを基盤とした学校教育を提唱したサラマンカ宣言にもあったように、インクルージョンのほうが分離を維持するよりも教育予算が削減できるという財政的な効果も指摘された。

5 2012年版の視学官報告書（M.E.N., *Rapport annuel des Inspections générales 2012*, La Documentation française, Chapitre 1〈Une école au service de tous les élèves, Les élèves à besoins particuliers〉, pp.13-25）は、「障害児」という一つの用語で多様な障害の状態を表現していることを問い直す必要があるとも述べている。

なお、本章のここまでの検討からも明らかなように、フランスのインクルーシブ教育は「障害」の社会モデルを重要な前提としている。近年、日本語表記として「障がい」「しょうがい」とする傾向がみられるが、これはおそらく人間に対して「障」や「害」の字を用いることへの批判を示すためと思われる。しかし、社会環境が「障害」となって市民生活上の制限等を強いられる状況を問題としていくのが障害の社会モデルである。したがって、「障害」は社会環境に存在するバリアのことを指しているのである。そのような「障害」に苦しめられている人を「障害者」と認識していくのであるから、ひらがなで表現する意味は乏しい。「障害当事者」にとってもひらがな表記になることで状況が改善されることはない。むしろ、「健常者」からの「やさしさ」や「思いやり」といった差別的なまなざしを助長することになってしまうだろう。

6 M.E.N., *Rapport annuel des Inspections générales 2009* La Documentation française, Première partie 〈Vers une Ecole de l'inclusion〉, pp.17–204 より。報告書のこの部分は、以下の 8 章によって構成されている。本文では、それぞれの概略のみ記した。

1 Les réseaux ambition reussite

2 L'accompagnement éducatif

3 Réussir, exceller : un horizon de possible

4 La scolarisation des élèves handicapés

5 La scolarisation des élèves nouvellement arrivés en France

6 La scolarisation des enfants de famille gitane

7 L'enseignement aux mineurs placés en centres éducatifs fermées et détenus

8 L'enseignement dans les établissements pénitentiaires

第Ⅶ部

社会教育・
生涯学習

第15章

アニマトゥール（社会教育関係職員）の制度化と社会教育の発展

岩橋惠子

はじめに

　フランスの社会教育において、1990年代〜2000年代の最も顕著な動きの一つとして注目されるのは、アニマシオン（animation）と呼ばれる学習・文化・スポーツ・社会活動といった社会教育の活動を担うアニマトゥール（animateur 社会教育関係職員）の制度化が進んだことである。制度化とは、一般に社会的に承認された組織体制を意味するが、ここでは、①アニマトゥール労働の社会的認知、②アニマトゥールの身分の確立、③アニマトゥール資格免状の体系化と養成の組織化が進んだことに見いだすことができる。

　フランスの社会教育は、歴史的に民衆教育アソシアシオン（les associaitons de l'éducaiton populaire）が担う民間の運動として展開され、そこでの活動の指導者は闘士（ミリタン militant）と呼ばれるボランティアであった。だがやがて1960年代になると、活動の担い手のための国家資格免状が創設され、アニマトゥールの名称で職業化（professionnalisation）が進むことになった。その後、職としてのアニマトゥールは徐々に増加したとはいえ、資格免状取得者はそれにみあった増加はみられず、身分も極めて不安定なままであった。そうした状況が大きく変化し、アニマトゥールの制度化を進める契機となったのは、1980年代前後からの若者の雇用問題など深刻な社会問題を背景に、アニマトゥールの活動の労働としての広がりとその身分確立への動き、さらに青少

年政策をはじめとする新たな公共政策におけるアニマトゥール職の位置の高まりであった。そしてそれらが、1990年代から2000年代にかけて制度として一つの形を整えていったといえる。

本稿の目的は、アニマトゥールが誕生して約半世紀を経た一つの到達点ともいえるアニマトゥールの制度化に至った内実を明らかにし、そのことを通して、保守政権下にあった1990年代後半〜2000年代のフランス社会教育の特徴の一端を考察することにある。その際、民衆教育運動のボランティアを淵源とするアニマトゥールの制度化をめぐって何が問われ、そのことによってフランス社会教育はどのように発展し、何が失われたのかという視点から、目的に迫ってみたい。

1. アニマトゥールの誕生とその背景

フランスの社会教育は、歴史的に民衆教育アソシアシオンが推進し、その指導者は闘士と呼ばれるボランティアであったことは既述した。だが、1950年代末から1960年代に入ると、こうした指導者を職業として位置付けようとする動きが生まれてくる。その直接的な背景となったのは、一方での余暇時間の増大による人々の余暇活動への関心の増大、他方での当時国家プランとして展開された地域開発政策の一環である社会文化施設の増設とそこで行われるアニマシオン（animation）活動のプロジェクトであった。

アニマシオンは、1950年代末頃からの高度経済成長の過程における急速な都市化のなかで崩壊しつつあった人間の社会的紐帯を蘇生する切り札として、民衆教育に代わる理念を体現する活動として多くの民衆教育アソシアシオンで取り組まれ始めていた。そこでの眼目は、民衆に対する「優れた」文化の普及という啓蒙的な性格を強く担っていた従来の民衆教育に対して、多くの人々の自発性を喚起し人々の間のコミュニケーションや協同関係を再構築していくということであった。こうしたアニマシオンの理念は、当時急速に増大していた中間層を中心に受け入れられ、その活動のニーズに対してボランティアだけでは対応できなくなっていた。他方、国家プランである第4

第15章　アニマトゥール（社会教育関係職員）の制度化と社会教育の発展　307

次経済社会発展計画（1962-65）において「街の調和的な開発と合理的組織化の条件」がうたわれると同時に、具体的に地域空間における施設の役割が強調され、社会的結合の場としてアニマシオンのための集合施設の建設が推進された。1960年代には青年と文化の家（MJC）をはじめ「施設現象」と呼ばれるほどに多くの施設が全国に設置されていった。そしてこれら施設の管理やアニマシオン活動の組織化は、ボランティアの自発性に委ねられるのではなく、職業として担われることが期待された。

　だが、伝統的に自律的な活動を展開してきた民衆教育アソシアシオンにおいて、予定調和的にアニマトゥールの職業化が受け入れられていったわけでなかった。というのは、アニマトゥールの職業化には、従来独自に指導者養成を行っていた民衆教育アソシアシオンにとって、国家もまた養成主体として登場することによるアニマトゥール養成の国家管理化（Etatisation）への危惧や、国家資格システムが形成されることによるボランティア・アニマトゥールの闘士的精神（ミリタンティズム mililtantisme）の衰退のリスクが問題視されたからである。さらには、アニマトゥールが小規模なアソシアシオンに分散して存在する状態であることから、労働組合の結成が難しく、身分の確立もまた困難であるといった問題が内包していたからである（岩橋 .2002）。

　矛盾を孕みながらも、職業としてのアニマトゥールが一定広がっていくが、全体としてその活動は、中間層を中心とした文化・スポーツ活動を中心とする余暇活動の展開が専らであり、広く労働者階層を包含するまでには至らなかったといえる。そのため一時的な職として就業する若者が多く、アニマトゥール職に就いても資格免状を取得する者は少なかった[1]。そうした状況に変化が生まれ、アニマトゥールの社会的認知が広がる契機となるのは、1980年前後から大きく浮上してくる深刻な貧困や失業といった社会問題に対峙し、自らの労働を社会的労働（travail social）と位置付け始めることによってである。

308

2. アニマトゥール労働の広がりと社会的認知

2-1 社会的労働者としてのアニマトゥール

今日アニマトゥールの最も一般的な定義は、アニマトゥールの中心的な管轄機関である青少年・スポーツ省及び『社会文化アニマトゥールガイド』における G. プジョルの次のようなものに代表されるといってよい。

> 「アニマトゥールは、教育・文化・スポーツなど多様な活動を活性化するための社会的労働者（travailleur social）である」（青少年・スポーツ省）（Mialaret, 1979: 17）
>
> 「アニマトゥールは、人々の自由時間に働きかける社会的労働者である」（G. プジョル）（Poujol, 1996: 25）

注目されるのは、具体的な活動領域が示されているか否かの違いはあれ、アニマトゥールが「社会的労働者」と定義されていることである。社会的労働とは「困難を抱えた個人、グループに対して、彼らの問題解決のために、公的あるいは私的機関において認可・合法化された使命のなかで、資格ある人々（personnes qualifiées）によって導かれる、社会活動の全体」（Barreyre, Bouquet, Chantreau et Lassus, 1999: 409）を意味している。つまり社会的労働者とは、人々の抱える問題解決を使命とし、しかも彼らの労働は社会的認知を得つつ行われるものであり、従ってその労働に見合った資格を有することが必要とされる。そして具体的には①ソーシャルワーカー（assistante sociale）、②特殊教育者（éducateur spécialisé）、③アニマトゥールの 3 種類の職業カテゴリーがあるとされることが一般的である（Ion, Ravon, 2002: 7-9）[2]。これらは、フィランソロピーやチャリティの領域ですでに 19 世紀末から存在していたといわれるが、市民社会のなかで、長い間それぞれ周辺的なものとして、いわば社会の隙間の労働として存在してきた。それが「社会的労働」の名の下に注目され始めるようになるのは、1960 年代末になってからである。そして高

度経済成長に支えられた急速な福祉国家の形成のなかで、これらの労働を一方で社会政策をになう労働として、他方で1968年の五月革命に象徴される新たな社会的組織化を志向する社会活動をになう労働として位置付けられていく。「社会活動の黄金時代」と呼ばれる1970年代に入ると、社会政策の一環として「包括的な社会活動」(第6次国家プラン)を担う主要な労働として社会事業省が中心的管轄機関となり、上記三つのカテゴリーの枠組みで、新たな職種も形成されていった。こうして、社会的労働者というカテゴリーは、その労働が社会の隙間の労働から社会政策・社会活動を担う労働へと位置付いていき、市民権を得ていくことになった。

　だが同時に、「社会的労働」への批判も根強くあったことは看過できない。その代表的な批判は、雑誌 ESPRIT の「なぜ社会的労働か」と題する特集での諸論文である[3]。「社会的労働者の仕事は、準医療的なものか、超警察的なものか、共和国の新たな軽騎兵化、保健イデオロギーの司祭か」(Thery, 1972: 752-71) と問い論じるとき、社会的労働へのその最大の批判点は、階級社会の矛盾の隠蔽化、管理社会化の促進という点にあった。こうした批判は、民衆教育を引き継ぐ志向を持ったアニマトゥールのなかでは特に強くあり、1970年代には社会的労働者としての分類を拒否していたアニマトゥールも少なくなかったといわれる。

　これらの批判にもかかわらず、またその後の福祉国家の後退にもかかわらず、「社会的労働者」は1980年代以降増大していった。なかでもアニマトゥールの増加は特筆される (図表-1)。こうした増加の背景には、1970年代後半から大きく社会問題化した「新しい貧困 nouvelle pauvreté」あるいは「社会的破断 fracture sociale」といった表現に端的に示される社会的危機意識の高まりがあった。「排除、第4階層、周縁化」といった状況に置かれた人々、あるいはまた「在留許可なし、資格なし、雇用なし、屋根なし、権利なし」といわれる人々の増加とそのことから派生した郊外問題に象徴されるような地域問題の深刻化である。新しく現出してきたこれらの問題解決へのニーズに、社会的労働者が応えることが求められていったのである。なかでもアニマトゥールがそれらに応えようとしていったことが、アニマトゥール増大の事実から推し量ることができるが、その要因には次のようなことがあった。

310

図表-1 社会的労働者の増加

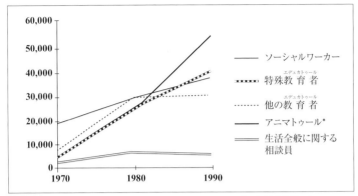

＊アニマトゥールについては資格の有無に関係なくカウント可能な相対的な数である。
出典：apec, les mltiers du social, les éditions d'organisation, 2000, p.34.

　まず、社会的危機の動向のなかで、アニマトゥールが担うアニマシオン活動の性格が変容していったことがあげられる。アニマシオンの理念と活動がアニマトゥールによって普及し始めた1960年代から70年代にかけては、中間層を中心とした文化・スポーツ活動を中心とする余暇活動が主であったが、1970年代末になると、社会問題への対応がアニマトゥールに強く求められ「アニマシオン概念が、経済的・社会的問題をとらえるため、当初の枠から溢れ出す」のである（Mignon, 1998: 253）。そうした状況のなかで、アニマトゥールの内部にあった社会的労働への批判は急速に弱まる。こうして「1980年代以降、アニマトゥールは社会的労働者に位置付くことを受け入れ」ていったのである（Puojol,1996: 198）。

　ところで、アニマトゥールとともに社会的労働者としてカテゴリー化されているソーシャルワーカー系や特殊教育者系については、前者は社会事業や児童福祉など、後者は教育・学習に困難を持つ人々への援助という相対的に労働内容が明確である。それに対しアニマトゥールは、その両者どちらにも入らない「人々の自由時間に働きかける」（G. プジョル）多様な社会的労働を包括的に引き受けていった。それらアニマトゥール労働の領域を概括すると、従来からの①演劇、音楽、映画、舞踏などの文化活動（culturel 分野）、②生活に即した文化実践と学習への方向付けをもった社会文化活動（socio-culturel

分野）、③余暇時間に楽しむスポーツ活動（sportif 分野）に加えて、④青少年の学校外の教育的活動に向けられた社会的教育活動（socio-éducatif 分野）、⑤貧困や社会的排除など困難な状況にある人々の、健康、労働、余暇、文化といった生活領域での教育的援助活動である社会的活動（social 分野）、⑥その他、社会開発や社会経済、アソシアシオン（association, NPO）活動支援を行う社会政治・経済活動（socio-politique et socio-éconimique 分野）などに広がっていった（岩橋. 2010）。なかでも、青少年の学校外の活動では、従来中心を占めてきたバカンス時の余暇活動を超えて、日常的な学習支援活動や若者の雇用援助などに取り組むようになっていったことが注目される。

2-2　子ども・若者支援におけるアニマトゥール労働とその政策化

　低学力そして無資格で離学から失業へという一連の失敗の連鎖を意味する「学業失敗」や、若者の失業問題を中心とする子ども・若者をめぐる問題は、フランス社会における最大の課題の一つである。その対策は学校教育改革としてさまざまに講じられてきたが、アニマトゥールもまた学校外の活動として取り組んできた。彼らが目指したのは、宿題援助や学校の授業の補習とは違い、学業失敗との闘いの立場からの学校外での活動のもつ可能性の追求であった。それは、第一に、学校外での活動を通して、日常の生活や学校で学んだことを試したり表現することで、学習を確かなものにしていくことができることから、例えば、学校で学習した言語や算数を、ストーリーテーラーや演劇活動などで定着を図ったり、ゲームなど遊戯的アプローチ（approche ludique）によって確実なものにしていくというねらいをもって活動が組み立てられた。第二に、学校で成功するために、学校外での活動が必要な文化的土台となるという点である。学校になじめない多くのこどもたち（その多くが学業失敗の状態におかれている）が抱える問題は、学業以前に家庭での生活文化と学校文化のギャップであることが多いことから、活動によって子どもたちが学校文化に親しめるように援助することであり、そうした活動こそが学業の成功へ導く鍵となるとされるのである。第三に、子どもの学校のリズム、個人のリズム、社会のリズム、家庭のリズムなどの時間とそれに伴う

空間との関連を視野にいれながら、子どもの発達を促す活動を図っていくという点である。というのは、学業失敗の克服には、子どもの地域での生活条件や社会的不平等の影響など、子どもの生活をトータルに捉えることが重要であると考えられるからである[4]。また、各地の青年の家や社会センターなどでは、アニマトゥールが若者の社会参入支援も自らの任務として引き受けていった。困難な状況にある若者の職業活動の補助や指導、雇用事務所・職業訓練所などとの連携など若者の自立支援を促すネットワーク構築などである（Jarry, 2010）。

　これらの動きと並行して、1980年代以降今日にいたるまで、アニマトゥールの労働は、国の教育政策や社会参入政策、地域政策において重要な位置を占めるようになる。その大きな契機となったのは、学校外の教育活動を公役務につながるものとして法的に位置付けた1989年教育基本法（ジョスパン法）であった。それは、1983年から始まる地方分権改革において、学校を補完する教育・スポーツ・文化活動を推進する権限を地方自治体に与えた。さらに1984年には「青少年が多様な関心を抱く自らの環境の知識を深め、表現や組織能力を発達させる」ために「学校外教育アニマシオン（AEPS）」の重要性が称揚された。こうした流れは、学校外の教育アクターの活動を奨励するジョスパン法の意図と軌を一にするものであった。1990年代に入ると、子どもの学校における学習リズムだけでなく、生活全体のなかでのリズムに注意を払うことによって、子どものバランスのとれた発達を促そうとする子どもの生活リズム調整（Aménagement des rythmes de vie de l'enfant）政策が開始される。これは、「子どもが実際に生活する場所で、リズムを総合的に捉える」ため、「その生活条件、両親の労働及び住宅事情、経済的困難や社会的不平等の影響、彼らのまわりの文化的資源の豊かさや貧しさ、これらを無視できない重要な教育環境として認識していくことで、教育のパートナーの再認識、学校の内外を通した一貫した時空間的な管理を行おうとした」ものであった（池田, 2007）。それは、青少年の生活を総合的に捉え彼らの生活全体から出発するので、学校と学校外の教育パートナーシップを不可欠のものとし、「子どもとその家族の生活条件、彼らの暮らす地理的・社会的環境の多様性を考慮した教育空間を創出し発展させること」（1991年9月1日付国民教育省・文化

省・青少年スポーツ省共同通達）が目指されたのであった[5]。

　他方、地域社会開発（DSQ）都市社会開発（DSU）といった地域政策においてもアニマトゥールの労働が無視できなくなる。地方分権改革の流れのなかで、「経済、社会、文化など地域を構成するさまざまな資源を統合する」地域開発政策によって公共空間の改造が盛んになると同時に、この地域開発の枠組みに地域教育の施策が位置付けられ、スポーツ、文化、学校外教育活動も促進することに向けられる。地域教育の施策として1998年から始まる地域教育契約（CEL）は、市町村と地域諸機関が学校外の活動を組織化する地域教育プロジェクトであるが、活動の具体化にはアニマトゥールが期待された（Laforets, 2006）。活動は、今日では、学校（教師）と学校外教育機関（アニマトゥール）を中心とする地域教育アクターの連携によって、地域レベルでの教育を創造するプロジェクトである地域教育計画（PEDT）の実施に発展してきている（岩橋, 2017）。

　およそこれらの施策の遂行において期待された教育のパートナーあるいはアクターとして、アニマトゥールがあったことはいうまでもないだろう。こうして、アニマトゥールの労働は、社会的ニーズを受け止めながら豊かに広げられるとともに、国や地方の政策実施において求められ、社会的認知を確実なものにしてきたといってよい。「（アニマトゥールは）もはや教会も学校も組合も他の民間機関も保証しない社会的職務を引き受け、変動する社会に不可欠な社会的エージェンシーとなることに成功した」と評されるのは、その端的な表現である（Augustin, 2000：135）。そして、こうしたアニマトゥールの労働への評価は、身分の確立のための運動にも連なるものであった。

3. アニマトゥールの基本的身分の確立

3-1　全国労働協約による民間アニマトゥールの基本的身分の確立

　アニマトゥールの労働条件の改善に向けた動きは、まず1971年の労働協約法の改正に伴って導入され、アソシアシオンなど各事業体レベルでの企業

別協定（accord d'entreprise）の締結が可能となったことによって一定の実現をみた。しかし、締結できたのは一部の全国規模のアソシアシオンのみであり、多くのアニマトゥールが働く小規模なアソシアシオンでは、協定締結のための交渉自体がなりたたず、かえって労働条件の格差が広がっていった[6]。そのため、1980 年頃になると、一部の企業別協定に留まらず、全国統一の労働協約の実現のための運動が盛んになっていった。

　1979 年、SNEP–FO（労働者の力傘下の民衆教育全国組合）が、アニマシオンの職員（アニマトゥールを中心とする活動従事者）の全国労働協約の交渉に取り組む方針を打ち立てたことを皮切りに、1983 年には SNATE–FEN（全国教職員組合連盟傘下のアニマトゥール・技術者・教育者全国組合）もまた、公・私セクターを問わずアニマシオンの職員の権利保障を訴える「すべてのアニマシオンの職員の身分規程のために」と題した声明を公表する（Mignon, 1998: 382）。具体的には、職員の採用・人事異動の法制化、すべての職員への無償公共職業教育訓練、同一労働同一賃金、労働組合権の尊重、政治・宗教的圧力からの保護、無期限雇用の促進などを求めたのであるが、それはアソシアシオンで働く私セクターの職員にとっては全国労働協約によってのみ実現されるものとした。この二つの労働組合に SYNAPAC–CFDT（フランス民主労働同盟傘下の芸術・文化職全国組合）も加わり、全国労働協約の交渉のための混合委員会（commission mixte）を組織する。そのほか、FTIAAC–CFDT（フランス民主労働同盟傘下の情報・視聴覚・文化活動の労働者連盟）や FERC–CGT（労働総同盟傘下の教育・研究・文化連盟）など、他の労働組合も労働協約のキャンペーン活動を展開した。

　しかしながら、交渉相手となる雇用者側の全国労働協約の準備は遅かった。雇用者団体として、1971 年に SADACS（文化・社会発展協会雇用者団体）が誕生しているが、雇用者が集まることはほとんどなかった。アソシアシオンにおいては、元来雇用者という概念は希薄であった。アソシアシオンでは、すべてが仲間という意識が強かったためである。雇用者が協議するために集まったのは 1980 年代に入ってからであった。それは、労働組合との労働協約の交渉の準備に入らなくはならなかったからである。さらに SADACS に加盟していないアソシアシオンの雇用者は、1984 年に労働協約を交渉する目的を持って新たな雇用者団体 SNOGAEC（教育・文化活動管理機関全国組合）を結

成した。労働協約のための交渉は、雇用者団体代表としてテーブルに座らせ、雇用者の位置を明確にすることを強いた（Jacob, 2008: 21）。

　こうして、1984年から4年間にわたって全国労働協約をめぐる交渉が進められていき、1988年6月「社会文化アニマシオン全国労働協約」（2008年に「アニマシオン全国労働協約」に変更）が、二つの雇用団体と代表的労働組合である五つの労働組合の署名によって締結された[7]。全国労働協約は、アニマシオンの職員の雇用・労働条件・社会的身分保障・労働組合の権利・従業員の代表機関・労働契約・労働時間・休暇・職業教育訓練・給与、社会保障・年金といった生活保障など全9章72条と附則5からなる詳細な総合的身分規定であった。そして労働協約の拡張適用システム制度により、労働組合に加入しているか否かを問わず、アニマシオン領域で働くすべての職員にこの協約が適用されることになった[8]。これは長い歴史のなかで、アニマトゥールの職業としての基本的身分が初めて確立したことを意味したものであった。「各事業体の運営が、多かれ少なかれその場その場で任意に進められてきた時代が終わった」のである（Jacob, 2008: 30）[9]。

　その後も全国労働協約は、労使交渉によって、施行領域の拡大や労使対話機関の増設、労働契約や休暇の拡充など、協約基準の向上と項目を広げて、アニマトゥールの職業人としての発展と労働条件の改善を図ることになる（2012年現在全10章75条附則3）。

3-2　地方公務員アニマトゥールの誕生

　アニマトゥール労働の社会的認知の高まり、さらには全国労働協約によるアソシアシオンにおけるアニマトゥールの職業的地位の確立は、1980年代地方分権改革のなかで地方自治体が主に非正規で採用を始めていたアニマトゥールの身分にも影響を与えずにおかなかった。

　地方分権改革は、地方自治体の権限を強化し、その管理責任と自立を強く求めることになったが、長期にわたって中央集権制度が続いてきた状況下において、地方当局自身がそのためのサービスを提供するには力量に限界があった。そのため、一方で地方自治体の事業にアソシアシオンを活用しよう

とする動きが盛んになるが、それと同時にアソシアシオンなどで一定の経験を積んだアニマトゥールを地方自治体で雇用しようとする動きが生まれた。その推進力となったのが、地方分権担当大臣による1981年の省令「アニマシオン職配属の市町村公務員に関する措置」（デュフェール省令）である。この省令によって、アニマトゥールの地方自治体における採用が法的に可能となったからである。ただし、採用はアニマトゥールの地方公務員の競争試験を必要に応じて行うものであり、その恒常的な専門部署（filière）が設けられたものではなかった。従ってアニマトゥールは、通常地方公務員が所属する専門の職群（cadre d'emploi）に位置付かないものであり、必要に応じ、「オプション・アニマシオン（option animation）」として関連部署に配置されるものであった。

　だが、こうした地方公務員アニマトゥールの位置については、オプションを維持する主張とアニマトゥールの独自の部署の創設を訴える主張とでたえず論争が展開されることになる。J.L. ペスル（Jean-Louis PESLE, 地方公務管理センター連合 l'Union des centre de gestion de la fonction publique territoriale 会長）が、当時の公務大臣 D. ペルベン（Dominique PERBEN）にて宛てた書簡に示された主張は前者の代表的なものである。その要点は以下のような点にあった。①部署を新設するといくつかの職群ができることになる。だが、職群を多様にすることで柔軟性に欠ける運用になり、かつ財政費用もかかる。職群の多様化でなく、むしろスリムにすることが必要である。②新しい部門を創設しても貧弱なものに終わらざるをえないし、それによってキャリアの進展に有利に働くことはない。③アニマトゥールが多く雇用されている余暇センターはポスト削減の傾向があるため職員の増加は見込めないことなどを根拠として、部署を設立することへの拒否が表明されたのであった。こうしたオプション維持の意見に対しては、地方公務員アニマトゥールの労働組合を中心として、アニマシオン部署設置の立場から、次のような点が指摘された。①アニマトゥール労働は、すでに余暇センターに閉じこもって活動している時代と異なる。これからの活動は、高齢者も含め地域で生まれてくる幅広いニーズに応える活動に広がっている。②部門としての柔軟性やキャリアの進展については、縦割り部署の多様化ではなく、可動性のある配置転換の工夫と養

成・研修で可能である。③そして「重要なことは、資格（qualification）の認知にこそある」とし、オプション採用の身分のアニマトゥールでは、資格に見合う専門職の位置が確保できないとして地方行政領域にアニマシオン部署を設置することを求めた。そしてオプションのシステムについては「確かにオプションは柔軟である。短期間の雇用管理が容易であるし、必要がなくなれば解雇できるのだから」として、当時地方自治体採用のアニマトゥールの8割が非正規職員であることとともに、地方公務員アニマトゥール雇用の問題性について批判したのであった（Birot, 1996）。

こうした議論と現状をふまえ、1992年には地方公務の決定機関である地方公務員高等評議会（Conseil supérieur de la fonction publique territoriale）によってアニマシオン部署の創設が公式に提案され、また1996年初頭、当時のA. ジュペ首相によってアニマシオン部署創設の意向が表明されることになる。そして、1997年「地方公務員アニマトゥールの職群の固有の身分」の政令（Décret no 97-701）により、地方行政の領域としてアニマシオン部門（filière）が創設されることになった。地方公務員アニマトゥールがカテゴリーB（中間管理）とカテゴリーC（現場執行）の職群（cadre d'emploi）からなることが明記され、アニマトゥールが地方公務員としての身分と地位を恒常的に得ることになったのである。しかしながら、カテゴリーA（管理・運営）の職群がアニマシオン部門では設置されなかったことは、アニマトゥールの身分を相対的に低位に位置付けられていくことを決定づけていったことは見落とせない。「最も養成され、経験を積んだ、最も責任ある労働を行使するアニマトゥールが忘れ去られたのだ」とO. ドゥアーが述べたのは、この意味においてであった（Douard, 1997: 4）。

ところで、アニマトゥール独自の全国労働協約の制定や、地方自治体のなかでのアニマシオン部署の創設は、相対的に低位とはいえ身分保障を基にしたアニマトゥールの専門職制度を確立することも志向されていた。従って次に課題となってくるのは、十分な整備が図られていないアニマトゥールの資格免状の体系化とそれを取得するための養成の組織化ということであった。

318

4. アニマトゥール資格免状の体系化と養成の組織化

　アニマトゥール資格免状は、職業化が政策的に進められた1960年代半ばに創設された民衆教育指導員国家資格（DECEP Diplôme d'Etat de Conseiller d'Education Populaire）を皮切りに、その後10種類近くの多様な国家資格免状が創設され、また度々改革が重ねられてきた。だが、それらの改革は、概して一部の資格免状の刷新あるいはそれまでの資格免状の補完など、その時々の政策的課題に合わせた部分的な改革にとどまっていた（岩橋, 2003）。

　それに対して、2000年頃から始まる改革は、資格免状の名称とともに、その取得方法や資格内容、養成方法にいたるまで、アニマトゥール資格免状の大規模なものであった。その主要な特徴は以下のようなものだった。

1）スポーツ・アニマシオン職諮問委員会の創設

　資格免状改革にあたってまず取り組まれたのは、現場での職業状況に見合った免状資格策定のためのスポーツ・アニマシオン職諮問委員会（以下CPCと略）の創設であった。「現在のアニマトゥール職の分析を通して、職業能力の資格基準の立案と養成方法の検討を行う」ことを目的としたこの委員会は、現場関係者が初めて資格免状策定に関わるという画期的な仕組みであった[10]。具体的には、次の4者の構成で1999年に発足した。

　　①雇用者団体代表6名　②労働組合代表6名　③国の代表8名　④資格・養成関連専門家7名

　このCPCでの協議が元になって、アニマトゥール資格免状の刷新とそれぞれの免状で求められる具体的な能力を項目化した「能力証明基準（Référentiel de certification）」と「職業証明基準（Référentiel professionnnel）」の立案や養成のあり方の検討がなされいていくことになる（後述）。

2）資格免状の刷新と資格水準間の系統性の追求

　フランスの職業資格免状は、学校教育修了資格に比べて低位に位置付けられることを克服していくために、学校・大学教育の水準（Ⅰ～Ⅶ）を基準と

して設定される。今日アニマトゥール国家資格免状には10を数える免状がある。これらのうち2000年以降に創設された青少年・民衆教育・スポーツ職上級国家免状（DESJEPS）、青少年・民衆教育・スポーツ職国家免状（DEJEPS）、青少年・民衆教育・スポーツ職（BPJEPS）が、アニマトゥール職業資格として中心的な免状として位置付いており、今回の改革で大きく改正された資格免状である（表2）。なかでも、相対的に水準の低い青少年・民衆教育・スポーツ職（BPJEPS）が基幹的な資格免状と位置付けられたのは、地方公務員のカテゴリーC（現場執行）の水準に対応するとされたからである。

　改革は多岐にわたるが、その一つは、水準の向上を図りやすいようにするために資格免状を体系づけることであった。アニマトゥール資格免状は、それまでの約40年の間に、その時々の政策的課題に合わせて断続的に各水準の資格免状が創設されてきたため、それぞれの水準の免状が独立した位置をもっていた。そのため、従来は、下位の資格免状の取得がそのまま上位の取得条件として生かすことができなかった。その改善が図られ、また資格免状の名称も「青少年・民衆教育・スポーツ職」として統一されることになったことは本改革の大きな特徴である。

3）養成内容の能力証明基準の策定

　今回の資格免状改革で注目されるのは、各資格免状取得のための養成内容が、労働の場や活動領域を想定しつつ、政令において「能力証明基準」として詳細に項目化されたことである。これは「アニマトゥールとして必要なコンピテンシー（compétence）のリスト」といわれるものである。項目にみられる特徴は、第一に、いずれの項目も「〈～できること（être capable）〉として単なる知識の習得にとどまらず行動に移す能力をあげていること、第2に、それらの内容が非常に詳細かつ具体的に整理して示されていること、第3に、いずれも横断的能力（transversale）と専門的能力（spécialité）の二つの能力基準で構成され、全体として専門性の修得が企図されていることである（表-3）。

　これら詳細な項目の作成の際に最も重視されたのは、「あるべき（養成すべき）能力基準を示すのではなく、アニマトゥールの労働の現状を把握・分析し、それに基づいて職務とその能力を客観化して示す」ことであった（Obin-

320

表-2　アニマトゥールの資格免状と水準

水準	青少年・スポーツ省管轄	国民教育省管轄	創設年
Ⅰ（バカロレア取得後5年以上の課程修了）			
Ⅱ（同3年の課程修了）	DESJEPS	職業リサンス	1999年 2006年
Ⅲ（同2年の課程修了）	DEJEPS	DEUST DUT	1984年 2006年 1967年
Ⅳ（バカロレア取得レベル）	BPJEPS		2001年
Ⅴ	BAPAAT		1993年
職業資格でない適性証	BAFD BAFA BASE		1973年 1973年 1970年

DEUST：大学科学技術教育課程修了証（アニマシオン選択コース）
DUT：技術短期大学部修了証（社会職・社会文化アニマシオン選択コース）
DESJEPS：青少年・民衆教育・スポーツ職上級国家免状
DEJEPS：青少年・民衆教育・スポーツ職国家免状
BPJEPS：青少年・民衆教育・スポーツ職免状
BAPAAT：技術アニマトゥール補適性免状
BASE：社会的教育アニマシオン適性証書
BAFD：管理職適性証書
BAFA：アニマトゥール職適性証書　　　　　　　　　　　　　　　　　　[作成：岩橋]

Coulon, 2005: 6）。従って、能力基準作成にあたっては、まずアニマトゥールの行っている実際の仕事の詳細なリストを作成し、その仕事をできるようになるための必要な能力を調査・分析することが行われた。そしてその分析の結果をもとに CPC（スポーツ・アニマシオン職諮問委員会）で協議が行われ能力証明基準の項目がまとめられた。CPC での協議においては、国と労使間で、国の期待するアニマトゥール能力と労使が現場で果たそうとする能力についての意見調整があったといわれるが、最終的に CPC メンバー全体の合意が得られた内容になったと評されている（Savy, 2007: 124-25）。

4）養成教育の個別化

　アニマトゥールの職業領域が多様化するなかで、無資格の未就業者の職業支援のために、資格取得と職業移動を容易にすることが図られた。今改革において重視されている今ひとつの大きな特徴である養成教育の個別化（individualisation）は、その一環として実施されている。そのため、個人の生

表-3　アニマトゥール資格免状の能力証明基準
BPJEPS〈専門：あらゆる人々の余暇活動〉の例（概要）

＊ UC：累積単位

〈共通必修〉

UC1　職業活動におけるコミュニケーションができる

対話者との口頭コミュニケーション／さまざまな職業文書の作成
日常の職業活動において情報・コミュニケーションのテクノロジーの活用
職業活動において必要なテーマの資料の作成

UC2　教育活動における対象者の特徴への配慮ができる

環境のなかでのさまざまな対象者の分析／さまざまな対象者に適した行動

UC3　プロジェクト作成とその評価ができる

財源の有無の確認／アニマシオン計画の目的の設定
活動計画の構想／計画の評価

UC4　組織機関の管理運営ができる

組織機関への寄与／組織機関の活動の組織化

〈専門〉

UC5　あらゆる人々の余暇活動アニマシオン計画をたてることができる

あらゆる人々のための余暇活動アニマシオンのコンテキストの分析
あらゆる人々のための余暇活動アニマシオンに関わる対象者への配慮
ルールと安全を配慮しての余暇活動アニマシオンの組織化
余暇活動アニマシオンの評価基準の選択

UC6　あらゆる人々のための余暇活動アニマシオンでのグループ指導ができる

対象者の自立性とグループ結束を発達させることへの注意
状況に合わせて行う／ルールや意味を気づかせる
対立やいじめがあったときの解決のための行動

UC7　あらゆる人々のための教育・発見活動に必要な知識を駆使できる

あらゆる人々のための余暇活動アニマシオンでの一般知識の駆使
安全に関わる法知識の駆使／状況に応じた専門知識の駆使

UC8　あらゆる人々のための余暇活動における教育・発見活動の指導ができる

科学・技術・文化・表現／身体活動の発見の促進
活動の評価と選択の説明／バカンス・余暇センターの指導・運営
あらゆる対象者のための総合的な教育的受け入れ体制の設置

UC9　あらゆる人々のための余暇活動アニマシオンの実施に必要な手段と技術を使いこ
なすことができる

あらゆる人々のための余暇活動の発見を可能にする手段の配置
実践者と第三者の安全を尊重／技術の駆使

〈雇用適用単位〉

UC10　雇用に適用するための単元（各養成機関が組む）

養成時間（基準）　理論 600 時間／実習 434 時間

［政令 no.201-792 抄訳］

活リズムと個人の得意領域（spécialité）で修了し資格免状を取得できるように、次のような新たな取り組みによって実現が図られている。

　まず、資格取得の評価方法として、従来のように長い期間の研修を終えた後に最終審査（あるいは試験）を受けて能力を測る単位システムではなく、加算方式で積み上げて単位を取得する累積単位（unité capitalisable）システムを導入したことである。これは、必要な単位を個人の事情に応じて取得できるため、取得者数の増加が見込まれた。そして実際、年間の職業資格取得者総数は、1990 年代の 2,000 人台であったのに対し、新システムが導入され始めた2000 年代半ばには 4,000 人台に増加し、この 2、3 年は 5,000 ～ 6,000 人に急増している。

　こうした養成教育の個別化は、2004 年に制定された「生涯にわたる職業教育及び社会的対話に関する法律」において 個人の個別研修権（DIF）が確立したことが後押ししている。これは、個人に対して年間 20 時間の研修時間が保障される仕組みであるが 6 年間蓄積可能である（その際の合計時間は 120時間となる）。これによって休暇をとることなく時間単位での研修が可能となり、職業資格免状の研修を受講しやすい条件が整えられた。

5）経験認定制度（VAE）の導入

　経験認定制度（Validation des acquis de l'expérience VAE）は、養成教育や資格試験を経由することなく、職業経験・ボランティア活動などあらゆる社会経験において獲得された能力を認証し、全国職業資格認定証総覧（RNCP）に登録された資格免状を与えることができる仕組みで、2002 年社会現代化法で制定された。職業経験のみならず、ボランティア活動により経験され蓄積された知識・技術もまた、職業従事者として得られた能力と対等とみなされ資格免状が付与される点で「資格・免状の世界での小革命」（J-M. Mignon）とも評される。アニマトゥール資格免状取得においてだけでなく、RNCP に登録されている職業資格取得すべてに適応されるものである。一般企業などではVAE の意義が十分に認知されておらず機能不全に陥っているといわれているが、アニマトゥール資格免状においては、問題なく受け入れられいている。というのは、VAE の考えは、すでに 1970 年代からのアニマトゥール養成に

おいて、職業経験・ボランティア経験を養成条件に入れ、単位として認める
という形で実施されていたからである。その意味で、アニマトゥール養成は
VAE に馴染みやすいものであるといってよい。ただし、その証明のための
書類作成はかなり厳密なものであるため VAE での資格免状取得者は、イル・
ド・フランス州における資料によれば、年間 50 〜 80 人と決して多いとはい
えず、未だ緒に就いたばかりといった印象は否めない。

6）交互養成（alternance）の重視

交互養成とは、養成機関での講義と労働現場での実地訓練を通しての養成
が交互に行われるものである。アニマトゥール養成では従来から現場での実
習が重視されてきたが、それは講義の最後にまとめとして行うものであり、
またその評価はあくまでも養成機関が行うものであった。それに対して交互
養成では、養成機関だけでなく、現場で働いているプロ（チューター tuteur と
呼ばれる）からの評価も受けるという、双方向から養成される仕組みとなった。
例えば、UFCV ＝ CNFA（バカンス・余暇センターフランス連合のアニマトゥール養
成部局）が実施している水準 III−DEJEPS の養成プログラムによると、養成機
関での講義を中心とする能力基準に基づく四つの単位と現場実践が交互に組
まれている。そして全体の六割近くが現場実践となっており、現場で実際的
訓練を受けることが重視されていることがみてとれる [11]。

5. アニマトゥールの制度化にみる
フランス社会教育の特徴

19 世紀末に民衆教育運動として誕生したフランス社会教育は、1960 年代
頃からのアニマシオン理念を核とした活動への重点移行と並行して、その中
心的担い手もまたボランティアから職としてのアニマトゥールへと、その職
業化が進められた。それはまた、アニマトゥールの制度が形成されてきた過
程でもあった。本稿では、その内実をアニマトゥール労働の社会的認知、ア
ニマトゥールの身分の確立、アニマトゥール資格免状の体系化と養成の組織

化をめぐるアニマトゥール自身の闘いと政策的対応として明らかにしてきた。こうしたアニマトゥールの制度化の考察を通してみられる 1990 年代後半から 2000 年代のフランス社会教育の特徴は、次のような諸点にある。

　まず、社会教育の公共的役割の増大をあげることができる。アニマシオンが、主に中間層に向けられた文化・スポーツを中心とする余暇活動から、社会的困難を抱えた人々を含め幅広い層のニーズを捉えることによって、地域課題や生活課題をみすえた学校支援や若者支援、福祉的活動や社会経済活動などに広がり、多くの人々に受け入れられていくことになった。とりわけ子どもの学校外の活動は、ジョスパン改革以降「教育の公役務の延長」（1989 年教育基本法第 1 条）と明確に位置付けられ、学校内外の教育アクターの連携を強める活動に大きく広がっていった。また社会福祉的機能をもった社会・社会文化センター（多くがアソシアシオンによる運営）が 1980 年頃には全国で 1,000 にも満たなかったのに対し、2000 年代には 2,000 を超えるまでに増加していることも注目される（Poujol, Mignon, 2005: 82）。これらの動きが、1990 年代末になると「学校外の活動、地域の活性化、都市と農村の社会開発政策、社会参入措置、余暇活動の組織化」（「地方公務員アニマトゥール職群の固有の身分について」Décret no.97-701）といった、従来のアニマシオン概念を超えた幅広い社会教育を職務とする地方公務員アニマトゥールを生み出すことにもなったといえよう。

　だが他方、地方公務員アニマトゥールの職階が低位に止められたことにみられるように、アニマトゥールの担う社会教育の専門職性が高められたわけではない。公共的役割の増大は、専門職性を高めることに必ずしも繋がっていないことは留意されてよい。社会教育の意義と任務が大きく認知されることに未だ大きな課題を残しているからである。

　第二に、地域（territoire）にレーゾンデートルを見いだす社会教育の志向が強まっているということである。従来フランスの社会教育においては、「地域」とは共和制国家の普遍的な教育・文化を地方の隅々にまで普及する対象であり、それぞれの地域のもつ個性や自律性を含みこんだものとしてあるのではなかった。従って地域の民衆教育アソシアシオンは全国連盟の中央集権体制の下でその活動を遂行することが一般的であった。だが、1990 年代後

半以降、地域教育契約（CEL）や市町村レベルで諸機関のネットワークづくりなどにみられるように、社会教育は地域の教育プロジェクトとして市町村と地域のアソシアシオンなどが連携して事業を取り組むことが一般的となっており、それぞれの地域の人々の生活に分けいっての社会教育が強く意識され展開されてきている。そこには、①人々の生活の課題が、郊外問題に象徴されるように、地域問題と密接に関わるものとして現出してきていることや、②地方分権化の流れのなかで、一方で地方自治体自体が地域の教育・文化活動についての役割を担うようになり、他方では活動団体（アソシアシオン）もまた財政的に国やアソシアシオンの全国連盟との対話が2次的位置となり、市町村が第1のパートナーの位置をもつようになったこと、③そしてこうした地域志向は、小集団活動を身近な地区や町で行うアニマシオンの理念と調和的であったことも特筆されよう。地方公務員アニマトゥールの誕生は、市町村レベルでのアニマシオンとしての社会教育活動の浸透とともに、「地域」におけるその活動の独自的価値を認めたものでもあった。

　だがこうした過程は、一方で青少年スポーツ省の大幅な縮小による財政的支援の弱体化、他方でアソシアシオンの消費主義的の傾向と重なっていることは看過できない。前者については、1940年代以来民衆教育の指導者育成と民衆教育・アニマシオンの活動支援及び研究の中心的な役割を担ってきた「国立青少年・民衆教育研究所（INJEP）」の施設が、2010年に閉鎖になったことは象徴的なことであった（Richez, 2009）。また後者のアソシアシオンについては、その数は増加しつつも実は増加しているのは、消費主義的志向の強いサービス提供を専らとするアソシアシオンが主であり、社会的な活動の実施団体は少ないといわれる[12]。社会教育の基盤であるアソシアシオンのこうした傾向は、社会教育が地域に広がっているとはいえ、地域課題を引き受け地域を変革し創造する活動が希薄になる弱さも内包していることは否めない。

　第三の特徴として指摘されねばならないのは、社会教育の専門分化である。余暇活動として行われてきた文化・教育・スポーツ活動をはじめ諸々の活動の全般的な展開は、それらの活動が広がり高度化するなかで専門性が求められるようになっている。また活動領域そのものも、社会福祉や社会参入活動、地域づくりに至るまできわめて多様化しそれぞれが個別専門化される傾向に

ある。その結果、例えば前述した2001年創設の青少年・民衆教育・スポーツ職（BPJEPS）というアニマトゥール職業資格免状は、〈余暇活動〉〈社会アニマシオン〉〈文化アニマシオン〉〈情報・コミュニケーション技術〉〈環境教育〉やスポーツ関連では〈集団スポーツ〉はじめとする20の専門（spécialité）に分化してきているのである[13]。またそうした活動領域だけでなく、〈管理運営〉〈中間管理〉〈現場実践〉などの明確で厳然とした職階も確立してきている。こうした専門分化の流れのなかで、今日大きく進展しているのは、学校と連携した学校外での子どもを対象とする活動領域であるが、そこでもアニマシオン活動において、〈科学〉〈歴史〉〈音楽〉〈芸術〉〈技術〉などの専門性が求められるようになっている[14]。

　およそこうした特徴は、アニマトゥールが担うアニマシオンとしての社会教育が、社会的労働として、文化的教育的社会的ニーズに応じ幅広い活動領域での豊かな可能性が生まれていると同時に、多様化・高度化に応じた専門性がそれぞれの社会教育の現場で求められるようになったことを意味している。だが、現場で求められる専門性の細分化は他方でアニマシオンを後退させることになるという危惧も呈されている。「アニマシオンの根の持つ豊かさにもかかわらず、今日の養成のあまりに多様なテーマは、予定された職業プロジェクトに適合されることがめざされている。つまり、養成は職業プロジェクトとなり、一般教養の豊かさ、多様な見方をもつようにする豊かさを後退させるリスクをもつ」というJ-Mミニヨンの言及はその代表的なものである（Mignon, 2005: 113-14）。深刻な失業問題を呈する状況のなかで、職を得るための即戦力としての専門性であり、技術的力量が求められることになる。「アニマシオンは、関与と活動の技術（technique）と考えられており」「今日ではアニマシオンをおこなうことは、人々の関心を呼び覚ますようにする教育的手段（moyen pédagogique）である」（傍点筆者）といわれるのはそのためである（Poujol, Mignon, 2005: 31）。

　こうした技術重視は、アニマシオンに求められる精神性のあり方にも関わっている。すでに述べたように、闘士的精神は、アニマシオン理念を生むことになった民衆教育の発展を促す精神性として尊重されてきた。だが、ミニヨンが指摘する「職業プロジェクト」（職に就くための対象）としてのアニマ

シオンは、アニマトゥールが自らの専門性をもって個々に関わっていく個別化にすすむ側面を否めず、集団や連帯を重視する闘士的精神（ミリタンティズム）は弱体化せざるをえない。それに対してアニマシオンはどのような精神性を創造しようとしているのだろうか。近年よく語られるのはアンガジュマン（engagement 積極的参加）であるが、これは集団に還元できない個を重視する点で、今日アニマトゥールのなかでは広く受け入れやすい行動理念となっている[15]。この積極的参加は、個人的な趣味・欲求の充足に留まらず、「郊外の危機」[16]に象徴されるような今日深刻化する都市・地域問題などの社会性の強い問題にどこまで参加し向き合っていけるのだろうか。闘士的精神に内包する「社会的関わりを通して、所与の目的や制度的形態について擁護あるいは異議を唱える」（Poujol,Mignon, 2005: 214）精神をいかに建設的に引き継ぐものとして創造できるのかが問われている。

おわりに

　保守政権下にあった1990年代後半から2000年代の教育改革は、それ以前の左派政権下1980年代〜1990年代前半との政治理念の違いから、教育改革における断絶が予想されがちである。だが、アニマトゥールの制度化の動向からみる限りという条件付きでいえば、1990年代後半〜2000年代の社会教育の特徴は、基本的には1980年代左派政権下時代の延長にあるといえる。アニマトゥールの活動領域・職務の広がり、身分の確立、資格養成制度の整備確立が大きく進むのは1990年代後半からであるが、1980年代にはほとんどその基本的方向は形成されてきていたからである。

　こうしてアニマトゥール制度が進展してきたことの意味は決して小さくないだろう。政治的状況に大きく左右されずに社会の支持を得つつ社会教育の持続可能性が高まるからである。だが、制度がいったん成立するとそれによって一定の秩序が形成される一方で、制度の枠組みのなかでの活動に留まる傾向をもち、ダイナミズムの希薄化は免れず、社会教育もまたその限界を免れていないのではないだろうか。社会教育の価値認知の低位的固定化や、個人主義的消費を充足させることを専らにする技術主義的サービス活動の浸

透傾向、国家財源に大きく左右される地域での社会教育活動など、形成され
てきた制度のなかで生じてきた課題も少なくない。それらは、2010年代の
政権交代にあっても、未だ残された課題のままである。この克服には、より
よい制度構築のための社会教育活動のダイナミズムの再生だけでなく、制度
化されたものを客観化し変革の対象とする制度枠を超えた新たな社会教育活
動もまた求められているといえよう[17]。

[注]

1 1980年時点で、ボランティアとして活動するアニマトゥールが100万人を超えてい
   たのに対し、職業アニマトゥールは2万人に満たなかったといわれる（資格免状取得
   者数は不明）。アニマトゥール国家資格を所持する職業アニマトゥールがようやく全
   体の半数に達したのは、当時アニマトゥール職にあった約12万人のうち約6万人が
   国家資格取者であったといわれる1990年代になってからである。Mignon, J-M. (1999)
   Le Métier d'Animateur, Syros, p.75.

2 日本では travail social を「ソーシャル ワーク」、action sociale に「社会福祉」の訳語が
   あてられることがあるが、social には福祉だけでなく、教育・文化活動的な内実を含
   むので、本稿ではより広く「社会的労働」「社会活動」の用語をあてる。

3 *Esprit*, numéro spécial, avril-mai 1972.

4 こうした子どもの生活リズムについては、アニマトゥール養成機関でもある活動的教
   育方法訓練センター（CEMEA）や率直な仲間たち（Francas）の1970年代からの研究
   が大きな影響を与えたといわれる。Michel, Jean-Marie, CEMEA (1996) *Passeur d'avenir*,
   Actes Sud.

5 1998年には当時の青少年・スポーツ大臣であった M-G. ビュッフェは「青少年の生活
   リズム調整政策は、各市町村においての文化・スポーツ・バカンスへのアクセスの不
   平等との闘いである」と述べている。Buffet, Marie-George, août 1998, au fil du temps :
   13 ans d'Aménagement du Rythmes de Vie des Enfants et des Jeunes, *Documents de l'INJEP*
   no.37, p.1.

6 アニマトゥールの働く民間事業体の半数が、従業員数5人以下の小規模アソシアシオ
   ンである。

7 Convention collective nationnal de l'animation socioculturelle du 28 juin 1988. 署名した雇用
   者団体は、文化・社会発展協会雇用者団体（SADCS）、教育・文化活動管理機関全国
   組合（SNOGAEC）。署名した労働組合は、FTILAC–CFDT（フランス民主労働同盟傘

下の情報・書籍・視聴覚・文化関連労働者連盟）、SNEPAT–FO（フランス総同盟・労働者の力傘下の生涯教育・アニマシオン・観光協会全国組合）、FNSASPS–CFTC（フランスキリスト教労働同盟傘下の保健・社会サービス労働組合全国連盟）、CFE–CGC（管理職総同盟傘下の管理職フランス同盟）、FNSAC–CGT（フランス労働総同盟傘下の教育・研究・文化連盟）である。

8　労働協約の拡張適用システムとは、代表的労働組合が締結した労働協約の効力を、その職業活動部門内のすべての雇用者と労働者にも拡張して適用する仕組みである。これにより、労働組合の組織率が低いにもかかわらず、協約適用率が9割を超えるというシステムが運営されている。細川良、2013「現代先進諸国の労働協約システム」『労働政策研究報告書』No 157–2、58–59頁。

9　CFDT の元書記の Jean ROGER の発言。

10　Arrêté du 27 septembre 1999 ralatif à l'institution et au fonctionnement de la commission profesionnelle consultative des métiers du sport et de l'animation.

11　UFCV, Calendrier prévisionnel formation DEJEPS 2011-2012.

12　1950 年代頃までは年間のアソシアシオン結成は 1,000 ～ 5,000 であったが、1960 年代以降は 10,000 を超え、1970 年代— 20,000 ～ 30,000、1980 年代— 30,000 ～ 50,000、1990 年代以降— 60,000 ～と増加し続けている。しかしこれは、社会学者の Véronique Laforets 氏によると、社会的な活動（activité）ではなくサービスの提供（prestataire）のアソシアシオンの増加が主である（Véronique Laforets からの聞き取り／ 2015 年 9 月 4 日）。

13　都市・青少年・スポーツ省サイト（2016 年 3 月アクセス）
（http://www.sports.gouv.fr/emplois-metiers/decouvrir-nos-offres-de-formations/BPJPES/）

14　La gazette サイト（2016 年 3 月アクセス）
（http://infos.emploipublic.fr/metiers/les-secteurs-qui-recrutent/les-metiers-de-lanimation-et-de-la-jeunesse/nouveaux-rythmes-scolaires-et-metiers-de-lanimation/apm-91977/）

15　Bouquet, Brigitte (2006) "engagement", *Nouveau dictionnaire critique d'action sociale*, Bayard, pp.223-226.

16　Donzelot, Jacques (2006) q*uand la ville se défait ; Quelle politique face à la crise des banlieues ?*, Edition du Seuil, 2006（宇城輝人訳、2012、『都市が壊れるとき——郊外の危機に対応できるのはどのような政治か』人文書院）。

17　このような制度枠を超えた新たな社会教育活動として、アニマシオンに取って代わられたといわれた民衆教育が、従来の啓蒙的性格を超え幅広い層を包含する市民参加型の新しい教育運動の展開を始めていることが注目される。Richez Jean-Claude (2010) *Cinq contributions autour de l'education populaire*, INJEP.

［文献］

池田賢市（2007）「機会均等政策と排除の論理」『フランスの複雑化する教育病理現象の分析と実効性ある対策プログラムに関する調査研究』（科学研究費補助金研究成果報告書 研究代表者 古沢常雄）

岩橋恵子（2002）「フランスにおけるアニマトゥールの職業化過程の特質」新海英行他編『現代世界の生涯学習』大学教育出版、225–41 頁。

岩橋恵子（2003）「フランスにおけるアニマトゥールの資格・養成制度の現状と課題」『日本社会教育学会紀要』No.39。

岩橋恵子（2010）「フランスのアニマトゥール」『月刊社会教育』No.651、国土社。

岩橋恵子（2017）「フランスにおける子どもの修学リズム改革と地域教育計画（PEDT）──学校内外の連携の視角から」『志學館大学教職センター紀要』No.2。

Augustin, Jean-Pierre (2000) "Les animateurs urbains", *Les Annales de la Recherche Urbaine*, no.88.

Barreyre Jean-Yves, Bouquet Brigitte, Chantreau André et Lassus Pierre (sous la direction) (1999) *Dictionnaire critique d'Action sociale*, Bayard Edition.

Birot, Jean-Marc (1996) "Naissance difficile pour la filière animation", *La Gazette - des communes, des départements, des régions.*

Douard, Olivier (1997) *Agora débat jeunesse*, no.10.

Ion, Jacques et Ravon, Bertrand (2002) *Les travailleurs sociaux*, la Découverte.

Jacob, Antonie (2008) *Petite histoire de la branche de l'Animation.*

Jarry, Bruno (coordonné) (2010) Politique locale de jeunesse: le choix de l'éducatif, *Cahiers de l'action*, no.29, INJEP

Laforets, Véronique (2006) Projets éducatifs locaux : l'enjeu de la coordination, *Cahiers de l'action*, no.6, INJEP.

Mialaret, Gaston (sous la direction) (1979) *Vocabulaire de l'Education*, puf.

Mignon, Jean-Marie (1998) *La lente naissance d'une profession : les animateurs, 1944-1988*, Université Michel-de-Montaigne Bordeaux-III.

Mignon, J-M. (2005) *Le métier d'animateur*, La Découverte.

Obin-Coulon, Annette (2005) "Recherche-action: le choix d'une démarche", *Animation et développement social des professionnels en recherche de nouvelle compétences*, INJEP.

Poujol, Geneviève (1996) *Guide de l'animateur socio-culturel*, Dunod.

Poujol, G., Mignon, J-M (2005) *Guide de l'animateur socio-culturel*, Dunod（岩橋恵子監訳、2007、『アニマトゥール　フランスの社会教育・生涯学習の担い手たち』明石書店）.

Richez, Jean-Claude (2009) "L'INJEP et l'Education Populaire, dans toutes leurs histoires", *Vie sociale* no.4.

Savy, Hervé (2007) "Pourquoi des diplômes d'Etat Jeunesse et Sports aujourd'hui ?", *Cahiers d'Histoire* no.3. INJEP.

Thery, Henri (1972) "Le travail social d'animation", *Esprit*, numéro spécial.

第16章

フランスにおける近年の
生涯学習重点政策

岩崎久美子

はじめに

　本稿では、1995 年から 2012 年までの保守政権下における生涯学習重点政策の動きを振り返る。ここで言う保守政権下とは、1995 年右派共和国連合を母体にシラク（Chirac, Jacques）が大統領として政権を握り、1997 年の第三次保革共存（コアビタシオン）、2002 年右派国民運動連合を経て 2007 年退陣、その後右派国民運動連合を引き継いだサルコジ（Sarkozy, Nicolas）が大統領として政権を運営した 2012 年までの期間を指す。

　この時期に焦点を当てるとはいえ、フランスの近年の生涯学習を捉えるにあたり、最初にいくつかの前提を確認したい。

　第一の前提は、フランスの生涯学習政策には、長い歴史的背景があることである。

　フランスには、生涯教育、あるいは生涯学習という言葉を規定する歴史的思想が早くから存在した。たとえば、フランス革命期の段階で、哲学者、政治家でもあったコンドルセ（Condorcet, M-J-A, -N.C.）は、組織的な生涯学習の計画案を提出した人物として知られる。当時、コンドルセにより立法議会に提出された教育計画案[1]は、後世になって、学校教育制度に焦点をあてて語られることが多いが、成人講座の企画など、公教育論の立場から生涯学習の観点がいち早く提示されていた。このような提案がその後の帝政期や王政復

332

古期にどの程度受け入れられたかは明確ではない[2]が、啓蒙思想の展開のなかで、その後、上流・中産階級によって、学校教育以外の生涯学習の萌芽ともいえるべき教育組織化の試みがさまざまになされた。たとえば、フランス革命の数年後、1794年には、カトリック神父グレゴワール（Grégoire, Henri）によって設立された国立工芸院（Conservatoire National des Arts et Métiers, CNAM）は、1819年「商工業に科学的知識を応用するための上級学校」と位置付けられるに至り、19世紀初頭に、夕方の7時以降と日曜日に無償で一般に広く公開された講座が行われるようになる[3]。国立工芸院（CNAM）は、成人教育機関としての歴史を刻み、現在も、高等教育レベルの継続職業教育機関として、社会人の現職教育を行う組織として存続している。このように、フランスでは、生涯学習の組織化は、啓蒙思想を背景にしたフランス革命期以降、上流・中産階級、あるいは国家により意図的に行われ、その後もフランス社会の歴史、文化のなかで脈々と根付いている。生涯学習という言葉が人口に膾炙するのは、1960年代にフランス人であるラングラン（Lengrand, Paul）がユネスコの会議に、生涯教育に関するワーキングペーパーを提出したことによる。しかし、このようなユネスコにおける生涯教育という概念の提出も、フランス人であるラングラン、あるいはユネスコの本部が地理的にフランスに存在するという意味で、フランスの成人教育の思想や歴史的文脈の影響を受けたとも推察されるのである。

　一方、労働者階級に目を向けて歴史を見れば、王政復古期以降には、労働者階級の学習要求に応える民衆教育結社がいくつか存在するようになり、七月王政期には、労働者とグランド・ゼコールの一つであるエコール・ポリテクニクの学生らによるポリテクニク協会（Association Polytechnique）の創設（1830年）、第二帝政期には、フランクリン協会（Société Franklin）（1862年創設）による民衆図書館（bibliothèques populaires）の開設など、労働者を支援する運動とともに、労働者の権利としての教育運動が生じていく。その後、マセ（Macé, Jean）による1866年以降の「フランス教育同盟」（Ligue de l'Enseignement）の設立などを経て、民衆教育（éducation populaire）という名称で、民衆による下からの教育運動がフランス各地に広がる[4]。現在の生涯学習政策を考えるうえでは、このような上からの生涯学習政策の組織化と下からの民衆教育運動と

いった、生涯学習の二項対立的な構図を踏まえる必要がある。

　第二の前提は、フランスの社会構造の特徴が生涯学習政策に大きな影響を持っていることである。

　生涯学習は、本来、個人の自発性に基づく学習に依拠するものであり、生涯学習政策は、自由な学習者に学習の機会を保障すること、もしくは、その便宜をはかることにとどまるべき[5]という原則がある。生涯学習が個人の自発性に基づくとすれば、それを促す社会の原理が必要となる。たとえば、アメリカでは、昇進や転職などの職業的移動は、職業上の能力とそれを証明する資格に基づいて行われる。社会学者のターナー（Turner, Ralph H.）は、このようなアメリカ社会を「競争移動」型の社会と呼ぶ[6]。アメリカのような「競争移動」型の社会では、社会が流動的、競争的な構造を持ち、上昇移動を目指す人々は、昇進、転職に必要な職業能力や資格の取得のための学習を成人になってからも自発的に行う。このような社会構造では、生涯学習を行う成人学習者の動機付けの機能が社会制度に埋め込まれており、そのことが、個人の学習を促し成人学習者の数の増加に結びついている[7]。一方、フランスは、ターナーの分類によれば、「庇護移動」型と呼ばれる国である。「庇護移動」型の社会では、生まれ育つ家庭や家柄などの生得的な階層がそのまま社会で庇護され、世代を経ても社会階層が維持される社会である。いわゆる社会学者ブルデュー（Bourdieu, Pierre）がフランス社会を題材に、家庭の文化資本が、教育を媒介し、階層を再生産すると論じたように[8]、フランスは、社会移動が少なく、社会階層が再生産されうる社会である。このような社会では、個人の自発的な学習欲求がすぐさま階層の社会移動に結びつかず、自発性に基づく生涯学習の動機付けが弱い。そのため、フランスの生涯学習の特徴は、継続職業教育・訓練などの国家政策に伴う生涯学習の組織化という形態を伴わざるを得ない。

　国家が政策的に生涯学習を組織化することは、個人の自発性に基づくべき学習を生涯にわたって管理するという批判や懸念も免れ得ないため、生涯学習政策は、社会生活や職業生活における急激な環境変化に対応する総合政策の性格を持つことが求められる。それは、学校教育、社会教育、職業訓練、などの総合・調整、社会・労働政策との連携、あるいは経済政策などの行政

分野全体の総合政策である[9]。

　本稿では、このようなフランスにおける生涯学習の上からの生涯学習政策の組織化と下からの民衆教育運動の二項対立的構図のうち、上からの生涯学習の組織化に限定し取り上げる。国家による生涯学習の組織化を取り上げることは、生涯学習政策と銘打つとはいえ、フランスが行った総合政策を概観することを意味する。その意味で、本稿では、保守政権下における人的資本政策、社会的統合、高齢者への対策、という三つの大きな社会政策を枠組みとして、生涯学習の重点政策を振り返る。

1.　人的資本政策

1-1　人的資本論とは

　フランスの生涯学習政策の第一の重点政策は、人的資本論に基づく継続職業教育・訓練である。

　人的資本論とは、教育や職業訓練への投資が生産性を向上させ、熟練労働力の社会的ストックを増やすという考え方を指す[10]。人的資本論は、教育政策や労働政策の経済的生産性などへの寄与や有効性を論じ、経済発展の原動力として教育や職業訓練を捉える。そのため、人的資本論は、データ的な現状把握を踏まえ、教育・訓練への投資といった教育政策の立案や予算化につながるとされる。

　生涯学習、とりわけ成人教育への教育・訓練投資に関しては、フランスは、継続職業教育・訓練の長い歴史を有してきた。フランスでは、歴史的に、義務教育が普及する段階まで、非識字者を減らすため、学校教育を補てんする教育が子どものみならず成人に対しても行われていた。また、19世紀初頭、七月王政のもとでは、県や市町村からの補助金で職業講座が急増し、フランス全体で1837年1,800、1848年6,800の講座が行われ、12万人が聴講したとされる。これらの講座は、原則、労働者の職業的能力の向上を目指す職業教育であった[11]。このような事実は、フランスでは、継続職業教育・訓

第16章　フランスにおける近年の生涯学習重点政策　|　335

練が 18 世紀後半から 19 世紀の早い段階で組織化されていたという証左である。また、1946 年に採択された第四共和国憲法の前文には、国家による子どもと成人のための教育、職業教育、文化的活動への機会均等の保証が掲げられている[12]。職業教育・訓練に対する国家による上からの組織化は歴史上散見され、また現在でも、失業対策、雇用対策において、労働組合との対話や協調を通じて政策が実施されてはいるものの、イニシアチブは常に国家にあるのである。

　保守政権下の時期は、国家主導というフランス特有の文化的背景に加え、グローバル化や国際競争の世界的潮流を受け、OECD や EU により人的資本論に基づく政策が積極的に推進され、フランスもその影響を受けた時期である。国際的な組織や機関により人的資本論に基づく政策が推進された理由は、第一に、グローバル化の進展において、高い生産性、付加価値、技術革新のための知識や熟練したスキルを持つ労働力の育成や高熟練、高賃金の雇用創出が喫緊の政策課題であること、第二に、知識基盤社会と言われるなかで、長期にわたる教育・職業訓練を必要とする専門的知的労働者への需要が拡大し、半熟練や専門的訓練を要しない仕事の割合が減少していること、第三に、知識やスキルが性別、年齢層、階層などで異なる分布が認められるのであれば、その現状に応じて教育や職業訓練への投資を行うことが効率的であるとの費用対効果が問われていること[13]に求められる。このような思潮が先進諸国全般に影響を与えていたのである。

　生涯学習の文脈での教育・職業訓練への政策的投資は、景気後退、経済競争の激化、失業率の高まりなどの状況を受けて、社会的便益として、労働者の生産性を向上させ経済成長の基盤となり、また、労働者の私的便益としては、生涯所得を増やすことで将来の収入の増大、安定した雇用の保障につながるとの前提に立ったうえで、社会的便益や私的便益とその収益率、及び最適な投資戦略が重要視されるべきとの主張に根拠を置く[14]。そのため、人的資本論に基づく労働力化の議論は、失業保険や早期退職者制度といった受動的労働市場政策（Passive Labour Market Programmes, PLMP）ではなく、職業教育・訓練、再雇用補助金などによる積極的労働市場政策（Active Labour Market Programmes, ALMP）の推進という政策につながっていった。積極的労働市場政

策により教育・訓練が重視された結果、フランスでは、特に失業手当受給者が仕事を探す動機付けとしての効果があったとされている[15]。このように、保守政権下では、生涯学習は、新規雇用創出のための産業の育成、そして失業者に対する雇用促進のための職業教育・訓練の観点から、経済生産性や雇用戦略と結びつけて政策化される傾向にあった。

　人的資本論に基づく政策を欧州レベルで見れば、たとえば、シラク大統領が誕生した1995年には、EUの政策執行機関である欧州委員会（EC）から白書『学習社会に向けた教育と学習』(Teaching and Learning –Towards the Learning Society)が出され、情報社会、国際化、科学技術的知識などを背景に、①スキルの認証、モビリティ、マルチメディア教育ソフトウェアなどの新しい知識獲得の奨励、②徒弟制や研修生プログラムによる学校と経済界との歩み寄り、③セカンドチャンスの学校、ヨーロッパ・ボランタリー・サービスによる排斥撲滅への働きかけ、④ヨーロッパ三言語の能力開発、⑤資本投資、並びに平等な研修機会への投資に向けての取組み、などの観点から生涯学習のビジョンが掲げられた[16]。生涯学習の枠組みとしての報告書ではあるが、多くが経済生産性や雇用戦略に関わる内容である。1996年は、「ヨーロッパにおける生涯学習年」と位置付けられ、継続職業教育・訓練の重要性と生涯学習に対する自己責任の必要性を主とする生涯学習概念がヨーロッパ全域でアピールされた。また、2000年には、生涯学習に関するメモランダムとして、①すべての人に新しいスキルを、②人的資源により多くの投資を、③教授・学習にイノベーションを、④学習を評価する、⑤ガイダンスとカウンセリングの再考、⑥家庭での学習をより身近なものにする、といった六つの点が提言されている[17]。

　このように、経済の変動に伴い、ヨーロッパ全体、またフランスにおいて、職業教育・訓練による雇用の維持・確保を強調し、人的資源に対する投資を促すことが、生涯学習政策の大きな柱となった。

1-2　若年失業者問題

OECD、EUなどの国際的な組織や機関は、新しい知識・情報・技術の経

済活動における重要性を増す知識経済下での新たな産業の創出や経済的発展を求め、高度専門的職業人の育成や人的資源の充実を図る職業教育・訓練、イノベーションをもたらす学習を先導してきた。一方、フランスでは、西欧社会を長らく悩ませてきた資格のない若年失業者への職業教育・訓練も、生涯学習の文脈で取り上げられた。

若年層の失業は、これまで、景気の悪化による新規採用の抑制という労働市場の敏感な反応で生じる短期的現象と考えられてきた。しかし、現在では、雇用機会の減少は、不況による一時的な現象ではなく、長期化の様相を持つ構造的現象になってきている[18]。

フランスでは、資格や免状が雇用に直接結びつくため、学校段階での落第者など、資格がない若年者や学歴が低い者の失業率が高いことが特徴としてある。また、若年失業者の多くが移民の子弟であることから、落第し資格のない者や学歴が低い者に対する継続職業教育・訓練は、移民問題への対応という様相もある[19]。

1995年シラクが大統領に就任した当時は、フランスで若年失業率の高さが社会問題化した時期であった。1995年のフランスの16～24歳の失業率は20.0％、5人に一人が失業者という数字であった[20]。その解決の一途として、シラク大統領とジョスパン（Jospin, Lionel）首相による第三次保革共存（コアビタシオン）とされる左派連立政権下にあって、1997年10月「若年者雇用促進計画」（Nouveaux Services Emplois Jeunes, NSEJ）（新サービス、若年の仕事）の導入が決定された。これは、2002年10月までの5年間において、教育補助員や治安補助員など、公共部門、非営利部門等で35万人の雇用創出を目指すもので、地方自治体や各種公共団体が過去に就労経験のない18～25歳の若者を1年間の期限付きで最長5年間雇用する際、政府が社会保障分も含めた賃金の8割相当額を助成するとした計画である。これによって、2001年4月末までに312,000人の若者が雇用された。この計画は、フランス社会が資格や職業経験を重視することを前提に、資格を持たない者や職業経験のない者に対し、国からの支援で一定期間就業させることで職業経験を積ませる目的があった[21]。若者の雇用対策や失業対策はフランスでは重要課題であり、フランスにおけるGDPに占める若年雇用対策費の割合は、2000年には

0.42％とOECD加盟国中最も高い割合となっている[22]。2001年には、このような政策が功を奏してか、15～24歳の失業率は15.1％に下がっている[23]。

その後、シラク政権下でラファラン（Raffarin, Jean-Pierre）首相は、2002年7月に、熟練工などの雇用の確保と社会的孤立を防御する目的で、「企業での若年者の雇用契約」（contrat jeuness en entreprise）を導入した。これにより、民間企業での無期限労働契約の対象者年齢が16～22歳とされた。また、雇用開始後2年目までは社会保険料の雇用主負担分の全額、3年目から半額免除ではあるが、国が3年間にわたって企業に補助金を提供することになった。しかし、労働者の権利が強いフランスでは、いったん雇用された者を簡単に解雇できないため、企業側が採用に慎重となるとの懸念が当初からあり[24]、若年失業者の雇用の定着に至ったかは疑問である。

保守政権下の若年失業率の推移を表した図-1を見ると、2002年以降若年失業率が高くなっている。1997年から2002年までの「若年者雇用促進計画」（NSEJ）による公的部門での直接雇用や民間企業への雇用補助金による直接的雇用創出政策の即効性は高かったと推察されるが、その効果は補助金が継続する間に留まり、時間とともに逓減された。このような補助金による雇用

図-1 景気動向と若年失業率の推移

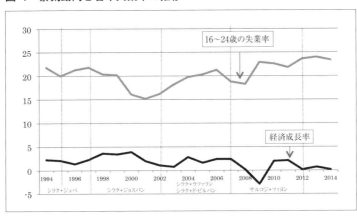

出典：下記データにより筆者作成。
・International Monetary Fund, World Economic Outlook Database, April 2016
・INSEE（16～24歳の失業率）：http://www.insee.fr/en/themes/series-longues.asp?indicateur=taux-chomage-ensemble（Last update: February, 10 2016）

確保は、あくまで、専門的技能取得や職業経験を得て、新しく正規の職を見つけるまでのつなぎと認識されており[25]、継続的な効果ではなかったと言ってよいであろう。

2007年に大統領に就任したサルコジは、雇用問題を最重要課題に掲げ、求職者の職業訓練を促進し、研修生や見習い雇用契約の促進などの対策を行った。しかし、2008年のリーマンショックに始まる世界金融危機によって、再び失業率は悪化しているのが現状である。

継続職業教育・訓練のフランスの制度を確認すると、国民教育省レベルでは、コレージュ（中学校）やリセ（高校）が連携し、設備や教職員を共有し、地域住民を対象に教育訓練を行う GRETA（GRoupement d' ÉTAblissements publics locaux d'enseignements）と呼ばれる地域の中等教育機関ネットワークがある。GRETA では、継続教育カウンセラーが配置され、学習相談を通じて自分に合った教育訓練を受講できるような支援がなされ、産業技術、建築、農業、観光、芸術、などさまざま成人対象の継続教育の活動が展開されている。また、高等教育レベルの職業継続教育である国立工芸院（CNAM）では、職業経験者が教員となって継続職業教育を実施している。たとえば、ホテル業関連では、ホテルでのマネージャ経験者が教員となって、ホテル関係者の現職教育を行い、学位を授与している。

以上のような組織的な教育以外にも、熟練工などの教育では、企業と職業リセ（職業高校）が提携し、学校教育と職場での訓練を交互に行い、職場で必要な能力を身につけさせ、就職につなげる「交互教育」（alternnance）も行われている[26]。これは、2004年から始まったもので、16〜25歳の若年層と26歳以上の求職者が、企業と無期、もしくは最長24カ月の有期期間（通常は6〜12カ月）の契約を締結し、被雇用者は職業訓練を受けながら資格取得を目指すものである。1992年から、全国の主要大学に設置された大学付設職業教育センター（Institut Universitaire Professionnalisé, IUP）では、教育期間の3分の1を企業実習に充て、高度技術者マスターの免状を受けるコースなども設置された。

フランスの継続職業教育・訓練は、学習者の資格・学歴に応じ、既存の学校教育や高等教育機関を活用し、体系的に、かつ広範に実施されている。

1-3 継続職業教育・訓練へのアクセス強化

フランスでは、2002 年、「社会現代化法」（Loi de modernisation sociale）（第 2002-73 号）が制定され、「経験認定制度」（Validation des Acquis de l'Expérience, VAE）が創設された。この制度は、学校・大学などのフォーマル教育による資格や学位だけでなく、職業経験や、学校教育以外で組織的に行われるノンフォーマル教育や、日常の教育経験など組織的でない形での学習であるインフォーマル教育での個人的な学習経験を、一定の基準と手続きにより認証するものである。

フランスは、「平等」を国の柱の一つとしているため、同一資格に対し同一賃金の方針がとられており、学位や職業資格の水準体系に応じて就業可能な職種・賃金水準、昇進・昇格が決まっている。このような職業資格の水準体系は、「全国職業資格認定証総覧」（Repertoire National des Certifications Professionnelles, RNCP）[27] により、免状、称号、職業資格証明書が登録されており、「経験認定制度」（VAE）は、職業経験や個人の経験をこれらの資格総覧に対応させるための認証である。この「経験認定制度」（VAE）の認証を受けるには、取得を目指す資格に関連した活動を 3 年以上行うことが原則であり、その経験の認定を希望する国立学校を選び、その審査委員会に書類を提出することが必要となる。前述の国立工芸院（CNAM）も認定機関の一つであり、国立工芸院の「経験認定制度」（VAE）の審査委員会では、基準に則り審査するうえで、10 年の職業経験を大学 1 年相当に換算している。認定において、知識・技能が基準に達していると判断された場合には資格や免状を発行され、基準に達していないと判断された場合にはこの未到達分を補完する目的で職業教育・訓練を受講することになる。補完のための職業教育・訓練の場合でも、資格・免状の取得までに要する教育訓練の期間は、通常よりもかなり短縮できるとされる[28]。

その他、2004 年には、「生涯にわたる職業訓練と社会対話に関する法律」（Loi relative à la formation professionnelle tout au long de la vie et au dialogue）（第 2004-391 号）が出され、この法律以降、「La formation tout au long de la vie」が、行政用語として生涯学習を意味する言葉として頻繁に用いられるようになっ

た。この法律は、産業競争力の強化を目指し職業教育・訓練の整備を求めた 1971 年における「継続職業教育訓練法」（Loi portant organisation de la formation professionnelle continue dans le cadre de l'éducation permanente）（第 71–575 号）、いわゆる 1971 年法を改訂したものである。1971 年法は、フランスの生涯学習の根幹を決定した法律であり、これにより「有給教育休暇制度」が導入され、労働者の学習する権利と企業に対し従業員の学習のための拠出金が義務付けられた。2004 年法では、この 1971 年法を下敷きに、「職業訓練の個人の権利」（Droit Individuel à la Formation, DIF）を規定した。これは、1 年間 20 時間の研修と、その 6 年間（120 時間）の繰越を可能とするものであり、企業に研修プログラム基金の増額を求めるものであった。また、2009 年には、「生涯進路指導と職業教育訓練に関する法律」（Loi relative à l'orientation et à la formation professionnelle tout au long de la vie）（第 2009–1437 号）が出され、職業教育の権利の保証、個人技能手帳制度の制定、国、経済界、雇用者、地域団体などが協議する場として、「生涯にわたる職業教育審議会」（Conseil National de la Formation Professionnelle Tout au Long de la Vie, CNFPTLV）の創設、学校教育における知識やコンピテンシー獲得の重要性、などが規定された。

2. 社会的統合

　フランスの生涯学習政策の第二の重点政策は、移民に対する社会的統合に関わる教育である。教育は、社会統合の極めて有効なツールであり、移民の補償教育の側面も併せ持っている。

　フランスは、旧植民地からの移民とともに、18、19 世紀にかけての産業化の過程における労働力不足を補うため、外国人労働者を積極的に受け入れる政策をとった。特に EU 諸国以外からの移民の子弟の多くは、学業失敗や失業が顕著であり、社会問題化しているのが現状である。

　2003 年、シラク大統領の下で、サルコジは内務大臣として、「選択的移民制に転換する法律」（「移民の抑制、フランスにおける外国人の滞在及び功績に関する法律」（Loi relative à la maîtrise de l'immigration, au séjour des étrangers en France et à la nationalité）（第 2003-119 号」）を発布した。この法律は、質の高い移民を寛大に受け入れ、非合法の移民の取り締まりを強化するという、移民を選別する法律であった。2006 年 7 月「移民及び統合に関する法律」（Loi relative à l'immigration et à l'intégration）（第 2006-911 号）が出され、さらに、2007 年にサルコジが大統領に就任すると、選択的移民政策として、高度人材の優先的受入れを一層促進するようになる。たとえば、フランス滞在を初めて許可された外国人、または 16 ～ 18 歳までの間にフランスに入国し、継続して滞在することを望む外国人に対し、「受入れ統合契約」（Contrat d'Aaccueil et d'Intégration, CAI）と呼ばれる契約を義務化し、フランス語習得、共和国的価値の理解などの市民教育が課せられることになった。具体的には、フランス語習得、フランスの社会文化の共通原則の理解、そのための市民教育講座への出席を義務化、就職、教育等に対する支援を行うという内容になっている。たとえば、フランスに入国しようとする外国人は、入国前に居住国においてフランス語及び共和国的価値に関するテストを受けなければならず、これに合格しなかった者は、居住国において語学及び共和国的価値に関する市民研修を受け、再度テストに合格しなければ入国できないとされている。このテスト及び研修は「外国人・移民受入庁」（Agence Nationale de l'Accueil des Étrangers et des Migrations, ANAEM）が無料で実施する。さらに、滞在許可証を得て、永続的滞在を希望する移民は、語学・市民教育を受ける必要がある[29]。このようなフランスへの同化を目的とする市民教育は、子どもは学校教育を通じて実施されるが、成人ではノンフォーマル教育として実施され、生涯学習として位置付けられるものである。

3. 高齢者対策

　フランスの生涯学習政策の第三の重点政策は、高齢者対策である。

　フランスの全人口のうち、65 歳以上が占める割合は、1995 年 14.9％、2000 年 15.8％、2005 年 16.3％、2010 年 16.6％と微増ながら増加している[30]。高齢化が進むなかで、先進諸国共通の課題となっているのは、生産年齢人口

の相対的低下に対する労働力減少への対応である。

　フランスは、2004 年に「高齢者雇用のための国家行動計画」（accords et plans d'action "seniors"）を策定し、55 ～ 64 歳の雇用率を 50%以上にすることを目標とした。

　具体的な雇用状況を見れば、2012 年、フランスの男性の退職平均年齢は 59.7 歳、女性は 60 歳であり、OECD 諸国平均の男性 64.2 歳、女性 63.3 歳に比べ、早期退職の傾向が高い。また、同じく 2012 年、55 ～ 64 歳の雇用率を見ると、フランスは 44.5%、ヨーロッパは 48%、OECD 諸国 54%と、OECD 諸国ではフランスは最下位となっている[31]。

　フランスの高齢者の雇用率が低い理由は、1970 年代以降、高齢者の早期引退による若年失業率の改善が期待され、定年退職年齢の引き下げや早期退職を奨励する政策をとってきたことが挙げられる[32]。その後、このような早期退職を奨励する政策から転換、高齢者活用のための政策として、年金全額支給開始時期の先延ばしや自己都合による早期退職時の退職金への課税がなされた。2008 年に出された「社会保障財政法」（Loi de financement de la sécurité sociale pour 2009）（第 2008–1330 号）では、「55 歳以上の従業員の維持、50 歳以上の従業員の採用についての労使合意あるいは行動計画」の策定と、労使合意、もしくは行動計画のない企業は賃金総額の 1%の罰金が義務付けられた。2012 年では、これらの取組みの効果か、55 ～ 64 歳全体の雇用率が 67.1%となり、ヨーロッパ平均 63.3%、OECD 諸国平均 65.8%を上回った。しかし、60 歳以上の雇用に焦点を当てれば、依然、フランスでの雇用率は 21.7%と、ヨーロッパ平均 32.2%、OECD 諸国平均 41.0%に比べ低く、65 ～ 69 歳を見れば、ヨーロッパ平均 11%、OECD 諸国平均 19%のところ、フランスは 6%にとどまっている[33]。このような現状から、失業給付ではなく職業訓練、再雇用補助金などの積極的労働市場政策（ALMP）を促進し、高齢者のエンプロイアビリティ向上の観点から、継続職業教育・訓練の強化や退職者の労働市場への復帰促進が行われており、その実施のために「国立労働条件改善機構」（Agence Nationale pour l'Amélioration des Conditions de Travail, ANACT）などの組織による積極的関与が提言されている[34]。高齢者の労働力化のためには、労働市場とマッチした継続職業教育・訓練が行われることが重要とされ、労働市

344

場が求める新しいスキルを更新するための高齢者に対する教育・訓練が政策的に意図されている。

　高齢者の労働力化に対し、高齢者対象の生涯学習のもう一つの側面は、健康維持と生きがいのための学習活動である。

　高齢化に対する政策介入には、二つの考え方がある。一つの考え方は、出生率を高め、それに伴い人口全体に占める高齢層の比率を下げることで社会全体の高齢化を回避しようとする対応である。出生率を高めるには、子育て環境の整備などにより出産・子育てしやすい環境をつくるといった政策介入が可能である。この点では、フランスは、きめ細かな家族手当や保育制度により、女性の80％が就労しているが、合計特殊出生率は1.89人と先進諸国では比較的高い出生率となっている[35]。もう一つの考え方は、平均寿命が伸び、ベビーブーム世代が高齢化し、長寿化することで生じる高齢者の増加である。このことは、医療技術の進展に伴う必然的結果であり、高齢化は避けられないものとなる。このような先進諸国が一様に直面する長寿化に伴う高齢化に対しては、医療費や年金などの財政負担の減少と、高齢者の生産的人材としての活用が政策課題となる。つまり、高齢化への政策としては、経済活動に参加できる労働力として高齢者を積極的に活用することは第一義だが、一方で医療費負担削減のために、健康を維持できるような生涯学習政策が重要とされるのである。

　フランスは、高齢者の自主的な動きとして、トゥルーズ大学で1972年に始まった第三世代大学（Université du Troisième Age）の学習活動が有名である。EUでも、デンマークの成人教育の推進者であったグルントヴィ（Grundtvig, Nikolaj F. S.）の名前をとった成人対象のプログラム、グルントヴィプログラムの一環として、グルントヴィ・高齢者ボランティアプログラム[36]が推進されている。このプログラムは、ヨーロッパ圏内において、高齢者が非営利活動やボランティア活動を行うことを可能にし、特定のテーマや対象について、受け入れ団体と派遣団体がボランティア交流のため、継続的パートナーシップを持てるよう支援するものである。元気で長生きを標榜するアクティブ・エイジングの考え方は、学習が生きがいづくり、健康維持、医療費削減に寄与するとし、生涯学習の役割を重視するものである。

おわりに

　1995 年から 2012 年という時期は、グローバル化や国際競争、知識経済といった言葉に表される社会変動が強く意識された時期であった。知識を基盤とする知識経済という考えは、常に新しい知識を習得し、劣化する知識やスキルを更新する必要性を説くものであり、この知識経済という概念を EU は、経済活動の将来ビジョンを描く生涯学習政策の原理として用いた[37]。たとえば、2000 年から 2010 年までのヨーロッパの長期経済・社会改革の方向性を定めたリスボン戦略は、より多く、かつより良い職と、より社会的凝集性のある持続可能な経済成長により、競争力があり、かつダイナミックなヨーロッパ圏内の知識基盤経済の実現を目的とするものであった。欧州委員会（EC）は、5 年が経過した 2005 年にこの戦略の進捗状況をレビューし、内容を絞り込み、経済成長と雇用拡大に重点を置いたが、その中核にあるのは、より望ましい教育や訓練への投資、つまり、人的資本形成であった。スキルの水準向上と生涯学習に重点を置くことは、新しい職業に移動することをより容易くするステップである。具体的には、この最初のステップとして、若年失業率の減少、早期にドロップアウトする者の減少、理系教育の充実などでのヨーロッパ全体での青少年への取組みや、新たな技術やノウハウへの生涯教育プログラムによる対応といったことが、ヨーロッパ全体の目的として改めて掲げられた[38]。2008 年には欧州議会と欧州理事会により、職業人や学習者のヨーロッパ圏内での人的移動を容易くするため、「ヨーロッパ資格制度」（European Qualification Framework, EQF）が勧告された。これは、生涯学習により資格を認定するヨーロッパ全体の枠組みも意味した。国によっては、新たに資格制度を確立する必要が生じたが、フランスでは、すでに資格水準が明確に定められ、「全国職業資格認定証総覧」（RNCP）などの資格の制度化が、他のヨーロッパ諸国よりも進んでいた。フランスのように資格制度が整備している場合は、「ヨーロッパ資格制度」との調整という形がとられた。なお、2012 年、EU 理事会では、2018 年までにスキルと知識を持ったヨーロッパ市民の育成のためにノンフォーマル学習とインフォーマル学習の認証の整備についての理事会勧告を行っており、フランスで行われている

346

「経験認定制度」(VAE) は、「ヨーロッパ資格制度」(EQF) と連動して整備されることになった。

　フランスの生涯学習政策は、時にこのようなヨーロッパ全体の政策と歩調を同じくするものである。しかし、本稿の冒頭で述べたように、フランスは、上からの生涯学習の組織化の独自の長い歴史を有している。本稿では、フランスの生涯学習重点政策として、若年層の失業率の高さを背景にした継続職業教育・訓練政策、移民のフランスへの同化のための市民教育、そして、高齢者の活用の三つを主に取り上げ、経済生産性を中心にした社会政策としての生涯学習を概観した。これらの政策はフランス独自の考え、ヨーロッパの方向性、そして先進諸国全体の動きが融合した産物と言えよう。

　最後に、サルコジ大統領の諮問により、2008 年 2 月、ノーベル経済学賞受賞者ジョセフ・スティグリッツ (Stiglitz, Joseph E.) を委員長とし、同じくノーベル経済学賞受賞者のアマルティア・セン (Sen, Amartya) らをアドバイザーとして持たれた「経済パフォーマンスと社会の進歩の測定に関する委員会」(Commission sur la Mesure des Performanca Économiques et du Progrès Social, CMPEPS) による報告書を紹介したい [39]。

　前述のとおり、フランスの保守政権下といわれた、1995 年から 2012 年の時期は、経済のグローバル化に伴う国際競争、リーマンショックに端を発する世界経済危機、そして新自由主義的経済の思潮にあって、規制緩和、国際競争など、経済的変動が際立った時代である。しかし、厳しい国際情勢や経済成長の鈍化を経験する先進諸国に対し、この報告書は、GDP などの経済的生産額の計測から、人びとの幸福度の計測に重点を移すべきと主張する新たな視点から社会発展を考えるためのメッセージが込められたものである。報告書によれば、豊かな生活や幸福は多次元であり、その要素は、物質的な生活水準、健康、教育、仕事を含む個人的な諸活動、政治への発言と統治、社会的なつながりと諸関係、環境 (現在及び将来の諸条件)、経済的及び物理的な安全度からなるとしている。そのうえで、報告書は、「GDP の問題点」「生活の質」「持続可能な開発と環境」の三つのテーマのもと、12 の勧告を提出する。そのうち、教育に関しては、勧告 6「暮らしの質は人びとの置かれた客観的条件と、もっている能力によって決まる。人びとの健康、教育、個人

的な諸活動及び環境の諸条件の計測手法を改善する手だてを講じるべきである。社会的なつながり、政治への発言及び安全度の低さを計測する、確固とした信頼できる手法を開発し、計測を行うことに、特におおいなる努力をするべきである」と指摘している[40]。この報告書は、人生の成功のために客観的および主観的幸福度の測定が重要であるという新しい方向性を打ち出し注目された。

　アメリカでは、個人の能力と努力、あるいは業績に基づき、より良い地位や階層に、上昇移動が可能であるため、自発的な生涯学習の機運が生まれるが、フランス社会のように階層移動や流動性が少ない社会では、成人の学習要求を外側から刺激し、動機付けるメカニズムが存在しない。しかし、自発的な学習の持つ生きがいとしての意義、それに伴う社会的なつながりを問う主観的幸福度という側面からの生活の質という視点が、保守政権下の最後の政権時に提示されたことも、フランスのこの時期の生涯学習政策を考えるうえで特記すべきことと思われる。

　以上、1995 年から 2012 年までの保守政権下における生涯学習重点政策を概観した。生涯学習政策が、人的資本に基づく就労者の知識・スキルの更新、移民の社会統合、高齢者の再活用といった点での教育・訓練に関わることは、広い社会政策の一環として学習活動を組織化することである。国家的な経済政策に連動する生涯学習政策が中心であったフランスにあって、幸福度といった国民一人ひとりが豊かな暮らしをするうえでの生涯学習の意義が新たに取り上げられようとする兆しは、成熟したフランス社会の生涯学習の新たな側面をもたらすものかもしれない。

[注]

1　コンドルセ著、渡辺誠訳（1949）『革命議会における教育計画』岩波文庫。
2　碓井正久（1970）『教育学叢書第 16 巻　社会教育』第一法規出版、24 頁。
3　レオン，アントワーヌ著、池端次郎訳（1969）『フランス教育史』白水社、85-86 頁。
4　岩崎久美子（2014）『フランスの図書館上級司書』明石書店、95- 97 頁。
　　当時の民衆教育の動きについては、槇原茂（2002）「19 世紀後半の民衆教育結社運動」
　　『近代フランス農村の変貌——アソシアシオンの社会史』刀水書房、70-128 頁に詳し

い。

5 市川昭午（1981）『生涯教育の理論と構造』教育開発研究、61 頁。

6 Turner, R. H. (1960) "Sponsored and Contest Mobility and the School System" In A. H.Halsey, J. Floud, and C. A. Anderson (Eds), *Education, Economy, and Society: A Reader in the Sociology of Education*, The Free Press.

7 天野郁夫（1979）「生涯学習とリカレント教育」市川昭午・潮木守一編『学習社会への道』（教育学講座第 21 巻）学習研究社、72–73 頁。

8 ブルデュー，ピエール／パスロン，ジャン＝クロード著、宮島喬訳（1991）『再生産——教育・社会・文化』藤原書店。

9 市川、前掲書、312–317 頁。

10 Becker, G. S. (1964) *Human Capital: A Theoretical and Empirical Analysis, with Special Reference to Education*. Chicago, University of Chicago Press.

11 Géhin, Jean-Paul (2008) "Continuing education in France -An overview of the contemporary framework", *Lifelong Learning in Europe*, Volume XIII, issue2, p.112、レオン，アントワーヌ，前掲書、p.86.

12 原文は、"13. La Nation garantit l'égal accès de l'enfant et de l'adulte à l'instruction, à la formation professionnelle et à la culture. L'organisation de l'enseignement public gratuit et laïque à tous les degrés est un devoir de l'Etat." Légifrance,（https://www.legifrance.gouv.fr/Droit-francais/Constitution/Preambule-de-la-Constitution-du-27-octobre-1946, 2016.10.9）

13 岩崎久美子（2012）「属性調査」国立教育政策研究所内国際成人力研究会編著『成人力とは何か—— OECD「国際成人力調査」の背景』明石書店、66–67 頁。

14 市川、前掲書、p.67.

15 OECD (2005) *Employment Outlook*, pp.179–180.

16 European Commission (1995) *Teaching and Learning –Towards the Learning Society* (EU White paper).

17 Commission of the European Communities (2000) *A Memorandum on Lifelong Learning.*

18 柳沢房子、井田敦彦（2003）「諸外国の若年雇用政策」『調査と情報』第 410 号、pp.2–3.

19 園山大祐編著（2016）『教育の大衆化は何をもたらしたか——フランス社会の階層と格差』勁草書房、180–200 頁。

20 INSEE（フランスにおける 16–24 歳の失業率）,（http://www.insee.fr/en/themes/series-longues.asp?indicateur=taux-chomage-ensemble, 2016.10.9）

21 厚生労働省「第 2 章デフレ下で厳しさを増す若年雇用」平成 15 年版　国民生活白書（http://www5.cao.go.jp/seikatsu/whitepaper/h15/honbun/html/15260040.html, 2016.10.9）

22 OECD (2002) *Employment Outlook*, p.29.

23 INSEE、前掲書.

24 厚生労働省、前掲書

25 柳沢房子、井田敦彦、前掲書、9-10 頁。

第 16 章　フランスにおける近年の生涯学習重点政策　　349

26 たとえば、リモージュ（Limoges）にあるリセ・チュルゴ（Lycée et CFAI Turgot）は、リセ（普通コース・技術コース）（Lycée Général et Technologique, LGT）と職業リセ（Section d'Enseignement Professionnel, SEP）を併設する総合制リセ、交互教育を行うリムーザン地域圏企業見習い訓練センター（Limousin）の（Centre de Formation d'Apprentis de l'Industrie, CFAI)、オート=ヴィエンヌ県の GRETA、の三つの機能を持つ。
　　職業教育・訓練のための設備と施設を、リセ、企業見習い訓練センター、GRETAと多様に活用している例である。

27 「全国職業資格認定証総覧」（Repertoire National des Certifications Professionnelles, RNCP）に掲げられた資格については、Commission Nationale de la Certification Professionnelle, (www.cncp.gouv.fr/, 2016.10.9) を参照のこと。

28 「経験認定制度」（VAE）の詳細については、夏目達也（2010）「社会経験による能力の評価に基づく学位授与方式」『名古屋高等教育研究』第 10 号、117–138 頁、ティエリ・マラン（夏目達也 訳）（2014）「フランス高等教育における学位・免状制度」独立行政法人大学評価・学位授与機構『大学評価・学位研究』第 16 号．pp.363–37., C. Cavaco, P. Lafont & M. Pariat (2014) "Policies of Adult Education in Portugal and France: the European Agenda of Validation of Non-formal and Informal Learning", *International Journal of Lifelong Education*, vol.33 no.3. を参照のこと。

29 平出重保（2009）「フランスの移民政策の現状と課題」『立法と調査』No.293, p.3–11.
　　滞在許可証取得以後の市民講座での学習の例としては、語学が 200 から 500 時間、市民教育が 6 時間とされている。

30 INSEE, Évolution de la Population, (http://www.insee.fr/fr/themes/detail.asp?ref_id=bilan-demo&reg_id=0&page=donnees-detaillees/bilan-demo/pop_age3.htm, 2016.10.9)

31 OECD (2014) "*Working Better with Age: France - Assessment and Recommendations*" (working paper), p.1.

32 JETRO（2009）「欧州各国の雇用政策の現状」『ユーロトレンド』2009.8, pp.12–13.

33 OECD (2014) *op. cit.*, (working paper), p.1.

34 *Ibid.*, pp.8–11.

35 内閣府経済社会総合研究所（2005）『フランスとドイツの家庭生活調査──フランスの出生率はなぜ高いのか』概要参照。

36 European Commission (2009) *Grundtvig Senior Volunteering Projects-Tips and Resources for a Good Project*, p.4.

37 ガイル，デイヴィド著、潮木守一訳（2012）「知識経済の特徴とは何か？ 教育への意味」広田照幸・吉田文・本田由紀編訳『グローバル化・社会変動と教育 1──市場と労働の教育社会学』東京大学出版会、194–195 頁。

38 European Commission (2005) *Working Together for Growth and Jobs: A New Start for the Lisbon Strategy*.

39 Stiglitz, Joseph E., /Sen, Amartya, /Fitoussi, Jean-Paul (2009) *Rapport de la Commission sur la Mesure des Performances Économiques et du Progrès Social*, p.16.

40　*ibid.*, pp.16–17.　訳は、福島清彦訳（2012）『暮らしの質を測る——経済成長率を超える幸福度指標の提案』一般社団法人金融財政事情研究会、による。

あとがき

　本書を刊行する母体となったフランス教育学会は、哲学、政治学、言語学、社会学などのそれぞれ異なる学問領域を基盤としながら、フランスの教育という共通の研究フィールドの下に研究者が集う学際的な研究ソサエティである。医学や物理学などの何万人も擁する学会から見れば研究会と言われてしまいそうな規模の学会であるが、それゆえ会員同士の顔が見える学会でもある。

　この学会は、当時目黒にあった国立教育研究所（現在の国立教育政策研究所の前身）に、フランスの研究を志す人々が集って行われていた研究会から始まった。フランスを研究するさまざまな研究者が国立教育研究所に集い、語り合い、また、そのような語らいの中から出た研究アイディアをもとに外部研究費を共同で取得、それぞれがフランスに赴き調査し帰国後の発表・議論を通じて研鑽を重ねた。現在、フランス教育学会の礎を担い、教育学の中枢で業績を挙げている研究者たちはこの時の研究会からの古くからのメンバーであることを思うと、このようなサロンは、人を切磋琢磨させ研究者として大きく育てていく機能があったと思われる。

　わたくし自身はフランスでの数年の勤務の後、研究所に籍を置かれた先生方がお辞めになられた随分後に国立教育研究所に赴任したため、残念なことにこれらの先生方と生前お目にかかる機会を逸してしまった。しかし、温かい雰囲気の中で指導・支援されたとの当時の話や、また、その期待に応えて成長されていった人々から当時を偲ぶ話を伺うたびに、たおやかな時間の流れ、研究の豊かさ、研究者の育成の要ともいえる心の交流に思いを寄せるのである。

　このような伝統と文化を土台に、フランス教育学会は月日を重ねてきた。大学や学術界をめぐる社会の変化を受けて大きく変わったものもあるが、変

わらないものもある。

　フランス教育学会では、フランス研究を行う異なる領域の研究者が研究目的の下に集い、その成果を世に送り出すという生産的な学術文化がいまだ健在である。その一環として、最近ではフランスに関わる共通の研究テーマとして、「フランス保守政権下の教育改革に関する総合的研究」（平成 25 ～ 27 年度科学研究費補助金　基盤研究（B）、研究代表者　堀内達夫）を設定し、フランス保守政権下という一定の時期にターゲットを絞って共同研究が行われた。この研究成果を、当時の研究担当理事が編集委員として尽力し、その結果本書は刊行に至ったものである。刊行にあたっては独立行政法人日本学術振興会による平成 29 年度科学研究費助成事業（科学研究費補助金研究成果公開促進費「学術図書」課題番号 17HP5217）の助成を得た。このような研究成果を世に出す制度的恩恵を受けたこと、そして、刊行をお引き受けいただいた明石書店社長大江道雅氏、秋耕社小林一郎氏のお力添えがあったことに感謝する。

　執筆者を代表し、ささやかとはいえ我が国の学術文化を体現する本書が、フランスの教育についての理解を深める一助となることを願わずにはいられない。そして、研究プロジェクトがスタートしてからの日々を振り返りつつ、あらためて本書が世に出る喜びと謝意を表したい。

　2017 年初冬

岩崎久美子
（フランス教育学会会長・放送大学教授）

索　引

【A】

AERES ································ 177
AESH ································· 279
AVS ·································· 295

【C】

CAP ································· 252
citoyenneté ·························· 299
CLIS（classes pour l'inclusion scolaire）····· 298
CNE ································· 175
CNP ································· 157
COMUE ····························· 185
CPER ······························· 177

【E】

ESPE ································· 41
EU ·································· 160
EU 高等教育圏 (Espace européen de l'enseignement
　supérieur) ························· 200

【G】

GREPH ······························ 137
GRETA（GRoupement d'ÉTAblissements publics
　locaux d'enseignements）·············· 340

【H】

HALDE ······························ 297
HCE ································· 160
HCERES ····························· 185

【I】

IDEX ································· 183
INJEP ································ 326
IUFM ······························· 23, 217

【L】

LOLF ································· 177
LPC ···························· 154, 162, 163
LRU ································· 176
LRU 法 ······························· 37

【O】

OECD ································ 160
OMC ································· 180

【P】

PRES ································· 181

【Q】

QP ·································· 242

【S】

SNES ························· 158, 159, 161, 162

【T】

Taxe ································· 245
TIC ·································· 259

【U】

U3M ································· 181
U2000 ······························· 180

【V】

VAE ································· 323

【Z】

ZEP ································· 21

【あ】

アグレガシオン（agrégation）………… 198, 215

アグレジェ教員 (agrégé)……………………… 215

アソシアシオン（associaton）…… 308, 312, 314

アタリ報告（Rapport Attali）……………… 175

アニマシオン（animation）………………… 306

アニマトゥール資格免状（diplôme d'animateur）
……………………………………………319

アニマトゥール（社会教育関係職員）（animateur）
…………………………………………306

アビ法（Loi Haby）……………………… 20

アルファベットの方法（la méthode alphabétique）
………………………………………88, 89, 104

アレーグル（Allègre, Claude）……………… 26

アレゼール（ARESER, Association de réflexion
sur les enseignements supérieurs et la recherche）
………………………………………… 186

アンガジュマン（engagement）…………… 328

移行 (transition) … 111, 121, 122, 123, 124

移民及び統合に関する法律（Loi relative à
l'immigration et à l'intégration）………… 343

医療教育院（établissements médico-éducatifs）
………………………275, 277, 280, 282, 283

インクルーシブ教育（éducation inclusive） 290

インクルージョン（inclusion）………… 291

インテグレーション（intégration）………… 300

受入れ統合契約（CAI, contrat d'accueil et d'
intégration）……………………………… 343

エクセレンス（excellence）……………… 259

エコール・ノルマル・スペリウール (École
normale supérieure)………………… 193, 201

エコール・ポリテクニク（École polytechnique）
……………………………………193, 201

エロー（Ayrault, Jean-Marc）……………… 41

エンジニア科学（science de l'ingénieur）… 260

エンジニア（技師）（ingénieur）………… 248

応用数学（mathématiques appliquées）…254, 258

オブリ（Aubry, Martine）……………… 26

オランド（Hollande, François）………… 18, 46

音節的方法（la méthode syllabique）…… 86, 87,

90, 91, 92, 104

【か】

外国人・移民受入庁（ANAEM, Agence nationale
de l'accueil des étrangers et des migrants）… 343

開放型政策協調手法（OMC, open method
coordination）……………………………… 179

学業失敗（échec scolaire）…………… 54, 272

学業成功（reussité scolaire）……………… 51

学業放棄（décrochage）………………… 272

学習期（cycle）…………………… 54, 55, 56

学習指導要領憲章（charte des programmes） 157

学習社会に向けた教育と学習（Teaching and
Learning -Towards the Learning Society）… 337

学校外教育活動（activité périscolaire / activité
extrascoliare）……………………… 314

学校基本計画法（Loi Fillon）……………… 243

学校教育計画（Le projet d'école）… 68, 69, 70

学校週4日制（semaine à quatre jours）…… 59

学校生活支援員（AVS, Auxiliaire de Vie Scolaire）
…………………………………278, 294

学校評価高等審議会（Haut Conseil de
l'évaluation de l'école）……………… 55

カント（Kant, Immanuel）………………… 138

機械工学（génie méchanique）…………… 250

機会均等法（Loi du 31 mars 2006 pour l'égalité
des chances）……………………… 204

機関契約（contrat d'établissement）………… 177

企業での若年者の雇用契約（contrat jeunes en
entreprise）……………………… 339

技術短期大学部 (Institut universitaire de
technologie)………………………… 194, 248

技術的教養（culture technique）…………… 260

技術バカロレア（bac. Technique）………… 259

義務教育（obligation scolaire）……………… 51

キャンパス計画（Opération Campus）……… 177

教育課程高等審議会（Le conseil supérieur des
programmes（CSP））………………… 73, 163

教育共同体（communauté éducative）… 24

教育訓練税（Taxe）（Taxe d'apprentissage）…245

索引　**355**

教育高等審議会（HCE: haut conseil de l'Éducation）……… 49, 57, 160, 162, 225, 227

教育者への手紙（Lettre aux éducateur）…… 36

教育達成（la réussite scolaire）…… 110, 111, 112

教育爆発（l'explosion scolaire）…… 110, 113, 115

教育法典（Code de l'éducation）…………… 20

教師教育大学部（IUFM, Institut universitaire de formation des maîtres）……………… 23, 214

教授（professeur）……………………………… 218

教職教育高等大学院（ESPE, école supérieure du professorat et de l'éducation）………… 41

共通基礎（socle commun）………… 31, 150

教養（culture）………… 152, 162, 268

共和国の価値（valeurs de la République）… 32, 224, 228

クシュネール（Kouchner, Bernard）………… 39

国・州共同計画契約（CPER）……………… 180

国と地方の共同計画契約（CPER: contrat de plan État-région）…………………………… 177

グランド・ゼコール（grandes écoles）…… 203, 204, 205, 208, 211, 248

グランド・ゼコール準備級（CPGE,classes préparatoires aux grandes écoles）…… 192, 194

グランド・ゼコール評議会（Conférence des grandes écoles ）…………………………… 202

グルントヴィ（Grundtvig, Nikolaj F. S.）…… 345

グレゴワール（Grégoire, Henri）…………… 333

経験認定制度（VAE, validation des acquis de l'expérience）………………… 323, 341, 347

経済パフォーマンスと社会の進歩の測定に関する委員会（CMPEPS, Commission sur la Mesure des Performances Économiques et du Progrès Social）………………………………………… 347

継続職業教育訓練法（第 71-575 号）（Loi n° 71-575 du 16 juillet 1971 portant organisation de la formation professionnelle continue dans le cadre de l'éducation permanente）………… 342

契約政策（politique contractuelle）…… 175, 177

研究・技術開発枠組事業（PCRD, Programmes-cadre pour la recherche et le développement technologique）……………………………… 179

研究計画法（Loi de programme pour la recherche）……………………………………… 181

研究・高等教育拠点（PRES: pôle de recherche et d'enseignement supérieur）………………… 181

研究・高等教育評価機関（AERES, Agence d'évaluation de la recherche et de l'enseignement supérieur）………………………………………… 177

研究・高等教育評価高等審議会（HCERES, Haut conseil de l'évaluation de la recherche et de l'enseignement supérieur）…………… 184

工学・エンジニアリング（ingénierie）…… 263

交互教育（alternnance）………………………… 340

交互養成（alternance）………………………… 324

工場労働（travaux d'atelier）………………… 261

公正（équité）…………………………………… 50

高等教育・研究法（Loi relative à l'enseignement supérieur et à la recherche）………………… 184

高等教育法（サバリ法）（Loi Savary）…… 175

合理的配慮（aménagements raisonnable）292

高齢者雇用のための国家行動計画（accords et plans d'action "seniors"）………………… 344

コール（Kohl, Helmut）…………………………… 36

国立工芸院（CNAM, Conservatoire national des arts et métiers）……………………………… 333

国立青少年・民衆教育研究所（INJEP, Institut national de la jeunesse et de l'éducation populaire）……………………………………… 326

国立大学長評議会（Conférence des présidents d'université）…………………………………… 203

国立労働条件改善機構（ANACT, Agence nationale pour l'amélioration des conditions de travail）……………………………………… 344

子どもの生活リズム調整政策（politique d'aménagement des rythmes de vie de l'enfant）……………………………………………… 313

個別就学計画（PPS, projet personnalisé de scolarisation）………………………………… 296

コレージュ（collège）………………………… 259

コンドルセ（Condorcet, M–J–A, –N.C.）… 332

コンピテンシー（compétence）・・・・・・・・ 150, 153
コンピテンシー個人簿（LPC: livret personnel de
　compétences）・・・・・・・・・・・・・・・・・・・・・・・・・・・ 154

【さ】

再生産 (la reproduction)　・・・・・・・・・・・・・ 110, 111
サバリ（Savary, Alain）・・・・・・・・・・・・・・・・・・ 21
サバリ法（Loi Savary）・・・・・・・・・・・・・・・ 21, 175
差別禁止平等推進高等機関（HALDE, Haute
　Autorité de lutte contre les discriminations et pour
　l'égalité）・・・・・・・・・・・・・・・・・・・・・・・・・・・・・・ 297
サルコジ（Sarközy, Nicolas）・・・ 18, 46, 57, 59, 332
市場化（mis en place d'une logique de marché）173
ジスカールデスタン（Giscard d'Estaing, Valéry）
　・・30
自然な方法（la méthode naturelle）・・・・・・・・86, 87,
　　89, 90, 91, 92, 94, 95, 97, 98, 99, 104, 105
市町村間教育再編成（regroupements
　pédagogiques intercommunaux）・・・・・・・・・・・ 61
師範学校（école normale）・・・・・・・・・・・・・・・・ 215
市民（citoyen）・・・・・・・・・・・・・・・・・・・・・・・・・ 132
市民性（citoyenneté）・・・・・・・・・・・・・・・・・・・ 299
社会文化アニマシオン全国労働協約
　（convention collective nationale de l'animation
　socioculturelle）・・・・・・・・・・・・・・・・・・・・・・・ 316
社会基準奨学金 (bourses sur critères sociaux) 207
社会現代化法（Loi de modernisation sociale）341
社会的労働者（travailleur social）・・・・・・・・・・・ 309
社会統合 (intégration sociale)　・・・・・・・・・ 275, 276
社会保障財政法（第 2008-1330 号）（Loi de
　financement de la sécurité sociale pour 2009）344
若年者雇用促進計画（NSEJ）・・・・・・・・・・ 338, 339
ジャン＝マリ・ルペン（Le Pen, Jean-Marie）27
自由テクスト（le texte libre）・・・・・・ 87, 95, 96, 97,
　　　　　　　99, 100, 101, 102, 103, 104
ジュペ（Juppé, Alain）・・・・・・・・・・・・・・・・・・・ 25
シュベーヌマン（Chevènement, Jean-Pierre）
　・・・・・・・・・・・・・・・・・・・・・・・・・・・・・・・・・・22, 57
純粋数学（mathématiques pures）・・・ 255, 256, 257
障害者権利条約（Convention sur les droits des

personnes handicapées）・・・・・・・・・・・・・・・・・・ 290
障害者権利自立委員会（CDAPH, commission
　des droits et de l'autonomie des personnes
　handicapées）・・・・・・・・・・・・・・・・・・・・・・・・・・ 296
生涯進路指導と職業教育訓練に関する法律（第
　2009-1437 号）（Loi n° 2009-1437 du 24 novembre
　2009 relative à l'orientation et à la formation
　professionnelle tout au long de la vie）・・・・・・・342
障がい生徒就学支援契約支援員 (EVS-ASEH
　：Employées de Vie Scolaire en Aide à la
　Scolarisation d'Elèves Handicapés）・・・・・・・ 278
生涯にわたる職業教育審議会（CNEPTLV,
　Conseil national de la formation professionnelle
　tout au long de la vie）・・・・・・・・・・・・・・・・・・・ 342
生涯にわたる職業訓練と社会対話に関する法律
　（第 2004-391 号）（LOI n° 2004-391 du 4 mai
　2004 relative à la formation professionnelle tout
　au long de la vie et au dialogue social）・・・・・ 341
障がいのある状況にある生徒たちのためのつ
　きそい（AESH: Accompagnants des Élèves en
　Situation de Handicap）・・・・・・・・・・・・・・・・・ 279
障がいのある状況の子どもたち (les enfants en
　situation de handicap)・・・・・・・・・・・・・・・・・・ 272
小学校（école élémentaire）・・・・・・・・・・・・・・・ 68
小学校学習指導要領（Les programmes de l'école
　élémentaire）・・・・・・・・・・・・・・・・・・・・・・・・・ 66
上級テクニシャン（technicien supérieur）・・・ 241,
　　　　　　　　　　　　　　　242, 248
上級テクニシャン養成課程 (Sections de
　technicien supérieur)　・・・・・・・・・・・・・・・・・ 248
省察（リフレクション）（réflexion）・・・・・・・・ 132
小論文（ディセルタシオン）（dissertation）　129
職業訓練の個人の権利（DIF, droit individuel à la
　formation）・・・・・・・・・・・・・・・・・・・・・・・・・・ 342
職業資格（QP: Qualification Professionnelle）242
職業適格証（CAP, certificat d'aptitude
　professionnelle）・・・・・・・・・・・・・・・・・・・・・・ 252
職業バカロレア（baccalauréat professionnel）
　・・・・・・・・・・・・・・・・・・・・・・・22, 241, 242, 243, 244
職業リセ（lycée professionnel）・・・・・・・・・・・・ 252

索引　357

ジョスパン（Jospin, Lionel）············ 18, 338

ジョスパン法（Loi Jospin）·········· 22, 47, 159

初等学校学習指導要領（programmes de l' école primaire）························ 66, 73

初等教育（enseignement primaire）············ 46

庶民階層（la classe populaire）····· 110, 111, 112, 114, 115, 116, 118, 121, 124

シラク（Chirac, Jacques）············ 18, 52, 332

新自由主義（néolibéralisme）··············· 129

進路指導（l'orientation）····· 111, 112, 114, 115, 116, 118, 119, 120, 121, 122, 123

数学 (mathématiques)···················· 249, 268

スタジ（Stasi, Bernard）··············· 29

純粋数学 (mathématiques pures)············· 258

製図（dessin technique）··············· 261

全国学力テスト（évaluation nationale）154, 157

全国教育課程審議会（CNP: Le Conseil national des programmes）··· 71, 72, 73, 82, 157

全国職業資格認定証総覧（RNCP, Répertoire national des certifications professionnelles）341

全国読書推進機構（L'Observatoire national de la lecture）··························· 72

全国労働協約（convention colective nationale）································· 314, 315

全体的方法（la méthode globale）··· 86, 87, 88

選択的移民制に転換する法律（移民の抑制、フランスにおける外国人の滞在及び功績に関する法律）（第2003-119号）（Loi n° 2003-1119 du 26 novembre 2003 relative à la maîtrise de l'immigration, au séjour des étrangers en France et à la nationalité）··············· 342

先導的卓越事業（IDEX, Initiative d'excellence）································· 182

早期離学／中途退学 (le décrochage/ l'abandon/ la sortie précoce)··············· 111, 112, 120, 121

ソクラテス（Socrate）··············· 133

【た】

ターナー（Turner, Ralph H.）··············· 334

大学（université）·················· 256

大学・高等教育機関共同体（COMUE, Communauté d'universités et établissements）184

大学三千年紀計画（U3M）··············· 180

大学自由責任法（LRU）··············· 176

大学2000年計画（U2000）··············· 180

大学評価委員会（CNE, Comité national d'évaluation）··············· 175

大学付設職業教育センター（IUP）········· 340

大学連携（collaboration interuniversitaire ou entre établissements）··············· 181

第三世代大学（Université du Troisième Age）345

大衆化（massification）··············· 110, 112, 113, 115, 116

卓越教育機会均等憲章（Charte pour l'égalité des chances dans l'accès aux formations d'excellence）··············· 201, 203

脱国家（désétatisation）··············· 179

ダルコス（Darcos, Xavier）············· 36, 57, 59

知識・コンピテンシー・教養の共通基礎（socle commun de connaissances, de compétences et de culture）··············· 163

知識・コンピテンシーの共通基礎（共通基礎）（socle commun de connaissances et de compétences）··············· 53, 150

地方公務員アニマトゥール（animateur territorial）··············· 316

地方分権（décentralisation）··············· 180, 313

中等教員組合（SNES: syndicat national des enseignants de second degré）··············· 158

中等教員資格（certificat d'aptitude au professorat de l'enseignement du second degré）········· 198

テクニシャン（technicien）··············· 248

テクノロジー（technologie）····· 261, 263, 264

テクノロジー系バカロレア（voie technologique）··············· 267

哲学教育研究グループ（GREPH: Groupe de recherches sur l'enseignement philosophique）136

哲学する（philosopher）··············· 138

哲学の権利・哲学への権利（le droit à la philosophie）··············· 138

デリダ（Derrida, Jacques）‥‥‥‥‥‥ 136
テロー（Thélot, Claude）‥‥‥‥‥‥‥ 52
電気工学（génie électrique）‥‥‥‥‥ 261
統一コレージュ（collège unique）‥‥‥ 20
闘士的精神（militantisme）‥‥‥‥‥ 308
ドクロリー（Decroly, Ovide）‥‥‥‥ 87
ドゴール（De Gaulle, Charles）‥‥‥‥ 35
ドバケ（Devaquet, Alain）‥‥‥‥‥‥ 22
ドバケ法案（projet Devaquet）‥‥‥ 175
ドビルパン（De Villepin, Dominique）‥‥‥ 30

【な】

内部における排除（les exclus de l'intérieur） 112

【は】

バイルー（Bayrou, François）‥‥‥‥ 25, 52
バカロレア（baccalauréat）‥‥ 129, 192, 196, 198,
‥‥‥‥‥‥‥‥‥‥‥‥‥‥‥‥ 203, 204, 259
バカロレア水準（niveau du baccalauréat）
‥‥‥‥‥‥‥‥‥‥‥‥‥‥‥‥ 20, 22, 47
バカロレア水準（80％目標）（objectif 80 d'une
classe d'âge au baccalauréat）‥‥‥‥ 22, 43, 48
バラデュール（Balladur, Édouard）‥‥‥ 18
パリ政治学院（Institut d'Etudes Politiques de
Paris）‥‥‥‥‥‥‥‥‥‥‥‥‥ 201, 208
バンセル報告（rapport Bancel）‥‥‥‥ 219
判断（jugement）‥‥‥‥‥‥‥‥‥ 132
評価国家（evaluative state）‥‥‥‥‥ 174
ファビウス（Fabius, Laurent）‥‥‥‥ 22
フィオラゾ（Fioraso, Geneviève）‥‥‥ 41
フィオラゾ法（Loi Fioraso）‥‥‥‥‥ 41
フィヨン（Fillon, François）‥‥‥‥‥ 19
フィヨン法（Loi Fillon）31, 48, 52, 53, 150, 160
フェリー（Ferry, Luc）‥‥‥‥‥‥‥ 31
フェリー法案（Projet de loi relatif aux libertés des
universités）‥‥‥‥‥‥‥‥‥‥‥ 176
フォール法（Loi Faure）‥‥‥‥‥‥‥ 20
フォルー（Fauroux, Roger）‥‥‥‥‥ 52
フランクリン協会（Société Franklin）‥‥‥ 333
フランス教育同盟（Ligue de l'Enseignement）

‥‥‥‥‥‥‥‥‥‥‥‥‥‥‥‥‥‥ 333
ブルデュー（Bourdieu, Pierre）‥‥‥ 136, 334
フレネ（Freinet, Célestin）‥‥ 87, 92, 94, 105
フレネ教育（la pédagogie Freinet）86, 87, 89, 94
文化資本（la capitale culturelle）‥ 110, 112, 118
ペイヨン（Peillon, Vincent）‥‥‥‥‥ 41
ペイヨン法（Loi Peillon）41, 50, 56, 154, 162
ヘーゲル（Hegel, G.W.F）‥‥‥‥‥ 146
ペクレス（Pécresse, Valérie）‥‥‥‥‥ 36
ベントリラ（Bentolila, Alain）‥‥‥‥ 57
保育学校（école maternelle）‥‥‥ 56, 57, 68
保育学校学習指導要領（Les programmes de
l'école maternelle）‥‥‥‥‥‥‥‥ 66
保革共存（コアビタシオン）（cohabitation）‥18
ポリテクニク協会（Association Polytechnique）
‥‥‥‥‥‥‥‥‥‥‥‥‥‥‥‥‥‥ 333
ボローニャ宣言（Bologna delcaration）214, 221
ボローニャ・プロセス（Processus de Bologne）
‥‥‥‥‥‥‥‥‥‥‥‥‥ 26, 209, 221

【ま】

マセ（Macé, Jean）‥‥‥‥‥‥‥‥ 333
ミッテラン（Mitterrand, François）‥‥‥ 18, 46
見習訓練（apprentisage）‥‥‥‥‥ 241, 242
民衆教育（éducation populaire）‥‥‥‥ 333
民衆教育アソシアシオン‥‥‥‥‥‥‥ 306
民衆図書館（bibliothèques populaires）‥‥‥ 333
めざまし園（jardin d' éveil）‥‥‥‥‥ 58
メティエ・リセ（職業リセ）（lycée des métiers）
‥‥‥‥‥‥‥‥‥‥‥ 241, 243, 244, 245
メルケル（Merkel, Angela）‥‥‥‥‥ 36
モノリ（Monory, René）‥‥‥‥‥‥‥ 22
モロワ（Mauroy, Pierre）‥‥‥‥‥‥ 21
モンジー（Anatole de Monzie）‥‥‥‥ 132

【や】

優先教育地域（ZEP: zones d'éducation prioritaire）
‥‥‥‥‥‥‥‥‥‥ 201, 202, 204, 208
ヨーロッパ資格制度（EQF, European
Qualifications Framework）‥‥‥‥‥ 346

索 引　359

予算組織法（LOLF: Loi organique relative aux lois de finances）……………………… 177

【ら】

ライシテ（非宗教性）（laïcité）………… 19

落第（redoublement）……………… 23, 55, 56

ラファラン（Raffarin, Jean-Pierre）…… 19, 339

ラングラン（Lengrand, Paul）……………… 333

リセ（lycée）……………………………… 250

ルペン（Le Pen, Marine）……………… 38

連絡担当教員（enseignant référent）……… 296

連絡担当校（établissement scolaire de référence）…………………………………… 296

全国職業資格認定証総覧（RNCP）……… 346

ロカール（Rocard, Michel）……………… 22

ロゴス（言論）（logos）………………… 133

ロラン報告（Rapport Laurent, Universités, relever les défis du nombre）………………… 175

ロワイヤル（Royal, Ségolène）………… 34

〈執筆者紹介〉（［　］は担当章、50音順）

赤星まゆみ（あかほし　まゆみ）［3章］
西九州大学
AKAHOSHI Mayumi　Université Nishikyushu

綾井桜子（あやい　さくらこ）［6章］
十文字学園女子大学
AYAI Sakurako　Université de Jumonji

池田賢市（いけだ　けんいち）［14章］
中央大学
IKEDA Ken-ichi　Université de Chuo

岩崎久美子（いわさき　くみこ）［16章］
放送大学
IWASAKI Kumiko　Université Ouverte

岩橋恵子（いわはし　けいこ）［15章］
志學館大学
IWAHASHI Keiko　Université de Shigakukan

上里正男（うえさと　まさお）［12章］
山梨大学
UESATO Masao　Université de Yamanashi

上原秀一（うえはら　しゅういち）［はじめに，1章］
宇都宮大学
UEHARA Shuichi　Université d'Utsunomiya

大津尚志（おおつ　たかし）［10章］
武庫川女子大学
OTSU Takashi　Mukogawa Université des filles

大場　淳（おおば　じゅん）［8章］
広島大学
OBA Jun　Université de Hiroshima

坂倉裕治（さかくら　ゆうじ）［13 章］
早稲田大学
SAKAKURA Yûji　Université Waseda

坂本明美（さかもと　あけみ）［4 章］
山形大学
SAKAMOTO Akemi　Université de Yamagata

鈴木規子（すずき　のりこ）［年表, 1 章］
東洋大学
SUZUKI Noriko　Université Toyo

園山大祐（そのやま　だいすけ）［5 章］
大阪大学
SONOYAMA Daïsuké　Université de Osaka

夏目達也（なつめ　たつや）［9 章］
名古屋大学
NATSUME Tatsuya　Université de Nagoya

藤井穂高（ふじい　ほだか）［はじめに, 2 章］
筑波大学
FUJII Hodaka　Université de Tsukuba

細尾萌子（ほそお　もえこ）［7 章］
立命館大学
HOSOO Moeko　Université Ritsumeikan

堀内達夫（ほりうち　たつお）［11 章］
大阪市立大学名誉教授、NPO 法人アシストキャリア理事長
HORIUCHI Tatsuo　Professeur honore, Université municipale d'Osaka

松原勝敏（まつばら　かつとし）［10 章］
高松大学
MATSUBARA Katsutoshi　Université de Takamatsu

現代フランスの教育改革

2018 年 1 月 31 日　初版第 1 刷発行

　　　　　編　者　　フランス教育学会
　　　　　発行者　　大　江　道　雅
　　　　　発行所　　株式会社　明　石　書　店
　　　〒101-0021 東京都千代田区外神田 6-9-5
　　　　　　　　　電話　03 (5818) 1171
　　　　　　　　　FAX　03 (5818) 1174
　　　　　　　　　振替　00100-7-24505
　　　　　　　　　http://www.akashi.co.jp
　　　　　　組　版　　有限会社秋耕社
　　　　　　装　丁　　明石書店デザイン室
　　　　　　印刷・製本　　モリモト印刷株式会社

（定価はカバーに表示してあります）　　　　ISBN 978-4-7503-4616-8

JCOPY 〈(社)出版者著作権管理機構　委託出版物〉
本書の無断複写は著作権法上での例外を除き禁じられています。複写される
場合は、そのつど事前に、(社)出版者著作権管理機構（電話 03-3513-6969、
FAX 03-3513-6979、e-mail：info@jcopy.or.jp）の承諾を得てください。

移民の子どもと学校
統合を支える教育政策

OECD 編著
布川あゆみ、木下江美、斎藤里美 監訳
三浦綾希子、大西公恵、藤浪海 訳

B5判／並製／176頁 ◎3000円

移民の子どものコミュニティや学校への統合について、学校での成績や学力、帰属感、社会経済的背景、そして将来に対する希望や親の期待などのさまざまな側面から、PISA調査等の実証データをもとに考察する。近年の難民問題と教育にも焦点を当てる。

●内容構成
第1章　移民をめぐる国際的動向と教育問題
第2章　移民の子どもの学力と学校での帰属感
第3章　移民へのまなざし
第4章　移民の子どもの低学力の要因
第5章　教育に対する移民の親の期待と子どもの学習意欲
第6章　移民の統合を支える教育政策

世界の教育改革4
OECD教育政策分析
「非大学型」高等教育、教育とICT、学校教育と生涯学習、租税政策と生涯学習

OECD 編著
御園生純、稲川英嗣 監訳
高橋聡、高籔学、野田千亜紀、西山幸恵、野尻愛弓、大塚裕介 訳

A5判／上製／240頁 ◎3800円

すべての人々に質の高い生涯学習の機会を提供するにはどうすればよいのか？ OECD諸国における実証資料やケーススタディをもとに、高等教育の新たな形態、有効なICT活用、学校教育の役割、租税政策による学習支援などについての現状と課題を明らかにする。

●内容構成
第1章　「非大学型」高等教育機関の課題と役割
第2章　教育へのICT投資から得られるものは何か？
第3章　学校教育はどの程度生涯学習に寄与しているのか？
第4章　生涯学習のための租税政策の役割

〈価格は本体価格です〉

日仏比較 変容する社会と教育

園山大祐、ジャン゠フランソワ・サブレ編著
●4200円

移動する人々と国民国家

ポスト・グローバル化時代における市民社会の変容
杉村美紀編著
●2700円

トランスナショナル移民のノンフォーマル教育

女性トルコ移民による内発的な社会参画
丸山英樹
●6000円

移民政策の形成と言語教育

日本と台湾の事例から考える
許之威
●4000円

現代アメリカ移民第二世代の研究

移民排斥と同化主義に代わる「第三の道」
世界人権問題叢書86
アレハンドロ・ポルテス、ルベン・ルンバウト著
村井忠政訳
●8000円

現代ヨーロッパと移民問題の原点

1970、80年代、開かれたシティズンシップの生成と試練
宮島喬
●3200円

移民の子どもと格差

学力を支える教育政策と実践
OECD編著 斎藤里美監訳
布川あゆみ、本田伊克、木下江美訳
●2800円

外国人の子ども白書

権利・貧困・教育・文化・国籍と共生の視点から
荒牧重人、榎井縁、江原裕美、小島祥美、志水宏吉、南野奈津子、宮島喬、山野良一編
●2500円

新訂版 移民・教育・社会変動

ヨーロッパとオーストラリアの移民問題と教育政策
ジークリット・ルヒテンベルク編 山内乾史監訳
●2800円

諸外国の教育動向 2016年度版

文部科学省編著
●3600円

諸外国の初等中等教育

文部科学省編著
●3600円

生きるための知識と技能6

OECD生徒の学習到達度調査（PISA）2015年調査国際結果報告書
国立教育政策研究所編
●3700円

図表でみる教育 OECDインディケータ(2017年版)

OECD編著
矢倉美登里、稲田智子、大村有里、坂本佳代子、立木勝、三井理子訳
●8600円

TIMSS2015 算数・数学教育／理科教育の国際比較

国際数学・理科教育動向調査の2015年調査報告書
国立教育政策研究所編
●4500円

PISA2015年調査 評価の枠組み

OECD生徒の学習到達度調査（OECD）編著 国立教育政策研究所監訳
●3700円

PISAの問題できるかな？

経済協力開発機構（OECD）編 国立教育政策研究所監訳
●3600円

〈価格は本体価格です〉

PISAから見る、できる国・頑張る国
トップを目指す教育
経済協力開発機構（OECD）編著　渡辺　良監訳
●4600円

PISAから見る、できる国・頑張る国2
未来志向の教育を目指す：日本
経済協力開発機構（OECD）編著　渡辺　良監訳
●3600円

OECD成人スキル白書
〈OECDスキル・アウトルック2013年版〉
第1回国際成人力調査（PIAAC）報告書
経済協力開発機構（OECD）編著　矢倉美登里ほか訳
●8600円

OECD保育白書
人生の始まりこそ力強く：乳幼児期の教育とケア（ECEC）の国際比較
OECD編著　星三和子、首藤美香子、大和洋子、一見真理子訳
●7600円

OECD教員白書
効果的な教育実践と学習環境をつくる
〈第1回OECD国際教員指導環境調査（TALIS）報告書〉
OECD編著　斎藤里美監訳
●7400円

OECD幸福度白書3
より良い暮らし指標：生活向上と社会進歩の国際比較
OECD編著　西村美由起訳　OECDガイドライン
●5500円

主観的幸福を測る
経済協力開発機構（OECD）編著　桑原進監訳　高橋しのぶ訳
●5400円

21世紀のICT学習環境
生徒・コンピュータ・学習を結び付ける
経済協力開発機構（OECD）編著　国立教育政策研究所監訳
●3700円

経験資本と学習
首都圏大学生949人の大規模調査結果
岩崎久美子、下村英雄、柳澤文敬、伊藤素江、村田維沙、掘一輝著
●3700円

21世紀型学習のリーダーシップ
イノベーティブな学習環境をつくる
OECD教育研究革新センター編著　木下江美、布川あゆみ監訳
斎藤里美、本田伊克、大西公恵、三浦綾希子、藤波海訳
●4500円

学びのイノベーション
21世紀型学習の創発モデル
OECD教育研究革新センター編著　有本昌弘監訳
多々納誠子、小熊利江訳
●4500円

若者のキャリア形成
スキルの獲得から就業力の向上、アントレプレナーシップの育成へ
経済協力開発機構（OECD）編著　菅原良、福田哲哉、松下慶太監訳
竹内一真、佐々木真理、橋本諭、神崎秀嗣、奥原俊訳
●3700円

アートの教育学
革新型社会を拓く学びの技
OECD教育研究革新センター編著　篠原康正、篠原真子、袰岩晶訳
●3700円

研究活用の政策学
社会研究とエビデンス
S・ナトリー、I・ウォルター、H・デイヴィス著　惣脇宏、豊浩子、籾井圭子、岩崎久美子、大槻達也訳
●5400円

フランスの図書館上級司書
選抜・養成における文化的再生産メカニズム
岩崎久美子
●6800円

アニマトゥール
フランスの社会教育・生涯学習の担い手たち
G・プジョル、J・ミニョン著　岩橋恵子監訳
赤星まゆみ、池田賢市、岩崎久美子、戸澤京子、夏目達也訳
●4760円

〈価格は本体価格です〉

フランスの学歴インフレと格差社会　能力主義という幻想
マリー・デュリュ＝ベラ著　林昌宏訳　◉2200円

多様性を拓く教師教育　多文化時代の各国の取り組み
OECD教育研究革新センター編著　斎藤里美監訳　◉4500円

国際バカロレア　世界が認める卓越した教育プログラム
相良憲昭・岩崎久美子編著　石村清則、橋本八重子、吉田孝著　◉2600円

キー・コンピテンシー　国際標準の学力をめざして
ドミニク・S・ライチェン／ローラ・H・サルガニク編著　立田慶裕監訳　◉3800円

キー・コンピテンシーの実践　学び続ける教師のために
立田慶裕　◉3000円

学習の本質　研究の活用から実践へ
OECD教育研究革新センター編著　立田慶裕・平沢安政監訳　佐藤智子ほか訳　◉4600円

知識の創造・普及・活用　学習社会のナレッジ・マネジメント
OECD教育研究革新センター編著　立田慶裕監訳　◉5600円

教育研究とエビデンス　国際的動向と日本の現状と課題
国立教育政策研究所編　大槻達也、惣脇宏ほか著　◉3800円

教育とエビデンス　研究と政策の協同に向けて
OECD教育研究革新センター編著　岩崎久美子、菊澤佐江子、藤江陽子、豊浩子訳　◉3800円

個別化していく教育　コンピテンシーに基づく教育改革の国際比較
OECD教育研究革新センター（CERI）編著　岩崎久美子訳　OECD未来の教育改革[2]　◉3800円

21世紀型スキルとは何か
松尾知明　◉2800円

21世紀型スキルと諸外国の教育実践　求められる新しい能力育成
田中義隆　◉3800円

メタ認知の教育学　生きる力を育む創造的数学力
OECD教育研究革新センター編著　篠原真子、篠原康正、袰岩晶訳　◉3600円

グローバル化と言語能力　自己と他者、そして世界をどうみるか
OECD教育研究革新センター編著　本名信行監訳　徳永優子、稲田智子、来田誠一郎、定延由紀、西村美由起、矢倉美登里訳　◉6800円

グローバル化と言語政策　サスティナブルな共生社会・言語教育の構築に向けて
宮崎里司、杉野俊子編著　◉2500円

言語と教育　多様化する社会の中で新たな言語教育のあり方を探る
杉野俊子監修　田中富士美、波多野一真編著　◉4200円

〈価格は本体価格です〉

多文化教育の国際比較
松尾知明
世界10カ国の
教育政策と移民政策
●2300円

ドイツ・フランス共通歴史教科書[現代史]
世界の教科書シリーズ 23
P・ガイス／G・L・カントレック監修
福井憲彦・近藤孝弘監訳
1945年以後の
ヨーロッパと世界
●4800円

ドイツ・フランス共通歴史教科書[近現代史]
世界の教科書シリーズ 43
P・ガイス／G・L・カントレック監修
福井憲彦・近藤孝弘監訳
ウィーン会議から1945年
までのヨーロッパと世界
●5400円

フランスの歴史[近現代史]
世界の教科書シリーズ 30
マリエルジョヴェギョームテュル監修
福井憲彦訳
遠藤ゆかり・藤田真利子訳
19世紀中頃から現代まで
フランス高校歴史教科書
●9500円

フランスに学ぶ男女共同の子育てと少子化抑止政策
冨士谷あつ子・伊藤公雄編著
●2800円

フランスとドイツの国籍とネーション
明石ライブラリー 82
ロジャース・ブルーベイカー著
佐藤成基・佐々木てる監訳
国籍形成の比較歴史社会学
●4500円

在外日本人のナショナル・アイデンティティ
国際化社会における「個」とは何か
岩崎久美子編著
●8000円

マルチ・エスニック・ジャパニーズ
移民・ディアスポラ研究5
駒井洋監修　佐々木てる編著
○○系日本人
の変革力
●2800円

図表でみる世界の社会問題4　OECD社会政策指標
OECD編著　高木郁朗監訳　麻生裕子訳
貧困・不平等・社会的排除の国際比較
●3000円

地図でみる世界の地域格差
OECD地域指標(2016年版)オールカラー版
OECD編著　中澤高志監訳
都市集中と地域
発展の国際比較
●5500円

格差拡大の真実
経済協力開発機構(OECD)編著　小島克久・金子能宏訳
二極化の要因を解き明かす
●7200円

格差は拡大しているか
OECD編著　小島克久・金子能宏訳
OECD諸国における所得分布と貧困
●5600円

「職業教育」はなぜ根づかないのか
田中萬年
職業・労働疎外
●2800円

「開かれた学校」の功罪
武井哲郎
ボランティアの参入と
子どもの排除／包摂
●3800円

「大学改革」という病
山口裕之
学問の自由・財政基盤・
競争主義から検証する
●2500円

批判的教育学事典
マイケル・W・アップル／ウェイン・アウ／ルイ・アルマンド・ガンディン編
長尾彰夫、澤田稔監修
●25000円

〈価格は本体価格です〉